Georg Gunter
Die deutschen Skijäger

124

Der Ski-Jäger

Nr. 1 | 22. Oktober 1944 | 1. Jahrgang

1. Ski-Jäger-Division

Kopf der Divisionszeitung, die unter Generalmajor Hundt herausgegeben wurde. Das Blatt erschien nur in relativ wenigen Exemplaren und sollte »von Soldat zu Soldat« weitergegeben werden. Wohl die meisten Skijäger haben damals ihre Zeitung nie zu Gesicht bekommen.

Genehmigte Lizenzausgabe für Edition DÖRFLER
im NEBEL VERLAG GmbH, Eggolsheim

1 2 3 4 5 9 8 7 6 5

Georg Gunter

Die deutschen Skijäger

Von den Anfängen bis 1945

DÖRFLER
ZEITGESCHICHTE

INHALT

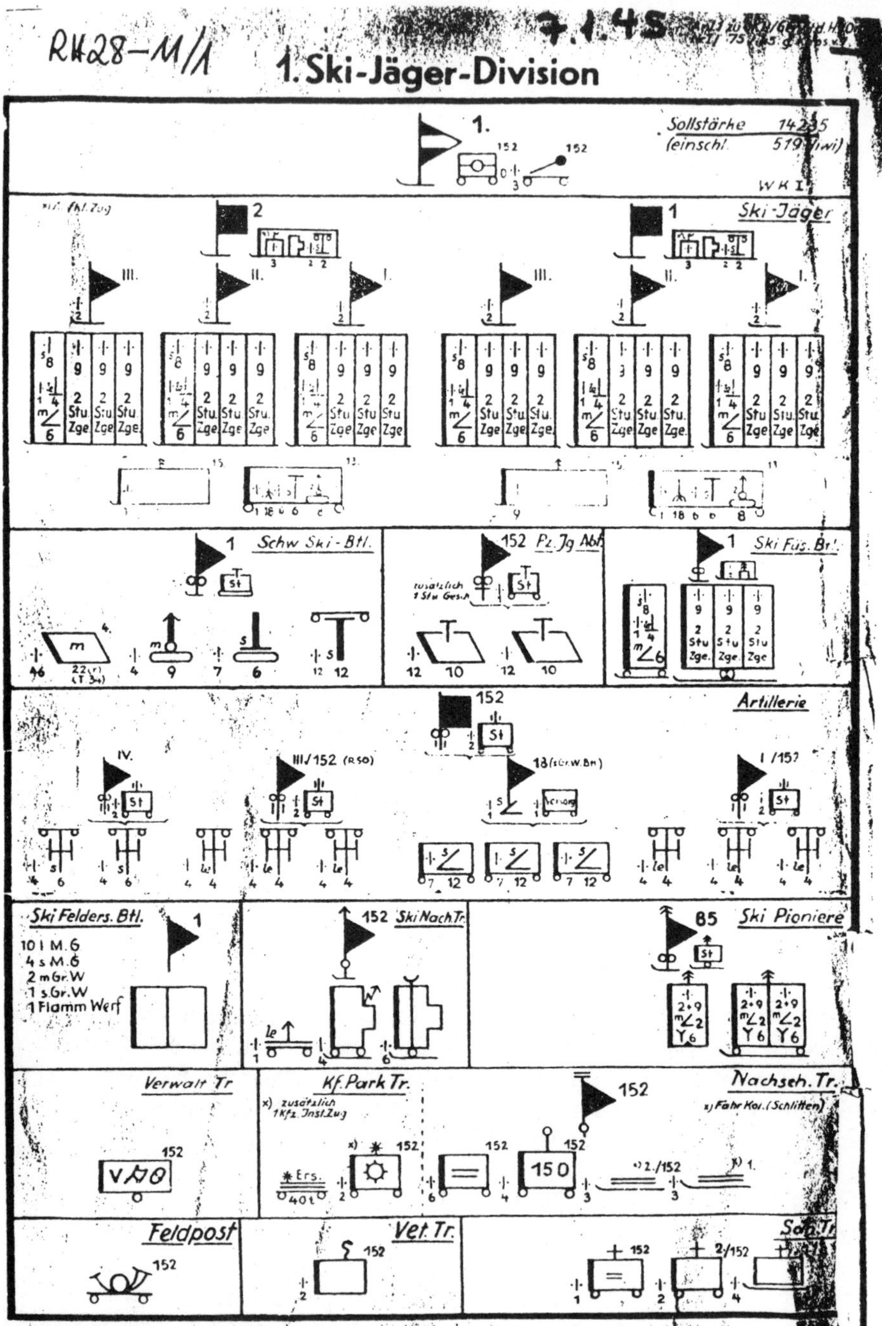

Gliederung der 1. Ski-Jäger-Division

Teil I

Kleine Anfänge

In Deutschland war erstmals im Jahre 1892 beim Goslarer Infanterie-Regiment 82 mit dem Versuch einer militärischen Skiausbildung begonnen worden. Als dann im Herbst 1893 die Soldaten der in Colmar und Schlettstadt im Elsaß stationierten preußischen Jägerbataillone 4, 8, 10 und 14 ihre ersten »Schneeschuhe« norwegischer Herkunft erhielten, hatte man im allgemeinen immer noch kaum eine Ahnung davon, wie diese über zwei Meter langen »Instrumente aus Eschenholz« zu benutzen seien. Über die praktische, das hieß »militärische Verwendbarkeit« sollte bei Übungsläufen in den Vogesen, im Gebiet des »Belchen am Kahlen Wasen«, entschieden werden. Zu durchgreifenden Entschlüssen scheint man auch da nicht gekommen zu sein.

Die im folgenden Jahr im Schwarzwald, vornehmlich im Feldberg-Gebiet, fortgesetzten Versuche ließen allmähliche Begeisterung nur bei den sportlichen jungen Soldaten und Offizieren aufkommen. Sie dachten auch bald an die Austragung regelrechter militärischer Skiwettkämpfe. Der erhebliche Teil der älteren Führungsoffiziere aber, auf die es schließlich ankam, wußte mit dieser Idee noch immer nichts anzufangen: die Skiübungen wurden zwar fortgesetzt, jedoch nur nebenbei, ohne bestimmte Zielsetzung.

Erst drei Jahre später, im Januar 1897, fand auf dem Feldberg erstmals ein »Jägerrennen« statt, bei einer Beteiligung von 29 Jägern und Oberjägern. Nach und nach steigerte sich auch das Interesse bei den Kommandeuren und beim Offizierskorps insgesamt. Militärische Skiwettkämpfe wurden nun zu einer dauernden Einrichtung. (Nach den preußischen hatten im Jahre 1901 auch die Soldaten der zwei bayerischen Jägerbataillone zum Teil »Schneeschuhe« erhalten).

Im Winter 1902 führte der Ski-Club Schwarzwald als neue Art von Wettkampf einen Mannschaftslauf, den Patrouillenlauf, ein.

In den darauffolgenden Jahren war eine Zusammenarbeit zwischen der Heeresverwaltung und dem Deutschen Skiverband bei den deutschen Heeresmeisterschaften — die in den verschiedensten Gebieten Deutschlands ausgetragen wurden — zur Selbstverständlichkeit geworden.

Trotz allem: An die Aufstellung eigenständiger Skijägereinheiten wurde noch lange nicht gedacht. Im Ausbildungsprogramm der Jägerbataillone blieb der Skilauf weiterhin nur »ein ganz nebensächlich behandeltes Anhängsel«. Das war in der russischen, der finnischen und auch in der französischen Armee längst nicht mehr der Fall.
Der preußische Jägeroffizier Wilhelm Paulcke, begeisterter Bergsteiger und Skiläufer und Gründungsmitglied des Deutschen Skiverbandes, machte sich in der »Ski-Chronik« von 1910/11 Gedanken darüber und kam zu dem logischen Schluß, »daß dem deutschen Heer bei diesem Skiausbildungsbetrieb im Ernstfall in einem schneereichen Winter zu wenig Skiläufer an der Front zur Verfügung stehen würden«; er schlug vor, »Freiwillige Skikorps aufzustellen und die Soldaten besonders im Aufklärungs-, Patrouillen- und Meldedienst auszubilden« . . .

Die Erkenntnis kam im Kriegsjahr 1914

Erst im September 1914, als alle Hoffnungen auf die rasche Beendigung des Krieges im Schwinden begriffen waren und das deutsche Heer sich auf die Winterkämpfe vorzubereiten hatte (eine Parallele zur Situation an der Ostfront gegen Ende 1941 ist unverkennbar), wurde den Gedanken, wie sie der Leutnant der Reserve Paulcke in der »Ski-Chronik« von 1910/11 niedergelegt hatte, Gehör verschafft. Paulcke stand damals als Hauptmann mit dem Jäger-Bataillon 14 an der Vogesenfront. Das Kriegsministerium erwartete also detaillierte Vorschläge von ihm. Es heißt dazu, dieses Aktenmaterial sage Besonderes aus über die »Geschichte der Entstehung der deutschen Ski- und Gebirgstruppe«. Noch einmal wird die Idee der Aufstellung eines »Freiwilligen Skikorps« erläutert. Besonders herausgestellt wird dabei die »Notwendigkeit der Ausrüstung mit reichlich Maschinengewehren und die Schaffung zahlreicher kleiner Einheiten von möglichst großer Gefechtskraft und Beweglichkeit«. (27 Jahre später, als im Zweiten Weltkrieg mit der Aufstellung der ersten Skijägereinheiten begonnen wurde, spielten solche Überlegungen eine ähnlich bedeutsame Rolle).
Die Freiwilligen eines Skikorps sollten damals, im Herbst 1914, durch Vermittlung des Deutschen Skiverbandes oder der akademischen Skiklubs herangeführt werden. Als Einsatzgebiet waren die Vogesen vorgesehen, wo ihnen »die Kerntruppe der französischen Armee, zugleich die besten französischen militärischen Skiläufer, die Chasseurs alpins«, gegenüber-

stehen würde. Bis Kriegsausbruch hatte das französische Heer bereits 12 dieser Bataillone mit »Skieurs« aufgestellt.
Für Einsätze im Osten, wo, so wörtlich, »in der Ebene mit einer kürzeren Ausbildungszeit auszukommen war und wo vor allem auch die Verwendung von Skiläufern in Verbindung mit Kavallerie (Skikjöring) in Betracht kam«, war an die Bildung »regulärer Skitruppen« gedacht. Da wußte man schon, daß den Deutschen die seit längerer Zeit als Skiläufer ausgebildeten finnischen Scharfschützen und Gardejäger gegenüberstehen würden.

Folgende Gedanken sind dem Thema Ausrüstung der damaligen deutschen Skijäger gewidmet (»außer der normalen für Skilauf und Skikjöring«): Einführung eines weißen, weiten Umhangs (Pelerine) »zur Tarnung des Mannes im Schnee«. Diesem Umhang, der auch über das Gepäck zu ziehen war, wurde damals noch mehr praktischer Nutzen zugesprochen als dem später bei der Aufstellung der Schneeschuhbataillone eingeführten sogenannten Windanzug.
Ausführlich behandelt und mit Zeichnungen erläutert wird »die Frage des Winterbiwaks«, das hieß, »der Bau von Schneehütten und Spitzzelten, welche durch darin aufgehängte Heizroste oder durch Balkenfeuer heizbar sind«.

Der Bericht des Hauptmanns Paulcke ging zunächst an das preußische Kriegsministerium. Ferner erhielten die anderen deutschen Kriegsministerien Unterlagen zugeschickt. Außerdem wurde der Vorstand des Deutschen Skiverbandes mit Informationen versorgt und »um Mitarbeit gebeten«. Ins Rollen gebracht wurde die Idee endlich vom Bayerischen Skiverband, der zur selben Zeit »eine Denkschrift betr. Gründung eines Freiwilligen Skikorps« verfaßte und diese Anfang Oktober 1914 dem bayerischen Kriegsministerium zuleitete. 5 Wochen später konnte das »offizielle Geburtsdatum der Skitruppe« verkündet werden. Inzwischen war auch der dringende Hilferuf von der Westfront (Armee-Abteilung Gaede) bei den Kriegsministerien eingetroffen, ». . .den französischen Alpenjägern in den tief verschneiten Vogesen deutsche Skitruppen entgegenzustellen«.

Aufstellung und Ausbildung der ersten Schneeschuhbataillone

Mit Datum 13. November 1914 ordnete das Königlich-Bayerische Kriegsministerium an: »Am 20. November 1914 wird in München das Bayerische Schneeschuh-Bataillon Nr. 1 aufgestellt werden, das sich zum Teil aus Kriegsfreiwilligen, zum Teil aus schon ausgebildeten Unteroffizieren und Mannschaften zusammensetzen wird. Diese Truppe wird in erster Linie als Schneeschuhtruppe Verwendung finden, doch ist es möglich, daß bei andauernd ungünstigen Schneeverhältnissen sie im Notfall auch als Infanteriebataillon Verwendung findet«. (Die ehemaligen Skijäger des 2. Weltkrieges können ein trauriges Lied davon singen!).
Das aus vier Kompanien mit je einem Maschinengewehrzug gebildete Bataillon erhielt eine Stärke von 27 Offizieren sowie 619 Unteroffizieren und Mannschaften. Hinzu kamen 98 Pferde und Tragtiere. Ein Hauptmann v. Winkler, vom 1. Bayerischen Infanterie-Regiment, war für die Aufstellung verantwortlich, »unter tätiger Vorarbeit des Deutschen Skiverbandes«, wie es heißt. Erster Kommandeur wurde Major Alfred Steinitzer. Das Bataillon erhielt am 15.12.1914 in München eine Ersatzabteilung.

Auffallend ist, daß man sich damals in Militärkreisen anscheinend noch nicht einig darüber geworden war, ob die Bezeichnung Ski-Bataillon nicht besser wäre als die Bezeichnung Schneeschuh-Bataillon, da man ja gleichzeitig von Ski-Korps und nicht von Schneeschuh-Korps sprach und es die Ski- und nicht Schneeschuh-Verbände gab.

Jedenfalls waren inzwischen genügend aktive Skiläufer vorhanden, um in München ein weiteres, für den Einsatz an der Ostfront bestimmtes Schneeschuhbataillon aufstellen zu können, das S.B.2. Zur gleichen Zeit etwa konnte im württembergischen Baienfurt bei Weingarten zusätzlich eine Schneeschuhkompanie zu 3 Zügen (6 Offiziere, 210 Unteroffiziere und Mannschaften) und einem Maschinengewehrzug (1 Offizier, 45 Mannschaften) gebildet werden; sie wurde dem Ersatz-Bataillon 124 in Weingarten zugeteilt. Als Kompanieführer wird ein Oberleutnant Schaller vom Landwehr-Infanterie-Regiment 119 genannt. Zu Übungen im Skilaufen sowie zur Gefechtsausbildung kam ein Teil der Kompanie ins Kleine Walsertal nach Riezlern.
Die Württembergische Schneeschuh-Kompanie Nr. 1 (WSK 1) setzte sich durchweg aus Freiwilligen zusammen, die auf Ersuchen des Kriegsministeriums in Stuttgart vom damaligen Schwäbischen Schneelaufbund (auf Grund eines Rundschreibens an seine Mitgliedsvereine) geworben wurden

. . .« alle Altersklassen waren vertreten, von kaum 16jährigen bis zum ergrauten Fünfziger«. Vor 1914 wurde der Schneeschuhlauf, wie berichtet wird, hauptsächlich von der »gutbürgerlichen, städtischen Mittelstandsschicht« betrieben; »sie trug den Schneeschuhsport auf das Land hinaus, denn unsere zähen Schwarzwälder und die knorrigen Allgäuer traten erst später auf den Plan, die mußten erst ihre Anfängerjahre auf Faßdauben hinter sich haben«. Deshalb rekrutierten sich die Freiwilligen in erster Linie aus Kaufleuten oder Beamten, aus Schülern und Studenten und Professoren, aus Künstlern und Architekten oder Ingenieuren. . .« einig in der Liebe zum Schneeschuhlauf und im Willen, dem Vaterland nach besten Kräften zu dienen« . . .
In der vom württembergischen Kriegsministerium am 24.11.1914 erlassenen »Verfügung« an die Freiwilligen, die sich gemeldet hatten, heißt es unter anderem: »Die bei der Schneeschuh-Kompanie Eintretenden sollen wenn möglich die in der Anlage genannten Ausrüstungsstücke mitbringen. Die unter A aufgeführten Stücke« (das betraf zum Beispiel Skier aus privatem Besitz) »werden durch eine Kommission abgeschätzt und bezahlt und gehen damit in den Besitz der Heeresverwaltung über. Die unter B genannten bleiben Privateigentum. Eine Entschädigung hierfür kann nicht gewährt werden« . . .

Zurück zum preußischen Schneeschuh-Bataillon Nr. 2. Die Soldaten dieses Bataillons kamen aus allen Mittelgebirgsgegenden Deutschlands. Der Ersatztruppenteil war nach Baden verlegt worden, zuerst Freiburg, später Bühl. Dieses Bataillon wurde nach anderen Gesichtspunkten gegliedert als das S.B.1, schon weil es die ungewöhnliche Stärke von 1500 Mann erhielt und nur an eine Verwendung in der Ebene, besonders in Verbindung mit Kavallerie, gedacht war. 6 Kompanien wurden gebildet. Jede Kompanie bestand aus drei Trupps, die von 1 bis 18 durchnummeriert waren. Jeder Trupp bestand aus einem berittenen Offizier als Führer, einem Vizefeldwebel, sieben Oberjägern und 48 Schützen, einem MG-Zugführer, zwölf MG-Schützen (einschließlich zwei Gewehrführern), zwei MG-Fahrern, fünf Bagagefahrern, einem Sanitätsunteroffizier und zwei Krankenträgern. Dem Bataillon wurden sieben Ärzte zugeteilt: ein Bataillonsarzt und sechs Kompanieärzte. Zur Gefechtsbagage jedes Trupps gehörten je ein Patronenkarren für die Schützen und den MG-Zug, ein Sanitätskarren und eine Feldküche; zur großen Bagage: ein Vorrats-, ein Lebensmittel-, ein Pack- und ein Futterkarren.
Es wird herausgestellt, »daß für diese Art von Organisation und Ausrüstung die Absicht maßgebend war, in jedem Trupp durch Beigabe eigener Bagage und MG eine möglichst bewegliche Einheit für selbständige Verwendung (Jagdkommando) zu schaffen und ihn im Bedarfsfall möglichst

unabhängig von Kompanie und Bataillon zu machen«. Für die damalige Zeit waren das noch außergewöhnliche Organisations- und Gliederungsformen. Interessant ist auch, daß schon die Bezeichnung »Jagdkommando« — eine im Ostwinter 1941/42 wieder auftauchende Bezeichnung für besonders bewegliche, kleine Skijägereinheiten — verwendet wird.

Das S.B.2 erhielt in München als Kasernen eine Schule in der Au, das Maximiliangymnasium und die Schule am Marsplatz zugewiesen. Bataillonskommandeur wurde der mittlerweile zum Major beförderte Wilhelm Paulcke.
Schwarzwald, Vogesen, Thüringen, Erzgebirge, Riesengebirge und Harz waren die Mittelgebirgsgegenden, von wo der »Hauptersatz von kundigen Skiläufern« und schon militärisch ausgebildeten Leuten zu erwarten war. Die Männer wurden mit Hilfe der Wehrbezirkskommandos nach einem Fragebogensystem ausgesucht und dann schnellstens »telegraphisch angefordert«.
Für erste Exerzierübungen war der Münchener Marsplatz ausgesucht worden. Weil die zum Schneeschuhbataillon einberufenen Infanteristen, Jäger, Artilleristen, Pioniere, gelben Dragoner, roten, blauen und schwarzen Husaren anfangs noch ihre bunten Friedensuniformen trugen, ergab das ein recht verwirrendes Bild. Die spätere einheitliche Kleidung, als »praktische Schneeschuhbataillonsuniform« bezeichnet — dazu gehörten eine den Norwegern und Österreichern abgeschaute Skimütze und natürlich besonderes Schuhwerk zu den Skiern — diente angeblich als »Vorbild für die Reichswehruniform«. Sie war von grau-grüner Farbe mit hüftlangem Rock, neuartig dabei die Brusttaschen. Besonderes Erkennungszeichen für die Skisoldaten war das »Grüne S« am Kragen.
Zur bequemen Hose wurden damals bis zu den Knien reichende Wickelgamaschen getragen. Der schon erwähnte, für den Einsatz an der Front gedachte »Windanzug« mit getrenntem Jacken- und Hosenteil diente als grau-grüner oder — gewendet — als weißer Tarnanzug. Dazu gehörte der weiße Mützenüberzug. Den sonst üblichen Soldatentornister ersetzte ein geräumiger Rucksack mit Vordertaschen für Munition, Verbandszeug, einen kleinen Verpflegungssatz sowie Tabak und Tabakspfeife. Im Rucksack, zu dem es ebenfalls einen weißen Überzug gab, befanden sich unter anderem so notwendige Gebrauchsgegenstände wie Steigfelle und Skiwachs. Selbstverständlich zählten von Anfang an auch Schneebrillen zur Ausrüstung.
Es heißt, daß das für den Einsatz in den Vogesen aufgestellte Schneeschuh-Bataillon Nr. 1 Skier von mittlerer Länge mit »Bilgeribindung« erhielt, während das S.B.2 zunächst einheitlich lange Skier mit »Huitfeldbindung« zugeteilt bekam. Bewaffnet waren die ersten Skijäger mit dem

Karabiner 98 und dem Infanterieseitengewehr. Das Tragen von Hirschfängern an Stelle des Seitengewehrs war erlaubt. Maschinengewehre wurden in der Regel auf Schlitten mitgeführt.

Nach den ersten Exerzierübungen in München verlegten beide Schneeschuhbataillone die Standorte ihrer weiteren Ausbildung in die bayerischen Berge. Die Soldaten des S.B.2 zum Beispiel kamen in das Gebiet von Garmisch-Partenkirchen, wo zusätzlich Skikjöring geübt wurde. Dafür standen 100 Reiter und Pferde zur Verfügung. Erwähnt werden ferner: Skitraining, Skiexerzieren, Schießen sowie Felddienst mit Biwaks in heizbaren Spitzzelten und bei Balkenfeuer. Gebirgsdienst gehörte (»für alle Fälle«) ebenfalls zum Ausbildungsprogramm.

Fronteinsätze

Als dann der Einsatzbefehl eintraf, mußte das Schneeschuh-Bataillon Nr. 2 binnen kurzer Zeit umgeformt werden. Zunächst war ja die geschlossene Verwendung im östlichen Flachland vorgesehen. Nun sollten drei der sechs Kompanien im Waldgebirge der Karpaten kämpfen. Diesen Einheiten gehörten am Ende nur ausgesuchte Skiläufer an, von denen man wußte, daß sie für die besonderen Anforderungen des Gebirgskampfes am besten geeignet waren. Sie erhielten auch — wie die von vornherein für den beweglichen Einsatz in den Bergen ausgerüsteten Angehörigen des S.B.1 — kürzere Skier.
Die ab Ende Januar 1915 in den Karpaten eingesetzten Kompanien (4., 5. und 6.) unter der Führung von Hauptmann von Löper hatten nach ihrem Eintreffen dort hauptsächlich Patrouillen zu laufen, jedoch unter schwierigeren Bedingungen als die Skisoldaten an der Vogesenfront. Auch standen ihnen weit weniger feste Unterkünfte zur Verfügung; die sehr kalten Winternächte mußten sie oftmals in ihren Zelten verbringen. Da an der Karpatenfront — mit den ausgedehnten Urwaldgebieten und schwer zu durchquerenden Tälern — die Entfernungen zwischen den Kommandostellen der österreichischen und deutschen Truppenteile außergewöhnlich groß waren, hatten fortan die in kleine Trupps aufgeteilten Schneeschuhkompanien dort besonders wichtige Aufgaben zu erfüllen. Das bedeutete in der Hauptsache, die Verbindungen zwischen den verschiedenen Frontabschnitten aufrecht zu erhalten und die freien Flanken der einzelnen Bergkämme, um die erbittert gekämpft wurde, vor feindlicher Umzingelung zu schützen. Wilhelm Paulcke schreibt in seinen Erinnerungen, »daß

die Karpatenkompanien die höchste Anerkennung durch ihre vorbildlichen Leistungen am Zwinin errangen« — aber unter schmerzlichen Verlusten an Gefallenen und Verwundeten.

Major Paulcke selbst folgte Ende Januar 1915 seiner 1., 2. und 3. Kompanie mit dem Bataillonsstab nach Ostpreußen, wo dieser Teil des S.B.2 als Skiläufertruppe jedoch nicht mehr eingesetzt werden konnte, ». . . da hier Tauwetter eintrat; die Kompanien wurden sofort in den Kämpfen um Mariampol — Kowno eingesetzt und errangen dort ihre größten Erfolge bei Schumsk gegen mehr als zehnfache Übermacht. Hierauf kämpften die Kompanien beim ersten Einfall in Kurland, wo sie als Jägertruppe — unter Zuteilung einer Radfahrkompanie — der 3. Kavallerie-Division zugeteilt waren«.

Das zuerst aufgestellte Schneeschuhbataillon, das bayerische Nr.1, »holte seine ersten blutigen Lorbeeren«, wie es wörtlich heißt, in der selben Gegend, wo im Jahre 1893 von deutscher Seite bereits militärische Skiübungen durchgeführt wurden. Nach mehreren riskanten Aufklärungsvorstößen kleinerer Patrouillen über den tief verschneiten Bergkamm und quer durch die Täler der Vogesen weit in gegnerisches Gebiet hinein, hatten die Skijäger bis Mitte Februar der Armeeführung die Voraussetzungen für einen größeren Angriff der bayerischen 8. Reserve-Division geschaffen. Der Vorstoß erfolgte schließlich aus dem Lauchtal westlich von Gebweiler. Der 1., 2. und 3. Kompanie des S.B.1 war dabei die Aufgabe zugefallen, den rechten Flügel der Angriffstruppen zu bilden und über den Höhenkamm vom »Kleinen Belchen« (1268 m), dem damals höchsten Punkt der deutschen Westfront, zum »Hilsenfirst« vorzugehen. Hier kam es dann am 12. Februar 1915 zum ersten Gefecht einer in großer Formation angreifenden Skitruppe. »In weit geöffneter, über einen Steilhang abfahrenden Schützenlinie« hatten die Skijäger die Franzosen in die Zange genommen und aus Hilsen vertrieben. Anschließend eroberten sie oberhalb der Ortschaft den »Hilsenfirst« und den »Langenfeldkopf«. Im weiteren Verlauf des Angriffs, der zur Einnahme des oberen Münstertals mit den Ortschaften Sondernach und Metzeral durch die bayerische 8. Reserve-Division führte, hatten die Skijäger abermals Flankendeckung auf den Höhen gegeben und mit der 2./S.B.1 den das Tal beherrschenden »Schnepfenriethkopf« gewonnen.
»Am Belchen und im Gebiet des Hilsenfirst« standen damals auch die Freiwilligen der württembergischen Schneeschuhkompanie im Kampf gegen französische Alpenjäger. Als »schwer umkämpfter Brennpunkt« der Front wird ferner der »Hartmannsweilerkopf« genannt.

Aus den Skijägern wurden die ersten Gebirgsjäger

— Einsätze 1915 bis 1918 —

Schon im Mai 1915 war das vorläufige Ende für die eigenständigen Schneeschuh- oder Skibataillone gekommen. Das bei Kriegsausbruch neutral gebliebene Italien hatte seine Ansprüche auf Südtirol in Verhandlungen mit Wien nicht durchsetzen können, sich zum Bündnis mit den Westmächten entschlossen und Österreich-Ungarn den Krieg erklärt. Deutschland wurde somit vor die Notwendigkeit gestellt, den Österreichern, die in den ersten Kriegsmonaten an der Ostfront (besonders in Galizien) schwerste Verluste erlitten hatten und für die zusätzliche Verteidigung der langen Alpenfront zu schwach waren, mit Truppen zu helfen. Aber mit welchen? Gebirgsjägereinheiten, die für den extrem schwierigen Kampf im Hochgebirge geeignet waren, gab es damals im deutschen Heer noch nicht; sie mußten erst geschaffen werden. Italien besaß im Jahre 1914 bereits 75, im militärischen Skilauf ausgebildete Alpini-Kompanien.
Bis dahin war also von deutschen Generalstäblern die Notwendigkeit einer Aufstellung von speziellen Hochgebirgstruppen anscheinend nicht ernsthaft in Erwägung gezogen worden. In den Vogesen, den Franzosen gegenüber, glaubte man mit herkömmlichen Truppen, vor allem Infanterie, auszukommen. Die Hochgebirgsgrenze zwischen Bayern und Tirol kam für militärische Operationen, soweit dies aus den vorliegenden Unterlagen ersichtlich ist, erst gar nicht in Betracht. Vielmehr war man der Auffassung, einen gegebenenfalls über die Alpen vordringenden Feind auf der bayerisch-schwäbischen Hochebene stellen zu können. Nun, im Jahre 1915, holte man sich geeignete Soldaten für den Kampf im Hochgebirge vor allem bei den bayerischen Regimentern und Bataillonen, den alten Vogesen- und Riesengebirgsjägern und nicht zuletzt bei den neu aufgestellten Schneeschuheinheiten, »die Ersatz aus gebirgsgewohnten Mannschaften hatten und unter denen sich auch ein relativ hoher Prozentsatz gebirgserfahrener Offiziere befand«. Weiter heißt es bei Wilhelm Paulcke: »Die Skitruppe wurde zu einer Hochgebirgstruppe umgeformt, und die alten erfahrenen Bergsteiger und Skiläufer hatten an der Ausgestaltung dieser neuen Spezialtruppe, der ersten deutschen Hochgebirgsjäger, den größten Anteil. Im Deutschen Alpenkorps unter Krafft von Dellmensingen und im Karpatenkorps unter von Conta haben sich diese Truppen . . .an allen möglichen Gebirgsfronten wie in den schweren Materialschlachten des Westens vorzüglich bewährt«.

Die Geschichte der Entwicklung dieser neuen Truppengattung im einzelnen: Gegen Mitte Mai 1915 trafen die Soldaten der Schneeschuhbataillone 1 und 2 — von den verschiedenen Kriegsschauplätzen kommend — am Truppenübungsplatz Lager Lechfeld bei Augsburg ein, wo die Aufstellung zwei weiterer Bataillone mit Skiläufern, die im Gebirgskampf eingesetzt werden konnten, vorgesehen war. Den Stamm für das neue preußische Bataillon Nr. 3 bildeten die Karpatenkompanien des S.B.2. Als Stamm für ein weiteres bayerisches Bataillon mit der Nummer 4 wurden die Schneeschuhläufer der 4./S.B.1 herangezogen.
Interessant ist, daß bereits am 19.3.1915 das bayerische Kriegsministerium die »Umwandlung des Schneeschuh-Bataillons Nr. 1 in eine Gebirgstruppe« angeordnet hatte. Im entsprechenden Befehl an die Frontkommandos in den Vogesen heißt es wörtlich: »Das Schneeschuh-Bataillon Nr. 1 wird mit Eintritt der wärmeren Jahreszeit nicht aufgelöst, sondern bleibt unter Beibehaltung seiner bisherigen Organisation und seines Namens als Gebirgstruppe zur besonderen Verwendung bestehen« usw. Erstmals wurde also in einem Befehl der Begriff »Gebirgstruppe« verwendet. In der Anordnung zur Aufstellung des Schneeschuhbataillons hieß es noch — wie vorhin zitiert —: ». . .doch ist es möglich, daß bei andauernd ungünstigen Schneeverhältnissen sie« (die Schneeschuhtruppe) »im Notfall auch als Infanteriebataillon Verwendung findet«.
Den »neuen Notwendigkeiten« folgten auch die Württemberger: Am 6.5.1915 wurde aus der württembergischen Schneeschuhkompanie eine Gebirgskompanie gebildet. Die Soldaten dieser Kompanie nannten sich fortan Gebirgs s c h ü t z e n.
Am 19.5.1915, kurz vor der offiziell bekanntgegebenen Kriegserklärung Italiens (23.5.), befahl das preußische Kriegsministerium die Aufstellung des schon erwähnten Alpenkorps. Die Verantwortung dafür wurde dem bayerischen Kriegsministerium übertragen. In der Aufstellungsphase ab 21.5. hatte das Deutsche Alpenkorps, von dem erste Verbände bereits am 25. Mai 1915 an die Tiroler Dolomitenfront abrückten, eine Stärke von ca. 26 000 Mann. Es verfügte über eigene Korpstruppen, darunter schwere Artillerie und eine Feldfliegerabteilung. Gegliedert war es in zwei Jägerbrigaden, der 1. bayerischen Jäger-Brigade (v. Tutschek) und der 2. Jäger-Brigade (v. Below). Zu dieser Brigade gehörte das in Lager Lechfeld aus den Schneeschuh-Bataillonen 1, 2, 3 und 4 — zu je 3 Kompanien und einer MG-Kompanie — neu gebildete Jäger-Regiment 3. Es hatte eine Gesamtstärke von rund 100 Offizieren und 4000 Unteroffizieren und Mannschaften. Hinzu kamen 800 Pferde, einschließlich der Tragtiere.
Generalleutnant Konrad Krafft von Dellmensingen führte das Deutsche Alpenkorps bis zum 28. Februar 1917 — zunächst an der Dolomitenfront, wo es zu einer echten Hochgebirgstruppe wurde. Die Soldaten der Ersatz-

einheiten erhielten ihre Gebirgsausbildung zum Teil unmittelbar hinter der Front oder bei der Schneeschuh-Ersatzabteilung in Immenstadt (S.B.1 und S.B.4). Bekannt ist ferner, daß von November 1915 bis Januar 1916 mit 2 Skiläuferkommandos in den Allgäuer Hochalpen bei Oberstdorf Skiausbildung betrieben wurde. Aus den Skiläuferkommandos entstand in Fischen bei Sonthofen der »Gebirgspatrouillenzug«; er hatte Kompaniestärke, gehörte zur Schneeschuh-Ersatzabteilung in Immenstadt und führte, wie es heißt, »die Hochgebirgsausbildung für die gesamte Gebirgstruppe durch«. An die Gebirgsjäger oder Gebirgsschützen waren Bergstiefel ausgeteilt worden. Vervollständigt wurde die Ausrüstung durch einen Bergstock und einen wasserdichten Überzug für die Bergmütze. Auf den Erinnerungsfotos fürs Album sieht man auch Soldaten des neu gebildeten Jäger-Regiments 3 und württembergische Gebirgsschützen, die feldgrau überzogene Tschakos tragen. Der Tschako ist eine militärische Kopfbedeckung ungarischen Ursprungs, war zunächst aus Filz, später aus schwarzlackiertem Leder; er wurde im preußischen Heer 1842 durch die Pickelhaube ersetzt, doch behielten die Jäger und andere Spezialtruppen den Tschako bis 1918.

Nach der Umbenennung der württembergischen Schneeschuhkompanie in eine Gebirgskompanie (WGK 1) wurden die Gebirgsschützen nicht gleich im Hochgebirgskampf eingesetzt, sondern verblieben zunächst noch an der Westfront, wo sie im Verlauf der erbittert geführten Kämpfe um die Vogesenhöhen schmerzliche Verluste erlitten — insgesamt 50 Gefallene und 188 Verwundete.

Anfang Herbst 1915 war die Neugliederung zu einem Bataillon befohlen worden. Das geschah dann am Truppenübungsplatz Münsingen auf der Schwäbischen Alb. Helmut Schittenhelm, der wohl beste Kenner der Geschichte des Bataillons, bezeichnet es als eine der »merkwürdigsten« Einheiten des deutschen Heeres, mit »Soldaten aus allen Waffengattungen, eine Auslese berggewohnter Männer aus allen Schichten und Berufen. Studenten, Lehrer und Kaufleute sind besonders zahlreich vertreten, der Professor steht in Reih und Glied neben dem einfachen Schwarzwaldbauern und Albsohn, der Handwerker neben dem Kunstmaler. Blutjunge Kriegsfreiwillige bemühen sich, es den durch Sport gestählten älteren Jahrgängen gleichzutun«. . .

Der Vorschlag, die neue Einheit als »Jäger«bataillon zu bezeichnen, wurde damals von der obersten Heeresleitung abgelehnt; die Bezeichnung sollte ab 1.10.1915 lauten: »Württembergisches Gebirgs-Bataillon«. Es hatte eine Stärke von 6 Schützenkompanien und 6 MG-Zügen. In Zahlen: 39 Offiziere, 1620 (!) Unteroffiziere und Gebirgsschützen, 18 schwere Maschinengewehre, 258 Pferde und Tragtiere sowie 84 Fahrzeuge. Anderen

Unterlagen, die über die Gliederung »an den verschiedenen Fronten« Auskunft geben, ist zu entnehmen, daß beim Bataillon »im Verlauf seiner Einsätze mancherlei organisatorische Änderungen« vorgenommen wurden. Für Juli 1917 wird eine Stärke von 11 Kompanien angegeben (mit Nachrichten- und Werferkompanie). Den Befehl über das neu aufgestellte Bataillon übernahm Major Theodor Sproesser, ein Frontoffizier, der Erfahrungen bereits in China, in Nordfrankreich und Rußland gesammelt hatte. Bei seinen Württembergern erlangte er schließlich einen legendären Ruf als »der alte Alpino«.

Am 1.12.1915 war das Bataillon mit fünf Eisenbahnzügen nach Österreich gebracht worden, wo es am Arlberg ». . .die erwünschte Gelegenheit zu gründlicher Ausbildung im Gebirgskriege« erhielt. Dazu gehörten nach wie vor »Übungen mit Schneeschuhen«. Führer der 2. Kompanie war der spätere Generalfeldmarschall der Deutschen Wehrmacht Erwin Rommel (im Zweiten Weltkrieg berühmt geworden als »Wüstenfuchs«).

Ende Dezember ging es vom Arlberg wieder an die Vogesenfront. Helmut Schittenhelm schreibt: »Infolge der dort inzwischen eingetretenen Anhäufung von Stacheldraht blieben die 2000 Schneeschuhpaare Dauerbestand der Skikammer«.

Die weiteren Einsätze des Bataillons bis zur 12. Isonzoschlacht in Stichworten: Ab Herbst 1916 Teilnahme am Feldzug gegen Rumänien. Mit der Erstürmung der Höhen des Vulkangebirges erzwang das Bataillon den Durchbruch durch die rumänische Armee. Der Paßausgang wurde gegen fünfzehnfache Übermacht gehalten. Dann in Gewaltmärschen durch die kleine und große Walachei, »hinter den Hufen des Kavalleriekorps v. Schmettow«. Am 6. Dezember 1916 unter den ersten Truppen, die im eroberten Bukarest einmarschierten. Eingliederung in das Deutsche Alpenkorps. »Die württembergischen Gebirgsschützen sind stolz auf das silberne Edelweiß, das sie als Zeichen der Zugehörigkeit zum Deutschen Alpenkorps tragen dürfen« (Schittenhelm). Zwischen Weihnachten und Neujahr Erstürmung der waldreichen Höhen des »Magura Odobesti« — »im Wettlauf mit dem bayerischen Leibregiment«. Nach Beendigung der Offensive verzögerte starker Schneefall den Rücktransport ins Elsaß. Anfang Februar 1917 wieder im alten Kampfabschnitt zwischen »Hartmannsweilerkopf« und »Hilsenfirst«. Dort bis Juli 1917. »Gänzlich unerwartet« am 20. Juli Befehl zum erneuten Abtransport an die südliche Ostfront. In Rumänien (7.8. — 26.8.1917) als »Gebirgsjäger-Sturmbataillon« der 15. bayerischen Reserve-Infanterie-Brigade zugeteilt. Kämpfe um die Gebirgsausgänge der Berecker Karpaten in die Moldau. Das Bataillon, nun 11 Kompanien stark, war in 3 Abteilungen gegliedert. »Nach heißem, verlustreichem Ringen um mehrere stark befestigte Feindstellungen« wurde am 11. August der Gipfel des »Deal Cosna« von der Abteilung des Oberleutnants

Rommel, unterstützt vom III./Reserve-Infanterie-Regiment 18 (Hauptmann Sondermann), im Sturm genommen. Kurze Verlegung des Bataillons nach Mazedonien — und im Verband des Deutschen Alpenkorps Aufmarsch zur 12. Isonzoschlacht.

Das aus den vier Schneeschuhbataillonen zusammengestellte Jäger-Regiment 3 hatte mit den anderen Verbänden des Alpenkorps Mitte Oktober 1915 die Stellungen an der Dolomitenfront auf Befehl der obersten Heeresleitung räumen müssen. Neue Einsatzgebiete waren bis März 1916 Serbien und Mazedonien. Die Soldaten erhielten anstelle des Rucksacks den Tornister, die Skimütze wurde durch den Tschako ersetzt: Aus den Schneeschuhschützen wurden Jäger. Kommandeur des Regiments war nun, nach Oberstleutnant Dürr, Oberst von Rango.
Von Mai bis Juli 1916 nahm das Regiment — zeitweise wieder im Verband des Alpenkorps — an den fürchterlichen Materialschlachten vor Verdun teil. »Der Boden war übersät mit Leichen und Kampfmaterial, . . .die Luft verpestet durch den Geruch unzähliger verwesender Menschenleiber . . .« Die Verluste des Regiments an Toten und Vermißten betrugen in diesem kurzen Zeitraum: 24 Offiziere und 692 Mann. An Verwundeten: 28 Offiziere und 1529 Mann.
Im Juli 1916 wechselte das als Gebirgstruppe ausgerüstete Jäger-Regiment 3 vom Alpenkorps zum Karpatenkorps (Kennzeichen: silbernes Hirschgeweih mit Schwert). Dieses Korps war zur Entlastung der hart bedrängten Österreicher im Verlauf der russischen Brussilow-Offensive aus den preußischen Infanteriedivisionen 1 und 200 und den notwendigen Korpstruppen aufgestellt worden. Der Auftrag des mit Ersatzmannschaften wieder auf volle Kampfstärke gebrachten Regiments lautete, am 30. Juli in die russische Offensive hinein zum Gegenstoß in die Bukowina anzutreten. Verstärkung erhielt es durch zugeteilte MG-Abteilungen und Gebirgsartillerie. Am 3.8. wurde nach dem Vorbereitungsfeuer der 15 Gebirgsgeschütze zuerst die 1586 Meter hohe »Baba Ludowa« im Sturm genommen, hinter dem fliehenden Feind anschließend das Probinatal durchschritten und noch in der darauffolgenden Nacht der zäh verteidigte 1270 Meter hohe »Stoubny« erobert. In der Chronik dieser und der nachfolgenden Kämpfe in den Karpaten wird in vier Abschnitten darüber berichtet: 1. Augustkämpfe im Ludowa-Gebiet; 2. Die Septemberschlacht in den Karpaten (1.9. - 19.10.1916); 3. In der Stellung von Macarlau (20.10.1916 -26.7.1917); 4. Die Befreiung der Bukowina (26.7. - 10.8.1917). Neben den im großen Verband geführten Angriffs- und Abwehrkämpfen gab es auch immer wieder Einsätze kleinerer Jagdkommandos, besonders gegen die russischen Nachschubwege hinter der Front. In den Wintermonaten wur-

den »bei wagemutigen Patrouillenunternehmungen« die Skier benutzt. Während der Zugehörigkeit zum Karpatenkorps verlor das Jäger-Regiment 3 an Toten und Vermißten: 13 Offiziere und 556 Mann. Die Verluste an Verwundeten betrugen: 14 Offiziere und 1450 Mann.

Am 24. Oktober 1917 um 2 Uhr morgens begann mit gewaltigen Feuerschlägen aus den Kanonen der verbündeten deutschen und österreichisch-ungarischen Angriffstruppen die 12. Isonzoschlacht. »Die Hölle wird aufgetan. Ein Feuerorkan rast über die italienischen Batteriestellungen, dumpf mischen sich die Einschläge der Gasgranaten in das Bellen der leichteren Geschütze und die gewaltig nachhallenden Explosionen der schweren und schwersten Kaliber. Das Isonzotal wird zum fürchterlichen Hexenkessel. . .« (Schittenhelm). Die für die Offensive neu aufgestellte deutsche 14. Armee stand unter dem Oberbefehl des Generals Otto von Below. Generalleutnant Krafft von Dellmensingen, erster Kommandierender des Deutschen Alpenkorps, war sein Chef des Stabes. Zur Armee zählten: Das aus preußischen und bayerischen Truppenteilen bestehende Alpenkorps (v. Tutschek), die preußische 200., die brandenburgische 5., die schlesische 12. und die württembergische 26. Infanterie-Division sowie die 117. Infanterie-Division. Die Bataillone des Jäger-Regiments 3 waren der 200. I.D. unterstellt worden. Sie hatten die schwere Aufgabe, vom Tolmeiner Brückenkopf aus, dem einzigen Höhenrücken jenseits des Isonzotales, der sich damals noch in eigenem Besitz befand, den festungsartig ausgebauten Gebirgsstock der »Jeza« zu erstürmen. Das war ein steil nach oben führender, das Tal um 700 Meter überragender »Eckpfeiler« des italienischen Stellungssystems. Noch am Abend des 24. Oktober war das gesamte Jezamassiv in den Händen des Regiments. General von Below nannte den »in so kurzer Zeit« erkämpften Aufstieg der Sturmbataillone auf den beherrschenden Jezarücken »den schwersten Teil unserer schier ungeheuerlichen Aufgabe«. Nach Meinung Krafft von Dellmensingens (»Der Durchbruch am Isonzo«) können »dem wohl wenige gleichartige Beispiele in der Geschichte des Weltkrieges zur Seite gestellt werden«.

Rechts von der 200. I.D., mit dem Jäger-Regiment 3, waren Verbände des Alpenkorps zum Angriff auf die in gleicher Weise festungsartig ausgebauten Gebirgsstellungen der Italiener angetreten — den Kolovratrücken und den 1641 Meter hohen Gipfel des »Monte Matajur«. Mit dabei das württembergische Gebirgs-Bataillon des Majors Sproesser, dessen Sturmausgangsstellung — wie die des Königlich-Bayerischen Infanterie-Leibregiments (kurz »Leiber« genannt) — südlich von Tolmein, Höhe 540 Bucenica, lag. Die Württemberger waren kurz vor Angriffsbeginn der bayeri-

schen 1. Jäger-Brigade des Alpenkorps zugeteilt worden und standen unmittelbar hinter dem rechten Flügel des Leibregiments, das über Hevnik -Kuk — Luico auf den »Matajur« angesetzt wurde. Sproessers Gebirgsschützen hatten dabei den Auftrag, die rechte Flanke der »Leiber« beim Aufstieg gegen Hevnik zu sichern und die italienische Artilleriestellung Foni einzunehmen (was später der Abteilung des Oberleutnants Wahrenberger auch gelang). In nächster Nähe der Bayern und Württemberger lagen die Schlesier der 12.I.D.; sie sollten, rechts vom Alpenkorps, auf beiden Isonzoufern im Tale nach Karfreit durchbrechen. Helmut Schittenhelm schreibt in seinen Erinnerungen: »Für die Eroberung des stark befestigten Matajurgipfels ist die höchste deutsche Kriegsauszeichnung, der Orden Pour le Mérite, ausgesetzt. Dem Gebirgsbataillon ist dies nicht bekannt; es weiß nur, daß der Matajur genommen werden muß, wenn das weit gesteckte Angriffsziel erreicht werden soll«.
Der »Hevnik«, am Nordausläufer des Kolovratgebirges, wurde von dem vordersten III. Bataillon der »Leiber« und von der Abteilung des Oberleutnants Rommel besetzt. Nächstes gemeinsames Angriffsziel der Bayern und Württemberger war der 250 Meter höher gelegene Hauptstock des Kolovratgebirges, »ein langer kahler Rücken mit Grasboden und Steinbrocken, Geröllhalden und Felskuppen«: Höhe 1114. ». . .eine regelrechte, stark verdrahtete Festung«. In der Abenddämmerung kam es zum Kampf. Die Württemberger konnten in einem ausgedehnten Vorwerk Fuß fassen, während die 12. Kompanie der »Leiber« unter der Führung des Leutnants Ferdinand Schörner (dem späteren Generalfeldmarschall der Deutschen Wehrmacht) eine Teilstellung von 1114 erstürmte. »Die eigentliche italienische Widerstandslinie« befand sich, laut Schittenhelm, »etwas höher 300 Meter zurück. Der Weg dorthin führt über grasige Hänge, die von Drahtverhauen und spanischen Reitern versperrt sind. Ein Versuch, im Zwielicht Stoßtrupps gegen die sehr kampflustigen Italiener in der Hauptstellung vorzutreiben, mißlingt im feindlichen Maschinengewehrhagel. Die Dunkelheit bricht herein, der Angriff stockt. Nach gründlicher Artillerievorbereitung soll er am nächsten Morgen vom Leibregiment und vom Gebirgsbataillon weitergetragen werden«. Inzwischen waren an der rechten Flanke die Schlesier in einem Zuge viele Kilometer in die italienische Talfront eingebrochen.
Mit Beginn der Morgendämmerung unternahmen die Italiener aus ihrer befestigten Bergstellung heraus mehrere Gegenstöße, die aber von den »Leibern« und den württembergischen Gebirgsschützen abgewehrt wurden. »Während die Artillerie-Verbindungsoffiziere das deutsche Artilleriefeuer auf Höhe 1114 zu lenken versuchen, erbietet sich Oberleutnant Rommel zu einem Handstreich gegen die nicht angegriffene, steil ins Isonzotal abfallende Nordfront des Kolovratrückens«. An der Spitze von zwei

Schützenkompanien und einer Maschinengewehrkompanie überquerte er »unter größten Schwierigkeiten« die Steilhänge des Kolovratrückens unterhalb der dritten italienischen Stellungslinie, schlug sich durch dichtes, fast undurchdringliches Unterholz und überkletterte mit seinen Männern die tief eingeschnittenen Wasserrinnen. Das hatte alles möglichst lautlos zu geschehen. Rommel führte also »vorsichtig anschleichend« seine Abteilung zunächst bis auf 100 Meter an die Drahthindernisse der Hauptstellung zwischen Höhe 1185 und 1114 heran. Sein Adjutant Leutnant Streicher erstieg dann aus eigenem Entschluß heraus mit einem kleinen Trupp von fünf Mann, die ein Maschinengewehr dabei hatten, das letzte Stück des Hanges, um im Verhau eine Möglichkeit für einen raschen Einbruch in die Stellung zu erkunden. Ohne zu zögern überwältigte er oben mit seinen Leuten in einem günstigen Augenblick die Besatzung einer Geschützstellung. Kein Schuß war dabei gefallen. In der Darstellung der weiteren Ereignisse, nachdem Rommel vom Voraustrupp Meldung erhalten hatte, heißt es: »Wie ein Blitzschlag fährt die Meldung durch die Sturmkolonne. Die Schützen springen auf, das Gepäck wird auf den Rücken geworfen, der Karabiner in die Hand genommen, die gesamte Abteilung rennt, was die Kräfte hergeben, den Hang hinauf. An zwanzig Stellen zugleich werden die Verhaue überklettert. Kein Italiener ist sichtbar, der die außerordentlich stark befestigten Gräben verteidigen würde. Sie werden übersprungen, und schon stehen die Schützen mitten in einer Batteriestellung, deren Bedienungsmannschaft von der Patrouille Streicher beim Waschen gründlich gestört wurde. Fassungslos starren die Italiener auf die feldgrauen Männer. Sie können nicht begreifen, wie die Tedeschi hier heraufgekommen sind — noch liegt ja deutsches und österreichisches Granatfeuer auf ihren Geschützstellungen! . . .« Rommel erteilte den Befehl, »gegen Osten abzudämmen und zu sperren und im Rücken zu sichern. Er selbst wendet sich mit dem Kern seiner Truppe nach Westen, um die Stellungen auf dem Kolovratrücken gegen Höhe 1192 aufzurollen. Leutnant Ludwig, 2. Kompanie, übernimmt es, die italienischen Gräben zu säubern«.

Währenddessen stürmte Oberleutnant Rommel mit der 3. Kompanie und der Maschinengewehrkompanie am Südhang auf einer breiten, gegen Sicht maskierten Höhenstraße weiter vor. »Aus Unterständen und Geschützstellungen werden die teilweise noch schlafenden Italiener herausgeholt. Es sind nach kurzer Zeit über 1000 Gefangene! Riesige Materialmengen werden erbeutet, auf der Straße steht ein Dutzend 21-Zentimeter-Geschütze, hastige Hände schreiben mit Kreide auf die Rohre drei große Buchstaben: WGB — Württembergisches Gebirgs-Bataillon. Große Fiat-Lastzüge, denen es nicht mehr zur Umkehr gereicht hat, fallen den Schwaben in die Hände. Es kommt ihnen erst zum Bewußtsein, wie wahnwitzig

klein ihr Häuflein inmitten der italienischen Front ist, als ihnen auf der Straße von drei Seiten Maschinengewehrfeuer entgegenschlägt und ihrem weiteren Vordringen Halt gebietet«.
Das anschließende Gefecht mit einem etwa 500 Mann starken italienischen Bataillon, das zur Kapitulation gezwungen wurde, hatte die gesamte italienische Kolovratbesatzung alarmiert. Von mehreren Seiten zugleich hagelte es Maschinengewehrfeuer. Artillerie schoß sich auf die Angreifer ein. Alpini- und Bersaglieritruppen unternahmen die ersten Gegenstöße gegen den Kamm. Bei Höhe 1114 waren schon die bayerischen »Leiber« in heftige Kämpfe mit dem Gegner verwickelt. Major Sproesser hatte inzwischen den Rest des Gebirgsbataillons herangeführt, um die Sturmgruppen Rommels zu verstärken. Der 6. Kompanie wurde befohlen, »den Kolovratrücken gegen die Höhe 1114 nach Osten aufzurollen«. Rommel bereitete sich, nach der Verbindungsaufnahme zur Artilleriegruppe Tolmein, zum Sturmangriff auf den »Kuk« vor. In diesen Stunden zogen die Schlesier der 12. Infanterie-Division »nach einem glänzend durchgeführten Talstoß« in Karfreit ein und machten, wie berichtet wird, »unermeßliche Beute«. Sie hatten »die italienischen Befehlsstellen weggefegt und das Nachrichtennetz ihrer Verteidigung zerrissen«.
Die Württemberger, mit Rommel an der Spitze, stürmten nach der schwer erkämpften Einnahme der Feindstellung am »Kuk« sofort weiter vor gegen das kleine Bergdorf Ravna. »Entgegenkommende italienische Gruppen werden überrannt. In Ravna marschieren die Schützen zwischen den Häusern, ehe die Besatzung erkennt, was geschieht. Das Auftauchen deutscher Stahlhelme und grüner Jägermützen ist gleichbedeutend mit wilder Panik! Die zahlreichen Gefangenen beruhigen sich allerdings bald, ihr anfängliches Entsetzen wandelt sich in lärmende, südländische Fröhlichkeit. Überallher schallt den Schützen der Zuruf entgegen: »Evviva i tedeschi! Guerra e finita« — »Hoch die Deutschen — für uns ist der Krieg zu Ende!« . . .
In einer Senke zwischen dem »Kuk« und dem »Monte Matajur« liegt die Ortschaft Luico — »zum Bersten angefüllt mit italienischen Truppen und Bagagewagen«. Rommel wollte nun versuchen, zunächst die Talstraße Luico - Savogna abzuschnüren. Eine Vorhut war im Laufschritt zur Straße heruntergeeilt und hatte dort, in Lauerstellung liegend, innerhalb kurzer Zeit mehrere Hundert Italiener — die von den Deutschen völlig überrascht wurden — gefangengenommen und etwa 50 Fahrzeuge mit willkommenem Verpflegungsgut erbeutet. Vorher waren die von Savogna nach Luico führenden Fernsprechleitungen gekappt worden.
Bei Luico stand unterdessen die italienische 4. Bersaglieri-Brigade im Kampf gegen fünf Bataillone der schlesischen 12. Division, die von Idersko im Isonzotale in das Tal von Savogna eingedrungen waren, um an-

schließend auf den »Matajur« vorzustoßen. Zur Hilfe eilten ihnen das II. Bataillon des Leibregiments und die Gebirgsschützen unter der Führung von Major Sproesser. Nach heftigem Kampf rückten Schlesier, Bayern und Württemberger gemeinsam in Luico ein. An der von Oberleutnant Rommels Abteilung gesperrten Rückzugsstraße konnten 2 000 italienische Soldaten mit 50 Offizieren nach kurzem Feuergefecht gefangengenommen werden. Den übrigen zurückgehenden Verteidigern von Luico blieb nur der Weg zum »Monte Matajur« — wenn sie dort noch rechtzeitig in den Stellungen eintreffen würden! Denn Rommel hatte noch am Abend des 25. Oktober seiner Vorhut (2., 3., 4. Gebirgs-Kompanie, 3. MG-Kompanie) den Anstieg von Polava über Jevzek befohlen und war in die von den Italienern für die Verteidigung des »Matajur« mit Front nach Osten vorbereitete, noch nicht besetzte Stellung Cepletischis - Jevzek - Luico eingedrungen. Nach nur dreistündiger Rast in Jevzek und nach sorgfältiger Erkundung setzte Rommel mit seinen Gebirgsschützen vor Tagesanbruch — im Rücken des Gegners — den Aufstieg gegen Mrzli Vrh fort, sehr zum Schrecken der Italiener. Es kam zum Kampf. Generalleutnant Otto von Moser berichtet in seinem Geschichtswerk »Die Württemberger im Weltkriege« über die letzten Ereignisse des 26. Oktober 1917 bis zur Besetzung des »Monte Matajur«: »Trotz ernsten Widerstands bricht die Verteidigung zusammen, und Trupp auf Trupp gefangener Italiener sendet Oberleutnant Rommel auf der Straße nach Luico dem ansteigenden Gros des württ.Gebirgs-Bataillons entgegen. Er selbst setzt Aufstieg und Angriff gegen die Gipfelstellung fort und zieht allmählich die gesamte Brigade Salerno herunter vom Matajur, dessen Gipfelhöhe 1641 seine schwachen Kompagnien 11.40 vormittags nach 56 Stunden Kampf erreichen. Eine ungeheure Leistung des Führers und der Truppe, glänzend durch unermüdliche Hingabe und durch Schneid, durch höchste Selbsttätigkeit und Gewandtheit!« . . .

Zur gleichen Zeit mit den Württembergern erreichte ein Vortrupp des Infanterie-Regiments Nr. 23 (12. I.D.) den Sattel etwa 150 Meter ostwärts des »Matajur«-Gipfels. Bereits einen Tag zuvor, um 7 Uhr vormittags, hatte sich Leutnant Schnieber mit der verstärkten 4. Kompanie des Oberschlesischen Infanterie-Regiments Nr. 63 (ebenfalls 12. I.D.) bis zu einer dem »Matajur« nördlich vorgelagerten Bergkuppe durchgekämpft. Seiner Meldung nach, die im Bericht des »Großen Hauptquartiers« vom 27.10.1917 auch entsprechend gedeutet wurde, glaubte er, auf dem »Matajur« zu stehen . . . Leutnant Schnieber, der 1918 in Flandern fiel, erhielt zusammen mit Rommel und Major Sproesser den Pour le Mérite. Helmut Schittenhelm beschreibt in seinem Buch »Wir zogen nach Friaul« die Enttäuschung der Württemberger, weil sie im amtlichen Heeresbericht vom

27.10.1917 im Zusammenhang mit der Eroberung des »Matajur« nicht genannt wurden, meint aber fairerweise, »daß die tapferen Schlesier diese Ehrung« (die Verleihung des Ordens Pour le Mérite an Leutnant Schnieber) »für ihren glänzend durchgeführten Talstoß nach Karfreit wohl verdient hatten«. Den Pour le Mérite erhielt damals auch Leutnant Schörner vom bayerischen Leibregiment. Ihm wurde ein »entscheidender Anteil« an der Eroberung der Höhe 1114 zugeschrieben.

Die italienische Kolovratverteidigung war zusammengebrochen. Im oberen Isonzotal hatten die verbündeten Truppenteile tiefe Einbrüche bis weit hinter die Front des Gegners erzielt. Ohne große Mühe wurden die Italiener, die sich in heilloser Flucht befanden, auch aus ihren Reservestellungen geworfen. Das deutsche Jäger-Regiment 3 traf erst wieder am Südrand des Gebirges auf starken Widerstand des Gegners, der sich am »Monte Purgesimo«, 4 Kilometer ost-nordostwärts von Cividale, konzentrierte.
Inzwischen war seit dem frühen Morgen des 26. Oktober das Gros des württembergischen Gebirgsbataillons nach Süden, entlang des Natisone, Richtung »Monte Purgesimo« unterwegs. Rommels Abteilung folgte später. Noch am Abend des gleichen Tages besetzte die Abteilung des Hauptmanns Gößler die Ortschaften Brischis und Cicigolis am Natisone, sicherte nach Süden und nahm nördlich Verbindung auf zur Vorhut der 12. I.D. Am 27. Oktober in den Vormittagsstunden stieß die Abteilung Gößler auf dem rechten Natisoneufer nach Süden weiter in Richtung Cividale vor. Gleichzeitig überrollten rechts von ihnen Teile des Leibregiments und Jäger des Alpenkorps die Abwehrfront des Feindes in der Linie »Monte Juanes - Monte Medlessena«. In die Kämpfe um den »Monte Purgesimo« hatte jetzt auch eine Vorausabteilung der württembergischen 26. I.D. (Infanterie-Regiment 125) eingegriffen. Sie erhielt wenig später Unterstützung durch die Gebirgsschützen des Hauptmanns Gößler. Nach der Eroberung des »Purgesimo« rückte am Abend des 27. Oktober das Jäger-Regiment 3 als erste deutsche Truppe in die fluchtartig von den Italienern geräumte und zum Teil brennende Stadt Cividale ein. Es folgten die Bayern vom Infanterie-Leibregiment und die württembergischen Gebirgsschützen zusammen mit den Infanteristen des III./125.

In vier Tagen waren die Julischen Alpen durchbrochen und Friaul, die Landschaft zwischen den Karnischen Alpen und der Adria, erreicht worden. Nach der Einnahme von Cividale setzte das Jäger-Regiment 3 seinen Vormarsch nördlich von Udine fort. Unmittelbar rechts des Regiments verfolgten bei strömendem Regen auch die Württemberger den fliehenden Gegner in Richtung des Tagliamento.

Am 1. November 1917 schied das württembergische Gebirgsbataillon aus dem Verband des Deutschen Alpenkorps, wurde der österreichisch-ungarischen Gruppe Krauß unterstellt und sollte als Vorhut der k. und k. 22. Schützen-Division die Karnischen Alpen durchbrechen in Richtung Longarone am Piave. Die vereiste »Forcella Clautana« (1700 Meter) wurde von den Gebirgsschützen am 7. November erstürmt. Anschließend erzwangen sie den Eintritt in die Vajontschlucht und in das Piavetal bei Longarone. Generalleutnant von Moser bezeichnet in seinem Geschichtswerk den gelungenen Durchbruch durch die Karnischen Alpen und die Einnahme von Longarone als »eine im Gebirgskrieg wohl einzig dastehende Waffentat«. Krafft von Dellmensingen sprach damals von einer »Glanzleistung ersten Ranges«. 8 000 Italiener mit 200 Offizieren hatten vor dem im Vergleich kleinen Häuflein der Württemberger die Waffen gestreckt. »In alter Frische und unübertrefflichem Wagemut hatte wieder Oberleutnant Rommel seinen Vortrupp geführt . . .Sein Beispiel riß die Kameraden mit und begeisterte sie zu höchster Tapferkeit!« . . .
Über Belluno ging es, immer noch im Verband der Gruppe Krauß, gegen den »Monte Grappa« (1779 Meter). Dort standen die Württemberger bis zum Ende des Jahres in schwierigstem Gebirgskampf, vor allem am nordostwärts des »Grappa« gelegenen »Monte Spinuccia« (1303 m). Im Januar 1918 kehrte das Bataillon nach Gebweiler im Oberelsaß zurück. Einsätze wieder in den Vogesen, »Hartmannsweilerkopf«.

Neben den württembergischen Gebirgsschützen wurden auch die Jäger des Regiments 3 (ab 11. Dezember) gegen die vorbereiteten Felsstellungen der Italiener westlich des Piavetales eingesetzt. Der »Monte Grappa« sowie der vorgelagerte »Solarola« mit »Pyramidenkuppe« und »Sternkuppe« befanden sich fest in den Händen italienischer Alpini und französischer Alpenjäger. »Alle Hänge waren mit festgefrorenem Schnee überzogen, die Felsen vereist. Auch die schmalen Wege waren nur mit Steigeisen zu begehen«. Dennoch gelang es dem II. und IV. Bataillon »in einem beispiellos erbitterten Kampfe« die »Sternkuppe« dem Gegner zu entreißen. Ein gleichzeitig angesetzter Angriff gegen die »Pyramidenkuppe« blieb in vereistem Fels stecken.
Das war auch das Ende des Gebirgskampfes an der italienischen Front. Weihnachten 1917 wurden die Bataillone abgelöst. Ende Januar 1918 befand sich das Regiment auf der Fahrt nach Lothringen. Im Anschluß an eine Ausbildungszeit, die bis Ende März dauerte, kamen die Jäger mit der 200. Infanterie-Division zum Fronteinsatz in die Gegend von Cambrai. Am 13. Mai wurde »die schwer geprüfte Truppe« dort herausgezogen und zur »Auffrischung« in das Hinterland verlegt. Ab Mitte Juli nahm das Regiment an der Angriffsschlacht an der Marne teil und mußte dabei fürch-

terliche Verluste hinnehmen. Den »wenigen Kämpfern«, die übriggeblieben waren, gönnte man anschließend 14 Tage Ruhe.
Dann ging es wieder in die vorderste Linie: die Abwehrschlacht in der Champagne war entbrannt. Danach mußte das II. Bataillon — weil Ersatzleute für die zahlreichen Gefallenen und Verwundeten fehlten — aufgelöst werden; die Kompanien hatten nur noch Zugstärke. Dieser Rest hatte ab 20. Oktober im Verband der 200. I.D. die Stellungen am Oise-Sambre-Kanal östlich von Le Cateau zu verteidigen. »In aussichtslosen Kämpfen« wurde dem Gegner dort noch bis zum 4. November standgehalten. Endlich konnte nach dem erfolgten Waffenstillstand an den Fronten am 11. November der Rückmarsch in die Heimat angetreten werden.
In den Berichten über das aus den vier Schneeschuhbataillonen hervorgegangene Jäger-Regiment 3 ist nachzulesen, daß die 200. Infanterie-Division als letzter deutscher Truppenverband in der Nacht vom 3. zum 4.12.1918 bei Bonn den Rhein überquerte.

Die Württemberger waren am 3. Mai 1918 zu einem Gebirgsregiment umgegliedert worden, mit einer Sollstärke von 66 Offizieren und 2559 Unteroffizieren und Mannschaften, verteilt auf 6 Schützenkompanien, 3 MG-Kompanien, eine Werfer- und eine Nachrichtenkompanie. Das Regiment verfügte über 856 Pferde, darunter 503 Tragtiere und 132 Fahrzeuge. Der Ersatztruppenteil lag in Isny und in Leutkirch im Allgäu.
Als Regimentsverband Teilnahme an den letzten großen Schlachten in Frankreich. Major Sproesser wurde schwer verwundet; Nachfolger: Major von Schnizer. Mitte Juli (wie Jäger-Regiment 3) an der Marne eingesetzt. Schwerste Verluste. Im Spätsommer 1918 noch einmal an die Front nach Mazedonien verlegt. Anfang September wieder an der Westfront. Rückzugsgefechte an der Maas. Mit der Heimkehr in die Heimatgarnison Isny am 22. Dezember 1918 endete auch die Geschichte der württembergischen Skijäger und Gebirgsschützen des Ersten Weltkrieges.

Neuaufstellung und erste Einsätze der Skitruppe im 2. Weltkrieg

Die im Ersten Weltkrieg zur Aufstellung der Gebirgstruppe mit herangezogenen Skijäger entstanden erst wieder im Rußlandfeldzug des Zweiten Weltkrieges — ebenfalls angesichts einer Notlage — als selbständige Einheiten.

Mit der Aufstellung des ersten Skibataillons der Deutschen Wehrmacht war in aller Eile auf Grund einer Entscheidung des damaligen Oberbefehlshabers der Heeresgruppe Mitte, Generalfeldmarschall von Kluge, am 12. Dezember 1941 begonnen worden. Hitler hatte sein großes Ziel, den Rußlandfeldzug noch vor Einbruch des Winters mit der Einnahme Moskaus zu beenden, nicht erreichen können. Die Angriffskraft des deutschen Ostheeres, das nur für sommerliche Verhältnisse ausgestattet war, erschöpfte sich auf tief verschlammten Straßen und Wegen und in einem dann hereinbrechenden ungewöhnlich harten Winter, der Temperaturen bis 45 und sogar 50 Grad Kälte brachte. Bis zum 1.12.1941 waren auf deutscher Seite 162 314 Tote, 571 767 Verwundete und 33 334 Vermißte gezählt worden, 24 Prozent der Sollstärke des Ostheeres. Es gab erhebliche Materialausfälle, die nur zum Teil ersetzt wurden. Die Rote Armee war zwar geschlagen und hatte ebenfalls schwere Verluste erlitten, sie war aber nicht niedergerungen und verfügte noch über große Reserven. Ihre Gegenstöße konnte sie mit frischen Angriffstruppen einleiten. Den Kern bildeten 34 aus Sibirien herangeführte und für den Winterkrieg vorzüglich ausgerüstete Divisionen, die reichlich über Skiläufereinheiten verfügten. Seit dem 5.12. war von den Toren Moskaus aus — denn fast so weit waren deutsche Soldaten schon vorgestoßen — die Offensive gegen die 1000 Kilometer breite Front der Heeresgruppe Mitte entbrannt. Siebzehneinhalb Armeen schickte das sowjetische Oberkommando in die Schlacht. Diese Angriffstruppen wurden laufend verstärkt, während die Kampfkraft der 78 Divisionen des Feldmarschalls von Kluge seit Oktober auf die Kampfkraft von 35 Divisionen abgesunken war. Den fortgesetzten Einbrüchen des Gegners in die Front der Heeresgruppe und der weiteren Schwächung der deutschen Abwehr, die im Dezember noch auf Verstärkung verzichten mußte, folgte konsequenterweise das Zurückweichen auf die Linie Kursk -Rschew. Dort, an der linken Flanke der Heeresgruppe, bahnte sich ein gefährlicher Durchbruch von 150 Kilometer Breite an, der in den Raum nördlich Smolensk und nach Westen auf Welikije Luki zielte.

In dieser kritischen Situation also wurde die Aufstellung des ersten Skibataillons der Deutschen Wehrmacht befohlen. Es bestand im wesentlichen Teil aus Angehörigen der beiden Lehrgruppen der Winterkampfschulen Orel und Gschatzk, die der Heeres-Hochgebirgsschule Fulpmes in Tirol unterstellt waren. Zuvor, gewissermaßen noch in letzter Minute, hatte der damalige Kommandeur der H.H.S. und mit der Aufstellung dieses neuartigen Bataillons beauftragte Major Hans von Schlebrügge dank seiner guten Verbindung zur Obersten Heeresleitung eine überstürzt angeordnete Verwendung des Lehrpersonals und der Lehrtruppe der frontnah gelegenen Schulen in »Alarmeinheiten« beiderseits der Smolensker Rollbahn

verhindern können. Die speziell ausgebildeten Winterkämpfer blieben ihm somit als Kern für die Aufstellung eines selbständigen und stark ausgerüsteten Skibataillons erhalten. Um die Einheit in der knapp bemessenen Zeit auf volle Mannschaftsstärke zu bringen, eilten Schlebrügge und mehrere erfahrene Offiziere der Winterkampfschulen an die großen Bahnhöfe im Mittelabschnitt, wo sie sich (mit Genehmigung der Heeresgruppe Mitte) unter den zur Front zurückkehrenden Urlaubern und Angehörigen von Ersatzeinheiten umsahen und die noch fehlenden Leute für die Neuaufstellung heraussuchten. Gefragt waren Soldaten mit Erfahrung im Skilanglauf, die sich im übrigen den extremsten Bedingungen eines Winterkampfes auf Skiern gewachsen fühlten.
Im Zusammenhang mit dem Aufbau, der Gliederung und Ausstattung mußte noch eine Fülle von Problemen gelöst werden. Doch konnte das Bataillon dann doch relativ schnell in Smolensk als personell gut besetzter Verband — viele ehemalige Gebirgsjäger waren darunter — gebildet werden; es erhielt den Namen des Kommandeurs: »Ski-Bataillon Schlebrügge«. Spätere Bezeichnung: Jäger-Bataillon 3.

Für den Ernstfall, wie er sich im Dezember 1941 ergab, waren immerhin schon einige Vorbereitungen getroffen worden. Eigentlich verfolgte die Heeres-Hochgebirgsschule, »deren Schulungsaufgaben lange Zeit bestimmt waren durch die Erfahrungen des Ersten Weltkrieges«, als erstes Lehrziel die »Ausbildung von Gebirgstruppen am Berge« und nicht von Skijägern für das russische Flachland.
Im September 1941 aber wurde die Genehmigung erteilt, sich vordringlich mit Fragen eines eventuellen Winterkrieges im Osten zu befassen. Wörtlich: »Es schälte sich die Aufgabe heraus, die Wintererfahrungen der Gebirgstruppe und das zusätzlich Erlernte der H.H.S. dem deutschen Ostheer zu vermitteln«. Die Schule zog auch finnische Offiziere heran, um den Vorsprung der Nordländer im modernen Winterkampf, wie ihn der russisch-finnische Winterkrieg gezeigt hatte, einzuholen. In rund 14tägigen Lehrgängen wurden Angehörige der verschiedensten Waffengattungen mit allen Besonderheiten einer beweglichen Kriegführung bei Schnee und strenger Kälte vertraut gemacht.

Zu den vielen Offizieren, die an der H.H.S. Fulpmes und an den zwei zusätzlich in Frontnähe eingerichteten Schulen dieser Art ihre Ausbildung erhielten, zählte auch der 26jährige Leutnant Günther Meergans. Der aus dem schlesischen Riesengebirge stammende Meergans war damals einer der bekanntesten Skisportler: 1937 und 1938 Deutscher- und Heeresskimeister in der Nordischen Kombination und vor dem Kriege außerdem Heeresskimeister der Mittelgebirgstruppen im Patrouillenlauf (etwa ver-

gleichbar dem heutigen Biathlon). Seine militärische Laufbahn hatte schon mit 17 Jahren im 100 000-Mann-Heer begonnen. Stammtruppe waren die Hirschberger Jäger.
Günther Meergans erinnert sich, daß er damals in Fulpmes fast die gesamte deutsche Ski-Nationalmannschaft vorfand. Jemand hatte das Märchen verbreitet, sie würden für die Weltmeisterschaften 1942 trainieren. »Aber die Art des Unterrichts«, so Meergans, »und der Dienstbetrieb (Vorschriften der finnischen Skitruppe) ließen uns bald einen Wintereinsatz an der Front vermuten«.
Weiter heißt es: »Im Januar 1942 wurden wir als Lehrpersonal den in Aufstellung begriffenen Skijagdkommandos zugeteilt. Ich kam zum Jagdkommando 2, das in Wiener-Neustadt aufgestellt wurde. Ende Januar waren wir wieder an der Front im Raum Smolensk«.

In den Aufzeichnungen des damaligen Obergefreiten Gustav Hodermann, der dem Jagdkommando 1 angehörte, sind neben Meergans namentlich noch folgende Skisportler der Spitzenklasse als Ausbilder und Soldaten dieser Spezialeinheiten aufgeführt: Weltmeister Gustl Berauer, Sepp Bradl, die Gebrüder Lantschner, Hans Marr, Paul Schneidenbach, Rudi Gehring sowie der Südtiroler Azzolini.
Noch in der ersten Januarhälfte hatte das erwähnte Ski-Bataillon Schlebrügge 130 Kilometer südöstlich von Smolensk, rechts der Rollbahn im Abschnitt Spass-Djemjanskoje - Juchnow, sehr aufreibende Kämpfe zu bestehen. Feldmarschall von Kluge sprach offen von »hohen Ausfällen durch blutige Verluste« und in Anspielung auch auf die nachfolgenden ununterbrochenen Einsätze bei Wahnsinnstemperaturen von »tödlichem Frost«.

Dieses erste Skibataillon der Wehrmacht (Kennzeichen: Wolfskopf mit aufgerissenem Rachen) bestand noch aus vier Kompanien, davon war die 4. eine schwere Kompanie mit s.MG-, Granatwerfer-Zug und eigenen Panzerabwehrkanonen sowie einem 21-cm-Mörser, der ebenfalls wirksam gegen angreifende Panzer eingesetzt wurde. Zur Stabskompanie zählten: Stabszug, Nachrichtenzug, Pionierzug, Melde-, Sanitätsstaffel und Kfz-Zug sowie die bespannten Teile als Verpflegungs- und Gepäcktroß. (Die etwa gleichzeitig oder bald danach aufgestellten »Skijagdkommandos« hatten in der Regel nur drei Kompanien, galten also eher als schnell bewegliche leichte Bataillone). An Bewaffnung für die Soldaten gab es neben dem Karabiner 98 k (kurz) halbautomatische Gewehre vom Typ 41 (W) und Maschinenpistolen, diese zunächst für Zug- und Gruppenführer, doch bald — auf Grund der Erfahrungen des Kampfes — in zunehmender Zahl auch für die gesamten Mannschaften.

In den Berichten werden »neue Maschinengewehre mit einer unheimlichen Schußfolge« erwähnt. Das heißt: Dem Bataillon wurden neben dem alten, aber hervorragend konstruierten leichten MG 34 (das mit dreibeinigem Ständer als mittelschweres MG diente) zur Erprobung einige Exemplare des neuen leichten Maschinengewehrs MG 42 zur Verfügung gestellt. Mit dieser Waffe konnte eine Feuergeschwindigkeit von 1200 - 1300 Schuß pro Minute erreicht werden. Zum Vergleich: Die Feuergeschwindigkeit des MG 34 schwankte zwischen 800 und 900 Schuß in der Minute.
Unter Hinweis auf die Bekleidung für den Wintereinsatz auf Skiern wird von »Behelfstarnanzügen« gesprochen. Das waren lange Schneehemden mit Kapuze, teils zum Überziehen, teils nach Art eines Mantels angefertigt. Daneben sieht man auf den Bildern von damals auch häufig weiße Tarnkleidung mit getrenntem Jacken- und Hosenteil. Ein Mantel, der die Bewegungsfreiheit eingeengt hätte, wurde vom Skisoldaten unter dem Tarnhemd in der Regel nicht getragen, besonders nicht bei Jagdkommando-Unternehmungen. Der erforderliche Kälteschutz wurde dadurch erreicht, daß mehrfach Unterwäsche und zwei dünne Pullover übereinander angezogen wurden, nach dem Prinzip: »Kälteschutzkleidung besteht darin, möglichst viele isolierende Luftschichten um den Körper zu legen«. Die Mäntel gehörten aber zur Ausstattung und konnten bei Bedarf vom Troß angefordert werden.
Komplett war die Wintertarnung aber nur, wenn die weißen Mützenbezüge, weiße Handschuhe und weiße Gesichtsmasken — gleichermaßen geeignet als Kälteschutz — getragen wurden. Weiß mußten ebenso Stahlhelme und natürlich Skistöcke und Skier sein. Gerade vor Spähtrupp- und Jagdkommando-Unternehmungen wurde darauf geachtet, daß auch die mitgeführten Waffen mit weißer Farbe angestrichen waren.
Nicht einfach war in gewissen Situationen das Auseinanderhalten der in ähnlicher weißer Tarnkleidung auftretenden deutschen und russischen Skijäger. Auf deutscher Seite wurde daher ein beidseitig am Oberarm angebrachter schmaler schwarzer Streifen als Erkennungsmerkmal eingeführt.

Das eiligst aufgestellte Bataillon Schlebrügge konnte noch nicht mit Skistiefeln ausgestattet werden; zur Verfügung standen zunächst lediglich genagelte Bergschuhe. Zu ihrem richtigen Schuhwerk kamen die Skijäger erst auf Grund einer Spendenaktion der Berliner Bevölkerung. Die damals dringend notwendig gewordene zusätzliche Versorgung mit wärmender Winterkleidung (für das gesamte Ostheer) war ebenfalls im wesentlichen nur dank der Spenden aus der Heimat ermöglicht worden.
Von der Zivilbevölkerung in der Heimat stammten auch, wie berichtet wird, die kleinen Rodelschlitten, die bei Aufklärungs- oder Angriffsunter-

nehmungen zum Transport von Maschinengewehren und MG-Munition dienten. An den schmalen Kufen angebrachte Skier verhinderten ein tiefes Einsinken der Schlitten bei hohem Schnee. Weiter heißt es dann: »Unser allernotwendigstes Gepäck befand sich im Brotbeutel. Unsere Schlafdecken, unsere Tornister, ja sogar unser Sturmgepäck mußten beim Troß zurückbleiben«.

Zum Bergen von Schwerverwundeten wurden anfangs noch Bergwacht-Skiverschraubungen und Beute-Wolokuschen verwendet. Wolokuschen waren flache Sperrholzschlitten, die zum Kälteschutz mit Strohmatten ausgepolstert wurden. Eine aufgenagelte Zeltbahn sollte den Wärmeverlust des Verwundeten eindämmen helfen. Später gab es relativ komfortable Akjas mit eingebautem Fußwärmer und Verbandskasten. Die Bezeichnung Akja oder Ackja stammt aus dem Finnischen. Damit ist der ursprüngliche Bootschlitten der Lapplandbewohner gemeint (wurde von jeher auch als Bergungsschlitten bei alpinen Unfällen eingesetzt). Die Akjas waren schwerer als die Wolokuschen; schon für den Leertransport mußten zwei Mann zum Ziehen eingesetzt werden. Besser ging es dann mit speziell abgerichteten Ziehhunden.

Die Troßteile des Bataillons konnten je nach Erfordernissen Kraftfahrzeuge oder bespannte Schlitten einsetzen. Über die Panjepferde, die als Zugtiere für die großen Transportschlitten dienten, heißt es in einem Bericht: »Sie verhungerten laufend, weil während der pausenlosen schweren Einsätze oft kein Futter mehr aufzutreiben war, selbst kein Dachstroh. Wo sich den armen Tieren die Gelegenheit bot, haben sie Hüttenwände durchfressen sowie Türfüllungen und Sonstiges aus Stroh und Schilfgras verschlungen« . . .

Wie erwähnt, wurde das Ski-Bataillon Schlebrügge noch in der ersten Januarhälfte 1942 zur Verteidigung einer wichtigen Nachschubstraße der Heeresgruppe Mitte eingesetzt. Die südwestlich von Moskau, im Raum von Juchnow, liegende 4. Armee lief Gefahr, von ihren rückwärtigen Verbindungen abgeschnitten zu werden. Der Russe war damals mit Verbänden seiner 10. Armee zwischen der deutschen 4. (Kübler) und der weiter südlich kämpfenden 2. Panzer-Armee (Schmidt) durchgebrochen und bedrohte also zwischen Spass-Djemjanskoje (oder Spas-Demensk) und Juchnow von Süden her den Versorgungsweg der Divisionen des Generals Kübler. Am 7. Januar waren die Skijäger von Smolensk aus in den Kampf geschickt worden. Erste Station im Einsatzgebiet war der Ort Fomino am Rande ausgedehnter Sumpfwälder nahe der Rollbahn, 25 Kilometer ostnordostwärts von Spass-Djemjanskoje. Ab 12. Januar war das Bataillon 7

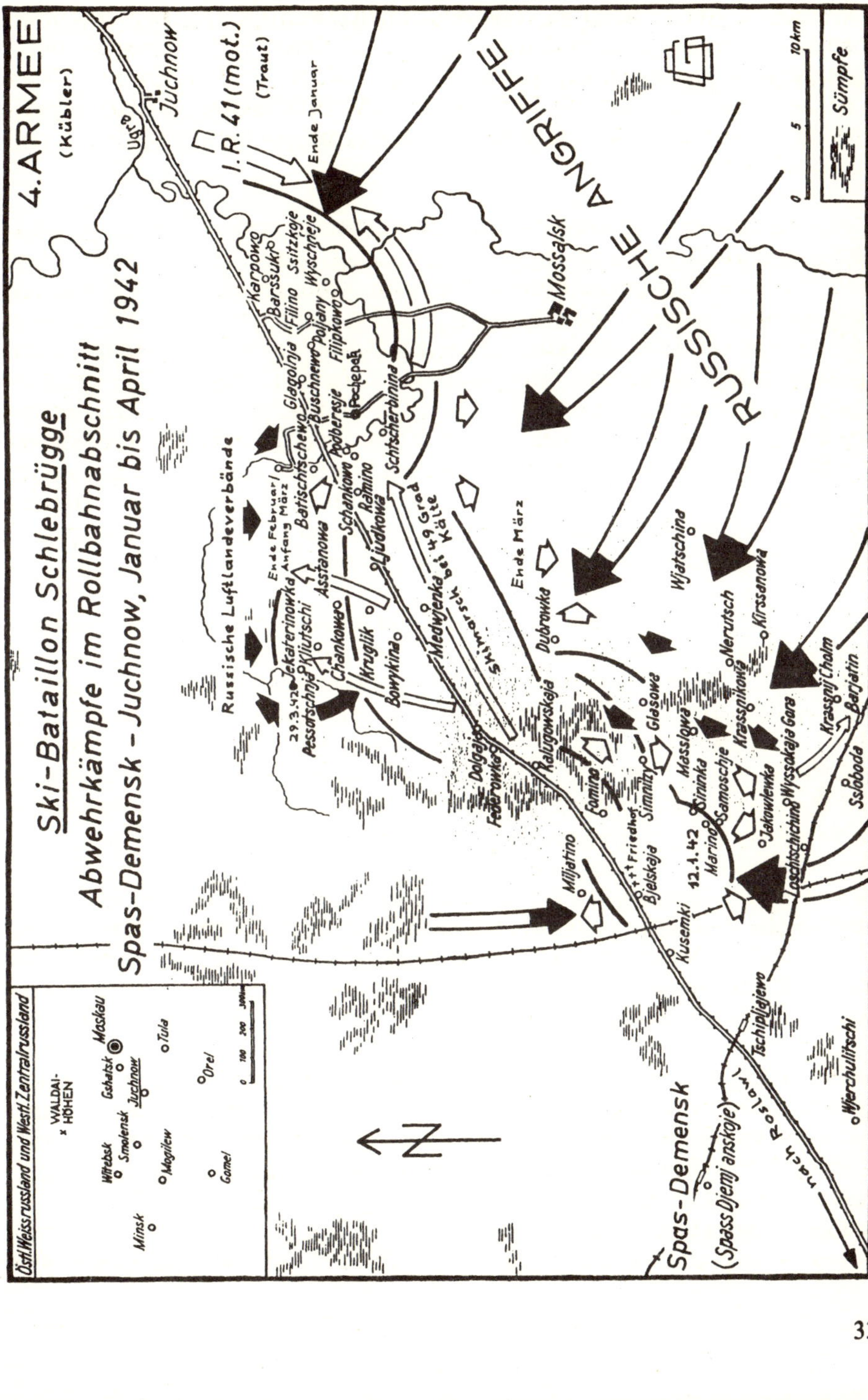
Ski-Bataillon Schlebrügge
Abwehrkämpfe im Rollbahnabschnitt
Spas-Demensk - Juchnow, Januar bis April 1942
4. ARMEE
(Kübler)
I.R. 41 (mot.)
(Traut)
RUSSISCHE ANGRIFFE
Russische Luftlandeverbände
Ende Januar
Ende Februar / Anfang März
Ende März
bei 49 Grad Kälte
Juchnow
Mossalsk
Spas-Demensk
(Spass Djemjanskoje)
nach Roslawl
Sümpfe
0 5 10 km
Östl. Weissrussland und Westl. Zentralrussland
WALDAI-HÖHEN
Moskau
Gshatsk
Juchnow
Smolensk
Witebsk
Minsk
Mogilew
Gomel
Orel
Tula
29.3.42
12.1.42
Friedhof
Karpowo
Barssuki
Filino
Ssitzkoje
Wyschneje
Poljany
Filipkowo
Glagolnja
Buschnewo
Batischtschewo
Podberesje
Pochepek
Schtscherbinina
Schankowo
Rahino
Judkowa
Asstanowa
Jekaterinowka
Kljutschi
Chankowo
Kruglik
Bowykina
Pessotschnja
Medwjenka
Dubrowka
Wjatschina
Kirssanowa
Nerutsch
Krasssnikowa
Krassnij Cholm
Barjatin
Glasowe
Masslowa
Kalugowskaja
Dolgaja
Federowka
Famino
Simnitzy
Sininka
Samoschje
Wyssokaja Gara
Ssloboda
Milljatino
Bjelskaja
Marino
Jakowlewka
Loschtschichino
Kusemki
Tschipliejewo
Wjerchulitschi

Kilometer südlich davon bei Sininka und Marino in erbitterte Abwehrkämpfe mit dem zur Rollbahn drängenden Gegner verwickelt. Es herrschten Tiefsttemperaturen von 44 Grad. Nach einem russischen Einbruch in Sininka am 13. Januar folgte ein Gegenstoß der Deutschen, bei dem der Russe wieder zurückgeworfen wurde. »Schwerste Verluste der Russen«, heißt es in den Aufzeichnungen des damaligen Gefreiten im Pionierzug Walter Tuphorn. Und dann: »Schwere Verluste auf beiden Seiten«. Denn der Gegner griff immer wieder an — und wurde immer wieder zurückgedrängt, mußte zurückgedrängt werden! In der vorderen Reihe seiner Skijäger kämpfend, wurde an diesem Tag Major von Schlebrügge schwer verwundet — und überlebte. Tuphorn schreibt: »Viele Verwundete starben noch nach der Bergung oder erlitten während des Transports schwerste Erfrierungen«.

Über Sininka - Marino hinaus, stießen die Skijäger weiter auf Samoschje vor und erstürmten schließlich am 27. Januar die 5 Kilometer südlich davon gelegene Ortschaft Wyssokaja Gora. Damit war an dieser Stelle der Versuch des Gegners, zur Rollbahn durchzustoßen, gescheitert. Die starken Verluste, die der Russe hinnehmen mußte, hatten seine Angriffskraft hier vorerst lahmgelegt.
Neuer Kommandeur des Ski-Bataillons Schlebrügge, dessen ursprüngliche Bezeichnung beibehalten wurde, war inzwischen der 31jährige Oberleutnant Erich Hett, bisheriger Adjutant Schlebrügges.
Gefreiter Tuphorn, der die wechselvollen schweren Kämpfe um die Ortschaften in Rollbahnnähe mit all den tragischen Auswirkungen auch auf die Zivilbevölkerung beschreibt (»Brennende Häuser, hungernde und frierende Frauen und Kinder. Welch ein Elend!«), nennt als andere Art der pausenlos erfolgenden Einsätze die »gewaltsame Aufklärung«. Diese häufig befohlenen Aufklärungsvorstöße — »oft über 30 - 40 km und mehr« — brachten den Skijägern nicht minder schmerzliche Verluste ein. In Berichten, die aus verschiedenen Quellen stammen, heißt es dazu: »Nicht selten stießen wir in den Wäldern auf versteckte Russen, die zum Teil auf den Bäumen saßen und manchen von unseren Kameraden abknallten. Immer mußten wir damit rechnen, auf Minen oder in andere tödliche Fallen zu laufen.«
Dann wurden fortwährend diese nicht weniger riskanten Jagdkommando-Unternehmungen durchgeführt, »die möglichst bis tief hinter die russischen Linien zielten, um dort Verbindungen zu stören, Munitionslager zu vernichten und Einsicht in die Bewegungen des Gegners zu erlangen«. Die Männer eines Jagdkommandos mußten zumeist länger als 24 Stunden bei strengster Kälte im Freien verbringen, ohne daß sie in dieser Zeit etwas Warmes zu sich nehmen konnten.

Ein Problem bei diesen Jagdkommando-Unternehmungen (der aus dem Thüringer Wald stammende erfahrene Skilangläufer Walter Tuphorn bezeichnet es als das »Problem Nr. 1«) war der Verwundetentransport. Sanitätsschlitten konnten nicht mitgeführt werden. Selbst Wolokuschen erwiesen sich als zu schwer und zu umständlich. Also mußte man in der Regel mit einfachen Skiverschraubungen auskommen. Immer wieder starben Skijäger, nicht nur verwundete, an Lungenentzündungen. Denn »nicht selten mußten die Männer nach anstrengendem Lauf schweißdurchnäßt lange im Schnee und bei eisiger Kälte in Bereitschaft liegen« . . .

Der Verteidigungsabschnitt des Bataillons entlang der Rollbahn hatte eine Ausdehnung von rund 50 Kilometern (!). In diesem enorm breiten Abschnitt mußten die schnell beweglichen Skisoldaten des Oberleutnants Hett »bald da und bald dort, und meistens sofort verfügbar sein«. Unterstützt wurden sie bei ihren äußerst schwierigen Aufgaben als »Rollbahnfeuerwehr« zeitweise von den Kameraden des Infanterie-Regiments 41 (mot.) des Oberst' Traut. So konnte ein Kampfauftrag zum Beispiel wie folgt lauten: »Mehrere Skijäger-Spähtrupps ansetzen zur Aufklärung in das Waldgebiet im L1-Grund, die Reste der Jägerkompanien treten gemeinsam mit der Infanterie zum Angriff von P3 und K2 an«. Eigene berittene Kosaken halfen den Jägern, wenn erforderlich, zu einem besonders raschen Vorstoß in die Linie des Gegners (Skikjöring).

Noch vor Februarbeginn — im Anschluß an die schweren Kämpfe um die Ortschaften östlich von Spass-Djemjanskoje — war der Russe 40 Kilometer nordostwärts im ebenso dicht besiedelten Gebiet unmittelbar rechts der Rollbahn bei den Dörfern Podberesje - Filipkowo - Wyschneje zum Durchbruch angetreten. Als die Skijäger zu einem Gewaltmarsch in das neue Kampfgebiet aufbrachen, zeigte das Thermometer schreckliche 49 Grad Kälte an. Nach mehreren Nachtangriffen (»Alle Einsätze erfolgten auf Ski«) brachten sie auch hier den russischen Vorstoß zum Stehen. Den Rest — das Zurückdrängen des Gegners auf mindestens 15 Kilometer Distanz zur Rollbahn — schafften sie zusammen mit Panzern und Sturmgeschützen. Seitdem waren Panzer und Skijäger im Verlauf der Abwehr-und Angriffskämpfe noch mehrmals aufeinander angewiesen.

Eine dramatische Kesselschlacht entwickelte sich um ein mit »Lidija-Grund« bezeichnetes großes Waldgebiet. Dort wurden zwischen dem 14. und 22. Februar rund 4000 Russen eingeschlossen. Walter Tuphorn hat diese Hölle miterlebt: »8 Tage stehen wir im erbitterten Kampf bei 40 Grad Kälte und ohne auch nur einmal in ein Haus zu kommen! Unvorstellbar, was man aushalten kann — und mußte!« Der Russe versuchte mehrmals auszubrechen. Selbst in den Nächten wurde unablässig gekämpft. Am Ende, als der Russe aufgegeben hatte, lag die Hälfte seiner Kämpfer tödlich getroffen (oder nach Verwundungen erfroren) im Schnee. Die anderen 2000, die überlebten, ergaben sich oder versuchten zum Teil zu fliehen. Noch Tage danach holten die Deutschen geflohene Rotarmisten aus den Wäldern. »Viele hatten schwerste Erfrierungen«. Weiter wird gesagt: »Das waren mit die schwersten Skikämpfe, die wir zu bestehen hatten«.

Ab Ende Februar/Anfang März (es herrschten immer noch 40 Grad Kälte) versuchte der Russe wiederholt, links der Rollbahn, das heißt, nördlich davon, mit aller Gewalt Fuß zu fassen. Ohne Rücksicht auf Menschenverluste setzte er dabei Fallschirmtruppen ohne Fallschirme ein. Skijägerkommandeur Hett spricht in seinen Aufzeichnungen von »insgesamt 11 Brigaden mit jeweils 1000 Mann«. Die Soldaten mußten aus etwa 10 Meter Höhe aus den Transportmaschinen springen. Es wird geschätzt, daß 50 Prozent von ihnen hinterher nicht mehr auf die Beine gekommen sind, weil sie sich trotz der erwarteten weichen Landung im Schnee Knochenbrüche und schwere Verletzungen zugezogen hatten. »Und die, die sich aufraffen konnten und sich im freien Gelände zum Kampf stellten, sind zugweise stur in unser Abwehrfeuer hineingerannt«, wird berichtet. Ein anderer ehemaliger Skijäger des Bataillons Schlebrügge erinnert sich: »Vor unseren MG-Stellungen lagen zu Hunderten die gefallenen Russen«. Aber auch die eigenen Verluste werden in keinem der Berichte verharmlost. »Zeitweilig schmolzen die Kompaniestärken auf ein Dutzend Mann zusammen«, heißt es. Und »an Ablösung war nicht zu denken«. — Schon bald war direkt an der Rollbahn bei Bjelskaja ein Ehrenfriedhof für die Gefallenen angelegt worden. Um die Toten überhaupt begraben zu können, mußten Pioniere zwei Tage lang mit Sprengladungen den steinhart gefrorenen Boden aufbrechen.
Bis spät in den April hinein, als die Zugpferde und Transportfahrzeuge der Skijäger schon im Schlamm versanken, blieb der Rollbahnabschnitt Spass-Djemjanskoje - Juchnow ihr Schicksal. Sie waren in der ganzen Zeit kaum aus ihren Skistiefeln herausgekommen. Manche von ihnen, die überlebt haben, sagen, daß die Leiden und Strapazen, denen sie während der ununterbrochenen langen Kampfperiode ausgesetzt waren, eigentlich nicht in Worte zu fassen sind . . .

Am 7. 1. 1942, als in Smolensk Major von Schlebrügge den Einsatzbefehl für sein Skibataillon erhalten hatte, war von den Aufstellungsorten in Süddeutschland per Bahn mit dem Abtransport des ersten der sogenannten Skijagdkommandos Richtung Ostfront begonnen worden. Bei den

Aufstellungsorten dieses Jagdkommandos, dem späteren Jäger-Bataillon 7, handelte es sich bezeichnenderweise um Gebirgsjäger-Standorte: Mittenwald (Stab und 1. Kompanie), Garmisch (2. Kompanie) und Sonthofen (3. Kompanie). Nach motorisiertem Marsch ab Warschau und über die »Rollbahn Mitte« Minsk - Smolensk wurden die Skijägerkompanien weiter an die Brennpunkte der Abwehrschlacht in den Raum nördlich von Smolensk transportiert. Ende des Monats Einsatz auf Welikije Luki. Dort eingeschlossen und selbst wieder freigekämpft. Mit 42 Schlitten, auf denen je 2 Schwerverwundete zurückgeführt wurden, in 17 Stunden zu einem 65 Kilometer entfernten Waldlager in der Gegend von Newel. Das Thermometer zeigte zwischen 42 und 48 Grad minus an. Schon seit Tagen ohne Verpflegung.
Diese kurzen Sätze aus einer Situationsbeschreibung verdeutlichen ungefähr, welch übermenschlichen Anforderungen und Strapazen auch die Soldaten dieses Skijägerverbandes damals an der Ostfront ausgesetzt waren. In einem Tagebuch heißt es: »Wahrlich kein Krieg für normale Menschen. Hier in Rußland wird ein jeder Landser zum Übermenschen gestempelt«.

Ein anderes Jagdkommando, das mit der Nummer 1 (Major von Renois), hatte am 25.1. von Coburg aus die Fahrt nach Rußland angetreten. »Jago 1« — so hieß es abgekürzt — war zwischen dem 10. und 15. Januar 1942 mit 3 Kompanien aufgestellt worden.
Über Orscha, Smolensk und Wjasma gelangten die Skijäger an einen anderen Brennpunkt der Winterschlacht. Westlich Rschew hatte der Russe ein 15 Kilometer breites Loch in die deutsche Front geschlagen. Seit Tagen fluteten Infanterie mit Schlittenkolonnen sowie Panzer und berittene Einheiten von zwei sowjetischen Armeen durch diese Lücke nach Süden auf Wjasma. Mit der Spitze seines Angriffs, der Kavallerie, stand der Russe bereits westlich von Wjasma an der Rollbahn. Alle Anzeichen deuteten auf eine Einkesselung der deutschen 9. Armee. Es herrschten 45 Grad Kälte.
Das war die Situation beim Eintreffen des Skijagdkommandos im Einsatzgebiet längs der Rollbahn. Nach wochenlangen, äußerst verlustreichen Kämpfen wurde die Schlacht zugunsten der Deutschen entschieden und eine Wende des Winterkampfes an der deutschen Mittelfront von Generaloberst Model und seinen Soldaten der 9. Armee erzwungen.
In den Aufzeichnungen des vorhin erwähnten Obergefreiten Gustav Hodermann, Gruppenführer bei den schweren Granatwerfern, und des Gefreiten Karl Hoffmann von der 2. Kompanie, wird die Erstürmung von Nikolskoje und einiger anliegender Dörfer erwähnt. 500 Russen wurden gefangengenommen. Dann ging es in den folgenden Wochen weiter —

Kämpfe um Ortschaften, deren Häuser und Hütten meistens schon zerstört waren und den von ununterbrochenem Einsatz und den Strapazen der Kälte gezeichneten Soldaten kaum noch Unterschlupf für eine kurze Ruhepause boten.
Den 21. März 1942 hat der damalige Obergefreite Hodermann in besonders trauriger Erinnerung behalten. Seine 2. Kompanie sollte — unterstützt durch eine Nebelwerferkompanie — bei dem Ort Dtschipuny angreifen. Um 8 Uhr war der Bereitstellungsraum erreicht worden. Vor Angriffsbeginn hatte Kompanieführer Oberleutnant Boldt noch einen Spähtrupp losgeschickt, und zwar den 2. Zug unter dem Kommando des bekannten Oberhofer Skispringers Hans Marr. Hodermann schreibt: »Dieser Spähtrupp geriet in Dtschipuny in einen Hinterhalt und wurde völlig aufgerieben und zusammengeschossen. In wenigen Augenblicken hatte die Kompanie somit 21 Tote zu beklagen«. Die Verluste insgesamt betrugen an jenem unglückseligen Märztag 30 Tote und etwa ebensoviele Verwundete. Der übriggebliebene Rest der Kompanie bezog Unterkunft im eroberten Dtschipuny und blieb dort 4 Tage, bis Ersatzmannschaften eingetroffen waren. Nach 8 Wochen Dauereinsatz konnte endlich wieder Post aus der Heimat an die Soldaten ausgeteilt werden. »Ich selbst wurde, inklusive Zeitungen, 81mal bedacht«, schreibt Hodermann.

Im Kampfraum Smolensker Rollbahn war Ende Januar auch das in Wiener-Neustadt aufgestellte Jagdkommando 2 zum Einsatz gekommen. Der damalige Leutnant Meergans berichtet von einem Erkundungsvorstoß seines Skijagdzuges auf Tomatschow. Die mit Maschinenpistolen bewaffneten Skijäger hatten auf einem Schlitten zusätzlich ein Maschinengewehr dabei. Das Unternehmen zielte besonders tief in gegnerisches Gebiet. Meergans hatte zunächst mit einer Marschgeschwindigkeit von mindestens 6 Kilometern pro Stunde gerechnet. Bei tiefem Schnee, der von eisigem Wind aufgewirbelt wurde, schafften seine Männer aber nur 3 Kilometer. Nachts gruben sie sich in den Schnee ein, wie sie es gelernt hatten. Einmal durften sie in einer einzelstehenden Bauernkate Schutz vor der extremen Kälte suchen. Das Häuschen war bewohnt und mit einem dieser riesigen russischen Öfen ausgestattet, der die Männer gut durchwärmte.
Am Vormittag des nächsten Tages überrumpelten sie im Sturm die Besatzung einer Ortschaft. Einige Russen konnten auf Skiern entkommen.
Inzwischen hatte sich herausgestellt, daß die Kompaßnadeln in den Gehäusen festgefroren waren. Das hieß, so schnell wie möglich hinter den fliehenden Russen her, die vermutlich in Tomatschow ihr Heil suchen würden. Dieses Ziel des Auftrags schien nach etwa 3 Kilometern erreicht. Der Versuch, mit einem ähnlich mutig geführten Angriff auch in diesen erhöht gelegenen Ort einzudringen, scheiterte im konzentrierten Abwehr-

feuer von Maschinengewehren und Granatwerfern. Günther Meergans berichtet: »Einige Wochen später, als unser Jagdkommando Tomatschow kämpfend einnahm, mußte ich feststellen, daß ich an der Rollbahn auf Grund des Versagens der Kompasse anstatt nach Norden nach Süden angegriffen habe. Unsere toten Kameraden vom gescheiterten Angriff fanden wir dann auch nicht vor Tomatschow, sondern 6 Kilometer davon entfernt in der Nähe jener erhöht gelegenen, zunächst mit Tomatschow verwechselten Ortschaft«. Leutnant Meergans mußte damals an die Heeresgruppe detaillierte Unterlagen über den Verlauf seines Unternehmens einreichen. Bei allem Respekt vor dem Wagemut der Skijäger war man offensichtlich sehr erstaunt darüber, daß er und seine Männer bei dieser arktischen Kälte so ungewöhnlich weit ins Feindgebiet vorgedrungen waren.

Immer mehr setzte sich dann auch die Erkenntnis durch, den Aufbau der Skitruppe »im Zuge der Vorbereitungen für den nächsten Ostwinter«, wie es ein ehemaliger Generalstabsoffizier formuliert, weiter voranzutreiben.

Aber noch war man am Anfang der Entwicklung. Das Ski-Bataillon Schlebrügge (zuletzt Jäger-Bataillon 3) und das in Mittenwald, Garmisch und Sonthofen aufgestellte Jagdkommando und spätere Jäger-Bataillon 7 bildeten den »Ursprung der Skitruppen der Deutschen Wehrmacht. Die Gebirgstruppe hat bei dieser Entwicklung also mehr als nur Pate gestanden«, heißt es dazu.
Neben diesen Verbänden und den außerdem schon erwähnten Jagdkommandos 1 und 2 sind als erste winterbewegliche Einheiten dieser Art noch entstanden:

Jagdkommando 3,	Wehrkreis Berlin,	3Kompanien (28.12.41).
Jagdkommando 4,	Wehrkreis Dresden,	3 Kompanien (5.1.42).
Jagdkommando 5,	Wehrkreis Stuttgart,	3 Kompanien (Januar 42).
Jagdkommando 6,	Wehrkreis Münster,	3 Kompanien (5.1.42).
Jagdkommando 8,	Wehrkreis Salzburg,	2 Kompanien und eine MG-Kompanie (22.12.41).
Jagdkommando 9,	Wehrkreis Salzburg,	Gliederung unbekannt (23.12.41).
Jagdkommando 11,	Wehrkreis Magdeburg,	Gliederung unbekannt (15.1.42).
Jagdkommando 12,	in Luxemburg und Baumholder aufgestellt,	4 Kompanien (6.1.42).

Im Tagesbefehl der 2. Gebirgs-Division vom 14.4.1942 ist im Zusammenhang mit einem erfolgreichen Vorstoß der »Regimentsgruppe Pennanen« längs des Lutto-Flusses (Eismeerfront) vom »winterbeweglichen« III. Bataillon des Gebirgsjäger-Regiments 136 unter der Führung von Hauptmann Stampfer die Rede. Der damalige Leutnant Heinrich Weber bestätigt, daß diese Einheit, der er als Zugführer angehörte, schon im Winter 1941/42 als »winterbewegliches Bataillon« ausgebildet und mit Skiern ausgerüstet wurde.
Zu erwähnen wäre hier auch die für die Winterkämpfe in Karelien ausgebildete 7. Gebirgs-Division, die unter anderem das Ski-Bataillon 82 hervorbrachte.

An den Brennpunkten der Sommerkämpfe 1942

Problematisch blieb die endgültige Gliederung und Zusammensetzung der Einheiten, da später der Einsatz der bestens ausgebildeten Skisoldaten an den Brennpunkten der Sommerkämpfe gefordert wurde. So war — um nur diese eine Einheit zu nennen — das Jagdkommando 7 im Anschluß an die aufreibenden Einsätze entlang der Rollbahn und nach der Schlammperiode immer dort anzutreffen, wo es im Mittelabschnitt der Front im Verlauf des Jahres 1942 am heißesten zuging: zwischen Welisch - Demidow, im Raume Jelnja (russischer Fallschirmjäger-Kessel), westlich Wjasma, südwestlich Rschew usw. Der Kommandeur, Hauptmann Käser, fiel am 14.10.42 zwischen Duchowschtschina und Demidow. Im Juli 1942 war das Jagdkommando um eine 4. Kompanie verstärkt und in Jäger-Bataillon 7 umbenannt worden.

Vorläufige Umgliederungen

Das Jagdkommando 2, dem Leutnant Meergans angehörte, wurde im Mai 1942 im Wehrkreis Stuttgart umgegliedert und erhielt ebenfalls zusätzlich eine 4. Kompanie. Nun aus 3 leichten und einer schweren Jagdkompanie bestehend, trug es ab 20.6.1942 mit einem neuen Stab die Bezeichnung Jagd-Bataillon 2.

Vom Ski-Bataillon Schlebrügge ist bekannt, daß es im Wehrkreis Königsberg vorerst noch zum Jagd-Bataillon 3 umgeformt wurde (19.5.42). Die Beispiele ließen sich, bezogen auf die anderen ehemaligen Skijagdkommandos, fortsetzen.

Arys und die neuen Jägerbataillone

Mit dieser Umwandlung der Jagdkommandos in Jagdbataillone mit einer zusätzlichen Kompanie war der endgültige Schritt aber noch nicht getan. Im ostpreußischen Arys wurden noch im Sommer des gleichen Jahres 12 Bataillone aufgestellt, die um eine weitere (Panzerjäger)Kompanie verstärkt wurden. Ihre Gliederung wird wie folgt beschrieben. Zunächst: Stabskompanie mit Stabszug, Nachrichtenzug, Pionierzug und Kfz-Zug als Verpflegungs- und Gepäcktroß. Dann: 1. bis 3. Skijäger-Kompanie mit je einem Kompanietrupp, 3 Jägerzügen und einer mittleren Granatwerfergruppe. Außerdem: Schwere 4. Skijäger-Kompanie mit einem MG-Zug zu 6 MG 42 auf Lafetten, einem leichten Infanteriegeschützzug mit zwei 7,5-cm-Geschützen, einem Fla-Zug mit vier 2-cm-Kanonen auf Selbstfahrlafetten und einem schweren Panzerbüchsenzug mit drei 2,8-cm-Panzerbüchsen. Und schließlich: 5. (Panzerjäger)Kompanie mit neun 7,5-cm-Pak (die damals erst neu beim Heer eingeführt wurden) und den dazugehörigen Zugmaschinen (3 t). Dem Bataillon gehörten in der Regel an (festgelegte Sollstärke): 26 Offiziere, 4 Sanitätsoffiziere, ein Veterinäroffizier, ein Zahlmeister, 32 Unteroffiziere und 1108 Mann. Sie verfügten über 432 leichte, mittlere und schwere Zugpferde, 40 LKW zu 3 t und 5 t sowie 20 Zug-Kraftwagen zu 1 t und 3 t.
Die Angehörigen dieser neu gegliederten oder neu aufgestellten selbständigen Heerestruppen waren wohl zum erheblichen Teil frisch ausgebildete Soldaten. Skijäger der alten Jagdkommandos, die befragt wurden, geben an, damals ebenfalls bei den Neuaufstellungen in Arys dabeigewesen zu sein. Aus dem Jagd-Bataillon 2 (ursprünglich Jagdkommando 2) war zum Beispiel das Jäger-Bataillon 2 geworden usw. Leutnant Günther Meergans, inzwischen Oberleutnant, bekleidete 1942 in Arys die Dienststellung eines »Inspektionschefs für Winterausbildung«. Der einheitliche Wehrmacht-Ski wurde eingeführt; er war mit der sogenannten Heeres-Flachland-Bindung — einer Entwicklung der Heeres-Hochgebirgsschule — versehen.
Als die Numerierung der Bataillone schon abgeschlossen war, stellte man fest, daß im fernen Rußland ein Jägerbataillon mit der Nummer 7 bereits existierte. Es handelte sich um das vorhin erwähnte aus Mittenwald. Daraufhin erhielt das siebente, in Arys aufgestellte Jägerbataillon die Nummer

13. (Ein im Herbst 1943 aufgestelltes 14. Jägerbataillon wurde im Dezember des gleichen Jahres wieder aufgelöst und in die 253. Infanterie-Division eingegliedert).

Der damalige Soldat Siegfried Bucher gehörte dem Jäger-Bataillon 6 an. Wie viele seiner Kameraden kam er von der Gebirgstruppe. Bucher, der im April 1942 zum Gebirgs-Pionier-Bataillon 54 (1. Gebirgs-Division) nach Mittenwald eingezogen worden war, berichtet über seinen Weg zum »Jäger 6«: »Nach eineinhalb Monaten Ausbildung wurde ein Teil von uns — ich meldete mich freiwillig — für eine Spezialausbildung zur Aufstellung von Sondereinheiten in Marsch gesetzt«. Erstes Ziel der Fahrt war Reutlingen, wo die Unterbringung in einer Turnhalle »eine willkommene Abwechslung zum Kasernenleben« bot. »3 Wochen dauerte es, bis der Haufen beisammen war«.
Ende Juni erfolgte dann per Bahn der Abtransport zum großen Truppenübungsplatz Arys an den masurischen Seen. Bucher, zuletzt Leutnant bei den Skijägern, vertritt die Ansicht, daß die Bataillone, die dort zur Aufstellung gelangten, ursprünglich dafür vorgesehen waren, »im Winter auf Skiern die russische Front bei Rschew zu begradigen«.
»In den darauffolgenden Wochen lernten wir die Gesetze des Bandenkampfes kennen, mußten uns einer speziellen Nahkampfausbildung unterziehen und waren an deren Ende auch gleichzeitig gute Scharfschützen«.

»Für den Wintereinsatz war es aber auch erforderlich, daß alle gleichermaßen befriedigend Skilaufen konnten. Zu diesem Zweck wurden von der Führung im Hochgebirge Stützpunkte errichtet, die auch im heißesten Sommer eine Skiausbildung zuließen«.
»Eine Gruppe, zu der auch ich gehörte, kam in die Ötztaler Alpen auf den Gurgler-Gletscher zur Ausbildung«.
»Überraschenderweise wurden wir »Filmschaffende«. Es mußten Lehrfilme gedreht werden über Biwak in Schnee und Eis, Stoßtrupps in Schnee und Eis, Bau von Iglus und anderen behelfsmäßigen Unterkünften zum Überleben in extrem kalten und schneereichen Zonen. Als fachlicher Berater traf damals der Grönlandforscher Professor Dr. Sorge in unserem Stützpunkt ein. Von der UFA kamen die Regisseure. Täglich brachte uns ein Esel Brennmaterial und Verpflegung. Wir hausten auf einer Moräne (= Gletschergeröll) in Zelten, in ca. 3200 Metern Höhe. Zu unseren Füßen lag der Gurgler-Gletscher«. Der zwölfstündige Aufstieg mit schwerstem Gepäck und voller Ausrüstung hatte von den Soldaten das Äußerste an körperlicher Kraft gefordert. Der Lagerplatz befand sich etwa 250 Meter unterhalb des Gipfels der »Hochwilde« (3479 m). Die Entfernung bis Fulpmes betrug rund 50 Kilometer.

Der einfache Skilauf wurde im Sommer auch am Truppenübungsplatz Arys geübt, und zwar auf extra dafür hergerichteten Strecken, bestehend aus einer dicken Schicht Tannennadeln. Über dieses Thema und über weitere Einzelheiten, die die Ausbildung in Arys betreffen, kann der damalige Gefreite Günter Brost berichten. Brost, der etwas später als Siegfried Bucher nach Arys (aber zunächst zum Jäger-Einsatz-Bataillon A) kam, schreibt: »Waren die Nadeln trocken, so ging das Laufen gut, sobald sie aber durch Regen feucht wurden, war es eine Tortur, besonders dann, wenn mit einem mit Wasser gefüllten großen Essenbehälter auf dem Rücken gelaufen werden mußte. Außerdem mußten wir uns auf Kommando immer wieder hinwerfen und einige Meter robben. Das kostete Schweiß! — Wir lernten auch das Kochen in Feldküchen, in sogenannten Kochkisten, in behelfsmäßigen Kochgeräten und an Feuerstellen, sogar das Brotbacken im Kochgeschirr auf heißer Asche. Diese Ausbildung nahm uns voll in Anspruch. Es gab kaum Freizeit; oft waren wir auf Nachtübungen (nachdem es geschneit hatte, auf Skiern) und Orientierungsmärschen nach Karte und Kompaß.
Mit der Skiausrüstung gab es manchmal Probleme. Wir hatten bei der Ausbildung Überschuhe mit Holzsohlen, vorne mit einem Gelenk. Diese Schuhe wärmten zwar, waren aber viel zu klobig und zu schwer.

Wir übten auch mit Akjas. Diese Bootschlitten wurden von zwei Mann gezogen, mit einem Seil, an dem ein Gurt befestigt war. Ein weiterer Mann mußte hinten steuern und gegebenenfalls bremsen. Bei hohem Schnee waren die Akjas ein gutes Transportmittel, allerdings wegen ihres Gewichts ein kräftezehrendes«.
Am 6.12.1942 wurde die Kompanie des Gefreiten Brost mit der damaligen Winterausrüstung auf den Truppenübungsplatz geschickt. Brost schreibt: »Gut bewährte sich der Winterkampfanzug mit gefütterter Überhose und Jacke, wobei eine Seite weiß und die andere grau war. Dazu gab es Filzstiefel, Pelzmütze, warme Handschuhe und Schneebrille. Zur Ausrüstung gehörten ferner Finnenzelte und Bunkeröfen. Die Finnenzelte waren von besonderer Ausführung: das Ofenrohr war gleichzeitig Zeltmast, und in diesen wurde der Ofen eingehängt. Es gab auch Finnenzelte aus zusammengeschraubten Sperrholztafeln. Darin war Platz vorhanden für 10 bis 15 Mann. Ich selbst habe im Winter an der Front in einem solchen Zelt gehaust. Wir errichteten um das Zelt herum einen hohen Schneewall (der auch als Splitterschutz diente), und wenn das Feuer im Ofen nicht ausging, konnte man im Zelt sogar die Winterbekleidung ablegen, ohne zu frieren. Als Brennmaterial eignete sich am besten Birkenholz.
Dann wurden Bunker oder abgedeckte Schützenlöcher gebaut. War genügend Bauholz vorhanden, so konnte man alles recht splittersicher machen.

Das Essen wurde in Kochkisten zubereitet, zug- oder gruppenweise. So konnten sich Züge oder Gruppen, die auf Stützpunkten lagen, die schwer zu versorgen waren, selber warme Mahlzeiten zubereiten.
Dieses Winterbiwak war eine gute Vorbereitung für kommende Fronteinsätze. Es wurden auch Scharfschützenlehrgänge abgehalten. Auch konnten wir wertvolle Erfahrungen von finnischen Offizieren übernehmen, die den russisch-finnischen Winterkrieg 1939/40 durchgemacht hatten. Im übrigen war für uns der Einfallsreichtum der Jäger von Nutzen, die bereits während des ersten schlimmen Kriegswinters in Rußland an der Front waren«.

Zurück zu »Jäger 6« und Siegfried Bucher: Nachdem die Aufstellung in Arys abgeschlossen war, hatte das Bataillon eine Stärke, die erheblich über dem Soll lag. »Wir waren eine gut ausgebildete und junge Truppe«, schreibt Bucher. »Wir hatten die besten und modernsten Waffen, selbstverständlich auch das neue MG 42. Wir waren in der Lage, auf verschiedene Weise zu kämpfen«. Und besonders war immer wieder geübt worden, wie man in bestimmten Situationen überlebt (wenn man später überleben durfte). Diese Ausbildung war »hart, ja manchmal fast unbarmherzig«.

Geopfert . . .

Und dann? Junge Soldaten, ausgebildete Skiläufer, Spezialisten in vielen Arten des Kämpfens, hart gemacht fürs Überleben in Schnee und Eis, wurden innerhalb kurzer Zeit regelrecht verheizt. Es war Wahnsinn. Da hatte wirklich kein Überlebenstraining geholfen. Das Jäger-Bataillon 6 wurde Anfang September 1942 in der Gegend von Witebsk - Surasch ausgeladen und unmittelbar nach vorne geworfen, wo es eine abgekämpfte Fallschirmjägereinheit ablöste. »Unser Zugführer, Oberleutnant Franz Faisst, ein Studiendirektor, flößte uns Vertrauen ein«, schreibt Bucher. Aber schon am nächsten Tag wurde Buchers Kamerad am MG 42 vom gezielten Schuß eines Scharfschützen der gegenüberliegenden russischen Elitesoldaten tödlich getroffen. (Der Rotarmist hätte ebenso Bucher anzielen können!). Und bald hatten die Deutschen nach einem achtstündigen schweren Trommelfeuer 70 Prozent »Ausfälle« an Toten und Verwundeten zu beklagen.
Nach zweitägigen ununterbrochenen Angriffen des Gegners, die alle von den dezimierten Jägerkompanien abgewehrt wurden, hatte der Russe hin-

ter seinen anrollenden Panzern ein Frauenbataillon nachgezogen. Siegfried Bucher denkt noch mit Schaudern daran: »Ihr fanatisches Geschrei und ihre Art zu kämpfen, ließen uns das Blut in den Adern stocken. Es war ein so furchtbares Erlebnis; ich werde es nie vergessen können«.

Ein Höhepunkt des Wahnsinns zeichnete sich mit dem Kampf um Welikije Luki ab. »Tausende von Kameraden waren in dieser Festung eingeschlossen«, schreibt Bucher. »Wir kämpften uns durch, um sie herauszuholen. Danach waren wir noch ein Rest von 12 Mann. — Auch Oberleutnant Faisst war am 8.1.1943 gefallen«.

»Fast aufgerieben« wurde damals auch das Jäger-Bataillon 3 (ehemaliges Ski-Bataillon Schlebrügge). »Jäger 3« war von Arys bereits Ende Juli/Anfang August 1942 zunächst nach Frankreich verlegt worden. Es übernahm dort als erstes »Sicherungsaufgaben im Gebiet um Breteuil«, kam dann weiter in die Normandie nach Cléres und in den Raum nördlich von Rouen und schließlich an die Kanalküste in die Nähe von Dieppe. Nach einer Woche wurde »Jäger 3« von dort wieder herausgelöst und für den erneuten Einsatz an der russischen Front auf volle Kampfstärke gebracht. Der Abtransport nach Rußland erfolgte am 9. September; am 15. wurde das Bataillon bei Witebsk - Surasch ausgeladen. Walter Tuphorn berichtet: »Von da aus schoben wir uns in das Kampfgebiet Welikije Luki, und ehe wir uns versahen, waren wir in die schlimmsten Kämpfe verwickelt, die damals von Oktober 1942 bis Mitte Januar 1943 in diesem Gebiet ausgetragen wurden. An dieser Front hatten wir die größten Verluste in der Geschichte des Bataillons, und bei den anderen Einheiten war es nicht anders. (Es wurde damals davon gesprochen, daß wir vollkommen aufgelöst werden sollten). So verlor zum Beispiel die 1., meine Kompanie, innerhalb von 3 Monaten 16 Kompanieführer (!). Dementsprechend hoch waren die Mannschaftsverluste. Die Panzerjägerkompanie war keine Panzerjägerkompanie mehr; alle 9 Geschütze wurden zerschossen und zersprengt«.
Welikije Luki war die Hölle, ein zweites Stalingrad. Den ganzen Sommer über hatte der Russe immer wieder versucht, die »Festung im Sumpf« mit Artillerieüberfällen seiner 3. Stoßarmee weichzuschlagen. Das sowjetische Feuer lag unter anderem ab Oktober auf den Stellungen von fünf Jägerbataillonen.
Der letzte Akt der Tragödie begann im Monat darauf, als die Stadt, die von 7 500 Mann Verteidigern unter Oberstleutnant von Saß besetzt war, von drei sowjetischen Divisionen eingeschlossen wurde.
Am 13. Dezember 1942 unternahmen vier Schützendivisionen und eine Panzerbrigade, unter General Purkajew, nach heftigen Artillerieschlägen einen Großangriff gegen den Westteil der Stadt. Er wurde abgewehrt.

Am 26. Dezember schließlich versuchten starke Panzerkräfte der Sowjets von Süden und Südwesten her den Verteidigungsring aufzubrechen — und hatten Erfolg damit.
(Noch bis zum 31.12. war es 17 deutschen Lastenseglerpiloten gelungen, mit ihren Flugzeugen auf dem Gelände des Ostbahnhofs zu landen. Neben Sanitätsgerät, Verpflegung und Feldpost wurden auch MG-Munition, Flammenwerfer und Panzerabwehrkanonen mit Bedienungen sowie Stoßtrupps eingeflogen).
Am Neujahrstag 1943 konzentrierte sich der Kampf im gespaltenen Kessel nur noch um zwei Stützpunkte: die Zitadelle, im Westteil, und den Bahnhof, im Ostteil der Stadt.
Ein Entsatzangriff der Deutschen war gescheitert. Ein weiterer Versuch, die eingeschlossenen Kameraden zu retten, scheiterte ebenfalls. Der Widerstand in der Festung brach allmählich zusammen.
Am 9. Januar traten die Deutschen noch einmal mit Hilfe von Panzern, Sturmgeschützen und Schützenpanzerwagen zum Sturm auf die belagerte Festung an. Die Kampfgruppe stand unter der Führung von Major Günther Tribukait, dem Kommandeur des Jäger-Bataillons 5. Unter schweren Verlusten gelang es Tribukait und seinen Männern zwar, den russischen Einschließungsring zu durchbrechen, aber das Schicksal war gegen sie: Am Ende befand sich Tribukait mit seinen übriggebliebenen Soldaten in der Zitadelle in einer Mausefalle, wie die völlig abgekämpften Verteidiger auch.
Daß auch die allerletzte Verzweiflungstat der Deutschen, am 15./16. Januar mit einem Fallschirmjägerbataillon den bedrängten Kameraden in der Zitadelle zu Hilfe zu kommen, im konzentrierten sowjetischen Feuer enden mußte, war vorauszusehen. Am 16. Januar brach der Widerstand endgültig zusammen. Major Tribukait wagte mit 180 Mann den Durchbruch und schaffte das zunächst Unvorstellbare. Aus dem Ostteil der Stadt, Kampfraum Bahnhof, kamen nur acht Mann durch.
Insgesamt rund 17 000 deutsche Soldaten haben damals den Kampf um Welikije Luki mit ihrem Leben bezahlen müssen. 5 000 fielen in der Festung, 12 000 im Verlauf der unablässigen Befreiungsversuche von außen.

Wenn man die Liste der anderen Kampfgebiete der Jägerbataillone in Mittel- und Nordrußland durchgeht, stößt man in erster Linie auf so bekannte Namen wie Orel, Witebsk (das schon genannt wurde), Gomel und Brjansk, Wjasma, Smolensk, Rschew, Newel, Nowgorod, Cholm oder Welisch. Die beiden Jägerbataillone 3 und 6 kamen, nachdem sie in Welikije Luki gekämpft hatten und »aufgefrischt« worden waren, nach Finnland. Ersatztruppenteile waren fast ausnahmslos die Jäger-Ersatz-Bataillone A und B im Jäger-Ersatz-Regiment 1 in Arys.

Aus den Unterlagen über »Jäger 3« geht hervor, daß die Restteile des Bataillons vom Kampfgebiet Welikije Luki (nach einigen Ruhetagen) zuerst nach Witebsk und dann über Dünaburg und Riga nach Reval transportiert wurden. Dort »Neugliederung und Auffüllung«. Es folgten 800 Kilometer Seeweg entlang der finnischen Küste bis Oulu am Bottnischen Meerbusen. Weiter ging es — wieder auf festem Boden — 180 Kilometer nordostwärts bis in die Gegend von Kuusamo in Nordfinnland, wo die Jäger »zunächst in einem Waldlager auf Urwaldkampf geschult« werden mußten. Nach weiteren 180 Kilometern Richtung Osten war bei Louchi der neue Kampfraum erreicht. Das Gebiet gehörte zu jenem Teil Kareliens, den Finnland im März 1940 an Rußland abtreten mußte. Eine Süd-Nord-Verbindungsstraße führte zum 300 Kilometer entfernten Murmansk.
»Sommer 1943 Stellungskrieg im Kiestinki-Abschnitt an der Louchi-Front«, in enger Verbindung mit den Einheiten der 7. Gebirgs-Division. Deutsche und Russen lagen, so wird berichtet, »oft nur 80 bis 100 Meter auseinander«. Im südlichen Teil zum Topsee ging die Front in einzelne Stützpunkte über.
Walter Tuphorn, inzwischen Feldwebel, erzählt, daß er im Februar 1944 mit einem Jagdzug von »Jäger 3« den Finnen unterstellt wurde, und zwar im Uchta-Abschnitt am südlichen Topsee. »Auf etwa 50 km Urwald nur 5 Stützpunkte! Jeden Tag müssen wir 25 bis 40 Kilometer Aufklärung laufen. Die Finnen sind hervorragende Langläufer. Noch sind wir beste Kameraden — Monate später aber Gegner!«
Im Sommer 1944 wurde noch gemeinsam mit den Finnen gekämpft. Die Jäger-Bataillone 3 und 6 sowie das im gleichen Frontgebiet eingesetzte Gebirgsjäger-Regiment 139 (ehemaliges Dietl-Regiment) und die II./Gebirgsartillerie-Regiment 82 (7.G.D.) waren unterdessen zur »Divisionsgruppe Kräutler« (späteren 10.G.D.) zusammengefaßt worden, die seit April im Kiestinki-Abschnitt die Stellungen der an den Uhtua-Abschnitt verlegten 7.G.D. übernommen hatten. Im Juli mußte die von Oberleutnant Wilhelm Sander geführte 1. Kompanie von »Jäger 3« »sehr schwere Verluste« hinnehmen, als sie vorübergehend zusammen mit dem Geb.Jäg.Rgt. 139 am Nordflügel der Front, in den Waldgebieten am Ssenosero-See, zur Befreiung der 18 Tage eingeschlossen gewesenen Kampfgruppe des Hauptmanns Karl Lapp (Kommandeur Ski-Bataillon 82) eingesetzt wurde und im Zentrum mehrerer erbitterter russischer Gegenangriffe lag.
Am 2.9. kapitulierte Finnland. Deutschland wurde von den Finnen aufgefordert, alle Wehrmachtsverbände bis zum 15.9. aus Finnland zurückzuziehen. Am 19. September kam es dann in Moskau zur Unterzeichnung des Waffenstillstandsvertrages zwischen den Finnen und der Sowjetunion. Für den Abzug der deutschen Truppen aus Finnland setzten die Russen eine Frist von 15 Tagen, andernfalls hatten die Finnen mit eigenen Streit-

kräften die Vertreibung der Deutschen vom finnischen Territorium zu unterstützen.
Drei Tage nach Ablauf der Frist, am 7. Oktober, trat die sowjetische Karelische Front des Armeegenerals Merezkow mit der 14. Armee (Tscherbakow) und der 7. Luft-Armee (Sokolow) zur Offensive gegen die Stellungen der deutschen 20. Gebirgs-Armee (Generaloberst Rendulic) an. Den Rückzug hatte das deutsche 19. Gebirgs-Armee-Korps schon vorbereitet. Trotzdem konnte »Jäger 3«, das immer noch unter der Führung von Erich Hett (nun Major) stand, nur kämpfend zunächst bis an die schwedische Grenze bei Tornio zurückweichen, wo es zu verlustreichen Gefechten zwischen deutschen und finnischen Verbänden kam. Oberleutnant Sander befreite dort mit einem Stoßtrupp seiner 1. Kompanie ein deutsches MG-Bataillon aus der Einschließung. Später, selbst eingeschlossen, kämpfte Sander mit seiner Stoßkompanie am Steilufer des Torniojoki, einem Grenzfluß zu Schweden, den Weg frei zum Ausbruch des gesamten Bataillons. Im weiteren Verlauf der Rückzugskämpfe hielt »Jäger 3« als vorletzte Auffanglinie an der schwedischen Grenze die Palojuensuu-Stellung und sicherte den weiteren Abzug deutscher Verbände in die sogenannte »Sturmbockstellung« im Dreiländerzipfel bei Saarenpää.

Abschließend wird berichtet, daß die Jägerkompanien von Anfang 1945 bis zur Kapitulation Deutschlands in Nord-Norwegen »gegenüber der schwedischen Grenze Sicherungsaufgaben übernahmen«. Das war 350 Kilometer nordwestwärts von Tornio im Raum zwischen Tromsö und Narvik. Noch kurz vor Kriegsende hatte man das Jäger-Bataillon 3 mit Soldaten anderer Einheiten zu einem neuen Truppenverband zusammengefaßt, dem Gebirgsjäger-Regiment 856! Es heißt, daß der Verband nach der Gesamtkapitulation der Deutschen Wehrmacht nicht gleich aufgelöst wurde, sondern daß die Soldaten — teils noch bewaffnet — bis August 1945 in Norwegen als sogenannte »freie Gefangene« verblieben. Der damalige Feldwebel Tuphorn kann unter anderem eine Urkunde vorweisen, wonach ihm, dem Angehörigen der 1./Geb.Jäg.Rgt. 856, am 15. Juli 1945 (!) in Lund »im Namen und im Auftrag des OB der 20.(Geb.)Armee, General der Gebirgstruppen Böhme« (Nachfolger von Rendulic), der »Lapplandschild« verliehen wurde.

Die Überführung nach Deutschland erfolgte in verschiedenen Schiffstransporten, die je nach Besatzungszonen zusammengestellt worden waren. Wer aber glaubte, bald nach Hause entlassen zu werden, sah sich spätestens in Bremen bitter enttäuscht: Jäger und Gebirgsjäger der ehemaligen finnischen Front wurden per Bahn in Sammellager in Rheinnähe weitergeleitet und kamen von dort in die Gefangenschaft nach Frankreich . . .

Vom Jäger-Bataillon 11 ist bekannt, daß es Anfang 1943 in dauerndem Hin und Her schwerer Angriffs-, Abwehr- und Rückzugskämpfe südlich von Smolensk im Raum Roslawl - Brjansk - Orel auch seiner zugedachten Rolle als Skijägereinheit gerecht werden konnte — bis zum Beginn des Zeitabschnitts, der bei allen ehemaligen geschundenen Ostfrontlandsern besonders böse Erinnerungen weckt: die Schlammperiode. Seitdem waren sie wieder für jeden infanteristischen Einsatz gut, wenn er nur schwer genug war. Am 5. Juli 1943 stand das Bataillon in der großen Angriffsfront am »Kursker Bogen«. Nach dem Scheitern des deutschen Unternehmens hatte der Russe seinerseits zum großen Schlag ausgeholt und das Bataillon mit Fliegerbomben und Artilleriegranaten überschüttet, hatte massiv Stalinorgeln eingesetzt sowie Panzer und wellenweise Infanterie. »Unter schwersten Verlusten mußten die Stellungen geräumt werden«. Dann wieder Gegenangriff. Und wieder Rückzug. Und Angriff. Das wollte kein Ende nehmen. Die Zahl der angreifenden Feindpanzer wurde immer höher, mal ist von 100, dann schon von 130 die Rede. Den »bisher schlimmsten Angriff« mußte das Bataillon am 4. August über sich ergehen lassen. Im Tagebuch eines Angehörigen der 3. Kompanie (Oberleutnant Jitschin) ist noch einmal von »höchsten Verlusten« die Rede. Das war auch das Ende. »Jäger 11 wurde am 6.8. aus dem Einsatz gezogen«. Besser gesagt: »die Reste von Jäger 11«. Das Bataillon wurde später aufgelöst; die übriggebliebenen Soldaten kamen zur inzwischen befohlenen Neuaufstellung einer Brigade besonderer Art, der Ski-Jäger-Brigade 1.

Ein anderes Bataillon, das 8te (Major Friedrich Spitäller), das später mit einem kleinen Teil ebenfalls in die Skijägerbrigade eingegliedert wurde, war genauso wie das Jäger-Bataillon 11 an dem »Unternehmen Kursker Bogen« beteiligt gewesen. Es hatte bis dahin eine weite Strecke zurückgelegt. Denn von der »Hölle Welikije Luki« bis zum Einsatzgebiet Orel-Kursk waren es über 500 Kilometer Luftlinie.
Zu den ersten Soldaten des Jäger-Bataillons 8 zählte der Obergefreite Hodermann (vorher Jagdkommando 1). Er berichtet, daß seine Einheit, die 2. Kompanie, am 2.10.1942 in Arys verladen wurde und nach 56 Stunden Fahrt den Ausladepunkt Witebsk erreichte. Von dort erfolgte ein Fußmarsch bis zu einem Dorf an der Rollbahn Witebsk - Demidow, wo das kampfstarke, frische Bataillon gleich von einem General inspiziert wurde. Es war dies der General Kurt von der Chevallerie, der, während die Russen weiter nördlich ihren Druck gegen Wilikije Luki rapide verstärkten, mit den Divisionen seines 59. Korps die Deckungsfront um Witebsk hielt. Im Großraum Demidow - Witebsk - Surasch - Welisch hatten dann auch die Jäger vom 8. Bataillon ihre Stellungen zu verteidigen. Da heißt es im Tagebuch des Obergefreiten Hodermann, daß bei den schon niedrigen

Temperaturen zeitweise in den Erdlöchern übernachtet wurde. Oder es wird von den schweren Verlusten berichtet: »Im 3. Zug alle Gruppenführer tot«. — »Einstündiges Trommelfeuer der Russen aus allen Rohren: Pak, Ratsch-Bumm, Artillerie, Granatwerfer, Stalinorgel, Panzerkanonen. Der nachfolgende Angriff wurde abgewiesen«. Aber wieder Tote und Verwundete bei der Kompanie. »Bau von Auffangstellungen. Pioniere der 4. Kompanie müssen den hartgefrorenen Boden aufsprengen«. Es war inzwischen Mitte November geworden. »Am 25.11. großer Angriff der Russen auf Luschky. Abgewiesen. 21 Panzer des Gegners abgeschossen«. Immer wieder ist auch von Überfällen russischer Partisanengruppen die Rede. Unter dem Datum 24.12., Heiligabend, heißt es: »Durch das Radio waren wir mit der Heimat in Verbindung«. Das war tröstlich.
Anfang Januar 1943 wurde das Bataillon immer weiter nach Norden, Richtung Welikije Luki, verlegt. Zunächst löste es bei Welisch eine Infanterieeinheit ab, die schon ein dreiviertel Jahr dort in der Gegend in Stellung gelegen hatte. »Dann wieder in LKW verladen und über Newel bis 12 km vor Welikije Luki gebracht«. Noch ein anschließender Fußmarsch in den vordersten Bereitstellungsraum, und am 12. Januar begannen für »Jäger 8« die Kämpfe gegen den russischen Einschließungsring. Von den fürchterlichen Geschehnissen in und außerhalb der eingeschlossenen Stadt zeugt die Tagebuch-Eintragung: »Am Bahndamm liegen hoch aufgeschichtet die Leichen gefallener deutscher Soldaten« . . . Während der letzten schweren Kämpfe, die mit dem Zusammenbruch des Widerstandes im Kessel am 16. Januar ihren tragischen Höhepunkt fanden, wurde der Obergefreite Hodermann verwundet. Eine feindliche Granate war in unmittelbarer Nähe seines Trupps eingeschlagen; insgesamt wurden sieben Mann von Splittern getroffen.

Der ehemalige Obergefreite Paul Lange kam im März 1943 zum Jäger-Bataillon 8, »das gerade von der Front bei Welikije Luki in das Gebiet Witebsk - Demidow verlegt worden war«. Von dort ging es bald weiter in den Raum südöstlich von Orel — »in eine fest ausgebaute Grabenstellung«. Paul Lange wurde Funker bei den Gefechtskompanien. Über den 5. Juli 1943, den ersten Tag der deutschen Großoffensive am »Kursker Bogen«, heißt es in seinen Aufzeichnungen: »Unser Bataillon hatte die undankbare Aufgabe, eine berüchtigte Anhöhe, »Glatze« genannt, zu erstürmen. So etwas kann man nicht vergessen«. Der anschließende Rückzugsweg führte über Brjansk - Gomel bis in Auffangstellungen in den Dnjepr-Sümpfen. Das waren 500 bis 600 Kilometer »unter heißer Sonne«, begleitet von »großen Kämpfen und vielen Strapazen«.

. . . und vor erneuter Entstehung

Aus den Stellungen heraus wurde der für die Skijägerbrigade-Neuaufstellung abgegebene Teil von »Jäger 8« — Paul Lange spricht für die Stabskompanie — zu Fuß in Richtung Minsk in Marsch gesetzt. »Ziel war Gorodok, nordostwärts von Minsk«. Hellmut Grashey, der damalige Major i.G. und Brigade-Ia, nennt als Aufstellungsraum — nach dem zu nahe an der Front gelegenen Orscha — »das Gebiet um Ostrochizky - Gorodok«.

In der Beurteilung der »Ära« Jagdkommandos und Jägerbataillone in der Deutschen Wehrmacht kommt Grashey zum Ergebnis, »daß sich diese selbständigen Heerestruppen zwar vorzüglich schlugen, aber für operativen Einsatz ungeeignet waren. So kam es im Sommer 1943 zum Entschluß der obersten Führung, wenigstens einen winterbeweglichen Großverband, nämlich die Ski-Jäger-Brigade 1 — am 2.6.1944 in 1. Ski-Jäger-Division umbenannt — aufzustellen«. Sie war »zu Besonderem auserkoren«, heißt es in einem ergänzenden Bericht eines damaligen Leutnants im Brigadestab.

Teil II

(Hauptteil)

Im Sommer 1943

An der Ostfront mußte am 13. Juli am sowjetischen Frontbogen um Kursk die letzte deutsche Offensive — als »Operation Zitadelle« in die Kriegsgeschichte eingegangen — nach anfänglichen Erfolgen abgebrochen werden, nachdem der Gegner nördlich davon mit starken Kräften am 11. Juli die weit vorspringende deutsche Stellungslinie um Orel durchstoßen hatte. Orel ging am 4. August verloren.

Im deutschen Reichsgebiet nahm der von den Engländern und Amerikanern geführte Luftkrieg immer grausamere Formen an. Zwischen dem 24. Juli und 3. August wurde Hamburg das Ziel schwerster Fliegerangriffe. Im gleichen Zeitraum entluden alliierte Bomberverbände ihre tödliche Fracht über dem Ruhrgebiet mit Hauptziel Duisburg. Das Inferno der Flächenbombardierungen wütete nicht weniger schrecklich unter der Bevölkerung von Saarbrücken oder Düsseldorf. In Hamburg kamen mindestens 35 000 Menschen in den Feuerstürmen ums Leben.

Am italienischen Kriegsschauplatz hatte die unter dem Kennwort »Husky« am 10. Juli von den Alliierten eingeleitete Invasion Siziliens am 17. August mit der Besetzung der Stadt Messina ihren Abschluß gefunden. Nach der Landung der Alliierten in Sizilien war Mussolini gestürzt worden (25.7.); Marschall Badoglio hatte eine neue Regierung gebildet und war sofort mit den Alliierten in geheime Verhandlungen eingetreten. Ergebnis war am 3. September der Abschluß eines Waffenstillstandsvertrages. Die bedingungslose Kapitulation wurde am 8. September bekanntgegeben.

Von Italien und von anderswo her

Nun schrieb man den 9. September. In einem Fronturlauberzug war der Oberleutnant Thedel Freiherr von Cramm zusammen mit seinem Bur-

schen, dem Obergefreiten Gerhard Schultz, von Norditalien in Richtung Berlin unterwegs. Oberleutnant von Cramm hatte zuletzt im Raum Bologna eine SPW-Schwadron bei der Aufklärungsabteilung der 24. Panzer-Division geführt.
Sein Abschied von der »24ten«, der ehemaligen ostpreußischen 1. Kavallerie-Division, war durch einen Brief des inzwischen zum Oberst avancierten Hans von Schlebrügge ausgelöst worden. Schlebrügge kannte Cramm von mehreren gemeinsamen Lazarettaufenthalten.
In dem besagten Brief wurde Oberleutnant von Cramm gefragt, ob er Lust hätte, zu einem »außerordentlich stark ausgerüsteten und bestens bewaffneten Verband« zu kommen. »Für Ihre Kenntnisse, die Sie sich bei motorisierten Truppen erworben haben, hätte ich gute Verwendung«, hieß es. Als Schlebrügge dann konkret mitteilte, daß er von der obersten Heeresführung mit der Aufstellung einer Skijägerbrigade beauftragt worden sei, mußte Cramm wohl neugierig darauf geworden sein, wie man seine Erfahrungen bei einem Großverband solcher Art, wie es ihn in der Deutschen Wehrmacht noch nicht gegeben hat, einsetzen würde. Sein bereitwilliges Ja zu Schlebrügges Vorschlag, eine »Klimaveränderung« in mancherlei Hinsicht auf sich zu nehmen, bedurfte dann keiner langen Überlegungen mehr: »Eine Neuaufstellung ist immer etwas Reizvolles«. Nicht nur Cramms Bursche ging freiwillig mit, sondern alle Männer des 1. Zuges, den Cramm früher befehligte und aus dem der Obergefreite Schultz kam, wären nach Befragen bereit gewesen, ihrem Oberleutnant vom warmen Italien nach Rußland zu folgen.
Das Heerespersonalamt hatte allerdings zunächst noch die Versetzung abgelehnt mit der Begründung, daß Panzerspäh- und Kradschützen-Offiziere außerordentlich knapp seien und von den Panzerdivisionen nicht abgegeben werden sollen.
Doch schließlich konnten dem Oberst von Schlebrügge, so wollte man es ja »ganz oben«, bei der Auswahl qualifizierter Leute für die Neuaufstellung keine Steine in den Weg gelegt werden. Die Versetzung war dem Chef der 3./Pz.Aufklärungs-Abteilung 24 eines Tages vom Divisionsadjutanten mitgeteilt worden. Die Zeit bis zur Klärung der Frage, wohin er eigentlich in Marsch zu setzen sei, verbrachte Oberleutnant von Cramm als Verbindungsoffizier der 24.P.D. (auch 24.K.P.D. = Kavallerie-Panzer-Division genannt) beim vorgesetzten Stab, dem II.SS-Panzer-Korps (Hausser). Nachdem trotz Rückfragen beim Personalamt immer noch nicht erkennbar wurde, wo sich der Aufstellungsraum der Skijägerbrigade befand, hatte v. Cramm vorgeschlagen, ihn auf denselben »Dienstweg« zu schicken, über dem Oberst von Schlebrügge ihm seine Post zukommen ließ, nämlich zum Nachkommando Heeresgruppe Mitte, Anschrift: Berlin, Hohenzollerndamm. So geschah es auch.

Bevor Cramm und sein Bursche mit der Eisenbahn das schöne Italien verließen, brachte sie ein PKW der Division nach Verona zur Frontleitstelle. Dort sollten sie ihre Reisepapiere erhalten.
In einem Dorf unweit von Verona, das sie durchfuhren, sahen sie Volk auf den Straßen, jubelnd: »guerra finito!« Inmitten der lauten Menge Uniformierte, das geschulterte Gewehr mit der Laufmündung nach unten: »guerra finito!« »Der Krieg ist beendet!« Kirchenglocken läuteten. Kein Wunder, daß die deutschen Soldaten v. Cramm und Schultz angesichts solcher Bilder, dazu den Wohlklang des Glockengeläuts von scheinbar überall her in den Ohren, für einen Moment seltsam froh wurden und auf den utopischen Gedanken kamen, nun auch nicht mehr lange in Rußland kämpfen zu müssen, in diesem unendlich weiten, menschenschluckenden Land, das sie ja beide schon »gut kannten«.
In Verona war es vor dem Gebäude der Frontleitstelle zu einer Konfrontation zwischen einer unfreundlich dreinblickenden Ansammlung von italienischen Zivilisten und den mit entsicherten Pistolen neben dem PKW wartenden Begleitern des Oberleutnants gekommen. Die Fahrt zum Bahnhof verlief ohne Zwischenfall.
Daß die deutsch-italienische Waffenbrüderschaft ins Gegenteil umgeschlagen war, zeigte sich viel deutlicher dann am Brenner, wo der Eisenbahnzug vorerst keine freie Weiterfahrt mehr erhielt. An alle Soldaten erging die Aufforderung, auszusteigen und das Gelände abzusichern. In der Gegend lagen haufenweise italienische Karabiner herum. Offensichtlich waren hier schon italienische Einheiten entwaffnet worden. Ein vernehmbares rasselndes Geräusch von Kettenfahrzeugen und Abschußgetön schwerer Maschinenwaffen mischte sich jetzt mit dem fernen Klang der Kirchenglocken. Der gewohnte Eindruck vom sonnigen Italien war nach all dem für die Soldaten im Fronturlauberzug, die ihre Fahrt schließlich fortsetzen konnten, zuletzt etwas getrübt worden.

In Berlin, beim Nachkommando Heeresgruppe Mitte, war endlich Klarheit über den Aufstellungsraum der Skijägerbrigade zu erhalten. Oberst von Schlebrügge, den der Oberleutnant von Cramm auch schon telefonisch erreichen konnte, befand sich damals noch — wie von Hellmut Grashey erwähnt — mit einem kleinen Aufstellungsstab in der Gegend von Orscha. Das ist ein Ort am Dnjepr, zwischen Smolensk und Minsk.

Nach ein paar Tagen Heimaturlaub ging es dann am 17. September abends von Berlin aus in einem Kurierzug, der bequem mit Schlafwagen ausgestattet war, in Richtung Lötzen in Ostpreußen, wo Hitler gerade sein Hauptquartier eingerichtet hatte. In Lötzen bestieg Cramm ein Flugzeug, das ihn nach Orscha brachte. In Orscha wartete bereits ein PKW mit einem grün-schwarz-grünen Stander. Etwa eine Stunde später meldete sich Oberleutnant von Cramm bei seinem künftigen Brigadekommandeur.

Im Gegensatz zu Oberleutnant von Cramm kam der Oberleutnant Heinrich Weber aus einer ausgesprochen kalten Gegend, und zwar von der Eismeerfront. Dort war er Chef einer Gebirgsjäger-MG-Kompanie im Geb. Jäg.Rgt. 136 in der österreichischen 2. Gebirgs-Division (Divisionszeichen: Rentierkopf). Weber hatte mit seiner Division den Polenfeldzug mitgemacht, kämpfte mit ihr in Norwegen (»Büffel-Unternehmen« gegen Narvik) und verdiente sich das EK I, das ihm General Schörner persönlich an die Brust heftete, im April 1942 als Leutnant und Führer eines Jägerzuges im finnischen Urwald (»Lutto-Unternehmen«). Auf die weitere Frage nach seinen speziellen Fronterfahrungen gab Weber zur Antwort: »Da denke ich vor allem an den Polarwinter mit seinen äußerst harten klimatischen und geländemäßigen Kampfbedingungen, denen wir aber dadurch besser gewachsen waren, weil wir schon im Winter 1940/41 unter solchen Bedingungen geübt hatten (Iglus, Schneestürme, Skispähtrupps usw.)«. Als Oberleutnant Weber freiwillig zu den Skijägern kam, waren allerdings mehr die Erfahrungen gefragt, die er sich während der Sommereinsätze erworben hatte.

Einer Gebirgsdivision, der bayerischen 1., gehörte zeitweilig auch der Leutnant Hildebrand Walther an. Walther kam nach darauffolgender Verwendung bei einem anderen Truppenverband im November 1943 zur Führerreserve in die Nähe von Minsk, bis es schließlich für ihn hieß: »Versetzung zur Ski-Jäger-Brigade 1«.

Von der russischen Nordfront am Ilmensee traf Oberleutnant Hans-Horst du Bois ein. Du Bois führte eine Kompanie im Jäger-Regiment 38 in der schlesischen 8. Jäger-Division.

Andere Kompaniechefs kamen von den in Auflösung begriffenen und in die neue Skijägerbrigade eingegliederten Jägerbataillonen, wie der Oberleutnant Otto Reinsdorf, Chef der 3./»Jäger 4«. Reinsdorf hatte sich vorher noch im Verlauf der Abwehrschlacht an der Smolensker Rollbahn das Deutsche Kreuz in Gold verdient.

Im Jäger-Bataillon 4 des Majors Meinecke war auch der Leutnant Ernst Korsch eingesetzt — anfangs als Zugführer und dann, nach dem Tod von Hauptmann Buchheim, als Führer der 4. (schweren) Kompanie.

Das Herauslösen der Jägerbataillone aus der bedrängten Front der Heeresgruppe Mitte hatte erhebliche Schwierigkeiten bereitet und war immer wieder verzögert worden. In den Tagebüchern und im Schriftwechsel zwischen dem Oberkommando des Heeres (OKH) und der Heeresgruppe wurden bereits am 20.8.1943 die Bataillone 2, 4, 5, 7 (3. Pz.Armee) und 8 (9. Armee) als vorgesehener Stamm für die neuen vier Skijägerbataillone (in den zwei Regimentern) erwähnt. Aber noch am 26.11.1943 mußte man zugeben, »daß die operative Lage zur Zeit ein Herauslösen der als Stämme für die Skijägerbataillone vorgesehenen Jägerbataillone, bis auf entbehrliche Troßteile und Teile der Stäbe, nicht zuläßt«. Inzwischen war auch die Rede von »Jäger 9« und von »Jäger 11«. Am Ende kamen also Soldaten für die Brigade aus den Bataillonen 2, 4, 5, 7, von 8 nur zum Teil, sowie von 9 und 11. Der damalige Ia Major Grashey schreibt: »Als sie endlich eintrafen, waren sie ausgeblutet und auffrischungsbedürftig«.

Oberleutnant Erich Grimm, Chef der 5. (Panzerjäger)Kompanie bei »Jäger 2«, hat diese letzte Zeit der Kämpfe zusammen mit seinen Männern durchlitten. In seinem Bericht heißt es: »Sehnsüchtig wartete das Bataillon im Herbst 1943 auf den Befehl: »Abmarsch zur Aufstellung der Skijägerbrigade«. Die Absetzbewegung in die Panther-Stellung (16.9. -11.10.1943) sollte eine Verkürzung der Front vor Witebsk bringen und, so hofften wir, die Herauslösung des Jäger-Bataillons 2 ermöglichen.
Aber es kam anders. Wir waren ja, schon wegen unserer Stärke, so schön als »Feuerwehr« zu gebrauchen.
Anfang November zeichneten sich die Angriffsvorbereitungen der Russen ostwärts Witebsk deutlich ab, und so wurde »Jäger 2« im Raum der 14.I.D. - 206.I.D. schleunigst eingesetzt.
Major Lemp führte das Bataillon in die Stellung, während die 5. (Panzerjäger)Kompanie — meine Kompanie — noch in dem Dorf Casanova für eine Nacht unterziehen sollte.
Wir freuten uns natürlich. Bedenken kamen allerdings auf, als die Herren Pfarrer sich ansagten, was ja bekanntlich auf einen kurz bevorstehenden Großkampf hindeutete.
Noch während des Gottesdienstes stürzte ein Melder in den Raum und überbrachte den Befehl des Majors Lemp, unverzüglich in der HKL des Bataillons in Stellung zu gehen. In stockfinsterer Nacht, bei vollkommen unbekanntem Gelände!!
Schon das Finden des Bataillonsgefechtsstandes war äußerst schwierig, zumal der Melder, der mich einweisen sollte, nicht mehr weiter wußte.
Den Russen war natürlich unser Zugmaschinengeräusch aufgefallen. Denn wir befanden uns ja unmittelbar hinter der Hauptkampflinie. Und so schossen sie fortwährend in der Gegend herum . . .«

Neun schwere Pak 7,5 cm sollten in einem Gelände in Stellung gebracht werden, das der Oberleutnant und seine Kanoniere am Tage noch nicht gesehen hatten. Grimm schildert, wie sie auf allen Vieren kriechend, mit den Händen den Boden abtastend, jedes Geschütz in Position brachten. Gegebenenfalls sollten bei Hellwerden selbständig Korrekturen von den Bedienungsmannschaften vorgenommen werden. »Es war zum Verzweifeln; die Geschütze durften doch nicht bei Morgengrauen auf dem Präsentierteller stehen!«
Bis Tagesanbruch war die letzte Pak schußbereit gemacht worden. »Da ging auch schon der Feuerzauber los«. Oberleutnant Grimm konnte zusammen mit seinem Kompanietrupp gerade noch in ein in der Nähe stehendes Haus springen. »Nun waren die einzelnen Geschütze auf sich selbst angewiesen«. Unweit davon standen noch die Zugmaschinen.
»Die ganze Wucht des Angriffs lag beim Bataillonsgefechtsstand, zu dem ich nicht mehr zurückgehen konnte«, erzählt Grimm. »Die Entfernung war zu weit«.
»Mit einer unglaublichen Anzahl von Panzern überrannte der Russe unsere Stellungen und den Bataillonsgefechtsstand, trotz tapferster Gegenwehr«.
Oberleutnant Grimm konnte beobachten, wie mehrere T-34 um den Gefechtsstand herumkurvten, wie Major Lemp mit einer geballten Ladung auf einen dieser Panzer sprang — der die Turmluke geöffnet hatte —, die Ladung ins Innere des Panzers warf, ihn zur Explosion brachte, und wie Lemp unmittelbar darauf von der Maschinengewehrgarbe des Schützen eines anderen T-34 erfaßt und getötet wurde.
Dem ehemaligen Oberleutnant Grimm, der damals als einziger Offizier übriggeblieben war, sind jene Ereignisse tief im Gedächtnis haften geblieben. »So verlor das Bataillon diesen prachtvollen Kommandeur und ich einen guten Freund«. Grimm zweifelt nicht daran, daß es hinterher kein selbständiges Heeres-Jäger-Bataillon 2 mehr gegeben hat. Was davon einsatzfähig blieb, wurde im November noch bei der 14. Infanterie-Division gebraucht. »Die Trosse setzten sich auf meinen Befehl hin zur Brigade in Marsch«.

Ungewißheit herrschte laut Eintragung in den Tagebüchern auch noch Anfang Dezember. Nach wie vor »konnten von den zur Aufstellung der Skijägerbataillone vorgesehenen 7 Jägerbataillonen (Heerestruppen) auf Grund der Lage nur Teile der Stäbe und Trosse aus der Front herausgelöst werden«. »Genesene« und Angehörige der Jägerbataillone, die von einem Heimaturlaub zurückgekehrt waren, wurden ohnehin nicht mehr zur Fronteinheit geschickt, sondern in die Aufnahmebataillone der Brigade eingereiht. Außerdem sollten »weitgehend osterfahrene, im Skilaufen ausgebildete Unterführer — soweit unvermeidbar — unter Rückgriff auf Genesene von Gebirgs- und Jägerdivisionen sowie Unterführer und Mannschaften aus dem Ersatzheer (zu einem hohen Prozentsatz Skiläufer)« den Sollbestand der Brigade auffüllen helfen. Ausnahmen bildeten die 3., 4. und 5. Gebirgs-Division sowie die 97. und 101. Jäger-Division. »Die Notwendigkeit, möglichst rasch einen guten Stamm zu gewinnen«, erforderte »eine besonders scharfe Auswahl«.

Den Aufzeichnungen des damaligen Majors i.G. Hellmut Grashey ist zu entnehmen, »daß die personelle Auffüllung der Brigade mit Skiläufern durch das Oberkommando des Heeres begünstigt wurde«, und daß man der Brigade die Erlaubnis erteilte, »im rückwärtigen Gebiet der Heeresgruppe Mitte unter den mit Fronturlauberzügen zu ihren Einheiten zurückkehrenden Soldaten Personalwerbung zu betreiben. Der Erfolg«, so heißt es, »war hinsichtlich Zahl und Qualität der Freiwilligen groß«.
Wieviel Freiwillige es dann, in Prozentzahlen ausgedrückt, im Verhältnis zu den zur Brigade »befohlenen« und »in Marsch gesetzten« Soldaten und Einheiten gab, ist nicht bekannt. Wahrscheinlich war der Zeitdruck, unter dem der Oberst von Schlebrügge damals stand (die Brigade mußte innerhalb kurzer Zeit auf die Sollstärke von 14 000 Mann gebracht werden), ausschlaggebend dafür, daß in den Abteilen der in Orscha oder Minsk haltenden Fronturlauberzüge nicht immer danach gefragt wurde, wer freiwillig aussteigen will. Ein ehemaliger Angehöriger des ersten Skibataillons der Wehrmacht meint: »Schlebrügge mußte wohl in der Regel ein ähnliches Verfahren anwenden, wie im Dezember 1941 auf den Bahnhöfen im Mittelabschnitt: Da suchte er sich eben auch unter den Soldaten heraus, wen er brauchte oder für geeignet hielt«. Zwei Beispiele: Der Eisenbahnzug, in dem der Gefreite Heinz Hochberger saß, kam in den frühen Abendstunden des 18.9.1943 in Orscha an. Von draußen ertönte das Kommando: »Alles aussteigen und am Bahnsteig aufstellen!« Hochberger, der sich auf Tagebuchnotizen stützen kann, berichtet, daß ein Oberst der Gebirgsjäger, Ritterkreuzträger, sich als Oberst Schlebrügge vorstellte und folgendes befahl: »Alle Soldaten mit Erfahrung im Skilaufen, insbesondere Gebirgsjäger und Angehörige von Jägereinheiten, links antreten, alle anderen rechts!« Die Rechtsstehenden durften den Zug wieder besteigen und die Fahrt zur Front fortsetzen. Heinz Hochberger, begeisterter Skiläufer, hatte sich bei den links stehenden Kameraden eingereiht, ohne zunächst zu wissen, was das am Ende bezwecken sollte. Erst nach Abfahrt des Zuges wurde ihnen erklärt, daß sie zur Skijägerbrigade-Neuaufstellung kämen.

Das zweite Beispiel betrifft den Gefreiten Hans Veldscholten, der ebenfalls ein Tagebuch gerettet hat. Ihn führte das Schicksal zwei Monate später zur

Brigade. Veldscholten befand sich am 21.11.1943 mit dem Marsch-Bataillon 31/8 auf dem Weg zur Front in den Raum Gomel, südostwärts von Minsk. In Minsk war der Transportzug angehalten worden. 2 Offiziere gingen durch die Abteile und »siebten« 20 Mann heraus. Zu den 20 Ausgesuchten zählte auch der Gefreite Veldscholten.

Den Obergefreiten und Funktruppführer Hermann Vizedum verschlug es vom Infanterie-Regiment 163 in den Raum Minsk (Grini) zur Skijägerbrigade. Seine 52. I.D. (Wehrkreis IX Kassel) gehörte zu den Truppenverbänden, die im Verlauf der schweren Kämpfe im Mittelabschnitt der Ostfront so stark dezimiert wurden, daß sie aufgelöst werden mußten.

Der Gebirgsjäger Roman Huber kam vom Geb.Jäg.Ersatz-Bataillon 100. Sein Weg zu den Skijägern wird von ihm unter der Überschrift »Weg der Gebirgsjäger von den Geb.Jäg.Ersatz-Bataillonen 98, 99 und 100 zum Ski-Jäger-Regiment 2« wie folgt beschrieben:

1) Im Sommer 1943 Abstellung zur Marschkompanie in die Ari-Kaserne in Garmisch (Baracken).
2) Marschkompanie nach Arys/Stablack zum Marsch-Bataillon 215 z.b.V.-Ski.
3) Verlegung nach Sgarda bei Orscha zum Partisaneneinsatz zwischen Orscha und Smolensk.
4) Bau von Auffangstellungen vor Witebsk und Besetzung der Stellung bis zur Ablösung durch Fronttruppen.
5) Im Oktober 1943 zurück nach Minsk (Ostroschitzki-Gorodok und Umgebung) zum Aufnahme-Bataillon 2/Ski-Jäger-Brigade 1.
6) Ende Oktober 1943 Aufteilung des Aufnahme-Bataillons 2 an die Kompanien des Ski-Jäger-Regiments 2.

Auf ähnliche Weise kam der Gebirgsjäger Otmar Sternad zu den Skijägern des Regiments 2. Sternad war kein gebürtiger Bayer, sondern stammte aus Reichenberg im Sudetenland, einer Stadt im Talkessel von Jeschken- und Isergebirge. Der blutjunge Kriegsfreiwillige war im März 1943 aus der letzten Klasse einer Oberschule zu den Garmischer »98ern« eingerückt. Otmar Sternad berichtet: »Von Garmisch ging's nach Frankreich, nach Pontarlier, nahe der Schweizer Grenze. Im Juni/Juli 1943 kehrten wir nach Garmisch zurück; es gab Urlaub, denn die Abstellung zum Fronteinsatz stand bevor«. Es heißt dann, daß die vom Urlaub zurückgekehrten Soldaten in der Gebirgsjägerkaserne in Garmisch einem Hauptmann gegenübergestellt wurden, der Freiwillige suchte, und zwar Skiläufer. Sternad hatte sich gemeldet und kam mit den anderen Freiwilligen zunächst nach Stablack.

Das Marsch-Bataillon 215 z.b.V.-Ski, dem er und Roman Huber angehörten, wird als »eigentlich recht bunter Haufen aus verschiedenen Waffengattungen« bezeichnet.
Von Ostpreußen wurde das Bataillon nach Orscha transportiert, wo es Anfang September 1943 am erwähnten Einsatz gegen Partisanen teilnehmen mußte.
Die nachfolgende Ausbildung zum Truppenfunker bei der Ski-Jäger-Brigade 1 verdankt Sternad seinen Fähigkeiten auf musikalischem Gebiet. Tatsächlich war in seiner Gruppe nach Leuten gefragt worden, die ein Musikinstrument beherrschen. Der musikalisch begabte Gebirgsjäger wurde also drei Monate an Funkgeräten ausgebildet und danach der 9. Kompanie des Ski-Jäger-Regiments 2 (Hauptmann Bolland) zugeteilt. Viele seiner bayerischen Kameraden, wie zum Beispiel Roman Huber, kamen in die 1. Kompanie des gleichen Regiments. Ihr Chef war der inzwischen zum Oberleutnant beförderte Hildebrand Walther.

Aufstellung der Ski-Jäger-Brigade 1

Die endgültigen Truppenbezeichnungen Ski-Jäger-Brigade, Ski-Jäger-Regiment, Ski-Jäger-Bataillon, Schweres Ski-Bataillon, Ski-Pionier-Bataillon, Ski-Nachrichten-Abteilung, Ski-Fernsprech- und Ski-Funk-Kompanie sowie Ski-Feldersatz-Kompanie waren offiziell bereits am 8. August 1943 festgelegt worden. »Alle übrigen Truppenteile« sollten laut dieser Bestimmung »normale Truppenbezeichnung« erhalten.
Unter Verantwortung der Heeresgruppe Mitte waren demnach aufzustellen: ein Ski-Jäger-Brigadestab, ein Ski-Jäger-Regimentsstab z.b.V. mit Stabskompanie, vier Ski-Jäger-Bataillone (die im Bereich der Heeresgruppe eingesetzten und vorhin erwähnten Jägerbataillone sollten dafür herangezogen werden), ein Stab Schweres Ski-Bataillon, zwei 30 t Fahrkolonnen (Schlitten) und ein Krankentransportzug (Schlitten).
In den Verantwortungsbereich des Befehlshabers des Ersatzheeres (BdE) entfielen die Aufstellung und Zuführung einer Ski-Nachrichten-Abteilung, einer Panzerjäger-Kompanie (motorisiert), einer schweren Infanteriegeschütz-Kompanie auf Selbstfahrlafetten (Sf), einer Fliegerabwehr-Kompanie 3,7 cm (Sf), eines Stabs Brigade-Nachschubführer, zweier Kraftfahr-Kompanien zu je 120 t, davon eine mit »Maultier« ausgestattet (»Maultier« = Magirus-Raupen-LKW, Rußland 1943) sowie sonstiger Einheiten, wie Bäckerei-, Schlächterei-, Werkstatt-, Sanitäts-Kompanie, alle motorisiert, usw.

Zu den Heerestruppen, die eingegliedert werden sollten, zählten (neben den Jägerbataillonen) ein schweres Granatwerfer-Bataillon (mot.), eine schwere Artillerie-Abteilung (mot.),eine Sturmgeschütz-Abteilung und ein Pionier-Bataillon mit zwei Schneeräumtrupps.
Es war also von vornherein an eine wirklich außergewöhnliche Ausstattung der Brigade mit Waffen und Gerät gedacht. Für die Auffüllung des Mannschaftsbestandes wurden vom Armee-Oberkommando Norwegen »zum frühestmöglichen Zeitpunkt 1000 im Skilanglauf vollausgebildete Soldaten« in Aussicht gestellt.

Als Oberleutnant von Cramm am 19. September in Orscha eintraf, war alles noch sehr überschaubar. Außer Schlebrügge und einem kleinen Stab mit dem Brigade-IIa, Hauptmann von Walcke-Wulffen, war »sonst nicht sehr viel« vorhanden. Aber das sollte sich rasch ändern. Schlebrügge erteilte ihm den Befehl, das »Aufnahme-Bataillon von Cramm« (Nr. 1) aufzustellen. Der Aufstellungsort lag »mitten im Partisanengebiet«. Vorerst stand dem Oberleutnant nur ein einziges Fahrzeug, ein Beiwagen-Krad, zur Verfügung. Als Helfer wurden ihm zur Seite gestellt: ein Arzt, ein Kompaniespieß, ein Schreiber und zwei Feldköche.
Cramm hatte den Auftrag, sämtliche eintreffende Soldaten der unterschiedlichsten Einheiten und Waffengattungen zu erfassen und in Züge aufzuteilen. Nach ihrer Erfassung wurden mit diesen Soldaten — je nach dem, von welcher Waffenfarbe sie kamen — die verschiedenen Bataillone und Abteilungen gebildet.

Im Aufstellungsplan war auch vorgesehen, daß die Brigade bis zum Zeitpunkt ihrer Einsatzbereitschaft über eine bestimmte Anzahl speziell ausgebildeter Schäferhunde verfügen müsse. Denn was wären Skijäger ohne diese treuen vierbeinigen Kameraden! Vor die Bootschlitten (Akjas) gespannt, transportierten sie — zum Beispiel bei Erkundungs- und Stoßtruppunternehmungen — Waffen, Munition und Verpflegung und wurden selbstverständlich zur Bergung von Verwundeten eingesetzt.
Jeder dieser Ziehhunde hatte seinen eigenen Betreuer. Der Hundeführer war während der mehrwöchigen Ausbildungszeit in der Heimat stets mit den Hunden zusammen, die ihm später auch an der Front anvertraut waren.
Zu diesem Thema kann der damalige Gefreite Hochberger einiges sagen. Wie berichtet, hatte Hochberger einen Tag vor Oberleutnant v. Cramm in Orscha »soldatisches Neuland« betreten. Aber schon am nächsten Morgen sah für ihn und für manchen von seinen Kameraden die Welt wieder ganz anders aus. Beim Appell war gefragt worden, wer sich mit Hunden auskennt und an einer Ausbildung zum Hundeführer interessiert ist.

Hochberger hatte in seiner sudetendeutschen Heimat bei der Jagdausübung schon Erfahrungen im Umgang mit Hunden gesammelt und fühlte sich angesprochen. So hatte für den Reserveoffiziersbewerber eine ganz neue Laufbahn in der Deutschen Wehrmacht begonnen.
In seinem Marschbefehl war als Ziel angegeben: Schwabach bei Nürnberg. »Weitere zukünftige Hundeführer wurden nach Stablack, Berlin, Hamburg, München und andere Orte geschickt«.

Am 1.10.1943 wurden ihm im Ausbildungszentrum Schwabach erstmals die drei Schäferhunde, die er zu betreuen hatte, vorgestellt. Sie hörten auf die Namen Lord, Rolf und Ferro. Jeder Hund trug eine Erkennungsnummer: 2170, 2192 und 2197. Die Hunde waren zum Teil schon abgerichtet, und der ungeübte Hundeführer mußte deshalb zuerst noch sein Verhalten dem der Tiere angleichen und daraus lernen.

Nach rund 4 Wochen war die Ausbildungszeit beendet. Am 4. Dezember traten die in Schwabach geschulten Hundeführer mit ihren Schützlingen die Rückreise zur Truppe an. 8 Tage später trafen sie in Minsk ein und nahmen 27 Kilometer ostwärts davon in dem kleinen Ort Sacen Quartier.

Die »Keimzelle der Brigade« (Grashey) war unterdessen aus dem Raum Orscha in den weniger in Frontnähe gelegenen Raum ost- und nordostwärts von Minsk, Ostrochizky (oder Ostroschitzki) - Gorodok, verlegt worden. Der Skijäger-Brigadestab mit Stabskompanie wurde aus den Resten des Stabes und der Stabskompanie der ehemaligen 19. Schützen-Brigade gebildet.

Für die zwei Regimenter kamen Stäbe und Stabskompanien: von der 52. I.D. (Grenadier-Regiment 163) und von der 86. I.D. (Grenadier-Regiment 167). Dazu heißt es: »Die Stäbe der beiden Skijägerregimenter werden aus den Gren.Rgts.Stäben von 2 zusammengelegten Divisionen aufgestellt«. Demnach hatten 52. und 86. I.D. nach ihrer Auflösung noch eine gemeinsame Divisions-Kampfgruppe gebildet, bis sie endgültig mit Teilen in die Skijägerbrigade eingegliedert wurden. So trafen im Raum Minsk noch ein: Die Reste der genannten Grenadierregimenter. Außerdem von der 52. I.D. die Nachrichtenabteilung (Nr. 152) sowie die Versorgungstruppen und Ordnungsdienste.
Weiter wurden an die Skijägerbrigade abgegeben: Von der 113. I.D. die Kraftfahrkompanie 113 und von der 262. I.D. der Regimentsstab 486. Von der 251. I.D. traf in Bluden (Bahnstation von Beresa - Kartuska) am 16.10. der Bataillonsstab des I./Grenadier-Regiment 47 ein und wurde als Stab Ski-Feldersatz-Bataillon 1 neu aufgestellt. Dem Bataillon gehörten

später 5 Kompanien an. Erster Kommandeur war Hauptmann Jacob. Adjutant: Leutnant Georg.
Für die Aufstellung der 1. (Panzerjäger)Kompanie des Schweren Ski-Bataillons 1 kam von der 330. I.D. die 2./Pz.Jäg.Abt. 330 zur Brigade; sie war zuerst mit 7,5-cm-Pak, teils Sf, teils RSO, und danach mit 8,8-cm-Selbstfahrlafetten (»Hornisse«) ausgestattet. Die außergewöhnlich starke Bewaffnung dieses Bataillons wurde ergänzt durch eine herangeführte 15-cm-Infanteriegeschützkompanie (Sf) und eine dritte (3,7-cm-Fliegerabwehr)Kompanie auf Selbstfahrlafetten. Den Stab stellte das Fla-Bataillon 615. Eine Besonderheit in diesem vollmotorisierten Verband — und überhaupt in der ganzen Deutschen Wehrmacht — bildete die später eingegliederte 4. Kompanie (ehemalige 2./Pz.Abt. z.b.V. 66) mit 24 russischen Beutepanzern neuester Bauart, den T-34/85 (30 t), die über eine 8,5-cm-Kanone verfügten. Der Ersatz für die Kompanien kam aus Oppeln/Oberschlesien, Köln-Wahn, Liegnitz in Schlesien und Bamberg.
Von den eingeplant gewesenen Heerestruppen trafen bei der Brigade ein: das motorisierte Schwere Granatwerfer-Bataillon 18 (12-cm-Gr.W.) mit 3 Kompanien, die II. Abteilung des Artillerie-Regiments (mot.) 59 mit 3 Batterien schwerer Feldhaubitzen, die Sturmgeschütz-Abteilung 270 (in den Aufzeichnungen und Dokumenten auch als Brigade bezeichnet) mit 31 Sturmgeschützen und das Gebirgs-Pionier-Bataillon 85 (Wehrkreis Salzburg), das in Ski-Pionier-Bataillon 85 umbenannt wurde.
In der Liste der zur Verfügung und noch in Aussicht gestellten Einheiten erscheinen ferner von der 251. I.D. neben dem bereits genannten Bataillonsstab das komplette Grenadier-Regiment 471 (vorgesehen für die Umgliederung zum Ski-Feldersatzbataillon) sowie das Marsch-Bataillon Norwegen 5.

Ähnlich wie im Fall der Jägerbataillone, wird auch am Beispiel des Marsch-Bataillons Norwegen 5 erkennbar, welchen Problemen sich das für die Brigade-Aufstellung verantwortliche Oberkommando der Heeresgruppe Mitte und Oberst von Schlebrügge damals gegenübergestellt sahen. Das Bataillon sollte, wie schon berichtet, »zum frühestmöglichen Zeitpunkt« im Raum Orscha - Minsk eintreffen, so »möglichst rechtzeitig« wie die Jägerbataillone. In diesem Zusammenhang muß erwähnt werden, daß die ursprünglichen Planungen eine »Verwendungsbereitschaft« der Brigade bis zum 1. Dezember 1943 vorsahen. Als dann aber deutlich wurde, daß mit den Jägerbataillonen vor Dezember nicht zu rechnen sei, war als neues Datum der 1. Januar 1944 festgelegt worden. »Unter vorläufigem Verzicht auf die kampferfahrenen Stämme der Jägerbataillone wurde die Neuaufstellung von 4 Skijägerbataillonen notwendig. Die Ausbildung«, so hieß es am 26.11., »ist bereits während der personellen Aufstel-

lung mit besonderem Nachdruck zu betreiben, um sicherzustellen, daß die neuaufzustellenden Skijägerbataillone auch ohne kampferfahrene Stämme in kurzer Zeit voll verwendungsbereit werden«.
Diese Erwartungen des OKH hielt die Heeresgruppe offenbar für nicht erfüllbar. Ihre realistische Einschätzung der Möglichkeiten lautete: »Unter Berücksichtigung der schwierigen Aufgabe, . . . die Skijägerbataillone neu aufzustellen und für ihre Sonderaufgabe auszubilden, ist mit einer vollen Verwendungsbereitschaft der Brigade nicht vor dem 1.2.44 zu rechnen«.
Damit war nun das OKH gar nicht einverstanden. Das Hin und Her um die Termine ging weiter. Am 12.12. schickte die vorgesetzte Stelle beim OKH ein Fernschreiben an die Heeresgruppe, in dem es hieß: »Die Aufstellung der Ski-Jäger-Brigade 1 ist mit allen Mitteln so zu fördern, daß die Brigade am 10.1.44 voll verwendungsbereit ist«. Vier Tage darauf wurde die Aufforderung in den Akten als Befehl formuliert: »Volle Einsatzbereitschaft ist am 10.1.44 befohlen«. Der Generalstabschef der Heeresgruppe, Generalleutnant Krebs, gab wiederum zu bedenken, »daß die Heeresgruppe Mitte die Masse der Waffen und des Geräts aus ihrem eigenen, schon knapp bemessenen Nachschub abgezweigt hat«, und daß sie jetzt an den Grenzen ihrer Möglichkeiten angelangt ist. General Krebs erwartete vom OKH »eine möglichst weitgehende Unterstützung« und erklärte schließlich (wohl resignierend): »Da aber zu befürchten ist, daß alle Voraussetzungen für die volle Einsatzbereitschaft zum 10.1. nicht erfüllt werden, ist eine Terminverschiebung auf den 25.1.44 unabwendbar«.
Oberst von Schlebrügge war nicht ganz so pessimistisch und rechnete damit, daß seine Brigade zum Jahresende steht. Aber bis dahin mußte noch hart gearbeitet und manches »organisatorische Problem« gelöst werden. Schlebrügges damaliger Ia, Major i.G. Grashey, erinnert daran: »Für die dringend notwendige Ausbildung stand nur wenig Zeit zur Verfügung. Viele aufeinander angewiesene Soldaten aller Dienstgrade kannten sich kaum, und das Zusammenwirken der Verbände war nicht eingespielt«.
Und das erwähnte Marsch-Bataillon Norwegen 5, das der Brigade zugeteilt werden sollte? In einer »Notiz« der Organisationsabteilung des OKH vom 20.12. wurde auf die Schwierigkeiten mit dieser Einheit hingewiesen. Die inzwischen im Heimatgebiet eingetroffenen Mannschaften (es waren erst zwei Drittel, das Eintreffen des letzten Drittels würde sich »infolge Transportschwierigkeiten etwa 14 Tage verzögern«) befanden sich auf Grund des langen Seetransports »in außerordentlich schlechter körperlicher Verfassung und waren im Durchschnitt seit eineinhalb Jahren nicht beurlaubt (Einsatz in Gegend Narvik)«. Es wurde vorgeschlagen, »die Angehörigen des Bataillons deshalb zunächst 14 Tage zu beurlauben«. Der Heeresgruppe Mitte wurde also in Aussicht gestellt: zwei Drittel des Bataillons bis spätestens 15.1.44 und das letzte Drittel bis spätestens 30.1.44. Of-

fenbar in der falschen Annahme, daß ohne dem Marsch-Bataillon 5 bei Oberst v. Schlebrügge die Aufbauplanung ins Stocken gerät, wurde hinzugesetzt: »Die Verwendungsbereitschaft der Ski-Jäg.Brig.1 wird sich dementsprechend um einige Tage, etwa bis 20.1.44, verzögern«.
Ob die versprochenen 1000 Skiläufer aus Norwegen dann auch der Brigade zur Verfügung gestellt wurden, ist fraglich. In den vorhandenen Akten und Unterlagen werden sie nicht mehr erwähnt.
Noch im Dezember trafen aber die völlig abgekämpften Reste der Jägerbataillone bei den Aufstellungseinheiten im Raum Minsk ein.

Am 10.10.1943 war die Bezeichnung der 9. Kompanien der Skijägerregimenter festgelegt worden. Sie sollten »Panzerjäger-Fla-Kompanie« heißen. Den 4. Kompanien der Skijägerbataillone gab man die Bezeichnung »Schwere Ski-Jäger-Kompanie«.
Oberleutnant von Cramm hatte unterdessen das Aufnahmebataillon 1, »das bei zunehmender Stärke die Ortsunterkünfte zu sprengen drohte«, an den Rittmeister Michael Doerr abgegeben und den Auftrag erhalten, »in irgendeinem Panjedorf« ein zweites Aufnahmebataillon aufzustellen. Cramm schreibt: »Während der Wochen beim 1. Bataillon und auch später habe ich — eingedenk der Schlebrügge'schen Zusage, mich als Chef von einer der beiden vollmotorisierten 9. Kompanien einzusetzen — schon fleißig Ausschau nach geeigneten Männern gehalten, die nachher den Stamm meiner Kompanie bilden sollten«. Nach seiner Meinung war es nicht schwer, unter den Angehörigen der Aufnahmebataillone besonders gute Soldaten zu finden; »das Reservoir war groß genug«.
Cramm spricht vom »Typ des künftigen Skijägers«, der sich im Laufe der Ausbildungszeit von selbst entwickelte, und zwar im Hinblick auf die ihm zugedachte Aufgabe, »nämlich im feindlichen Hinterland zu agieren«. Immer wieder taucht in den verschiedensten Aussagen und Berichten der Begriff »Spezialverband« und »Spezialausrüstung« auf, und für Kampfeinsätze wird häufig auch die seit den Anfangstagen der Skitruppe gebräuchliche Bezeichnung »Jagdkommando-Unternehmen« verwendet. Das waren eben hauptsächlich die Einsätze hinter den feindlichen Linien und überraschende Flankenangriffe von mehreren Seiten gleichzeitig, wie sie beispielsweise von den Skijägereinheiten der finnischen Armee (»Ödmarken-Taktik«) im Kampf mit dem übermächtigen Gegner im Winterkrieg 1939/40 schon durchgeführt wurden. Aber konnte man denn überhaupt diesen 100-Tage-Krieg und den Winterkrieg in Rußland, der bereits in die dritte Jahresperiode gegangen war, miteinander vergleichen?

Bei den von Oberst Schlebrügge regelmäßig einberufenen Kommandeursbesprechungen »wurde sehr eingehend die Frage unserer Ausrüstung be-

handelt«, berichtet Cramm. Denn wenn die Brigade nach finnischem Vorbild eingesetzt werden sollte, »mußten Bewaffnung, Ausrüstung und Verpflegung quasi neu erfunden werden«.
Die Bewaffnung: Standardwaffe des Skijägers sollte das neue Sturmgewehr StG 44 sein, das zunächst 1943 unpassenderweise als Maschinenpistole MP 43 bezeichnet worden war. (Mit dem Sturmgewehr wurden am Anfang allerdings lediglich die »Stoßzüge« der Jägerkompanien komplett ausgerüstet). Es ersetzte ein leichtes Maschinengewehr, arbeitete nach dem Gasdruckprinzip und nicht wie die üblichen Maschinenpistolen mit dem Rückstoßmechanismus, war 94 Zentimeter lang und wog mit vollem Magazin, das 32 völlig neu entwickelte Kurzpatronen des Kalibers 7,92 mm faßte, 5,4 Kilogramm. Das Visier ließ sich bis auf 800 Meter Entfernung einstellen. Die sehr verläßliche Waffe war für automatischen und halbautomatischen Betrieb geeignet. Jede Patrone wog nur 8,4 Gramm, das waren zwei Drittel der üblichen 7,92-mm-Karabinerpatrone. Wie sehr man sich aber nachher im Kampf abschleppen mußte, schildert der ehemalige Gefreite Herbert Parsch: »Jeder Skijäger hatte sechs Magazine, die in Taschen am Koppel getragen wurden. Außerdem mußte genügend Ersatzmunition, in kleine Kartons verpackt, im Brotbeutel transportiert werden. Für den eigentlichen Zweck des Brotbeutels — das Mitführen von Verpflegung — war aus diesen Gründen kein Platz« .. .
Interessant ist hier der Vergleich mit der damaligen Standardwaffe des Rotarmisten, der Maschinenpistole PPSh 41. Diese Waffe funktionierte nach dem direkten Rückstoßprinzip, das heißt, die beim Abfeuern im Lauf entstehenden Gase drücken den Verschluß nach hinten. Die PPSh 41 war 10 Zentimeter kürzer als das deutsche Sturmgewehr und wog mit Magazin, in diesem Fall einem Trommelmagazin, das 71 Patronen fassen konnte, soviel wie das deutsche StG 44. Wenn ein flaches Magazin mit 35 Patronen verwendet wurde — was selten vorkam — wog die Waffe ein gutes Kilo weniger. Ihre Geschosse vom Kaliber 7,62 mm ließen sich mit einer Geschwindigkeit von 900 Schuß pro Minute abfeuern. Die Anfangsgeschwindigkeit der Geschosse (564 Meter i.d.Sek.) war nicht ganz so hoch wie die beim deutschen Sturmgewehr (671 Meter i.d.Sek.).

Bei Cramm wird weiter berichtet, daß es »für Führer« (damit sind wohl die Kompaniechefs und Bataillonskommandeure gemeint) »und Fahrer einige Maschinenpistolen gab«. Die MP 40 — um diese äußerst robuste Waffe handelte es sich jedenfalls — hatte eine beinahe um die Hälfte geringere Anfangsgeschwindigkeit der Kugeln, das war 9-mm-Parabellum-Munition, folglich auch eine erheblich geringere Reichweite als das Sturmgewehr 44 und wog auch nur 3,7 Kilogramm. Mit ausgeklappter Schulterstütze war sie 83 Zentimeter lang, das Stangenmagazin faßte soviel Patronen wie das des Sturmgewehrs. Die Maschinenpistole konnte im Gegensatz zum Sturmgewehr lediglich automatisch feuern.

In einem mit »Geheime Kommandosache« gekennzeichneten Fernschreiben der Organisationsabteilung des OKH an die Heeresgruppe Mitte vom 30.9.43 wird unter anderem die Zuführung von 100 Zielfernrohrgewehren für Scharfschützen erwähnt. Herauszulesen ist auch die teilweise Ausstattung der Brigade mit dem ebenfalls erst entwickelten und für Zielfernrohr-Ausrüstung geeigneten halbautomatischen Infanteriegewehr 43 (Lieferung von 1000 Stück). Hier der Vergleich mit dem Sturmgewehr: Das Gew.43, eine verbesserte Version des Gew.41, war 112 Zentimeter lang und wog 4,3 Kilogramm. Damit war es also leichter als das StG 44. Die 10 Patronen im auswechselbaren Magazin waren im Kaliber gleich (identisch auch mit dem des Karabiners 98), aber von unterschiedlicher Länge. Die Anfangsgeschwindigkeit der Geschosse von 685 Metern in der Sekunde ähnelte der Geschoßgeschwindigkeit des Sturmgewehrs.

Nun zur Ausstattung und Ausrüstung. Da hatte man sich einige Besonderheiten ausgedacht. So ist in den Berichten auch mehrmals von »Sonderuniform« die Rede, und es wird sogar behauptet, daß man eine außergewöhnliche Uniformierung nicht zuletzt deshalb geschaffen hatte, um Freiwillige für die Skijägerbrigade anzulocken. Aber wenn man sich die Mühe macht und den praktischen Nutzen abwägt, kommt man doch zu dem Schluß, daß eigentlich alles an der Ausstattung und Ausrüstung sinnvoll und notwendig war — allerdings nur, wenn man im Auge behält, für welchen Zweck oder welche Verwendung die Brigade geschaffen wurde. Zum Beispiel mußte ein Skijäger über gute Skier verfügen. Zu den Skiern gehörten spezielle Schuhe und eine geeignete Hose. In letzterem Fall machte man eine Anleihe bei den Gebirgsjägern.
Dann war ein besonderer Tarnanzug (oder »Sturmanzug«) wichtig; er soll finnischer Herkunft gewesen sein. Der imprägnierte Wendeanorak, auch »braune Grete« genannt, war praktisch verarbeitet und mit vielen Taschen versehen. Bei strenger Kälte konnte zusätzlich eine Jacke mit Teddyfutter untergezogen werden.
Ebenfalls von den Gebirgsjägern ausgeliehen war die Mütze. Von den Fallschirmjägern kam der Stahlhelm. Es ist anzunehmen, daß bei Versuchen diese Helmform vom Skiläufer als weniger störend empfunden wurde. Wahrscheinlich sollte auch an Gewicht gespart werden.
Ähnliches ließe sich vom Fangmesser der Fallschirmjäger sagen, das, im Gegensatz zum Seitengewehr der Infanteristen, einen Skiläufer kaum oder gar nicht behinderte. Das Messer wurde an einem Stoffkoppel getragen, wie man es von den Soldaten des Afrikakorps kannte.

Wo es möglich und sinnvoller war, entschied man sich also bei der Ausrüstung für leichteres Gewicht, »um bei Ferneinsätzen nicht zu sehr schleppen zu müssen«. Die Gasmaske wurde nicht in der üblichen großen Blechbüchse, sondern in einer Stofftasche verwahrt. Eine Stofftasche verursachte auch kein klapperndes Geräusch bei der schnellen Bewegung auf Skiern.
Für den Bedarfsfall standen noch Filz- und Gummistiefel bereit. Mit Gummistiefeln ausgestattet wurden zum Beispiel die Soldaten der Eingreifzüge der 9. (Pz.Jäg.-Fla)Kompanien. Vorhanden waren außerdem Skijägerrucksäcke.
Ferner gab es Pelzschlafsäcke, Finnenhütten und norwegische Zelte mit Ofenheizung, »einer sinnvollen Konstruktion, bei der das Ofenrohr als Zeltstange diente«.
Ausgehend von den Erfahrungen bei den ersten Skijagdkommandos, war ein nährstoffreicher und gleichzeitig leichter Verpflegungssatz zusammengestellt worden, der, in weiße Leinenbeutel verpackt, im Bedarfsfall an die Skijäger ausgegeben werden sollte. (In den Aufzeichnungen über das erste Skibataillon im harten Winter 1941/42 ist davon die Rede, daß es für jeden Angehörigen eines Spähtrupps, der voraussichtlich länger als zwölf Stunden unterwegs sein würde, in einem Leinenbeutel als »Sonderverpflegung« ein großes Stück Speck, eine Packung mit besonders schmackhaftem Zwieback oder Knäckebrot, eine Tafel Schokolade und Traubenzucker gab).
Das äußere Erscheinungsbild der Soldaten der Ski-Jäger-Brigade 1 war im übrigen dadurch gekennzeichnet, daß zur Gebirgsjägerhose die kurze Jacke der Sturmgeschützbesatzungen getragen wurde. Waffenfarbe der Skijäger war Grün. Das unverwechselbare Abzeichen an der Mütze, das bei ehemaligen Angehörigen der Brigade und späteren Division heute noch als Schmuckstück gilt, bestand aus dem Abzeichen der Jägerbataillone, dem »Eichenbruch« (drei silbernen Eichenblättern), aber mit einem quer darübergelegten goldenen Ski.

Über die landsmannschaftliche Zusammensetzung der Brigadeangehörigen konnte folgendes in Erfahrung gebracht werden: Der damalige Oberleutnant du Bois — in Oberschlesien zu Hause —, dem im November 43 die Führung der 4. Kompanie im Ski-Jäger-Regiment 1 anvertraut wurde, meint, daß die Soldaten aus allen Gegenden Deutschlands und Österreichs stammten, »wenngleich durch die Besonderheit der für sie vorgesehenen Einsätze wohl die Bayern, Österreicher und Schlesier überwogen«. Für den damaligen Hauptfeldwebel Hans Knahl aus dem schlesischen Riesengebirge, der von »Jäger 5« gekommen war und zusammen mit Leuten dieses Bataillons die Stammannschaft bei der 5./Ski-Jäger-Regiment 2 bildete, reichte die landsmannschaftliche Zusammensetzung »von Berlinern, Schlesiern, Österreichern und Bayern bis zu Rheinländern«. »Als Berliner war ich Außenseiter«, erinnert sich Ernst Korsch, damals in der 4. (Hptm. Gürke) des Regiments 2 Leutnant und s.MG-Zugführer. Oberleutnant Heinrich Weber aus Österreich hatte in seiner 8. (schweren) Kompanie des Regiments 1 ein besonders buntes Gemisch von Soldaten, meistens Tiroler, Bayern, Schwaben und Sudetendeutsche, dann noch Thüringer und Sachsen und einige Ostpreußen und Brandenburger. In der 9. (Pz.Jäg.-Fla)Kompanie des Regiments 2 waren »vorwiegend Rheinländer«. Oberleutnant Otto Reinsdorf hatte seine Soldaten von »Jäger 4« in seine neue Kompanie, die 3./2, mitgebracht: »Die meisten stammten aus dem Thüringer Wald und aus dem Erzgebirge«. Angehörige anderer Einheiten kamen aus Hessen und aus dem Frankenland.

Wie wird nun der »Kampfwert« der Brigadeeinheiten aus heutiger Sicht von ehemaligen Offizieren und Soldaten aus dem Mannschaftsstand beurteilt? Und wie sah es allgemein mit der *»Kampfmoral«* aus?
Fast durchweg wird beides im Zusammenhang gesehen. Es heißt zum Beispiel immer wieder: »Die Kampfmoral war schon deshalb sehr gut, weil wir die denkbar beste Bewaffnung, also einen hohen Kampfwert besaßen«. Ein ehemaliger Obergefreiter meint: »Wenn einem als Soldat nichts anderes übrigbleibt, als zu kämpfen und sich seiner Haut zu wehren und man zu diesem Zweck gute und wirksame Waffen in die Hand bekommt, so kann das schon ein gewisses Überlegenheitsgefühl hervorrufen. Das nennt man dann wohl auch hohe Kampfmoral«.
Oberleutnant Weber erwähnt die »ausgezeichnete Kameradschaft«, die unter seinen Leuten eine Selbstverständlichkeit war, sieht ebenfalls den Zusammenhang von bester Bewaffnung und sich daraus ergebender guter Kampfmoral und beurteilt im übrigen den hohen Kampfwert »auf Grund der ziemlich hohen Führungseigenschaften der Unterführer — meist fronterfahrene und ausgezeichnete Unteroffiziere und Obergefreite — wie auch der verhältnismäßig jungen Soldaten«. Weber erinnert an die gegnerische Lautsprecherpropaganda an der Turja-Front, wo es von den russischen Linien herüberdröhnte: »Ihr sturen Skijäger! Ihr lauft ja doch nicht über!«
Für Hans-Horst du Bois spielt zweifellos auch die Persönlichkeit des jeweiligen Bataillonskommandeurs eine Rolle, wenn es um die Beantwortung der Fragen nach Kampfwert und Kampfmoral geht. Der Kampfwert des Bataillons, in dem du Bois eine Kompanie führte, »war sowohl nach damaliger als auch nach heutiger Einschätzung erstklassig, und Kampfmoral — nicht zuletzt dank dem Vorbild des Kommandeurs — hervorragend«. Hier muß angefügt werden, daß es sich beim Kommandeur des

I./1 um Günther Meergans handelte. Meergans war in der Zwischenzeit auf der Winterkampfschule im ostpreußischen Arys Chef der Lehrkompanie und auf den Stützpunkten in Obergurgel sowie im Riesengebirge Leiter der Winterausbildung gewesen, hatte drei Monate im Wehrmachts-Hauptquartier in Ostpreußen zugebracht, wo seine Winterkampf-Erfahrungen ausgewertet wurden, ging dann zu Kommandeurs-Lehrgängen nach Antwerpen und Berlin-Döberitz und war schließlich im November 43 als Hauptmann zur Skijägerbrigade versetzt worden.

Ein damaliger Funktruppführer beim Stab des Regiments 1, der von der zerschlagenen und aufgelösten 52. I.D. zur Brigade in den Raum Minsk (Grini) gekommen war, spricht ebenfalls von »sehr hohem Kampfwert«, was eine entsprechend »hervorragende Kampfmoral« der Soldaten zur Folge hatte. Und dann wird etwas gesagt, worüber es unterschiedliche Auffassungen gibt: »Wir waren davon überzeugt, ein Eliteverband zu sein«. Im großen Ganzen halten die ehemaligen Soldaten der Brigade (und späteren Division), die befragt wurden, das Wort »Elite« schon für zu sehr strapaziert; sie wollten es in ihrer weit überwiegenden Mehrheit nicht verwenden.
Abschließend — zu diesem Komplex — soll noch ein ehemaliger Kompaniechef bei den Jägerbataillonen zu Wort kommen, jenen besonderen Einheiten, auf die Oberst von Schlebrügge so lange warten mußte und deren Soldaten nach den zermürbenden Dauereinsätzen im Mittelabschnitt der Ostfront eigentlich für längere Zeit »moralisch am Ende« hätten sein müssen. Aber das war offenbar nicht der Fall. Der damalige Oberleutnant Reinsdorf erinnert sich: »Obwohl das Jäger-Bataillon 4 vor der Herauslösung im Raum ostwärts Orscha noch schwere Abwehrkämpfe zu bestehen hatte und hohe Verluste hinnehmen mußte, konnte die Kampfmoral nach einigen Ruhetagen im Aufstellungsraum des Ski-Jäger-Regiments 2 nördlich von Minsk wieder angehoben werden und war bei Beginn der Einsätze im Frontabschnitt der Skijägerbrigade wieder gut«. Dann heißt es: »Durch die weiter verbesserte Ausrüstung (Sturmgewehre, Selbstlade- und Zielfernrohrgewehre, Panzerfäuste in allen Gruppen sowie Lafetten für alle MG als Zusatzausrüstung) bei der Skijägerbrigade, wurde der Kampfwert — im Vergleich zu den Jägerbataillonen — erheblich gesteigert«.

Oberleutnant von Cramm war, nach Erfüllung seiner Aufgaben beim Aufnahme-Bataillon 2, zum »Kommandant Stabsquartier« ernannt worden. Der Brigadestab wurde allmählich vollständig besetzt. Als 1. Generalstabsoffizier (Ia), dem der Aufgabenbereich »taktische Führung« unterstand, hatte also Major i.G. Hellmut Grashey, ursprünglicher Gebirgsjäger, seine Tätigkeit aufgenommen. An seiner Seite war als 2. General-

stabsoffizier (Ib) der Oberleutnant Sieber für den Bereich »Versorgung« zuständig. Die Stellung des 3. Generalstabsoffiziers (Ic), der die Abteilung »Feindnachrichten/Sicherheit« leitete, übernahm Oberleutnant Dr. Joseph Schmid, zuletzt bei der bayerischen 97. Jäger-Division.
Brigadeadjutant (IIa) war, wie schon erwähnt, Hauptmann von Walcke-Wulffen. Zum Stab gehörten u.a. auch: ein Kriegsgerichtsrat (Schwegler), ein Stabsintendant (Gries), ein Oberstabsarzt (Dr. Kassler), ein Stabsveterinär (Dr. Feuerstein) sowie ein katholischer und ein evangelischer Pfarrer (Kramer und Grabowski).
Major von Pilgrim wurde Kraftfahr-Offizier, Hauptmann Schäfer Waffen-Offizier.

Ein Kasino war eingerichtet worden und ein Soldaten-Erholungsheim. Über den Brigadekommandeur wird berichtet, daß er bescheiden aus dem Rucksack lebte und — obwohl er es in der Aufstellungsetappe weicher hätte haben können — auf einem harten Strohsack-Bett schlief. »Jeder Luxus war ihm zuwider«.
Oberst Hans von Schlebrügge war damals 43 Jahre alt. Geboren in Kassel. Gymnasiast in Karlsruhe. Mit 17 Freiwilliger bei den Husaren. Als 18jähriger Leutnant gegen Ende des 1. Weltkrieges noch mit dem Eisernen Kreuz I. Klasse ausgezeichnet. Von 1919 bis 1921 Führer eines eigenen Freikorps im Baltikum und in Oberschlesien. (Träger des Schlesischen Adlerordens). Zivilberuf: Bankkaufmann. 1932 Bankdirektor in Karlsruhe. Passionierter Bergsteiger. 1936 wieder Soldat: Hauptmann und Kompaniechef beim Gebirgsjäger-Regiment 100 in Bad Reichenhall. Heeresbergführer. Liebte besonders Hochgebirgstouren auf Skiern. 1938 nach Klagenfurt versetzt. Mit der 3. Gebirgs-Division nach Polen. Dann Norwegen (Narvik; »Büffel-Unternehmen«; Ritterkreuz). Dann Heeres-Hochgebirgsschule Fulpmes, Kommandeur des ersten selbständigen Skibataillons der Wehrmacht und schließlich, nach langem Lazarettaufenthalt, mit der Aufstellung der Skijägerbrigade beauftragt.

Als es endlich eines Tages soweit war und Oberleutnant von Cramm die ihm von Schlebrügge versprochene vollmotorisierte Kompanie übernehmen durfte, »rückte selbstverständlich auch der Wachzug des Brigadestabes ab, um einen wesentlichen Bestandteil meiner Kompanie zu bilden«, schreibt Cramm. Zu seinen Soldaten gehörte auch der Gebirgsjäger-Oberfeldwebel Dorfleitner. Der war früher mal in der Kompanie Schlebrügges gewesen und über ein Marschbataillon zur Neuaufstellung der Skijägerbrigade gestoßen. Oberst von Schlebrügge, der es sich nicht nehmen ließ, die jeweils neu ankommenden Soldaten persönlich zu begrüßen, hatte Dorfleitner damals im großen Haufen der Eintreffenden entdeckt und ihn freudestrahlend dem Oberleutnant mit folgenden Worten vorgestellt: »Cramm — das ist einer meiner bewährten Soldaten; den schenke ich Ihnen, behandeln Sie ihn gut!« Dorfleitner kam also in die Cramm'sche Kompanie, war dort zeitweilig Kompanie-Truppführer und führte später — bis zu einer schweren Kopfverwundung — den »Ofenrohr«-Zug.

(»Ofenrohr« = 8,8-cm-Raketenpanzerbüchse. Die einem Ofenrohr ähnelnde, ziemlich unhandliche Waffe war 1,32 Meter lang und wog 9,5 Kilo. Ihre aus einer Magnesium-Legierung bestehenden Geschosse konnten eine senkrecht stehende Panzerplatte von maximal 21,5 Zentimeter Dicke durchbohren bzw. regelrecht durchschweißen; bei einer Panzerplatte mit einer Neigung von 40 Grad betrug das Durchdringungsvermögen immerhin noch 15 Zentimeter. Anstelle dieses »Panzerschrecks«, mit einer wirksamen Schußweite bis 200 Meter, kam aber in zunehmendem Maße die viel handlichere »Panzerfaust« zum Einsatz).

Der neue Chef der »Neunten« wurde zusammen mit den Kompanieoffizieren Leutnant Braun, Wagner und Gerschler in einer verwanzten Panjehütte einquartiert. Gleich in der ersten Nacht hatte Cramm »kein Auge zugetan«; er konnte geradezu hören, wie die Wanzen sich von oben auf seine Zudecke fallen ließen, um dann über sein Gesicht zu kriechen. Anscheinend — und das ist auch die Vermutung des Freiherrn von Cramm — mochten diese Tierchen Blaues Blut ganz besonders gern. Cramm erzählt: »Sie haben mich so zerstochen, daß ich am nächsten Morgen fast leidend war, mein Schlaflager in der Wohnstube räumte und in den Stall zog. In Viehställen gibt es bekanntlich kaum oder keine Wanzen, jedenfalls habe ich dort Ruhe gehabt, mir aber in der Kompanie den Ruf eingehandelt: »Der neue Chef ist verrückt, der schläft im Stall!«
Nun, Oberleutnant von Cramm erwarb sich sehr bald Achtung und Respekt bei seinen Soldaten. Noch heute, fast 50 Jahre danach, ist der kleine Rest der »Ehemaligen« ihm in Treue verbunden. Zu diesem Kreis gehört der damalige Gefreite und Geschützführer Helmut Kramm (mit K). Kramm kam als Freiwilliger zur 9./1. Er erinnert sich: »Von Anfang an war das Verhältnis zwischen Kompaniechef und untergeordneten Soldaten von einem starken Zusammengehörigkeitsgefühl geprägt. In welch hohem Maße dieses Gefühl schon bei uns allen vorhanden war, zeigte sich, als wir unseren Chef gleich Anfang Februar vorübergehend durch eine schwere Verwundung verloren«.
»Nicht nur der Führungsstil, die Fürsorge jedem Soldaten gegenüber und die Organisation bei den varianten Waffensystemen empfanden wir in unserer Einheit als etwas Besonderes. Unser Chef bewies auch außergewöhnlichen Einfallsreichtum. Oberleutnant von Cramm erfand ein Geschütz,

welches in keinem Waffenkatalog zu finden war. Er ließ eine russische 4,7-cm-Pak auf eine deutsche 1-Tonner-Munitions-Zugmaschine aufbauen. Feuerkraft der Pak und Wendigkeit der Zugmaschine setze ich als bekannt voraus. In jeder Beziehung ein »Flitzer«. Dementsprechend erhielt das Geschütz, auf dem ich dann Geschützführer wurde, den Namen »Gazelle«.

Und weiter berichtet wieder der damalige Chef der Panzerjäger-Fla-Kompanie des Ski-Jäger-Regiments 1: »Obwohl ich jünger als die meisten meiner Unteroffiziere war, habe ich das nie als Mangel empfunden, zumal diese Tatsache selbst von pulverdampf-ergrauten Soldaten akzeptiert wurde. In der Erkenntnis (oder Annahme), daß eine Gemeinschaft, von der man besondere Leistungen erwartete, auch besondere Kennzeichen tragen muß, wurde als »taktisches Zeichen« für meine 9. Kompanie die »Cramm'sche Lilie« (eine der drei Lilien aus unserem Familienwappen) eingeführt, die dann an jedem Fahrzeug prangte, vor meinem Gefechtsstand den Stander zierte und die Stahlhelme meiner Soldaten schmückte. (Das gleiche Zeichen mit der stilisierten Lilie hat später auch mein Panzer-Aufklärungsbataillon der Bundeswehr übernommen). Dieses »private« taktische Zeichen hat sich, was Geist und Zusammenhalt der Kompanie angeht, bewährt, machte uns jedoch leichter identifizierbar für solche, die auf der Suche nach verschwundenen Gegenständen waren. Unser verehrter Regimentskommandeur, Oberst Weiler, pflegte, wenn er ein Fahrzeug mit der Lilie sah, Alarm zu schlagen mit den Worten: »Die Cramm'schen kommen!«

Meine Soldaten stammten aus fast allen Provinzen und Gauen Deutschlands, auch Österreicher und Tiroler waren darunter. Nur ein geringer Teil der Kompanie-Angehörigen kam aus den ehemaligen Jägerbataillonen.

In der uns zur Verfügung stehenden relativ kurzen Zeit wuchs die Kompanie rasch zu einer gut ausgebildeten Einheit zusammen. Da ich ja als gelernter Mot.-Mann von der 24. P.D. zur Skijägerbrigade geholt wurde, habe ich nun endlich auch bei dieser vollmotorisierten Kompanie meine speziellen Kenntnisse anwenden können.

Für den unmittelbar bevorstehenden Fronteinsatz wurden die Soldaten mit weißer Tarnkleidung ausgestattet. Die Fahrzeuge und Selbstfahrlafetten mußten — wie alle anderen Fahrzeuge der Brigade — mit einem weißen Tarnanstrich versehen werden.

Ich erinnere mich, daß andere Verbände und Einheiten der Brigade schon während der Aufbauphase Feindberührung hatten, und zwar mit Partisanen. Wir haben solche Zusammenstöße mit Partisanengruppen, obwohl die Kompanie in abgelegenen Dörfern aufgestellt wurde, nur einmal aus der Ferne erlebt. Dagegen bot sich uns zuweilen die Gelegenheit, mit dem Starost (Bürgermeister) und den Dorfältesten »Somargonka« zu trinken, das ist ein selbstgebrannter, wahrscheinlich kaum gefilterter, trüber Wodka, der aus Wassergläsern ex getrunken wurde. Die Iwans vertrugen eine Menge davon. Zwischendurch gab es Sakuska, nämlich Speckstücke, die einem der Starost grinsend mit seinen meist nicht ganz sauberen Fingern in den Mund schob«.

Günther Meergans, im November als Bataillonskommandeur beim Regiment 1 eingesetzt, berichtet ebenfalls von unvergeßlichen Begegnungen mit diesen trinkfreudigen Russen. Seine Schilderung könnte als eigenes Kapitel die Überschrift »Brüderchen« tragen. Man erfährt aber zunächst auch etwas über den Verlauf der Ausbildung und über die räumliche Verteilung seines I. Bataillons. Meergans schreibt: »Die Zeit vom November 1943 bis Anfang Januar 1944 wurde für das »Zusammenschweißen« der Gruppen, Züge und Kompanien genutzt. Der geschlossene Einsatz des Bataillons wurde geübt, außerdem übten wir Spähtruppeinsätze auf Skiern in Gruppen und Zügen. Es war eine harte, bis an die Grenzen der Ermüdung gehende Ausbildung.
Von November an herrschte große Kälte. Die Landschaft war von einer dicken, geschlossenen Schneedecke überzogen. Skispähtrupps wurden bei Nacht losgeschickt zum Einsatz in Partisanengebiete.
Das Bataillon war in 5 Ortschaften untergebracht, die Kompanien je in einer Ortschaft und der Bataillonsstab extra in einer Ortschaft.
Für jeden Sonnabend hatte ich die 5 Ortschaftsstarosten zu einer Besprechung eingeladen. Sie kamen mit ihren Panjepferdchen auf Schlitten angefahren.
Während wir in der gemütlichen Stube einige Stunden beieinander saßen, blieben die Pferdchen draußen schutzlos der grimmigen Kälte ausgesetzt. Offenbar machte es aber diesen Tieren mit dem zotteligen Fell nichts aus, bei strengem Frost stundenlang im Freien zu stehen.
Die russischen Bürgermeister waren durchweg alte Männer; sie trugen Bärte, die bis auf die Brust reichten. Bekleidet waren sie mit dicken, sehr abgetragenen Jacken, Pumphosen und Stiefeln, um die sie wärmende Lumpen gewickelt hatten.
Ich besaß bald das volle Vertrauen dieser Männer. Folgender Vorfall, den ich zu ihrer Zufriedenheit bereinigte, hatte das bewirkt. Gleich bei der ersten Zusammenkunft wurde mir berichtet, daß meine Soldaten bei einem Bauern 3 Gänse gestohlen hatten. Schon am nächsten Morgen war ich in das vom zuständigen Bürgermeister genannte Dorf gefahren, hatte Alarm blasen und die dort einquartierten Soldaten antreten lassen. Die Ermittlungen ergaben, daß mehrere meiner Männer am Diebstahl beteiligt gewesen waren; sie erhielten 3 Tage verschärften Arrest. Wir hatten genug Ver-

pflegung, und für meine Soldaten war absolut kein Grund vorhanden, der armen Bevölkerung auch noch das Letzte wegzunehmen.
Wenn die Bürgermeister an den Sonnabenden gegen 20 Uhr zu den Besprechungen kamen, wirkten sie zunächst immer sehr eingeschüchtert und benahmen sich geradezu unterwürfig mir gegenüber. Ich begrüßte sie einzeln mit Handschlag. Am Tisch waren Brot und Speck und für jeden ein Wasserglas bereitgestellt, das ich von meiner Ordonnanz mit Wodka füllen ließ. Als erster nahm ich mein Glas in die Hand, erhob es mit »Na zdrowie, Panje!« und trank den scharfen Inhalt ohne abzusetzen aus. Meine Väterchen taten das gleiche — und ihre Herzen waren mir somit geöffnet.
Für die sprachliche Verständigung benötigte ich einen Dolmetscher. Außerdem beteiligten sich mein Adjutant und mein Ordonnanzoffizier an den Besprechungen. Was ich von den Starosten verlangte, war, daß sie in ihren Dörfern keinen Partisanen verstecken und mir über jede Bewegung von dieser Seite sofort Mitteilung machen sollten.
Spätestens gegen 2 Uhr nachts waren meine Väterchen blau, und sie erzählten mir ihre Frauengeschichten, vom Leben in Friedenszeiten und natürlich von ihrer großen Liebe zum Wodka.
Zur Verabschiedung begleitete ich die angeheiterte Gesellschaft hinaus vor die Tür. Scheinbar waren noch alle sicher genug auf den Beinen. Denn sie sprangen, indem sie die Arme hochwarfen, in die mit einem dicken Strohpolster ausgelegten Schlitten, und schon galoppierten die Pferde davon, Richtung Stall.
Nur einer meiner Freunde, der zuletzt das Haus verließ, war wohl allzusehr vom Schnaps besäuselt worden, denn er landete nach dem Sprung in hohem Bogen in einer Schneewehe. Im selben Moment hatte sein Pferd scharf angezogen und war ohne ihn den vorauseilenden Schlitten hinterhergaloppiert.
Da saß er nun, verdutzt seinem Pferd und Schlitten nachblickend. So ein Mißgeschick war ihm anscheinend noch nie passiert.
Ich half dem Alten auf die Beine, stützte ihn und führte ihn wieder in meine warme Stube, wo wir uns lachend noch ein Gläschen genehmigten.
Inzwischen hatten seine »Amtsbrüder« bemerkt, daß er fehlte. Zuerst glaubten sie, ihn hätte es unterwegs während des wilden Galopps vom Schlitten geworfen. Als dann die Suche entlang der Wegstrecke ergebnislos verlief, waren sie geschlossen wieder zu mir zurückgefahren.
Das übermütige Aufspringen und augenblickliche Davonjagen der Pferdeschlitten begann von neuem. Mein Alter, der beim ersten Versuch Pech gehabt hatte, schaffte diesmal eine glatte Landung auf beiden Beinen, wobei er wie ein Sieger die Arme in die Höhe streckte, als wollte er damit andeuten, zu was ein echter Russe trotz Wodkarausch noch fähig ist.

Während dieser Zeit hatte ich in meinem Bataillonsbereich nie einen Toten oder Verwundeten durch Partisanen zu beklagen«.

Der Obergefreite Paul Lange vom ehemaligen Jäger-Bataillon 8 empfand die Ausbildungszeit bei der Brigade nach den zurückliegenden Erlebnissen beinahe wie eine Zeit der Erholung: »Es waren nach den großen Strapazen des Rückzugs wohltuende Wochen. Der Dienst spielte sich überwiegend auf Skiern ab«. Paul Lange war dem Nachrichtenzug des II./2 zugeteilt worden.
Zur 4. Kompanie desselben Regiments kam der Gefreite Hans Veldscholten: »Ich wurde dort Kompanieschneider. Es gab für mich viel Arbeit. Selbst an den Feiertagen — Weihnachten und Neujahr — betrug meine Arbeitszeit von morgens 6 Uhr bis Mitternacht und noch länger. Zumeist wurde ich mit dem Ändern von Uniformen und dem Anfertigen der weißen Gesichtstarnmasken und Mützenbezüge beschäftigt«.

Otmar Sternad, bis Ende Dezember noch bei der Ausbildung zum Truppenfunker in Pilniza, berichtet über ein Erlebnis aus den Tagen kurz vor Weihnachten. Für Heiligabend hatten die Teilnehmer des Lehrgangs ein Lied einstudiert, dessen Text und Melodie von einem Berliner Kameraden, Herbert Schmidt, der das Lied auch mit ihnen einstudierte, stammten. Der Text war, dem Anlaß entsprechend, mit »Gedanken zu Weihnacht« überschrieben und lautete:

»Über unendliche Wege, über unendliche Stege
geht unser müder Schritt.
Bäume stehen zur Seite, Vögel fliegen in's Weite,
unsre Gedanken mit.

Einstmals da war'n wir geborgen, brauchten für uns nicht zu sorgen;
einstmals da war'n wir zu Haus:
durften mit Vater scherzen, konnten mit Mutter herzen —
nun ist alles aus.

Über unendliche Wege, über unendliche Stege
geht unser müder Schritt.
Heut' in der Nacht unter Sternen, träumen wir in die Fernen,
träumen — wir wären zu Haus«.

Otmar Sternad schreibt, daß die für den Weihnachtsabend vorgesehene Aufführung des Liedes nach einigen Proben »abgeblasen« wurde, »niemand wußte damals so recht, warum, auch Kamerad Schmidt hat darüber nie seine Meinung geäußert«. Heute fällt es nicht schwer, eine plausible Erklärung für das Verbot der Liedaufführung zu finden: Irgendeinem Vorgesetzten mißfiel sicher die starke Betonung von Heimweh, von Sehnsucht nach friedlicher Geborgenheit, die in den Zeilen anklingende Resignation und das Sich-Abfinden mit bloßen Traumbildern anstelle einer zum Schluß der Verse klar und unmißverständlich zum Ausdruck gebrachten Siegeszuversicht. Und überhaupt: Den Soldaten einer für rasches Zupacken gedrillten und ausgerüsteten Skijägerbrigade sollte kurz vor dem Ausrücken zum ersten Einsatz von »müdem Schritt« gesungen werden — unmöglich!

Anfang 1944 einsatzbereit

Zum Jahresbeginn 1944 wurde die Aufstellungszeit als abgeschlossen betrachtet. (Inzwischen waren in Teheran Roosevelt und Churchill erstmals mit Stalin zusammengetroffen, um sich bereits über die Teilung Deutschlands nach dem Krieg zu verständigen). Der Gefreite Veldscholten notierte in sein Tagebuch: »Am 2.1. war die große Besichtigung durch den Brigadekommandeur Oberst von Schlebrügge und unseren Regimentskommandeur, Major von Salisch. Bis dahin mußte alles fertig sein, und die viele Arbeit ließ etwas nach. Es gab herrlichen Schnee zum Skilaufen. Ich habe dafür jede freie Stunde genutzt«.

Oberleutnant von Cramm hatte seine Panzerjäger-Fla-Kompanie nach Abgabe von etwa 30 Mann auf die Sollstärke von 372 Mann gebracht. Die Kompanie umfaßte: 2 Fla-Züge (2-cm-Sf), 2 Pak-Züge (7,5-cm-Sf auf RSO) und einen Eingreifzug (mot.) mit einem »Ofenrohr«-Trupp, einem s.MG-Trupp und einem 1.I.G.-Halbzug. Von der 9. Kompanie des Ski-Jäger-Regiments 2 heißt es, daß sie nicht so stark gegliedert war. (»Ein Fla-, ein Pak-Zug und der Eingreifzug«).
In den vorhandenen Originalunterlagen wird die Gesamtstärke der Brigade mit rund 14 600 Mann angegeben. Die Skijäger konnten 402 Maschinengewehre einsetzen, 26 mittlere Granatwerfer vom Kaliber 8 cm und 25 schwere vom Kaliber 12 cm. Außerdem verfügten sie über 5 leichte Infanteriegeschütze, 17 leichte Fla-Kanonen, Kaliber 2 cm, und 9 mittlere Fla-Kanonen vom Kaliber 3,7 cm. Verstärkt wurde diese Feuerkraft noch von

7 schweren Pak-Kanonen und den 12 schweren Geschützen der Artillerieeinheit. 70 gepanzerte Fahrzeuge — darunter die 31 Sturmgeschütze mit 7,5-cm-Kwk sowie die schweren Selbstfahrlafetten, 15-cm-Infanteriegeschütze und 7,5-cm-Pak — bildeten den kampfstärksten Teil der besonders beweglichen Einheiten.

»Beweglichkeit« lautete die Devise für die Brigade insgesamt. So müssen weiter aufgezählt werden: 123 Halbkettenfahrzeuge »Maultier«, 68 Kettenzugmaschinen, 313 Raupenschlepper Ost (RSO, Steyr/Magirus 1943), 446 geländegängige und 51 sonstige LKW mit einer Gesamttonnage von 1530 t, 185 geländegängige und 93 sonstige PKW, 185 Kettenkräder, 76 normale Motorräder und 124 Motorräder mit Beiwagen.

Teile der Einheiten, insbesondere die Trosse und Versorgungstruppen, waren außerdem mit Panjepferden bespannt. Die Skijägerbataillone erhielten noch kurz vor dem Ausmarsch zum ersten Einsatz Pferde und Schlitten.

Nun, auf einen Blick, an Hand der Unterlagen die endgültige Gliederung der Ski-Jäger-Brigade 1 des Oberst von Schlebrügge:

Ski-Jäger-Brigadestab mit Stabskompanie.

Ski-Jäger-Regiment 1 (Oberst Weiler) = 2 Bataillone (I.: Hptm. Meergans; II.: Hptm. Neuner).

Ski-Jäger-Regiment 2 (Major von Salisch) = 2 Bataillone. (I.: Rittm. Doerr; II.: Major Reichelt).

Schweres Ski-Bataillon 1 (Hauptmann Neubert) = eine Panzerabwehrkompanie 7,5-cm-Sf und RSO (dann 8,8-cm-Sf »Hornisse«), eine s.Infanteriegeschützkompanie 15-cm-Sf und eine Fliegerabwehrkompanie 3,7-cm-Sf. Nachträglich kam noch eine Panzerkompanie mit Beute-T-34 — die zunächst dem Pionierbataillon unterstellt wurde — hinzu.

Ski-Pionier-Bataillon 85 (Major Rast).

Ski-Feldersatz-Bataillon 1 (Hauptmann Jacob).

Ski-Nachrichten-Abteilung 152 (Major Teller) = eine Fernsprech- und eine Funkkompanie sowie eine leichte Nachrichtenkolonne.

Artillerie-Abteilung (mot.) II./59 (Major Wichmann) = 3 Batterien.

Schweres Granatwerfer-Bataillon (mot.) 18 (Hauptmann Engelbrecht).

Sturmgeschütz-Abteilung 270 (Hauptmann Hellmich) = 3 Batterien.

Nachschubtruppen 152, Versorgungseinheiten, Kraftwagen-Instandsetzungs- und Werkstatteinheiten 152, Veterinär- und Sanitätstruppe 152, Ordnungsdienste 152: Verpflegungs-, Bäckerei-, Schlächterei-, Veterinär- und Kraftwagenwerkstattkompanie; Nachschubkompanie mit bespannter Fahr- und Kraftwagenkolonne; zwei Sanitätskompanien mit vier Hauptverbandsplatzzügen; Feldpostamt; Feldgendarmerietrupp.

Die motorisierten und bespannten Regiments-Stabskompanien waren mit Funk-, Vermittlungs- und Fernsprechtrupps ausgestattet. Ferner zählten dazu: ein Pionierzug und ein Aufklärungszug, bestehend aus Skijägern und Reitern mit Reitpferden (32).
Über die Gliederung der drei normalen (leichten) Kompanien der Skijägerbataillone heißt es, daß sie einen Panzervernichtungstrupp mit 3 »Ofenrohren« besaßen, außerdem einen »Stoßzug«, dem 30 mit Sturmgewehren ausgerüstete Jäger angehörten, und zwei weitere Züge, deren Soldaten über leichte Maschinengewehre sowie trichterförmige Geräte (»Schießbecher«) zum Verschießen von Gewehrgranaten verfügten. Einige Jäger hatten eine besondere Scharfschützen-Ausbildung erhalten.
Den schweren Kompanien waren je 6 schwere Maschinengewehre, 6 mittlere Granatwerfer und 3 leichte Fliegerabwehrkanonen zugeteilt worden.

Das Ski-Feldersatz-Bataillon 1 befand sich in der Nähe von Minsk. Ersatz für die beiden Skijägerregimenter kam auch vom Ski-Jäger-Ersatz- und Ausbildungs-Regiment 1 in Arys. Anfang 1944 wurde das Regiment nach Taus (Sudetenland) verlegt und später auf ein Bataillon (Ski-Jäger-Ersatz- und Ausbildungs-Bataillon 1) reduziert. Der Stab des Bataillons lag in Pilsen. Nach Aussagen ehemaliger Skijäger waren sie, bevor sie nach Arys oder Taus kamen, beim Jäger-Reserve-Regiment 1 in Sarajewo, später Karlovac (Kroatien). Kommandeur dieses Regiments war ein Oberst Hammerschmidt.

Für die spezielle Skijägerausbildung standen noch zur Verfügung: eine Winterkampfschule auf dem Truppenübungsplatz Heuberg (Stetten am Kalten Markt/Württemberg) mit einem dazugehörenden Stützpunkt in den Ötztaler Alpen, dem »Hochwildehaus«, und Ausbildungsstätten im schlesischen Riesengebirge.

Sieben Angehörige der Brigade waren bereits Ritterkreuzträger: Oberst Hans von Schlebrügge bekam diese hohe Auszeichnung schon im Juni 1940 als Major und Bataillonsführer im Gebirgsjäger-Regiment 139 (Narvik-Regiment). Der Ski-Pionierkommandeur, Major Johann Rast, trug das Ritterkreuz seit Mai 1941. Damals war er in seinem Bataillon — aber noch Gebirgs-Pionier-Bataillon 85 — Kompaniechef. Hauptmann Paul Jacob, Kdr. Ski-Feldersatzbataillon, bekam das RK im März 1943 als Oberleutnant und stellvertretender Führer des I./Jäg.Rgt.204 in der 97. Jäger-(Spielhahnfeder)Division. Dem Regimentskommandeur Major Wilhelm von Salisch war das RK am 20.4.1943 als Hauptmann und Bataillonsführer im Jäger-Regiment 49, 28. Jäger-Division, verliehen worden. Oberleutnant Hans-Christian Stock, 2. Batterie/Sturmgeschütz-Abteilung

270, erhielt das Ritterkreuz am 22.8.1943 als Leutnant und Zugführer für seinen und den todesmutigen Einsatz seiner Sturmgeschützbesatzungen beim Unternehmen »Zitadelle« (Schlacht bei Kursk). Dafür wurden mit dem Ritterkreuz noch zwei weitere Sturmgeschützführer ausgezeichnet: Der Abteilungskommandeur (bei »Zitadelle« noch Oberleutnant und Chef der 2. Batterie), Hauptmann Günter Hellmich am 20.12.1943, und wenig später der Leutnant und Zugführer in der 1. Batterie Herwig Bittner.

Schlebrügge hatte eigentlich an Karelien gedacht

Die Entscheidung darüber, wo die Skijägerbrigade zuerst eingesetzt werden sollte, fiel angesichts der dramatischen Entwicklung an der Mittel-und Südfront zur Jahreswende 1943/44.
Im Schlußabsatz von Teil I des Buches wird ein Leutnant im Brigadestab mit der Bemerkung zitiert, daß sie »zu Besonderem auserkoren« war. Gerhard Thillmann — so der Name dieses damaligen Leutnants — schreibt im einzelnen: »In der Tat, die Brigade, von der Heeresgruppe Mitte aufgestellt, war zu Besonderem auserkoren. Sie sollte zum Beispiel im Rücken und in der Flanke des Feindes operieren, wozu es aber im Mittelabschnitt der Ostfront im Jahre 1944 infolge der Rückzugsbewegungen gar nicht mehr kommen konnte.
Schlicht gesagt, sie war im wahrsten Sinne des Wortes fehl am Platze. Oberst von Schlebrügge hat während der Aufstellungszeit auch alle Hebel in Bewegung gesetzt, um die Brigade im Nordabschnitt der Ostfront, möglichst zur Unterstützung der Finnen in Karelien, zum Einsatz zu bringen. Aber gerade dazu wollte sie die Heeresgruppe Mitte, deren Kind sie war, nicht hergeben. Sie wurde halt im Mittelabschnitt im Jahre 1944 dringender gebraucht.
Dank ihrer hervorragenden Ausrüstung . . .war sie so beweglich und bewaffnet, daß sie ganz anderen Anforderungen gewachsen gewesen wäre, als denen, die auf sie angesichts der Rückzugsbewegungen im Mittel- und Südabschnitt der Ostfront zukamen«.

Zur Lageentwicklung: Wie erwähnt, war im Sommer 1943 das Unternehmen »Zitadelle« gescheitert. Der zunächst erfolgreich verlaufende Großangriff vom 5. Juli, bei dem Hitler alles auf eine Karte gesetzt und seine gesamten operativen Reserven der Heeresgruppen Mitte und Süd gegen den weit vorspringenden sowjetischen Frontbogen um Kursk eingesetzt hatte, mußte eingestellt werden, nachdem die Russen am 11. Juli in den nördlich anschließenden großen deutschen Frontbogen um Orel eingebrochen waren. Nach schweren Kämpfen wurden die Deutschen bis Ende Juli zur Aufgabe dieser vorgelagerten Linie, das heißt, zum Rückzug gezwungen. Nur mit äußerster Mühe war es dabei gelungen, den Zusammenhang der Abwehrfront im Bereich der Heeresgruppe Mitte noch zu wahren.

Eine in den Augen der deutschen Truppenbefehlshaber unaufhaltsam zum katastrophalen Zusammenbruch der Abwehrlinie führende Entwicklung nahm dagegen im Bereich der Heeresgruppe Süd (Generalfeldmarschall von Manstein) ihren Lauf. Dort waren am 5. August die sowjetischen Angriffsfronten unter Marschall Malinowski zur Großoffensive angetreten. Erstes Ziel sollte der Durchbruch zum unteren Dnjepr sein. Am 23.8. wurde Charkow, entgegen dem Befehl Hitlers, geräumt. Am 7.9. fiel mit Stalino das ganze Donez-Becken in die Hand der Russen. Am gleichen Tag hatte Manstein ein dringendes Fernschreiben an Hitler gesandt: »55 sowjetische Divisionen und 2 Panzerkorps sind gegen die Heeresgruppe angetreten! Weitere Kräfte von anderen sowjetischen Fronten sind im Anrollen. Die Russen haben hier an der Südfront den entscheidenden Schwerpunkt angesetzt. Ich brauche Kräfte oder freie Hand zum weiteren Rückzug auf verkürzte, günstigere Abschnitte«. Stalin, der in frontnahen Gebieten Knaben und Greise mobilisieren und regulär sowie vermehrt in Partisanengruppen einsetzen ließ, verkündete: »Zerschlagt die Heeresgruppe Süd, das ist der Schlüssel zum Sieg!« Mansteins Heeresgruppe entging der Zerschlagung; die Verbände setzten sich — nun mit Einwilligung Hitlers — in den folgenden Wochen unter geschickt geführten Rückzugskämpfen auf Saporoschje - Melitopol und hinter Desna und Dnjepr ab. Dieser Rückzug war eine der schwierigsten Operationen, die je von einem Heer unternommen worden ist. Mansteins vier Armeen waren über eine Frontbreite von ungefähr 800 km auseinandergezogen und mußten schätzungsweise 300 km zurückgehen. Der sie verfolgende Gegner hatte eine Überlegenheit von etwa 6 : 1.
Im äußersten Südabschnitt ging die Heeresgruppe A des Generalfeldmarschalls von Kleist nach dem Verlust von Noworossijsk (15.9.) über die Kertsch-Straße auf die Halbinsel Krim zurück.

Auch im Bereich der Heeresgruppe Mitte mußte — wenn auch nicht im vergleichbaren Ausmaß — hart umkämpfter Boden preisgegeben werden. Am 20. September gingen Brjansk und am 25. Smolensk verloren.

Zugleich nahm der sowjetische Druck gegen die deutsche Südfront weiter zu. Am 17.10. brachen die Sowjets aus einem Ende September bei Krementschug gewonnenen Brückenkopf 80 km nach Südwesten auf Kirowograd und Kriwoj Rog vor, wo ihnen aber starker Widerstand entgegengesetzt und vorerst Halt geboten wurde. Im Verlauf dieses Vorstoßes gelang den Russen am 24.10. die Einnahme von Dnjepropetrowsk über das linke Dnjepr-Ufer. Weiter südlich stießen sie nach dem gelungenen Durchbruch bei Melitopol (23.10.) bis zur Landenge von Perekop und beschnitten damit die Landverbindung der Deutschen auf der Krim. An der rechten Flanke der über 400 Kilometer breiten russischen Offensivfront wurde Kiew aus einem Brückenkopf von Norden her angegriffen, halb eingeschlossen und mußte am 6.11. von den Deutschen geräumt werden. Die bis Schitomir (11.11.) und Korosten (südlich der Pripjet-Sümpfe) vorgedrungenen Russen der 1. Ukrainischen Front konnten zwar im November noch auf Kiew zurückgeworfen werden, gelangten aber im Dezember wieder in den Besitz des genannten Gebiets und erreichten mit ihren Angriffsspitzen am 3.1.1944 die ehemalige polnische Grenze (vom 1.9.1939) östlich von Rowno. Damit war den Russen der Durchstoß bis in die Hälfte des Raumes südlich der Pripjet-Sümpfe gelungen.
Die Heeresgruppe Mitte konnte zwar ihre Stellungen in der vorgeschobenen Linie Witebsk - Mogilew noch halten, geriet aber weiter südlich mit der 9. (Model) und ganz besonders mit der 2. Armee (Weiß) in den Strudel der Ereignisse. Die Verbindung zur Heeresgruppe Süd drohte abzureißen.

In seiner »Geschichte des Zweiten Weltkrieges« erläutert Kurt von Tippelskirch die Situation. Tippelskirch war damals bei der Heeresgruppe Mitte Kommandierender General des 12. Armee-Korps. Seine Darstellung der Lage zwischen Beresina und Pripjet soll hier wiedergegeben werden. Demnach waren die gegen die inneren Flügel der 9. und 2. Armee gerichteten Angriffe des Feindes südlich der Beresina mit dem Vorgehen eines Kavalleriekorps auf Mosyr und Petrikow — am Pripjet — verbunden. (In den Rußlandkarten 1 : 50 000 der damaligen Truppenstäbe sowie in den schriftlich niedergelegten Befehlen, Tagesmeldungen usw. steht für Petrikow oder Petrikowo die Bezeichnung Petrikoff. Diese Schreibweise soll von nun an beibehalten werden). Weiter Tippelskirch: »Wenn es dem Gegner gelang, die sehr ungünstig liegenden rückwärtigen Verbindungen der 2. Armee zu durchbrechen, die von Mosyr auf Pinsk liefen, war die Armee von ihrem Nachschub abgeschnitten, denn die Verbindung nach Zlobin war bereits von den Russen durchbrochen und eine von Bobruisk nach Südwesten führende Bahnlinie war in den Händen starker Partisanenbanden. Bis zum 11. Januar hatten die Russen zwischen Mosyr und der Beresina so tiefe Einbrüche erzielt, daß die 2. Armee von Norden her weit umfaßt war. Zugleich drängte die russische Kavallerie auf Petrikoff« . . .

Angesichts dieser akuten Gefährdung seiner Südflanke, gab es für den Heeresgruppen-Oberbefehlshaber Feldmarschall von Kluge, der über sonstige kampfstarke Reserven nicht verfügte, wohl keine andere Wahl, als die neue Skijägerbrigade der hart bedrängten 2. Armee zur Hilfe zu schicken.

Die »böse Überraschung«

Bevor die entsprechenden Befehle herausgegeben wurden, hatte noch ein begeisterter PK-Berichter in einem Heimatblatt von »dieser neuen Spezialtruppe des Heeres« geschwärmt, »der viele Skiläufer von Rennklasse und mit sportlichen Meistertiteln angehörten, deren Soldaten in den weiten Ebenen des Ostens eine schnell bewegliche und im höchsten Grade geländegängige Kampfeinheit bildeten — skibeweglich und mit besonders erprobten Schlitten und Fahrzeugen in der Lage, Überraschungs- und Flankenstöße blitzschnell über weite Entfernungen hinweg zu führen . . .«

Nun wurden die schnellen Skijäger also in den Sumpf geschickt. Der ehemalige Brigade-Ia, Major i.G. Grashey, verwendet in seinen Erinnerungen eine weniger drastische Formulierung: »Der Auftrag der Brigade war eine böse Überraschung«. Grashey beschreibt dann die Geländebeschaffenheit im zugewiesenen Frontabschnitt: »Die Pripjet-Sümpfe waren ein Sumpf- und Waldgebiet, das sich vor allem südlich des schlangenlinienartig gewundenen Pripjet ausdehnte und unwegsam, kaum besiedelt, von Bächen und Nebenflüssen des Pripjet sowie Kanälen durchzogen und mit tiefen, tückischen Moorlöchern durchsetzt war«. Welche Folgen das für Mensch u n d Tier haben konnte, ist aus einer Anmerkung von Dr. Fenge, damals Sanitätskompanie, zu entnehmen: »Ich habe in den Pripjet-Sümpfen gesehen, wie »Gulaschkanonen«, mit 2 Pferden bespannt, vom Knüppeldamm beim Einschlagen abkamen und in wenigen Minuten mit Roß und Wagen im Schlamm verschwanden«.

Einzelheiten über den Einzug in das Sumpfgebiet erfährt man aus den Tagebüchern von damals. Der Gefreite Veldscholten, dessen 4. Kompanie des Regiments 2 in der Nacht vom 20. zum 21. Januar 1944 nach rund 60 Stunden Bahnfahrt in Shitkowitschi, 18 km Luftlinie nördlich des Pripjet-Flusses, ausgeladen wurde, registrierte als erstes: »Allgemein großes Erstaunen: Hier in dem Sumpfgebiet des Pripjet-Flusses liegt kein Schnee«.

Die Skijäger mußten also schon mal (denn es sollte noch schlimmer kommen) ihre »Bretter« auf die Schulter nehmen und zu Fuß in Richtung Stellungsraum losmarschieren. Das war um 5 Uhr morgens. Je weiter sie kamen, desto tückischer wurde das Gelände. »Bis an die Knie im Morast«, notierte Veldscholten. Die Pferde, die das auf Schlitten verstaute Gepäck der Soldaten zu ziehen hatten, sanken ebenfalls tief in die Schlammbrühe ein und kamen nicht weiter. Da half nur eins: den Tieren radikal Erleichterung verschaffen. »Wir mußten nun all unser Gepäck selbst tragen, mitsamt den Skiern. Es war eine unglaubliche Schinderei«. Veldscholten berichtet, daß sie noch manches Mal die eingesunkenen Pferde und Schlitten aus dem Sumpf ziehen mußten. Total ausgepumpt erreichten sie am späten Abend, nach 27 Kilometern, die kleine Ortschaft Sslepzy südlich des Pripjet-Flusses. Sie fanden zwar nur verwahrloste Unterkünfte vor, doch ein Stück trockener Lehmboden zum Ausstrecken der müden Glieder und dazu für die Nacht ein Dach überm Kopf genügten ihnen vollkommen.

Der Transportzug mit der 1. Kompanie des Regiments 2 war unterwegs von Partisanen, die Sprengladungen an die Bahngleise gelegt hatten, aufgehalten worden und erreichte 25 Stunden später den Ausladeraum westlich von Shitkowitschi. Am Nachmittag des 22. Januar begab sich Oberleutnant Walther mit seinen Leuten auf den beschwerlichen Weg in die Stellung. »Wir waten durch knietiefen Morast«. — »Die Nacht ist schwarz; nur die hellen Wasserflächen, die immer häufiger werden, sind noch zu sehen. Den Weg kann man höchstens ahnen« — »Müde schleppt sich die Kompanie durch den Schlamm und durch das Wasser. Häufiger reißt die Marschkolonne ab; die Pferde sind stark ermüdet« — Endlich war Turoff, »die Insel im Sumpf«, erreicht. »Wir ziehen weiter nach Burjasi, müssen dieses Nest suchen«. Gegen Morgengrauen waren die Männer an ihrem Marschziel, südwestlich von Turoff, angelangt. »Todmüde wanken die Soldaten der Kompanie in die Quartiere, elende Panjehütten. Erst jetzt, als es hell geworden ist, erkennt man die ganze Trostlosigkeit dieser Gegend . . . Einige Stunden Schlaf heben uns wieder hoch; nach einem halben Tag sind wir wieder beisammen«.

In zwei schriftlich niedergelegten Befehlen heißt es, daß die Skijägerbrigade »ab 12.1. beginnend an den Südflügel der Heeresgruppe Mitte zu verlegen ist«. Der damalige Leutnant Thillmann nennt als Stichtag für die beginnende Verlegung den 14.1.: »Die Brigade wurde genau am 14. Januar 1944 im Eisenbahntransport zum Einsatz in die Pripjet-Sümpfe geschickt«. Dies würde auch den Datenangaben in den vorhandenen Tagebüchern und Erinnerungsberichten entsprechen.

Unter den ersten Soldaten, die damals zum Verladebahnhof nach Minsk abrückten, befand sich der Gefreite Heinz Hochberger mit seinen Schlittenhunden. »Es war am 14.1.« Hochberger kam um 23 Uhr in Minsk an und erfuhr, daß die Abfahrt an die Front für ihn erst am nächsten Tag um 8 Uhr erfolgen sollte. Er fand keine Unterkunft und mußte zusammen mit den Tieren »die ganze Nacht im Freien bei Eis und Schnee« zubringen.

Für den Gefreiten Veldscholten war es in der Nacht vom 17. zum 18. Januar »ein schönes, ungewohntes Bild, eine ganze Kompanie auf Skiern und mit bespannten Schlitten bei hellem Mondlicht marschieren zu sehen«. Bis sie in Minsk eintrafen, hatten sie ca. 30 Kilometer zurückgelegt. »Am frühen Nachmittag, 18.1., wurden wir verladen. Schon um 15 Uhr erfolgte die Abfahrt unseres Transportzuges in südwestliche Richtung« (über Baranowitschi; der Ausladepunkt Shitkowitschi wurde dann von Westen, über Luninez, angefahren).

Die Kompanie des Oberleutnants Walther hatte den Skimarsch nach Minsk wenige Stunden später angetreten. »Am Abend verladen. Wir rollen gegen 23.30 Uhr«.

Auch der Obergefreite Paul Lange, Nachrichtenzug II./2, kann berichten«: »Als wir zum Einsatz aufbrechen, liegt viel Schnee. Der Troß hat alles auf Pferdeschlitten verladen, wir Jäger benutzen unsere Skier«. Aber schon in der Nacht vom 18. zum 19.1., während große Teile der Brigade noch in Richtung Bereitstellungsraum rollten, machte sich ein plötzlicher Wetterumschwung bemerkbar, der ganz überraschend Tauwetter brachte.

Schnell noch einen echten Skijägerangriff

— Das Bataillon Meergans als »Feuerwehr« nördlich des Pripjet —

In den Tagen bis Monatsmitte — seit dem sowjetischen Großangriff vom 8. Januar — hatten die Ereignisse im Südabschnitt der Heeresgruppe, bei der Armee Weiß, dramatische Formen angenommen. Tippelskirch schreibt: »Nachdem zunächst jedes Ausweichen der 2. Armee aus der Umklammerung von Hitler »glatt abgelehnt« war, kam es am 13. und 14.

Januar unter dem Zwang des Feinddrucks zu einer äußerst schwierigen Absetzbewegung, durch die sich die Armee noch im letzten Augenblick aus der Schlinge ziehen konnte«. Mosyr am Pripjet, 50 Kilometer ostwärts von Petrikoff, und der 10 km nordostwärts davon gelegene wichtige Straßen- und Eisenbahnknotenpunkt Kalinkowitschi waren in die Hände des Gegners gefallen.

Unabhängig von der befohlenen kompletten Verlegung der Skijägerbrigade auf dem Schienenweg an die akut gefährdete äußerste Südflanke der Heeresgruppe Mitte, wurde ein Bataillon Skijäger des Regiments 1 schnellstens mit Ju-52-Transportmaschinen — gewissermaßen als »Feuerwehr« — an einen Brennpunkt der schweren Abwehrkämpfe nördlich des Pripjet geflogen. Es handelte sich um das I. des Hauptmanns Meergans. Der damalige Kommandeur berichtet:

»Bei der Verladung in die Flugzeuge in Minsk (am 13. Januar) wurden Munition für nur 3 Tage, die notwendigste Skijägerausrüstung sowie Marschverpflegung mitgenommen. Der Troß sollte per Bahn folgen. Über die Einsatzart und -richtung war zu diesem Zeitpunkt noch nichts zu erfahren. Es herrschte noch völlige Dunkelheit in den frühen Morgenstunden. Auf dem Flugplatz lag tiefer Schnee.

Eine »Ju« nach der anderen hob ab; ich konnte nur die Startlichter sehen. Wir saßen dichtgedrängt in den Maschinen. Aus den Gesichtern meiner Leute waren Beklemmung und die an mich gerichtete Frage herauszulesen: »Wo fliegst du denn mit uns Landratten hin?«

Als es allmählich hell wurde und die ersten Sonnenstrahlen sich zeigten, lag das ganze Geschwader der Ju-52 vor mir — soweit ich blicken konnte. Es wurden etwa 800 Mann mit Waffen, Munition, Gerät, Skiern und Zelten in den Flugzeugen befördert. Meine Augen suchten den Luftraum um uns ab, ob sich vielleicht ein russisches oder ein deutsches Jagdflugzeug zeigen würde. Aber nur unsere Transportmaschinen waren zu sehen.

Die Kompaßnadel wies in südliche Richtung. Die Landschaft unter uns war ganz in Schnee gehüllt. Als ich den Piloten fragte, ob wir Jagdschutz haben, meinte er — mit einem Blick in den leeren Himmel über uns —: »Vielleicht sind die irgendwo dort oben«. Sehr überzeugend klang das nicht.

Nach etwa 2 Stunden landeten wir auf einem verschneiten Feldflugplatz. Meine Skijäger strahlten — endlich hatten sie wieder festen Boden unter den Füßen. Ich wurde von einem General willkommen geheißen und zu einer Lagebesprechung gebeten. Das Bataillon schlug seine mitgebrachten Zelte im Schnee in der Nähe des Flugplatzes auf.

Ich erfuhr, daß der Russe an einer kritischen Nahtstelle der Front bei einem Baubataillon eingebrochen war. Wir erhielten den Auftrag, am näch-

sten Tag im Morgengrauen anzugreifen, den Gegner möglichst zurückzuwerfen und die abgerissenen Verbindungen in diesem Abschnitt der HKL wieder herzustellen. Zur Unterstützung bekamen wir 6 Selbstfahrlafetten mit Vierlingsfla (Kaliber 2 cm).
Unser Bereitstellungsraum war ein Waldstück. In etwa 1 500 Metern Entfernung lag auf einer Anhöhe ein Dorf, unser Angriffsziel. Wir konnten dort Bewegungen ausmachen. Explosionslärm, der zu hören war, deutete darauf hin, daß in der Ortschaft Häuserkämpfe stattfanden.
Ich hatte gerade den Angriff befohlen, da sahen wir am gegenüberliegenden Hang auf uns zuspringende, offenbar flüchtende Soldaten in weißer Tarnkleidung. Mit Vollgas fuhren unsere Vierlingsfla-Lafetten ihnen entgegen, Richtung Ortschaft. Hinter jedem Fahrzeug hatte ich an Seilen 8 Skiläufer angehängt (ähnlich dem herkömmlichen Skikjöring); der Gruppenführer befand sich jeweils auf dem Fahrzeug. Die Masse des gesamten Bataillons folgte links und rechts verteilt in gestaffelter Angriffsfront. Ich selbst befand mich auf einer dieser Selbstfahrlafetten, also bei dem Angriffsteil des Bataillons, der den schnellen Durchstoß erzwingen sollte.
Nach etwa 600 Metern Fahrt kamen wir an die ersten fliehenden Soldaten 'ran. Ich ließ anhalten und rief nach dem Einheitsführer. Ein älterer Hauptmann kam auf mein Fahrzeug zu. Er war übernächtigt, durchgefroren und im übrigen — so mein erster Eindruck — vollkommen mit den Nerven fertig. Ich forderte ihn auf, seine Leute in Deckung gehen zu lassen; unser Angriff würde dann an ihnen vorbeirollen. Auf keinen Fall sollten sie ihre panikartige Flucht in die anrückende Front der Skijäger fortsetzen. Ich befürchtete im Moment, daß die Fliehenden einen Teil meiner Leute mit nach hinten reißen könnten. Das Bataillon mußte im Angriff und in der Gliederung geschlossen bleiben.
Meine Versuche, die nach kurzer Atempause ihre Flucht fortsetzenden Soldaten durch Pfiffe, Rufen und Handzeichen zum Hinlegen zu veranlassen, blieben ohne Erfolg. Genausowenig gelang es dem Hauptmann, seine Männer zu stoppen.
Kurz entschlossen erteilte ich an alle 6 Selbstfahrlafetten den Befehl zu einem Feuerstoß mit den Vierlings-Maschinenkanonen direkt über die Köpfe der Fliehenden hinweg. Das wirkte. Augenblicklich lag der ganze zurückspringende Haufen flach im Schnee. Mein Angriff konnte, wie beabsichtigt, vorbeirollen.
Nach einer knappen Stunde war die Ortschaft freigekämpft und der Russe zurückgedrängt worden. Unseren Auftrag hatten wir somit erfüllt. Das zurückgewonnene Gelände mußten wir noch bis zum nächsten Tag gegen erneute Feindeinbrüche absichern. Dann wurden wir abgelöst und konnten uns zu unserer Brigade auf den Weg machen — in die Pripjet-Sümpfe«.

Im Sumpfgebiet des Pripjet

Die Ski-Jäger-Brigade 1 war dem 23. Armee-Korps (2. Armee) unterstellt worden und übernahm einen mit Front nach Süden gerichteten Verteidigungsabschnitt, dessen Grenze links, also am Ostflügel, bei Petrikoff verlief und rechts bis westwärts Turoff (oder Turow) reichte = 63 Kilometer breit. Als Hauptkampflinie galt allgemein der Flußlauf des Pripjet. Den Kampfauftrag erläutert der damalige Brigade-Ia Major Grashey: »Bei Turoff und Petrikoff waren Brückenköpfe zu bilden und zu Eckpfeilern der Verteidigung auszubauen, und die sichere Benutzung der Verbindungsstraße zwischen Turoff und Petrikoff südlich des Pripjet war während der Frostzeit jederzeit zu gewährleisten. Über Nahaufklärung hinaus war durch tiefe Offensivstöße nach Süden das Feindvorgehen in die Flanke der Armee und der Heeresgruppe zu klären«. In einem vom Armee-Oberkommando 2 als »Geheime Kommandosache« den verschiedenen Truppenstäben zugeleiteten »Armeebefehl« — Datum und Uhrzeit: 19.1.1944, 22.45 Uhr — hieß es zur Lageentwicklung: »Nachdem dem Feind die beabsichtigte Einschließung und Vernichtung der 2. Armee mißlungen ist, muß damit gerechnet werden, daß er in Ausnutzung der noch verbleibenden Frostzeit seine Angriffe gegen die ostwärtigen Frontabschnitte fortsetzt und daneben eine Umfassungsbewegung gegen die Südflanke der Armee anstrebt«. Auf zehn DIN A 4-Seiten wurden genaue Anweisungen erteilt für den Auftrag, »die Pripjet-Upa-Stellung zu verteidigen und dadurch Flügel und Flanke der Heeresgruppe Mitte zu schützen«. Hellmut Grashey berichtet, wie die Skijägerbrigade die ihr zufallenden Aufgaben löste: »Bei der überdehnten Breite des Brigadeabschnitts war eine durchlaufend besetzte Hauptkampflinie (HKL) nicht möglich. Die Truppe wurde schwerpunktmäßig nördlich des Pripjet in Stützpunkten in Form von kleinen, zum beweglichen Einsatz vorgesehenen Kampfgruppen zusammengehalten, das Vorfeld südlich des Pripjet durch Gefechtsvorposten und Nahaufklärung überwacht. Die Fernaufklärung wurde durch Jagdkommandos durchgeführt, die bis zu 20 km über die Gefechtsvorposten hinaus vorstießen, wertvolle Aufklärungsergebnisse erzielten und immer wieder hervorragende Kampferfolge zu verzeichnen hatten. Der Feind fühlte laufend in wechselnder Stärke gegen die HKL vor und drohte durch die dünne Besetzung zu sickern. Daher wurde vom XXIII.A.K. zur Klärung der Feindlage die Bildung der Brückenköpfe Gorki, Ossmalenik und Samoschje befohlen, die etwa 15 km südlich des Pripjet lagen«. Sie wurden am 31.1.44, teilweise nach erbittertem Kampf, gebildet.

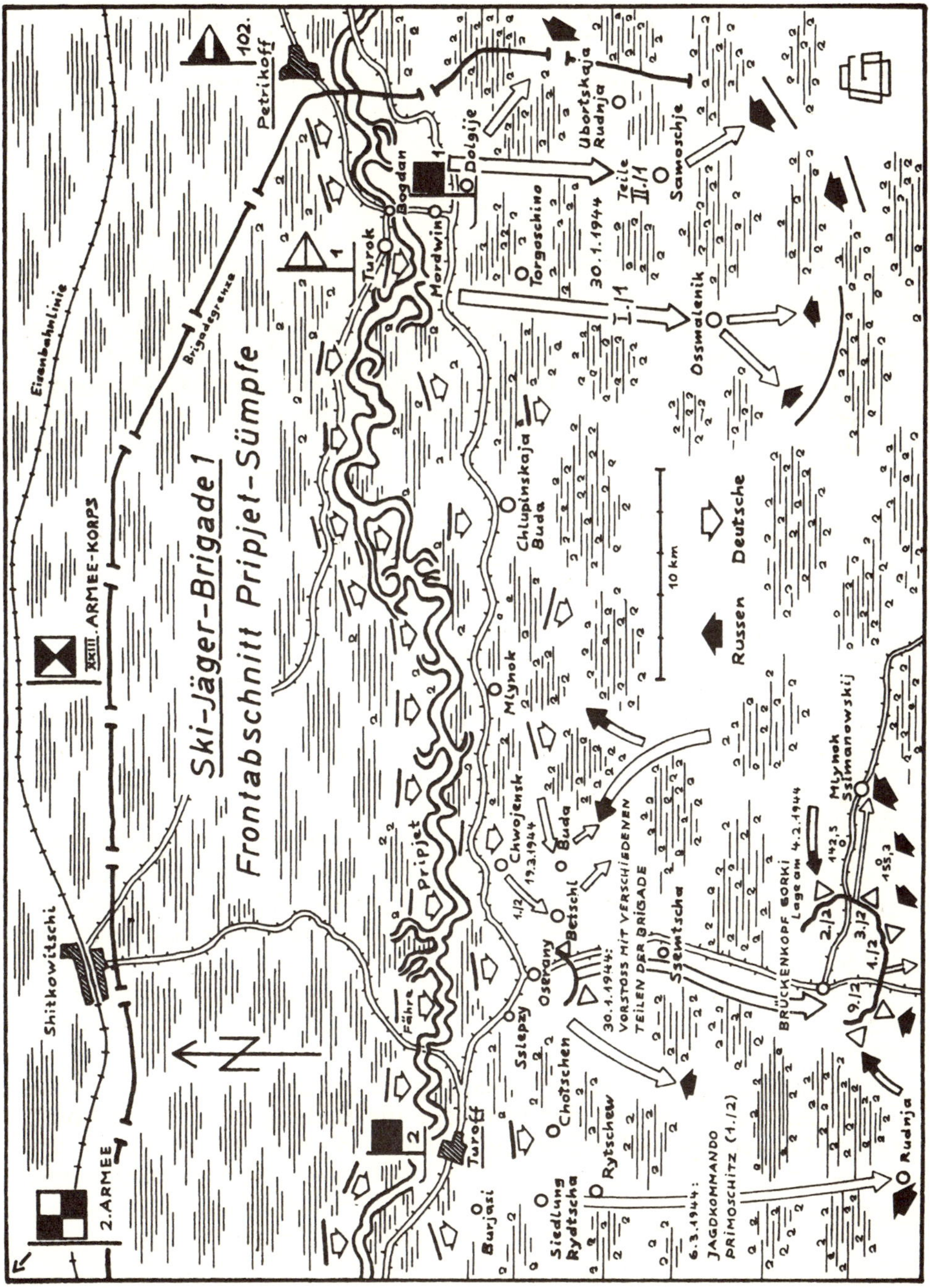
Ski-Jäger-Brigade 1
Frontabschnitt Pripjet-Sümpfe
2.ARMEE
XXIII. ARMEE-KORPS
Eisenbahnlinie
Brigadegrenze
102.
Petrikoff
Shitkowitschi
Turoff
Turok
Bogdan
Dolgije
Mordwin
Pripjet
Fähre
Burjasi
Siedlung Rydtscha
Rytschew
Chotschen
Sslepzy
Oserany
Betschl
Buda
Chwojensk 19.3.1944
1./2
Mlynok
Chlupinskaja Buda
Torgoschino
30.1.1944
I./1
Teile II./1
Ubortskaja Rudnja
Samoschje
Ossmalenik
10 km
Russen
Deutsche
30.1.1944: VORSTOSS MIT VERSCHIEDENEN TEILEN DER BRIGADE
Ssemtscha
BRÜCKENKOPF GORKI Lage am 4.2.1944
142,5
155,3
2./2
3./2
4./2
9./2
Mlynok Sslmanowskij
6.3.1944: JAGDKOMMANDO PRIMOSCHITZ (1./2)
Rudnja

Im Sumpfgebiet des Pripjet konnten schwere Waffen nur begrenzt eingesetzt werden. Es heißt: »Die Kämpfe dort gingen mehr zu Lasten der Jäger«. Das Ski-Jäger-Regiment 1 hatte die linke (östliche) Hälfte des 63 Kilometer breiten Abschnitts zu verteidigen. Regimentsgefechtsstand war Mordwin, südlich des Pripjet-Flusses, 10 km südwestlich von Petrikoff. Bei Turok, ca. 3 km nordwärts von Mordwin, jenseits des Flusses, hatte die Brigade ihren Befehlsstand eingerichtet. Das Ski-Jäger-Regiment 2 wurde von Turoff aus geführt. Turoff und Petrikoff waren 52 km Luftlinie voneinander entfernt. An der linken Flanke bestand Kontakt zur 102. Infanterie-, rechts zur 203. Sicherungs-Division.

Ergänzend zu den Ausführungen des Brigade-Ia Grashey, erläutert der damalige Ordonnanzoffizier im Regimentsstab des Ski-Jäg.Rgts. 1, Helmut Leiblein, auf Grund seiner Erfahrungen den Aufbau des Stellungssystems am Pripjet: »Die HKL war nur mit einem Drittel der Mannschaftsstärke der Jägerkompanien besetzt; die Jäger hatten, jeweils in Gruppenstärke, wechselnde, vorbereitete Kampfstände einzunehmen und aus ihnen von Zeit zu Zeit zu feuern«. (Es galt, das Vorhandensein einer viel stärker besetzten HKL mindestens vorzutäuschen und das Eindringen oder Durchsickern feindlicher Kräfte zu verhindern). »Ein Drittel der Einheiten befand sich nach Plan ständig zwischen HKL und Regimentsgefechtsstand auf Streife, ein Drittel lag für etwa erforderliches Eingreifen in (ebenfalls verteidigungsfähigen) Reservestellungen. Auf diese Weise waren sowohl eine ständige Kontrolle des Frontabschnitts als auch eine tiefe Staffelung der Einheiten sichergestellt. Dies war wohl die einzige sinnvolle Einsatzregelung, ganz wohl war uns dabei nicht immer«.

Die Kompanie des Gefreiten Veldscholten war am 22. Januar von Sslepzy 2 Kilometer weiter nach Südosten marschiert und hatte den Ort Oserany erreicht. »Hier blieben wir knapp drei Tage und hatten Gelegenheit, unsere Klamotten mal wieder zu trocknen und sauberzumachen. Zwei LKW, die im großen Troß nachgeführt werden sollten, sind auf Minen gefahren. Fahrer Müller und Feldwebel Scheuning wurden schwer verwundet. 24.1.: Heute Nacht kam der Befehl zum erneuten Weitermarsch. Unsere Kompanie rückte um 3 Uhr ab. Wieder mußten wir zwei oder drei Kilometer durch Schlamm waten. Dann ging die Kompanie in Stellung. Der Troß fuhr zurück nach Storoschewzy, das auf etwa halbem Weg Richtung Turoff liegt«.

Oberleutnant Walther, der mit seiner Kompanie am 23.1. in Burjasi, südwestlich Turoff, eingetroffen war, hatte am selben Abend eine Zusammenkunft mit Unterführern eines benachbarten Sicherungsbataillons und äußerte sich nachher in seinem Tagebuch begeistert über diese »alten, guten Soldaten«. In der Nacht erhielt die Kompanie den Befehl zum Weitermarsch nach der Siedlung Rydtscha und zur Besetzung von Rytschew und Chotschen. Diese Orte, wo es an den Ausbau von Stützpunkten ging, liegen zwischen 4 bis 6 km südlich von Turoff. Aus einer zusätzlichen Tagebucheintragung ist zu entnehmen, daß noch weiter nach Süden »aufgeklärt« wurde. Am Tag darauf, am 25.1., erfolgte der erste Einsatz, das war ein »Erkundungsvorstoß beim linken Nachbarn. Mit LKW zum Einsatzort. Durch Eichenwald geht es in Sumpfwald. Knietiefer Morast. Ein Glück, daß es gefroren hat. Am Sswinowod-Bach russischer Feuerüberfall aus der Flanke. Gefreiter Endres und Oberjäger Rosenböck gefallen. Langer beschwerlicher Marsch mit unseren toten Kameraden durch Nacht und Sumpf zurück«. In den nächsten Tagen würde das Regiment zum ersten größeren Angriff antreten. Teile des II./2 mußten zuvor noch 25 Kilometer nördlich des Pripjet-Flusses — westlich des Dikoje-Moores — bei der 5. Panzer-Division (20.A.K.) aushelfen. Etwa 8 Kilometer südlich davon, bei Slobodka I, kam ab 24.1. von der Skijägerbrigade auch die 3. Batterie der Sturmgeschützabteilung im Frontabschnitt der 5. P.D. zum Einsatz.

Der Gefreite Hochberger war am 18. Januar, gerade noch vor Beginn der kurzen Tauwetterperiode, mit seinen Schäferhunden in Shitkowitschi angekommen. Ein LKW brachte sie von dort zum Stabsquartier des Ski-Jäger-Regiments 1. Die Entfernung zwischen Shitkowitschi und dem Gefechtsstand von Oberst Weiler betrug — in Luftlinie gemessen — 40 Kilometer. (Zum Rgts. Gefechtsstand des Majors von Salisch waren es 22 Kilometer). Hochberger wurde anschließend in ein nahegelegenes Zeltlager geschickt, das gut getarnt in einem Wald lag und wo die Stabskompanie untergebracht war. Am 23. Januar erfuhr Hochberger, daß er als Hundeführer dem I. Bataillon zugeteilt wird. Tags darauf meldete er sich bei Hauptmann Meergans auf dessen Gefechtsstand.
Dem Bataillon waren noch andere Hundeführer unterstellt worden, mit insgesamt 30 Schäferhunden und einer entsprechenden Anzahl Bootsschlitten. Hochberger schreibt: »Unsere Einsätze mit den Hundeakjas waren zumTeil Erkundungsaufträge mit Stoßtrupps sowie Transport von Verpflegung, Waffen und Munition und Verwundeten. Was die Hunde in dieser Zeit geleistet haben, ist mit Worten nicht zu schildern. Sie waren in jeder Situation die besten und treuesten Kameraden. Nicht nur in den kalten Tagen bei Schnee, sondern auch nach Beginn des Tauwetters bewährten sich unsere Akjas, da sie wasserdicht waren und während der Überquerung tiefer Wasserstellen nicht untergingen. Mehrfach kam es aber vor, daß die Ziehhunde zum Beispiel beim Bergen von Verwundeten vor Entkräftung und wohl auch auf Grund starker Unterkühlung im Wasser versanken« . . .

Das Bataillon Meergans war der erste Brigadeverband, der im Wehrmachtbericht erwähnt wurde, und zwar im Zusammenhang mit dem entschlossenen Eingreifen als »Feuerwehr« nördlich der Pripjet-Sümpfe. Nun stand es wieder dem Ski-Jäger-Regiment 1 zur Verfügung und hatte im überdehnten Verteidigungsabschnitt mit dem Aufbau vorgeschobener Stützpunkte südlich des Pripjet-Flusses begonnen. Das Gelände war ziemlich versumpft sowie mit Bächen und verschieden großen Wasserflächen durchsetzt. Ohne die Hilfe der Pioniere, die 3 Motorboote (Sturmboote) und Männer zur Verfügung stellten, hätte Hauptmann Meergans seine verstreut gelegenen Stützpunkte gar nicht regelmäßig kontrollieren und versorgen können. Das Aufrechterhalten von Verbindungen allein mit Patrouillen wäre nach seinen Worten unmöglich gewesen. Da ohnehin ab und zu in die Luft geschossen werden mußte (s. Leiblein-Bericht), wurden von ihm bei mancher Gelegenheit auch einige der reichlich am Pripjet umherschwirrenden Wildenten mit dem halbautomatischen Gewehr 43 heruntergeholt (»leider besaßen wir keine Schrotflinten«).

Ab 25. Januar war es wieder kälter geworden, und es hatte auch wieder geschneit. Der Russe setzte jetzt immer häufiger Artillerie gegen die Front der Skijägerbrigade ein. Vor dem Bataillonsabschnitt des I./1 wurde in ca. 12 Kilometer Entfernung eine dieser feuernden russischen Batterien ausgemacht; Kommandeur Meergans erhielt den Befehl, mit einem Jagdkommando bis zum Gegner vorzustoßen und nach Möglichkeit die feindlichen Geschütze zu vernichten.

Meergans schildert, wie sie während des Marsches mit den Tücken des Sumpfgeländes fertigwerden mußten, wie sie unterwegs russische Vorpostenstellungen niederkämpfen und wie sie sich auf den vom Gegner hinterlassenen Spuren »schnell und ohne Gefahr« ein weites Stück vorwärtsbewegen konnten. »Mit Hilfe von Karte und Kompaß pirschten wir uns schließlich an den Stellungsbereich der russischen Batterie heran und brachten, vom Gegner unbemerkt, unsere Maschinengewehre in Position«. Die Russen bereiteten gerade wieder einen Feuerschlag auf die deutschen Linien vor. Als dann das Dröhnen der Abschüsse einsetzte und die russischen Kanoniere ganz mit ihren Aufgaben beschäftigt waren, ließ Hauptmann Meergans seine Skijäger von den Flanken her gegen die Batteriestellung losstürmen. Die Überraschung gelang vollkommen. Alles geschah innerhalb kürzester Zeit: Das Niederringen der Rotarmisten im Nahkampf und das Sprengen der Geschütze. Auf deutscher Seite waren am Ende des Kommandounternehmens 3 Tote und 12 Verwundete zu beklagen. Der überrumpelte russische Gegner hatte das Vielfache an Verlusten. Einige Rotarmisten ergaben sich.

Um die am schwersten Verwundeten schnellstens einer ärztlichen Versorgung zuzuführen, traf Meergans eine ungewöhnliche Entscheidung. Er ließ sie in den Akjas festschnallen und schickte sie mit den Ziehhunden allein auf den Weg zurück zum Hauptverbandsplatz der Brigade. »Per Funk gab ich an den HVP durch: Akja 1 unterwegs, oder 2 - 3 - 4 - 5 unterwegs. Die braven Hunde fanden den Weg allein zurück. Ohne einen Laut von sich zu geben, brachten sie die Verwundeten durch Sumpfwald und über Schneefelder rasch zum Hauptverbandsplatz. Von dort kam, ebenfalls per Funk, jeweils die Meldung durch: Akja 1 - 2 - 3 - 4 - 5 eingetroffen«. Das war bestimmt Glück. Denn die Hundeschlitten mit den hilflosen Verwundeten hätten leicht den Weg russischer Partisanen, die es haufenweise in den Sumpfwäldern am Pripjet gab, kreuzen können . . .
»Hier operierten Partisanen und reguläre sowjetische Truppen zusammen«, schreibt Meergans. Mit dem Hinweis auf die häufig befohlenen Stoßtrupp-, Aufklärungs- und Jagdkommando-Unternehmungen, die darauf abzielten, feindliche Stützpunkte im südlichen Vorfeld der Pripjet-Linie ausfindig zu machen und zu vernichten, ist vom »erbarmungslosen Kleinkrieg« die Rede. »Wir mußten immer damit rechnen, in tödliche Fallen gelockt zu werden«, beschreibt ein ehemaliger Skijäger die damalige Situation. Als Beispiel soll vom Schicksal eines Spähtrupps der 2. Kompanie des I. Bataillons berichtet werden. Die Männer waren auf Skiern wieder mal zu einem Aufklärungsvorstoß losgeschickt worden. Nachdem Meergans am Bataillonsgefechtsstand sechs Stunden lang vergeblich auf die verabredete Funkmeldung von seinen Leuten gewartet hatte, nahm er an der Spitze eines Zuges ausgesuchter Skiläufer die Suche nach dem verschollenen Spähtrupp auf. Dabei folgten sie vorsichtig — immer nach allen Seiten Ausschau haltend — den Spuren, die die vermißten Männer im Schnee hinterlassen hatten. Nach einigen Kilometern anstrengendem Lauf waren sie in einem Waldstück schließlich dort angelangt, wo der Spähtrupp in eine dieser gefürchteten Todesfallen geraten war. Schon der erste tote Skijäger, den sie mit dem Gesicht nach unten liegend fanden, schien keine Zeit zur Gegenwehr gehabt zu haben; er war von hinten getroffen worden. In kurzen Abständen beiderseits der Spur lagen die Leichen weiterer Kameraden, im ganzen sieben, vermutlich binnen kurzer Zeit von Baumschützen aus dem Hinterhalt getötet. Fußspuren im Bereich mehrerer Bäume ließen nur diesen Schluß zu. Einer der Soldaten des Suchtrupps wurde beim Bergen der Toten durch einen explodierenden Sprengsatz schwer verwundet. Die Russen hatten den Sprengkörper, bevor sie mit den Waffen der getöteten Skijäger verschwanden, unter einen der Leichname gelegt.
Am Bataillonsgefechtsstand war in der Zwischenzeit ein Funkspruch der Russen aufgefangen worden, in dem der Überfall auf den Spähtrupp und

die Gefangennahme von 2 Skijägern mitgeteilt wurde. Meergans berichtet, was die Russen ihm sonst noch zu sagen hatten: »Dann wurde ich furchtbar beschimpft, die Bezeichnungen Sklavenhalter und Bluthund kamen vor« . . .

Am Abend des 30. Januars, einem Sonntag, begannen die Angriffsteile der Brigade mit dem Vorstoß gegen Gorki, Ossmalenik und Samoschje. »Gebiet Gorki« lag 15 Kilometer südlich der vorgeschobenen Stellungen am Pripjet, im Bereich des Regiments 2, Ossmalenik und Samoschje 10-12 km, vor dem Regiment 1. Zwischen Turoff - Oserany und »Gebiet Gorki« gab es eine durch den Sumpf führende Verbindungsstraße (in den Tagesmeldungen auch als »Damm« bezeichnet). Das Gelände vor dem Weiler'schen Regiment war unwegsamer.

Die Skijäger des Regiments von Salisch (verstärktes I. Bataillon) konnten bei ihrem nächtlichen Vorstoß die Straße aber hauptsächlich nur als Orientierungslinie nutzen; sich auf ihr bis nahe genug an den Gegner heranzutasten, wäre nicht möglich gewesen. »Wir bewegten uns längs der Rollbahn vorwärts«, heißt es, »oft durch knietiefen Sumpf und Schlamm«.

Oberleutnant Walther war mit seiner 1. Kompanie neben der 3. Kompanie des Oberleutnants Reinsdorf vormarschiert. Er berichtet, wie ihm seine Männer — nach stundenlangem beschwerlichen Marsch längs der Straße — in langgezogener Reihe nach links in ein dichtbewachsenes Waldstück gefolgt waren und sich dann mit doppelter Vorsicht und Aufmerksamkeit vorgetastet hatten. Immer wieder mußten sie dichtes Gestrüpp, das den Weg versperrte, mit ihren Messern wegräumen. Ein neuer Tag war inzwischen angebrochen. Das schwache Licht, das er brachte, erleichterte das Vorwärtskommen. Sie wußten, daß es jeden Augenblick zum Zusammenprall mit dem Gegner kommen könnte. Über allen lag eine unheimliche Spannung — die sich mit einem Male löste, als plötzlich das Knallen berstender Explosivgeschosse und das Krachen krepierender Granaten einsetzte.

Für Augenblicke preßten sie ihre Körper an den feuchtkalten Boden. Dann erhoben sie sich, sprangen auseinander und erstürmten mit Hurrageschrei die russische Stellung. Im Dauerfeuer der deutschen Sturmgewehre war einigen Rotarmisten die Flucht nach rückwärts ins Dickicht geglückt.

Noch während der Erstürmung dieses Stützpunkts wurden die Jäger aus der Flanke, von einer anderen russischen Feuerstellung aus, heftig unter Beschuß genommen. Bald war klar, daß sich dort die Mehrzahl der Russen hinter einem Geländestreifen, der mit natürlichen und vom Gegner errichteten Hindernissen durchsetzt war, verschanzt hatte. Ein schweres Ma-

schinengewehr zwang die Skijäger in Deckung. Schließlich schaffte es Oberleutnant Walther, sich an der Spitze einer kleinen Gruppe beherzter Männer durch Morast und teils brusttiefe Wasserlöcher bis an eine Baumsperre, die im toten Winkel der Maschinengewehrstellung lag, heranzuarbeiten. Von da aus konnten sie den Gegner im vorderen Graben niederkämpfen und der Kompanie den Weg für den Angriff auf den stärker ausgebauten Teil des russischen Stützpunkts freimachen.
Die Rotarmisten wehrten sich verbissen und setzten massiv Granatwerfer ein. Bis die Skijäger auf Wurfweite ihrer Handgranaten an den Gegner herangekommen waren, hatten sie ihn wirkungsvoll mit Schießbechern, den trichterförmigen Geräten zum Abfeuern von Gewehrgranaten, bekämpft. Am Ende, noch ehe der letzte Graben des Stützpunkts Gorki im Sturm genommen wurde, versuchten mehrere Russen, mit erhobenen Händen zu den Deutschen überzulaufen; sie wurden von ihren eigenen Kameraden hinterrücks erschossen. Die 1. Kompanie der Skijäger hatte bis dahin 6 Tote zu beklagen. 4 Mann erlitten Verwundungen.

Unmittelbar hinter den leichten Kampfeinheiten waren auf der Straße die schweren Waffen — Sturmgeschütze, Fla, Pak und motorisierte Artillerie — nachgestoßen. Oberleutnant Walther notierte: »Wir sitzen auf; eine Feindpak hilft uns jedoch schnell wieder herunter. Oberjäger Stapfen und Gefreiter Nitsche werden dabei verwundet«.
Nachher fuhren 2 vorrückende Panzerfahrzeuge des Pionierbataillons auf Minen. Es war wieder dunkel geworden. Die Kompanie igelte sich auf einer Sandrippe ein. Frierend saßen die Soldaten in ihren Löchern. Gegen Mitternacht wurde eine Umbesetzung der Stellung befohlen. Motorengeräusch erregte die Aufmerksamkeit des Gegners. Eine seiner Pak-Granaten traf voll die MG-Stellung des 2. Zuges und tötete den Gefreiten Lanzinger. Sein Kamerad, Oberjäger Hansen-Olsen, wurde schwer verwundet und starb während des Transports zum Hauptverbandsplatz.

Nach diesem kurzen Feuerüberfall der Russen trat wieder Ruhe ein. Die Stimmung unter den Soldaten, die in den naßkalten Löchern hocken mußten, sank auf einen Nullpunkt. Oberleutnant Walther schrieb damals in der Nacht vom 31.1. zum 1.2., in sein Tagebuch: »Gottseidank hatte der Iwan einige Bunker gebaut. Die sind zwar so saumäßig, daß wir da normalerweise nicht reingehen würden; doch heut ist's egal. — Ich lasse gruppenweise Strümpfe wechseln und gefütterte Zwischenjacken anziehen. Danach wird uns allen etwas wärmer. — Und dann ist auf einmal unsere Feldküche da! Schlagartig wird die Stimmung besser; endlich etwas Warmes im Bauch! Gut haben sie wieder mal gekocht, der Küchen-Uffz Abraham und seine Helfer! . . . Wir sind froh, daß der Iwan uns bis zum Morgengrauen in Ruhe läßt«.

Kurz nach 6 Uhr am 1. Februar ging ein Fernschreiben von der Skijägerbrigade beim 23. Armee-Korps ein, in dem die Errichtung der drei Brückenköpfe im Sumpf gemeldet wurde. Kleine, aber kampfkräftige Teile der Stoßtruppen betrieben sogleich »offensive Aufklärung« über die erreichten Ziele hinaus: Im Bereich des Regiments 2 auf Mlynok Ssimanowskij, ost-südostwärts, und auf Iwanowa Ssloboda, im Süden; beide Orte 8 - 10 km vom Brückenkopf Gorki entfernt. Im Bereich des Regiments 1 von Samoschje - Ossmalenik bis auf Korosten, südwestwärts, und das Gebiet östlich davon. Besonders im Abschnitt des Weiler'schen Regiments war ein so weites Eindringen in das größtenteils unwegsame Gelände vom Korps kaum für möglich gehalten worden. Der Kriegsberichter Heinz Schnabel schrieb damals an seine Zeitung in der Heimat: »Pferde versanken im Sumpf und erstickten. Die Jäger wateten stellenweise bis zur Brust durch eisiges Wasser, gingen manchmal, verzweifelt nach Halt suchend, im Moor unter und konnten sich nur mit Hilfe der Kameraden retten. Zehn Kilometer und mehr kämpften sie sich weiter, bis zur Haut durchnäßt« . . .

Nach dem Vorstoß der Brigadeteile war an der rechten Flanke der bisher schon dünn besetzten Pripjet-Front eine gefährliche Lücke entstanden, die notdürftig von der 203. Sicherungs-Division durch stehende Spähtrupps in Zugstärke ausgefüllt werden mußte.

Die 1. Kompanie des Ski-Jäger-Regiments 2 hatte unterdessen mit dem Ausbau ihrer Stellungen begonnen. Zur Abwehr von Angriffen feindlicher Infanterie konnte sie neben den Sturmgewehren, Karabinern und 8 leichten MG's als Verstärkung noch 2 schwere Maschinengewehre sowie 2 mittlere Granatwerfer einsetzen. Für den äußersten Notfall hatte Oberleutnant Walther außerdem einige schwere Granatwerfer, Infanteriegeschütze und die schweren Kaliber der Artillerieeinheit »an der Strippe«. Hinter ihnen im Wald standen auch die Selbstfahrlafetten der 9. (Panzerjäger-Fla)Kompanie — bis der Russe sie unter das konzentrierte Feuer seiner »Ratsch-Bumm« und schweren Granatwerfer nahm. »Hauptmann Bolland mußte ausziehen«. Später wurde die 9./2 zur Verteidigung des Westabschnitts eingesetzt.
Nachts blieb es an der Front im Gebiet Gorki relativ ruhig. Der Gegner schickte nur Spähtrupps aus. Oberst von Schlebrügge war nach vorne zu seinen Skijägern gekommen. Der Brigadekommandeur hatte die verschiedenen Stützpunkte besichtigt, allen Soldaten seine Anerkennung ausgesprochen und einigen Auserwählten unter den Tapferen das Eiserne Kreuz an die Brust geheftet. Kompanieführer Hildebrand Walther bekam das EK I, fünf Gefreite erhielten das EK II.

Im Angriffsraum des Ski-Jäger-Regiments 1 hatte sich die Situation auf Grund der erneut veränderten Wetterlage dramatisch verschlechtert. Das zuständige Generalkommando des 23. Armee-Korps ließ daher noch in derselben Nacht um 22.30 Uhr dem AOK 2 in einem Ferngespräch folgendes mitteilen: »Generalkommando beabsichtigt am 2.2. mit Beginn der Dunkelheit die Brückenköpfe Ossmalenik und Samoschje zurückzunehmen. Begründung: Die Wegeverhältnisse in dem Sumpfgebiet haben sich derart verschlechtert, daß eine ausreichende Versorgung der in den Brückenköpfen eingesetzten Teile mit Munition und Verpflegung nicht mehr sichergestellt werden kann. Die Versorgung kann nur mit Trägerkolonnen nach vorne gebracht werden, da die Sumpfwege für Pferde bereits nicht mehr begehbar sind. Der Abtransport der zahlreichen Verwundeten dauert bis zu 24 Stunden; Schwerverwundete sind bereits unterwegs gestorben, weil sie zu lange ohne ärztliche Hilfe blieben. Das Generalkommando bittet um Genehmigung, die Brückenköpfe Ossmalenik und Samoschje zum oben angegebenen Zeitpunkt aufgeben zu dürfen. Der Brückenkopf bei »Gebiet Gorki« soll zunächst gehalten werden, solange der Schutz der Nachschubstraße über den Damm sichergestellt ist«.
Am nächsten Morgen — das war der 2. Februar — wandte sich die Skijägerbrigade noch einmal dringend an das vorgesetzte 23. Armee-Korps. Der um 7.18 Uhr abgeschickte »Fernspruch« hatte folgenden Wortlaut: »Die Geländeverhältnisse im Sumpfstreifen nördlich der Brückenköpfe Ossmalenik und Samoschje verschlechtern sich laufend. Der Sumpf bricht auf, die Bäche und Kanäle treten über die Ufer. Die Moorlöcher in den Sumpfpfaden erreichen teilweise eine Tiefe von 2 Metern, in denen Pferde beim Fehltreten restlos versinken. Im Brückenkopf Ossmalenik sind 4 Kilometer des Weges zur Front, im Brückenkopf Samoschje 3,5 Kilometer nur noch für Fußgänger begehbar. Schlammschleppen kommen dort nicht mehr durch. Der Einsatz von schwereren Waffen als den mittleren Granatwerfern in vorderer Linie ist nicht möglich. Träger der Panzerabwehr sind »Ofenrohre«, Faustpatronen und vereinzelt Beutegeschütze. Die Feuerstellungen der eigenen Artillerie liegen durchschnittlich 9 Kilometer hinter der vorderen Linie. Die Versorgung der Truppe mit dem Notwendigsten erfolgt durch Träger. Verwundete müssen mit Krankentragen nach rückwärts gebracht werden. Zwei Verwundete mit Bauchschuß sind mangels Transportmöglichkeit gestorben. Seit Angriffsbeginn haben die Soldaten noch keine warme Verpflegung erhalten«. Deutlich wurde gesagt: Wenn die Brigade die zwei Brückenköpfe im Bereich des Regiments 1 noch weiterhin halten sollte, so wäre das nur unter »größten« Menschenverlusten möglich. Der »Aufklärungsauftrag« war erfüllt, deshalb »bittet die Brigade um Befehl zur Räumung der Brückenköpfe Ossmalenik und Samoschje und zum Zurückziehen auf die bisherige Stellung«.

Die Grenzen des Möglichen waren auch im Bereich des Regiments 2, am Brückenkopf Gorki, erreicht. An einen breit angelegten offensiven Einsatz von Panzern, Sturmgeschützen und den verschiedenen starken Waffen auf Selbstfahrlafetten konnte nicht gedacht werden; der Gegner hatte an mehreren Punkten im Gelände Minen gelegt und, was ausschlaggebender war, ein Netz von geschickt getarnten Panzerabwehrkanonen errichtet. An infanteristischen Kräften konnte die Skijägerbrigade gerade noch so viel aufbieten, um die erreichten Stellungen in dem »großenteils unübersichtlichen Wald- und Kusselgelände« für kurze Zeit halten zu können. Nach der Zurücknahme der vorgeschobenen Stützpunkte an der linken Flanke, würde die Lage am Brückenkopf Gorki, der sich aus den erwähnten Gründen nicht mehr ausweiten ließ, nahezu aussichtslos werden. Die Brigade bat daher auch um die Genehmigung, »den Brückenkopf Gorki aufzugeben und wieder die alten Stellungen um Turoff und Oserany zu beziehen«.

Am Nachmittag des 2.2. wurde endlich die Erlaubnis zur Räumung der Brückenköpfe Samoschje und Ossmalenik erteilt. In Samoschje sollte der Rückzug noch am Abend des gleichen Tages beginnen, in Ossmalenik erst 24 Stunden später. Zu Gorki hieß es: »Zurücknahme des Brückenkopfes Gorki wird je nach Entwicklung der Lage gesondert befohlen«.
Die bei Samoschje eingesetzten Teile des II. Bataillons/Ski-Jäger-Regiment 1 hatten am Vormittag noch vier Angriffe des Gegners in Kompanie- und Bataillonsstärke abzuwehren. Um die Mittagszeit gingen die Russen, die auch Panzer und Sturmgeschütze einsetzten, erneut in Bereitstellung zu einem Angriff, der aber unter den gelenkten Feuerschlägen der schweren Artillerie des Majors Wichmann vorzeitig auseinanderbrach.

Gegen die Stellungen des I. Bataillons im Brückenkopf Ossmalenik rannte der Russe an diesem Tage nach heftigem Vorbereitungsfeuer seiner schweren Granatwerfer und Artillerie zweimal an, kurz vor 14 Uhr und dann 2 Stunden später. Auch hier wurden die Angriffe von den Skijägern abgewehrt. Ein Stoßtrupp verfolgte den fliehenden Feind sogar noch 2 Kilometer über den Stützpunkt hinaus in Richtung Korosten.

Der Rückmarsch durch den großflächig aufgebrochenen Sumpf in die alten Stellungen — nach der Räumung der Brückenköpfe Samoschje und Ossmalenik — war für die Soldaten eine einzige Schinderei. Zur damaligen Wetterlage heißt es in den Tagesmeldungen lapidar: »Bedeckt, Regen, starkes Tauwetter«.
Von den schlimmen Auswirkungen des Wetterumschwungs war natürlich der gesamte Raum an der Pripjet-Front betroffen. Die wichtige Verbin-

dungsstraße im Brigadeabschnitt unmittelbar südlich des Pripjet wies schon große Rinnen und Schlammlöcher auf und war besonders im östlichen Teil bis Petrikoff »für LKW kaum noch befahrbar«. Mehrere kleinere Straßen und »Eisbrücken«, die bisher als Verbindungswege zu Vorpostenstellungen genutzt wurden, versanken ganz im Morast. An einigen Stellen wurden bereits Moorlöcher von drei Metern Tiefe gemessen. Der zunehmend schlechte Zustand der Straße zwischen Shitkowitschi und Turoff gefährdete die Versorgung der im Westabschnitt eingesetzten Brigadeeinheiten.

Die Verteidiger am Brückenkopf Gorki sollten Unterstützung erhalten durch eine Kompanie des II. Bataillons. Der größere Teil des II./2 war dafür vorgesehen, das II. Bataillon des Regiments 1 im Ostabschnitt abzulösen, das sich hinter der HKL als Korpsreserve bereitzustellen hatte. Es war zu erwarten, daß Hauptmann Neuners Bataillon bei der 102. Infanterie-Division zum Einsatz kommen würde. Dort hatte der Gegner inzwischen seine Angriffstruppen erheblich verstärkt. Offenbar dachte er daran, die Front der Skijägerbrigade von der linken Flanke aus aufzurollen.
Vorher wollten die Russen aber auf jeden Fall ihre alten Stellungen im »Gebiet Gorki« zurückerobern. Noch in der Nacht vom 1. zum 2. Februar hatten sie — wie Spähtruppaufklärung ergab — an der linken Flanke des Brückenkopfs den Ort Mlynok Ssimanowskij und einige Gehöfte nordwestlich davon wieder besetzt. Im Süden, im Raum Iwanowa Ssloboda, wurde auf der Zufahrtstraße reger Kraftfahrzeugverkehr beobachtet; der Gegner schaffte Verstärkungen heran. Am 2. Februar ab 16 Uhr versuchten die Sowjets »nach sehr starkem Vorbereitungsfeuer« ihrer Artillerie und Granatwerfer, zunächst in die Stellungen der 9./2 am rechten Flügel der Brückenkopf-Front einzubrechen. Vergeblich.

Die halbkreisförmige Verteidigungslinie der Deutschen hatte eine Ausdehnung von 9 Kilometern, davon entfielen 4,5 km auf die »Kampfgruppe Ost«, gebildet aus der 2. und 3. Kompanie des I. Bataillons, das seit dem 15.1. von Hauptmann Stender geführt wurde. Am 3. Februar stießen Teile der Verteidiger unter der Führung des Kommandeurs auf Mlynok Ssimanowskij vor und nahmen den Ort »nach kurzem erbitterten Kampf«. Dabei wurden eine Menge Waffen und Gerät des Gegners vernichtet und zwei Russen gefangengenommen. Anschließend zog sich Hauptmann Stender mit den meisten seiner Männer wieder in die Ausgangsstellung zurück; nur ein Spähtrupp sollte außerhalb des Ortes in Deckung gehen und den Feind weiter beobachten.
In der Nacht vom 3. zum 4. Februar wurde dieser »stehende Spähtrupp« vom Stoßzug der 2. Kompanie und einem Tornisterfunktrupp der Batail-

lons-Stabskompanie abgelöst. Die insgesamt 22 Mann — darunter 4 Unteroffiziere — standen unter der Führung von Feldwebel Wörner und hatten denselben Auftrag auszuführen: »Feind beobachten, Beobachtungen laufend melden, möglichst Gefangene einbringen, unterlegenen Feind abwehren und bei einem Angriff durch überlegenen Feind auf die Brückenkopf-Stellung ausweichen«.
Bereits am frühen Vormittag des 4. Februar hatte Feldwebel Wörner die Gefahr einer Umzingelung durch den Gegner erkannt und war 3 - 4 Kilometer nach Westen ausgewichen. Um 12 Uhr sandte sein Funker den ersten Hilferuf an das Bataillon: »Feind greift an. Hilfe!« Fünf Minuten später erfolgte eine ungenaue Standortangabe: »Sind rechts der Rollbahn bei geometrischem Punkt«. (Im Regiments-Gefechtsbericht ist immer von »Punkt 142,5« die Rede).
Um 12.07 Uhr traf der zweite Hilferuf beim Bataillon ein: »Ist Hilfe unterwegs?« Was danach geschah, ist nur schwer zu fassen. Das Bataillon schickte — ohne vorher über die Funkverbindung zu Feldwebel Wörner die genaue Position seines Spähtrupps erkundet zu haben — zunächst zwei Gruppen der 2. Kompanie unter der Führung eines Oberfeldwebels nach vorne. Dieser Stoßtrupp war entlang der Rollbahn wie befohlen bis an Punkt 142,5 vorgegangen, traf aber dort - zirka 3 Kilometer westwärts von Mlynok Ssimanowskij — weder auf die eigenen Kameraden, noch auf angreifende Russen und entdeckte auch keine frischen Kampfspuren. Den Männern des Stoßtrupps müßte hier klar geworden sein, daß sie sich mit »Punkt 142,5« in der falschen Richtung befanden. Also ohne den eigentlichen Auftrag ausführen zu können, gab Oberfeldwebel Lexer den Befehl zum Rückmarsch. Denn er war der Auffassung, daß ihm nicht eindeutig befohlen wurde, das Gelände noch weiter abzusuchen oder irgendeinem Kampflärm nachzugehen. . .
Von Feldwebel Wörners Spähtrupp traf unterdessen über Funk beim Bataillon die Meldung ein, daß sie endgültig von starkem Feind umzingelt sind. Dann wurde noch dringender Hilfe erbeten. Der Versuch des Bataillons, gegen 12.20 Uhr »durch Artillerie und s.Gr.W.-Feuer ostwärts Punkt 142,5 dem Spähtrupp Entlastung zu bringen«, mußte natürlich wirkungslos bleiben. »Feuerleitung durch den Spähtrupp selbst kommt nicht zustande« . . . Oberfeldwebel Lexers Stoßtrupp war zu diesem Zeitpunkt noch nicht zum Stützpunkt Gorki zurückgekehrt; beim Bataillon wurde also nach wie vor angenommen, daß der Spähtrupp Wörner sich bei Punkt 142,5 befindet.
Um 12.50 Uhr erhielt das Bataillon über Funk erneut einen Hinweis auf einen trigonometrischen (nicht mehr g e o metrischen) Punkt »rechts der Rollbahn«, wo der Spähtrupp, der mit 18 Sturmgewehren und einem MG 42 ausgerückt war, sich gegenüber den von allen Seiten angreifenden Rus-

sen erbittert zur Wehr setzte. Aber wieder war die Standortbezeichnung ungenau, ohne Nummernangabe. Und es muß an Hand der Original-Aufzeichnungen angenommen werden, daß das Bataillon es daraufhin abermals versäumt hat, genaue Erkundigungen einzuholen.
Aber die Aussagen, die der inzwischen mit seinem Stoßtrupp zurückgekehrte Oberfeldwebel Lexer machte — und die im Regiments-Gefechtsbericht mit Uhrzeit (13.30 Uhr) festgeschrieben sind — müßten doch Klarheit darüber gebracht haben, daß es sich beim erwähnten trigonometrischen Punkt »rechts der Rollbahn« nicht um den in den Karten eingezeichneten »Punkt 142,5« handelte! Trotzdem schickte das Bataillon gleich wieder einen Stoßtrupp in diese Richtung. Diesmal, um 13.33 Uhr, machten sich unter der Führung des Kompaniechefs der 1./Schweres Ski-Bataillon 1, Hauptmann Dändl, auf den Weg: Ein halber Zug seiner 7,5-cm-Pak-Selbstfahrlafetten, eine Gruppe Pioniere und wieder 2 Gruppen der 2. Kompanie des Ski-Jäger-Regiments 2.
Der Russe, durch die Motor- und Kettengeräusche der Selbstfahrlafetten rechtzeitig gewarnt, empfing den kampfstarken Stoßtrupp nach Überfahren der HKL schon aus 600 - 800 Metern Entfernung mit heftigem Pak- und MG-Feuer. Die Selbstfahrlafetten mußten sich zurückziehen und beschossen aus der Deckung heraus noch eine Weile die perfekt getarnt gewesenen russischen Pak-Stellungen. Die Jäger und Pioniere schafften es im starken Abwehrfeuer der Maschinengewehre nicht, an die Pak des Gegners heranzukommen. Der Vorstoß wurde abgebrochen.
Feldwebel Wörners Funker hatte gemeldet, daß der angreifende Feind die Igelstellung der Skijäger mit Werfergranaten und MG-Garben eindeckt. Unmittelbar darauf folgte wieder ein Hilferuf. Dann hieß es, das eigene Maschinengewehr sei ausgefallen. Kurz bevor sich der Stoßtrupp des Hauptmanns Dändl auf den Weg in Richtung Mlynok Ssimanowskij gemacht hatte, ließen die Eingeschlossenen ein weiteres Mal beim Bataillon anfragen: »Wo bleibt Hilfe?« Als sich Dändls starker Trupp gerade das Feuergefecht mit den Russen lieferte, hatten sie die Hoffnung, sich noch länger halten zu können, fast schon aufgegeben. Um 14.15 Uhr gab der Funker die Meldung durch: »Feldwebel Wörner gefallen«. Das Bataillon ließ fünf Minuten später zurückfunken: »Nach Westen durchboxen!« Die Eingeschlossenen antworteten: »Geht nicht; wir sind zu schwach«. Der kleine Rest von ihnen wehrte sich weiter verbissen und hoffte sogar noch immer auf Hilfe.
Zwischen 14.46 Uhr und 14.55 Uhr empfing das Bataillon drei Funkmeldungen, die dem Kommandeur nun eine viel bessere Standortbestimmung erlaubten. Da wurde zunächst erwähnt, daß die Eingeschlossenen bei einem eventuellen Ausbruchsversuch über »freies Gelände« laufen müßten; der Feind könnte sie dann alle leicht »abschießen«. Weiter hieß es, daß sie

sich »nicht direkt an der Rollbahn« befinden, sondern »2 km vor Stellung und 1 km rechts der Rollbahn«.
Wenn man sich die damals verwendete Karte »Rußland 1 : 50 000« genau ansieht, so entdeckt man gut eineinhalb Kilometer »rechts der Rollbahn« (vom Stützpunkt Gorki aus gesehen) Punkt 155,3. Dieser Meßpunkt befindet sich zwei Kilometer südwestlich von Punkt 142,5, der direkt an der Rollbahn liegt. Ausgehend vom damaligen Stellungsverlauf am Brückenkopf Gorki, lagen b e i d e Meßpunkte »2 Kilometer vor der Stellung«. Der mehrmals vewendete Hinweis »rechts der Rollbahn« und schließlich »nicht direkt an der Rollbahn« beziehungsweise »1 km rechts der Rollbahn«, ferner die kurze Beschreibung der Geländebeschaffenheit (»freies Gelände«) sprechen eigentlich dafür, daß der Spähtrupp in der Nähe von Punkt 155,3 eingeschlossen wurde. Gegen die Annahme, Punkt 142,5 wäre der Einschließungsraum gewesen, spricht ziemlich eindeutig, daß der Stoßtrupp des Oberfeldwebels Lexer dort vergeblich nach irgendwelchen Hinweisen gesucht hatte. Im übrigen liegt Punkt 142,5, wie erwähnt, direkt an der Rollbahn und außerdem (wieder vom Stützpunkt Gorki ausgesehen) links davon.
Nicht nur das grausame Schicksal ist dafür verantwortlich zu machen, daß das Bataillon wenige Minuten bevor die erste Funkmeldung mit der etwas genaueren Standortangabe empfangen wurde, einen dritten Stoßtrupp in Richtung Punkt 142,5 losschickte. Unter der Führung des Chefs der 2. Kompanie, Leutnant Bayer, hatten sich auf den Weg gemacht: Der 2. Zug seiner Kompanie und der Pionierzug des Bataillons. Ihr Auftrag lautete, »1 Kilometer nördlich der Rollbahn« (!) »Feindstellung zu umgehen und 2 Kilometer von der HKL entfernt im Rücken des Feindes zum Spähtrupp durchzustoßen und ihn aus der Umklammerung herauszuhauen«. —
Die Eingeschlossenen wurden unterdessen beruhigt: »Stärkere Hilfe unterwegs«. Nach drei Minuten, um 14.47 Uhr, antworteten sie verzweifelt: »Hilfe noch nicht da!«
Jetzt erst — laut Gefechtsbericht um 14.50 Uhr — fragte das Bataillon den Funker der Eingeschlossenen, der erste Hinweise bereits durchgegeben hatte, nach dem »genauen Standpunkt« und erhielt auch die exakteren Positionsangaben. Doch blieben nach wie vor alle Vermutungen — wie aus den Unterlagen ersichtlich ist — auf Punkt 142,5 konzentriert. An die eingeschlossenen Skijäger, die noch nicht tot am Boden lagen, wurde durchgegeben, den »Kopf hoch« zu behalten. »Wo bleibt Hilfe?!« und »Hilfe, wir sterben!« antwortete ihr Funker. Als einen der Letzten vom Spähtrupp Wörner muß ihn kurz vor 16 Uhr die tödliche Kugel getroffen haben. —

Die Schlußeintragung im Gefechtsbericht des Regiments hat folgenden

Wortlaut: »Um 18 Uhr Rückkehr der Kampfgruppe des Leutnants Bayer. Dem Bataillonskommandeur wird gemeldet: Auf befohlenem Wege im Rücken feindlicher Stellungen Punkt 142,5 erreicht, ohne etwas vom eigenen Spähtrupp zu bemerken. In dem Hügelgelände 1 bis 1,5 km ostwärts und 200 bis 500 m nördlich der Rollbahn eine feindliche Kompanie beim Schanzen«.
In der Ia-Tagesmeldung, die sich auch auf abgehörten russischen Funkverkehr bezog, hieß es, daß der Spähtrupp Wörner »aufgerieben« wurde. . .

Dem Regimentskommandeur waren all diese Geschehnisse im Bereich der »Kampfgruppe Ost« verborgen geblieben. Sein Adjutant war rechtzeitig darüber unterrichtet worden, blieb aber untätig. Major von Salisch befand sich an jenem 4. Februar zur fraglichen Zeit laut Gefechtsbericht »zur Erkundung einer Riegelstellung im südlichen und westlichen Teil der Brückenkopf-Stellung«; er erfuhr erst von der »Aufreibung« des Spähtrupps Wörner, »als diese bereits abgeschlossen war« . . .
Für den Abend des 4.2. wurde im Südteil noch ein Feindangriff erwartet. Oberleutnant Walther, dessen 1. Kompanie die mittlere »Kampfgruppe Süd« bildete, schrieb in sein Tagebuch: »Wir liegen die ganze Nacht auf der Lauer, doch nichts kommt«.
Über die Kürze eines Blattes Papier erkennt man dann den harten Soldaten im Sumpfgebiet der Pripjet-Front nicht mehr wieder. Nach der Schilderung des nur wenige Stunden zurückliegenden Todeskampfes der 22 Mann, klingt das, was im folgenden der Heger und Berufsjäger Hildebrand Walther berichtet, wie ferne Poesie: »Der 5. Hornung steigt mit seinem jungen Licht herrlich über den Wald. Es ist frisch. Da tönt plötzlich ganz leise das Balzlied des Birkhahnes über den Wald, und nach wenigen Minuten ist ein herrliches Balzkonzert im Gange. Wir lauschen alle. Wie im tiefsten Frieden ist die Welt ringsum. Mit einem Male vergessen wir alle Härten des Kampfes. Vor uns, in 300 Metern Entfernung, zähle ich zwei gute Hähne, und mit dem Glas kann ich noch mehr ausmachen. 8 sind es im ganzen (und 6 Hennen). Sie sitzen auf den jungen Föhren und singen ihr heißes Minnenlied in den Morgen. Gern würde ich anpürschen, doch ich möchte das herrliche Bild nicht zerstören« . . .
Das besorgte im nächsten Augenblick mit einem Schuß aus seinem Gewehr der Zugführer Leutnant Franz Primoschitz. »Franzl wollte unbedingt einen Hahnen haben. Doch er fehlt, und nacheinander streichen alle ab«. Auf den Knall hin schickte der Iwan umgehend »seinen Morgensegen« herüber, »und wir antworten. So ist das herrliche Bild zerronnen und wieder Kampf im Wald«.
1200 Meter vor der Stellung der 1. Kompanie befand sich in einem etwas erhöht gelegenen Waldstück ein trigonometrischer Punkt mit einem stabi-

len Beobachtungsgerüst. Oberleutnant Walther hatte eines morgens bemerkt, daß der Russe im Schutze der Dunkelheit auf der Spitze des über die Baumgipfel hinausragenden Gerüsts eine Funkantenne angebracht hatte, über die er von nun an den Funkverkehr der Deutschen erheblich störte.

Gleich in der darauffolgenden Nacht war unerwartet der Regimentskommandeur im Kompaniegefechtsstand aufgetaucht und hatte die Beseitigung der Störquelle angeordnet. Dem für diese Aufgabe vorgesehenen Jägerstoßzug (1. Zug, Leutnant Primoschitz) sollten zwei Pioniere der 3. Kompanie von Major Rasts österreichischem Ski-Pionierbataillon zugeteilt werden.

Bis die Pioniere — die in der Reservestellung lagen — mit ihren geballten Ladungen eintrafen, war es bereits heller Tag. Inzwischen hatte ein kleiner Spähtrupp unter Oberjäger Schmidt das Gelände ein Stück weit in Richtung trigonometrischer Punkt erkundet.

Dann konnte der Stoßzug endlich aufbrechen. Die Soldaten pirschten sich zunächst bis an die Stelle heran, von wo aus Oberjäger Schmidt angeblich Russen wahrgenommen hatte. Dort wurde eine kurze Pause eingelegt und vorsichtig Umschau gehalten. Leutnant Primoschitz notierte, was er in diesem Augenblick empfand: »Das Gelände ist im wahrsten Sinne des Wortes für unser Vorhaben beschissen«. Seine nähere Beurteilung: »Leicht ansteigend, in großen Abständen junge Kiefern, deren Äste bis zur Erde reichen, dazwischen freie Sandfläche«.

»Jedem Jäger wird, bevor es weitergeht, sein besonderer Platz links und rechts zugewiesen. Äußerste Vorsicht ist von nun an geboten. Vom Iwan bemerken wir aber noch nichts. Trotzdem arbeiten wir uns kriechend, gleitend und gespannt horchend und beobachtend von Baum zu Baum vor. Zwischendurch bleiben wir für Momente still liegen und tasten mit den Augen weiter das Gelände ab und achten auf jedes Geräusch in unserer Nähe«. Leutnant Primoschitz schreibt dann: »Unwillkürlich denke ich an Karl Mays »Winnetou«. Lehrte uns doch ein Offizier, dies sei die Heeres-Dienstvorschrift für den Jäger«.

Sie kamen so an eine breite Lichtung mit freier Sicht von links. Ihnen gegenüber befand sich eine langgestreckte und mit Buschwerk bewachsene Erhebung. Würden sie dem Russen an dieser Stelle vor die Gewehrmündungen laufen?

Noch blieben sie am Rande der freien Fläche liegen — »alle Sinne angespannt, die Sturmgewehre im Anschlag und die Handgranaten griffbereit. Es herrscht eine unheimliche Stille, nichts rührt sich«.

An der rechten Seite reichte das Buschwerk bis an den oberen Rand des Höhengeländes. Diese Stelle mußten sie als nächstes erreichen. Zwei Gefreite wagten zuerst den Sprung über die freie Fläche. Es war zuvor ausge-

macht worden, daß sie nach geglücktem Überqueren versuchen sollten, weiter zur Höhe vorzustoßen und von dort aus mit Handzeichen ihre Beobachtungen zu melden.
Nach einigen, sich lange hinziehenden Minuten des Wartens kam vom erhöht gelegenen Punkt das verabredete Zeichen: »Feindfrei!« Nun überquerte auch der bislang in Deckung gebliebene Teil des Stoßzuges in raschem Sprung die Lichtung. Über einen Trampelpfad gelangten sie nach oben.

Sie sahen, daß das etwa 30 Meter hohe Beobachtungsgerüst in unmittelbarer Nähe auf einer noch höheren Stelle des Geländes stand. Der Hügel war mit Kiefern bewachsen, nur im kleinen Bereich um den Meßpunkt war er kahl.
Jetzt erst merkten sie, daß sie sich in der Nähe der Russen befanden. Unweit von ihnen waren die Kameraden von der anderen Feldpostnummer — deren Stimmen sie deutlich hörten — offenbar mit Stellungsbau beschäftigt. Denn man konnte neben den russischen Stimmlauten ganz klar Geräusche vernehmen, wie sie beim Hantieren mit Äxten, Schaufeln und anderem Baugerät entstehen.
Leutnant Primoschitz befahl seinen Leuten, nachdem sie sich nahe genug an den trigonometrischen Punkt herangeschlichen hatten, im Bereich der Bäume eine halbkreisförmige Sicherung zu bilden. Die beiden Pioniere befaßten sich unterdessen mit dem »Objekt«, das sie sprengen sollten. Nach kurzem Überlegen sagte einer der beiden Österreicher kopfschüttelnd zum Zugführer, einem Landsmann von ihnen: »Herr Leutnant, der foit net um«. Primoschitz antwortete sofort: »Er muß!« Erst als die Soldaten vom Stoßzug ihre Handgranaten als zusätzliche Sprengladung abgegeben hatten, begannen die Pioniere flink mit ihrer Arbeit an dem Gestänge. Leutnant Primoschitz stoppte die Zeit: Nur 6 Minuten brauchten sie, bis sie zufrieden sagen konnten: »Jetzt foit er«.
In fünf Minuten würde die brennende Zündschnur die Explosion auslösen. Das war genügend Zeit, um sich weit weg genug in Richtung eigene Linie abzusetzen. Als dann der Detonationsschlag zu hören war, konnten sich die beiden Pioniere nicht halten und brüllten laut ihre aufgestaute Spannung heraus.
Der Kompaniechef Oberleutnant Walther hielt es für überflüssig, von seinem Zugführer Priomoschitz die Meldung »Befehl ausgeführt!« entgegenzunehmen. Jeder in der Stellung hatte ja sehen können, wie sich nach der Detonation das Beobachtungsgerüst mit der russischen Funkantenne langsam zur Seite neigte und aus dem Blickfeld verschwand.
Es verging noch geraume Zeit, bis der Russe ein wütendes Granatwerferfeuer gegen die Linie der 1. Kompanie entfachte.

Bis zum Nachmittag des 5. Februar gerieten die Verteidiger des Brückenkopfs Gorki zunehmend in Bedrängnis. Am meisten spürbar wurde der Feinddruck im Süden und Osten. Der Gegner versuchte, mit gleichzeitig geführten Angriffen aus beiden Richtungen die Deutschen von ihren Verbindungen abzuschneiden. Dabei verfolgte er wohl als wichtigstes Ziel, von Osten entlang des Sumpfrandes in den Rücken der Abwehrfront zu stoßen. Angriffe der Russen und deutsche Gegenangriffe wechselten einander ab.
Schon vor Tagen war auf den schlechten Zustand der Straße Gorki - Oserany hingewiesen worden: »Sehr stark verschlammt; für motorisierte Fahrzeuge schweres Durchkommen«. In der letzten Tagesmeldung, vom 4.2., hatte es geheißen: ». . . bei anhaltender Schlechtwetterlage in wenigen Tagen für motorisierte Fahrzeuge, auch für Gleiskettenfahrzeuge, unpassierbar«. Es wurde also immer schwieriger, die Kämpfenden mit Nachschub zu versorgen.
Angesichts dieser Situation genehmigte das Armeekorps den Rückzug aus dem Brückenkopf. Die Absetzbewegungen »auf die ursprüngliche HKL« sollten ab 20 Uhr erfolgen; sie wurden dann »ohne Feinddruck« durchgeführt. »Die sich stündlich verschlechternden Wege- und Geländeverhältnisse« bereiteten dem Gegner offensichtlich die gleichen Schwierigkeiten wie den Deutschen und hinderten ihn daran, insbesondere mit Panzern und anderen schweren Waffen zügig nachzustoßen.
Oberleutnant Walther hatte den Eindruck, »daß der Iwan von der Räumung des Brückenkopfs überhaupt nichts merkte«. Seine Kompanie ging als Nachhut gegen 22 Uhr zurück. Hinter ihnen wurde der Rückzugsweg und das umliegende Gelände von den Pionieren noch vermint.
Während der Nacht hatte es stark geschneit: »Es ist wieder mal Winter geworden«. Nur wenige Zeilen weiter, schrieb der Oberleutnant damals in sein Tagebuch aber auch den Satz: »Durch Matsch, Dreck und Schlamm marschieren wir zurück« . . . (bis Oserany). Das heißt, daß der Winter nur scheinbar zurückgekehrt war.
Bei Oserany, wo die 1./2 kurz vor Morgengrauen eintraf, wurde zusammen mit der 3. Kompanie drei Kilometer südlich des Pripjet-Flusses ein kleiner Brückenkopf gebildet.
Alle Soldaten waren nach dem anstrengenden Marsch völlig erschöpft. Den Tag mußten sie noch in einer Waldstellung, die vom Russen gleich unter Artillerie- und Granatwerferbeschuß genommen wurde, zubringen. »Wir frieren wie die jungen Hunde«, notierte Oberleutnant Walther. Dann waren sie glücklich darüber, in den herangeschafften heizbaren Zelten etwas Erholung finden zu können.

Zwei Kilometer weiter westwärts, bei Sslepzy, überfielen Partisanen die ebenfalls erst vom Brückenkopf Gorki zurückgekehrte 4. Kompanie; Oberleutnant Rott wurde dabei verwundet. An seine Stelle als Kompanieführer trat Oberleutnant Gürke. Einige Soldaten waren vorher durch Tretminen der Partisanen ums Leben gekommen.

Die Nachschubstraße für das Regiment 2, Shitkowitschi - Turoff, mußte wegen ihres schlechten Zustandes »für Kraftfahrzeuge aller Art« gesperrt werden. Auf der als »Südstraße« bezeichneten Verbindung zwischen den beiden Skijägerregimentern kamen selbst Raupenfahrzeuge kaum noch vorwärts. Ein 5 Kilometer langes Teilstück war mit vielen, sehr breiten und tiefen Löchern übersät. Auch hier ließ die Brigade keinerlei Fahrzeuge mehr durchfahren. Südlich des Pripjet bei Turoff lagen eine Menge Sturmgeschütze, Panzer und Selbstfahrlafetten im Sumpf fest und konnten daher nicht wie geplant auf das Nordufer verlegt werden.

Noch am 6. Februar — die im Brückenkopf Gorki eingesetzt gewesenen Einheiten waren gerade in ihre Ausgangsstellungen zurückgekehrt — schickte der Kommandierende General des 23. Armee-Korps ein geheimes Fernschreiben an die Brigade. Das Korps verlangte »gründliche Klärung« einer Reihe von Fragen, die den »völligen Verlust des stehenden Spähtrupps bei Punkt 142,5« betrafen und erwartete »eingehende und baldige Meldung. . ., möglichst unter Beifügung wörtlicher Befehlsabschriften, Auszügen aus Kriegs- und Funk-Tagebüchern, Meldungen des Spähtrupps usw.«
Oberst von Schlebrügge hatte einen Fieseler-Storch nach Turoff geschickt und Major von Salisch zum Rapport in den 45 Kilometer ostwärts gelegenen Brigadegefechtsstand gebeten. Schlebrügge mußte sich gedulden, denn der Pilot des langsamen Hochdeckers, der mit einer extrem kurzen Start- und Landebahn auskam, flog aus Gründen der Sicherheit eine große Schleife weitab der russischen Bodenabwehr an der Pripjet-Linie. Leutnant Thillmann, der den Kommandeur des Ski-Jäger-Regiments 2 damals im »Storch« begleitete, kann sich noch gut an dieses »Abenteuer« erinnern.
Die tragischen Ereignisse des 4. Februar, mit ihrer verhängnisvollen Verkettung von Fehlern und Versäumnissen, beschäftigten noch 10 Tage lang die Brigade, das Armeekorps u n d das Armee-Oberkommando. Der in diesem Zusammenhang betriebene Papieraufwand war groß. Was dazu von militärischer Seite gedacht und geschrieben wurde, basiert durchweg auf der Annahme, daß das Schicksal den Spähtrupp bei Punkt 142,5 ereilte. Andere Überlegungen waren scheinbar nie angestellt worden. Das geht schon aus der damaligen abschließenden »Stellungnahme« des Regiments hervor. Unter anderem heißt es dort: »Durch den Bataillonsführer wurden

sofort nach Eingang der Funkmeldung über Einschließung des stehenden Spähtrupps bei Punkt 142,5« . . . (Tatsächlich fehlt aber in den aufgezeichneten Funkmeldungen des eingeschlossenen Spähtrupps der Hinweis auf einen »Punkt 142,5«) . . . »Maßnahmen zur Entsetzung getroffen und laufend fortgesetzt«.
Anstatt den toten Kameraden in irgendeiner Form einen ehrenden Nachruf zu widmen, wurde nur streng auf die Einhaltung einer Vorschrift verwiesen. Also: »Eine Nennung des Feldwebels Wörner mit seinem Zuge im Ehrenblatt (des Heeres) kann nicht erfolgen, da W. noch nicht im Besitz irgendwelcher Tapferkeitsauszeichnungen war«. . .
Und was im Anschluß an die Darlegungen des Regiments die Brigade als »Stellungnahme« formulierte, liest sich zunächst wie eine einseitige Schuldzuweisung: »Dem Spähtrupp hätte es bei seiner hervorragenden Bewaffnung gelingen müssen, sich der Einschließung zu entziehen oder sich aus der Einschließung durchzuschlagen. Den Versuch hierzu hat er offensichtlich nicht gemacht. Die Voraussetzung für eine nachträgliche Auszeichnung hält die Brigade nach den bisherigen Unterlagen daher nur bei den Funkern für gegeben« . . .
Der Bataillonskommandeur Hauptmann Stender wurde gelobt und getadelt. Er hatte zwar »im entscheidenden Augenblick sehr schnell gehandelt, jedoch nicht ausreichende Kräfte zur Entsetzung (des Spähtrupps) eingesetzt«. Der Einsatz stärkerer Entsatzkräfte »unter der Führung eines energischen Offiziers« wäre nach Meinung der Brigade »die zweckmäßige Lösung« gewesen.
Nach schuldhaftem Verhalten gesucht wurde auch bei Oberfeldwebel Lexer, dem Führer des ersten Stoßtrupps. Ihm, der nichtsahnend und gewiß nicht absichtlich mit seinen paar Mann in die falsche Richtung geschickt wurde, hielt die Brigade vor, »zweifellos zu bald und ohne gründlich genug nach dem Spähtrupp gesucht zu haben, wieder in die HKL zurückgekehrt zu sein«. Zugestanden wurde ihm, daß er »der Form nach« seinen Auftrag erfüllt hatte.
»Abgesehen vom Verhalten des Spähtrupps«, kam die Brigade in der Beurteilung der Geschehnisse zu folgendem Schluß: »Fehlerhaftes Verhalten liegt bei Hauptmann Stender und Oberfeldwebel Lexer vor. Beide wurden«, so hieß es, »in unmißverständlicher Form auf die eingetretenen Fehler und ihre schwerwiegenden Folgen hingewiesen«. Eine weitergehende Maßregelung des Hauptmanns Stender hielt die Brigade aber »in Anbetracht seiner persönlichen Tapferkeit« für nicht notwendig.
Diese Auffassung vertrat auch das Generalkommando des 23. Armee-Korps in seinem Bericht an das Armee-Oberkommando 2. Wörtlich: »Von einer disziplinaren oder kriegsgerichtlichen Ahndung wurde Abstand genommen«.

Interessant ist nun in der Beurteilung der Vorgänge durch das Armeekorps, daß die Ursachen, die zur Vernichtung des Spähtrupps Wörner geführt haben, nicht in erster Linie dem »kämpferisch besonders bewährten« Kommandeur des I./2 zur Last gelegt wurden, sondern, ». . . weil die aufgetretenen Mängel, Irrtümer und Mißgriffe zum erheblichen Teil als Folgeerscheinung einer Neuorganisation (die vielfach noch mit Reibungen arbeitet) anzusehen sind . . .«
Immerhin wurde »das gesamte Unternehmen Gorki als ein voller Erfolg der noch jungen Truppe« gewertet. Die Soldaten hatten sogar mehr getan, als von ihnen erwartet worden war. (»Ausdehnung des Brückenkopfs war im Verhältnis zu den vorhandenen Kräften reichlich groß«). Das Generalkommando des 23.A.K. beantragte bei der Armee die »Ausgabe von Großkampfverpflegung an 2770 Mann der Ski-Jäger-Brigade 1«, die »zur Gewinnung und zum zeitlich begrenzten Halten der Brückenköpfe Gebiet Gorki, Ossmalenik und Samoschje in schwierigstem Sumpfgelände und demzufolge unter härtesten körperlichen Bedingungen (dabei zeitweise Verzicht auf jede Versorgung) eingesetzt waren. Durch das Einbringen von Gefangenen und das mehrtägige Halten (der Brückenköpfe) . . . wurden wertvolle Erkenntnisse über die feindliche Kräftegliederung und über die Geländeverhältnisse gewonnen« . . .

Für die Brigade kam es weiter darauf an, »auch nach Zurücknahme der Brückenköpfe . . . aus der HKL heraus durch Stoßtruppunternehmungen wechselnder Stärke eine weitgehende Beherrschung des Vorfeldes« zu gewährleisten. So lautete nach wie vor der Kampfauftrag des Korps. Bei einem solchen Einsatz im Bereich des Regiments 1 — von Mordwin aus, dem Gefechtsstand der 9. Kompanie — war am 4.2. Oberleutnant von Cramm schwer verwundet worden. Seine Kameraden hatten dafür gesorgt, daß der beliebte Chef aus dem Feuerbereich des Gegners geholt und trotz widriger Bedingungen (aufgeweichter Sumpf) mit einem Hundeakja schneller ärztlicher Versorgung zugeführt werden konnte. Ein anderes Jagdkommando (Zimmermann), das nach Zurücknahme des Großteils der Kampfeinheiten noch bei Ossmalenik in Fühlung mit dem Russen geblieben war und ihn mit mehreren überraschenden Vorstößen fortwährend in Unruhe hielt, kehrte erst am 6.2. um die Mittagszeit in die Ausgangsstellung am Pripjet-Fluß zurück.

Der Brigadekommandeur konnte dem Korps nur Positives über die Stimmung unter seinen Soldaten berichten. »Die eilige Umstellung von der Skitruppe auf die hiesigen Verhältnisse« hatte aber zu einer Reihe von Problemen geführt, die einer dringenden Lösung bedurften. Zum Beispiel gab es für die vielen, den Trossen und Kampfeinheiten zugeteilten Panjeschlitten

im Sumpfgebiet des Pripjet zumeist keine Verwendungsmöglichkeiten; sie mußten unbedingt durch leichte, den besonderen Gegebenheiten des Geländes angepaßte Radwagen ersetzt werden. (Sogar die Feldküchen standen beim Eintreffen am Pripjet nicht auf Rädern, sondern auf Schlittenkufen). Teilweise waren die kleinen Panjepferdchen vor zu schwere, gerade verfügbare Fuhrwerke gespannt worden und befanden sich auf Grund der dauernden Überbeanspruchung in einem erbärmlichen Zustand. All dies hatte zur Folge, daß die Beweglichkeit der bespannten Teile der Brigade stark eingeschränkt war und nur noch 35 % betrug.
Außerdem hatte sich herausgestellt, daß bei einem Kraftfahrzeugbestand von rund 2000 Fahrzeugen nur eine Werkstattkompanie nicht ausreichte. Vom Korps wurde daher bei der Armee die Eingliederung einer zusätzlichen Werkstattkompanie beantragt.

Pioniere sorgten unterdessen für eine Verbesserung des Zustandes der Straßen und Wege. Der wieder einsetzende Frost half ihnen dabei. Das Thermometer fiel auf minus 6 Grad. Vorwiegend ging es um die »Instandhaltung der Südstraße und der Anfahrtswege zur Fähre«. Fla-Züge des schweren Ski-Bataillons und der 9./1 mußten zum Brückenschutz an der Fährstelle Bogdan eingesetzt werden. Dieses Gebiet — wo in der Nähe der Brigadegefechtsstand lag —, aber ebenso die »Südstraße«, wurden auch schon andauernd von sowjetischer Artillerie unter Beschuß genommen.
Die russische Infanterie hielt immer noch respektvoll Abstand zu den Skijägern und rückte nur zögernd gegen die Pripjet-Linie auf. Ein Spähtrupp der 3./2 war zwei Tage nach der Räumung des Brückenkopfs Gorki 8 km nach Süden vorgestoßen und hatte dort erst Feindberührung. Überhaupt wurde der ganze Raum beiderseits Turoff bis in die Tiefe von 10 km (zum Teil durch »Offensivaufklärung«) laufend kontrolliert.
Im Abschnitt des Weiler'schen Regiments war es ähnlich. Spähtrupps des II./1 hielten bei Samoschje weiterhin Fühlung mit dem Gegner. Ein Stoßtrupp desselben Bataillons überwältigte einen mit 80 Rotarmisten besetzten Stützpunkt.
Am 11.2., noch vor Tagesbeginn, machte sich ein Jagdkommando der 3./1 auf den Weg in die Sümpfe. Der verstärkte Zug und ein Funktrupp standen unter der Führung des Kompaniechefs, Oberleutnant Willi Schülke. Ziel war eine Kanalinsel etwa 10 km südlich der eigenen Gefechtsvorposten. Die Skijäger benötigten 5 Stunden, bis sie den stark befestigten Stützpunkt (»etwa Kompaniestärke«) erreichten. Bataillonsführer Meergans erteilte über Funk den Befehl zum Angriff.
Schülke ging planmäßig vor. Zunächst ließ er eine Jägergruppe, die über 2 Maschinengewehre verfügte, gegenüber den Russen in Stellung gehen. Diese Gruppe sollte das Feuer eröffnen und dadurch erreichen, daß der

Gegner seine volle Aufmerksamkeit nach vorne richtet. Währenddessen mußte der Stoßzug, den Feldwebel Häfner kommandierte, versuchen, nach einer Umfassungsbewegung unbemerkt in den Rücken des Feindes zu gelangen. Unmittelbar vor der überraschend durchzuführenden Erstürmung des Stützpunktes sollte Feldwebel Häfner dann eine weiße Leuchtkugel abschießen, für die Jäger der Maschinengewehrgruppe das Zeichen, im nächsten Moment das MG- und Gewehrfeuer auf das äußerst Mögliche zu verstärken und mit dem entfachten Kugelhagel den Gegner »in Deckung zu zwingen«.

Die Überrumpelung verlief wie geplant. Im verabredeten Augenblick der heftigen Beschießung der vorderen russischen Linie, drangen die Soldaten des Stoßzuges Häfner von rückwärts in die Feindstellung ein. Fast gleichzeitig waren die Skijäger der Maschinengewehrgruppe aufgesprungen und ihren Kameraden zur Hilfe geeilt. Vielen Rotarmisten blieb gar keine Gelegenheit mehr zur Flucht. Wem das noch gelang, der suchte Schutz im bewachsenen Sumpfgelände südlich des Kanals. Erbeutet wurden unter anderem 2 schwere und 2 leichte MG's und ein Funkgerät mit wichtigen Funkunterlagen.

Ein Spähtrupp der 5. Kompanie war an anderer Stelle im Sumpfwald bei Samoschje auf einen Spähtrupp des Gegners gestoßen. Es kam zum Nahkampf, bei dem 4 Russen getötet wurden. Die Skijäger hatten einen Verwundeten.

Am nächsten Tag trat die ganze 5./1 zu einem Gegenangriff an. Vorausgegangen war ein Vorstoß von Teilen des gegenüberliegenden sowjetischen Kavallerie-Regiments 83, in dessen Verlauf Gefechtsvorposten des II. Bataillons/Ski-Jäg.Rgt. 1 zurückgedrängt und der Stützpunkt der 7./1 angegriffen wurde.

Chef der 5. Kompanie war damals der kampferfahrene und tapfere Leutnant Rupp. Sein Gegenstoß sollte nicht frontal erfolgen, sondern zielte »aus Gegend Rof Dolgije weit nach Südosten ausholend« in die Flanke des Gegners. Dem Gefechtsbericht nach gelang es den Deutschen tatsächlich, sich unbemerkt »in schwierigem Gelände« bis auf kurze Entfernung an die Russen heranzuarbeiten. Um genau 15.45 Uhr gab Leutnant Rupp das Zeichen zum Sturmangriff. »Mit Hurra und Horrido« stürzten sich seine Jäger auf die Rotarmisten und »säuberten« in erbittertem Kampf Mann gegen Mann, bei dem der Kompaniechef verwundet wurde, »das Ostufer des nicht durchschreitbaren Bachs, dicht vor der Stützpunktlinie des Feindes«. Allein auf dem Ostufer lagen danach 47 tote Russen, 8 hatten sich ergeben. »Der Rest des Feindes floh in Richtung auf Samoschje. Die Beute an schweren Waffen konnte im Sumpfgebiet nicht geborgen werden und wurde versenkt« . . .

Von nun an verstärkte der Russe nochmals seinen Druck auf der gesamten Breite der HKL und setzte auch vermehrt Artillerie und Granatwerfer ein. Gefangene hatten ausgesagt — und es wurde auch aus erbeuteten Papieren ersichtlich —, daß der Gegner eine baldige Eroberung des Gebiets zunächst bis zur »Südstraße« anstrebte. Bei Samoschje war das Garde-Kavallerie-Regiment 53 zumindest durch Teile des G.Kav.Rgts. 62 der 16. Kavallerie-Division verstärkt worden. Die ersten zwei Angriffe der Russen wurden bereits abgewehrt.

Eine stete Gefahr im schwer kontrollierbaren Sumpfwald bildeten weiterhin die vielen selbständig operierenden Partisanengruppen. So wurde wieder mal südlich von Turoff ein zurückkehrender Aufklärungsspähtrupp aus dem Hinterhalt angegriffen. 2 Skijäger fanden dabei den Tod, zwei weitere erlitten Verwundungen, und einer galt seitdem als vermißt.
Die Verluste durch derartige Überfälle waren im Vergleich zu den Verlusten bei manchen der geschilderten eigenen, nach Plan durchgeführten Überraschungsangriffe empfindlich hoch. Der damalige Hauptfeldwebel der 5./2, Hans Knahl, berichtet, daß Bergung und Rücktransport der gefallenen Kameraden oft sehr schwierig waren. Knahl hatte seine besonderen Erfahrungen schon bei der 1. Kompanie des Jäger-Bataillons 5 gemacht: »Als Hauptfeldwebel war man ja auch Totengräber und Schreiber der Todesnachrichten«. Ihn beschäftigt heute noch, wie er sagt, folgendes Erlebnis aus der Zeit am Pripjet: »Nach einem Partisaneneinsatz kamen wir zum Troß zurück und mußten erfahren, daß unser Troßführer an Fleckfieber verstorben war. Also gleich weiter zur Beerdigung, die ein katholischer Geistlicher hielt. Unser Kompanieführer sagte hinterher vor versammelter Mannschaft, daß er eine solche Beerdigung nicht mehr haben möchte, daß von nun an wir allein die Totenfeier abhalten werden. Beim nächsten Kampfeinsatz wurde er verwundet. Als ich ihn nach 2 Tagen am Hauptverbandsplatz besuchen wollte, war er bereits beerdigt worden, und kein Angehöriger der Kompanie war dabei. Wahrscheinlich aber doch ein Geistlicher« . . .

Bis Ende Februar hatte die Skijägerbrigade insgesamt 85 Tote zu beklagen. Darunter waren 3 Offiziere. 27 Soldaten galten als vermißt. Die Zahl der im Brigadeabschnitt gefallenen Russen — im etwas kürzeren Zeitraum bis 21.2. und soweit feststellbar — war viel höher: 644 Mann.
Bezeichnend ist, daß es in diesem Sumpfgebiet unter den Skijägern, die ja nur ganz selten aus ihren feuchten Kleidern herauskamen, im genannten Zeitraum mehr Erkrankte (319) als Verwundete gab (199). Unter welch erschwerten Bedingungen der Kampf durchgestanden werden mußte, geht aus einem Bericht des Chefs des Generalstabes 23.A.K. hervor. Besonders

das in der ersten Hälfte des Monats Februar einsetzende Tauwetter hatte die Soldaten an der Pripjet-Front »vor außerordentlich schwierige Aufgaben« gestellt. Die Stellungen der südlich des Pripjet eingesetzten Ski-Jäger-Brigade 1 »standen zeitweise unter Wasser, und die Truppe konnte nur mühsam versorgt werden . . . Eingehende Geländeerkundigungen ergaben, daß bei Hochwasser die Stellungen im mittleren und linken Abschnitt der Skijägerbrigade . . . nicht mehr besetzt gehalten werden konnten. Durch das Armee-Oberkommando wurde daher der Ausbau einer auf dem Nordufer des Pripjet verlaufenden Stellung befohlen . . . Der Zeitpunkt zur Zurücknahme der Front mußte durch das Wetter bestimmt werden«. . .
Es sah also ganz danach aus, als würde nicht der Russe, sondern das am 11.2. recht spürbar einsetzende Tauwetter die Skijäger zum Rückzug auf die Nordseite des Pripjet-Flusses zwingen. Bisher konnten alle Vorstöße des Gegners, der seine größten Anstrengungen im Abschnitt des Weiler'schen Regiments unternahm, abgewehrt und feindliche Angriffsvorbereitungen wirkungsvoll bekämpft werden. Die Russen erlitten nur hohe Verluste und hatten ihre Ziele vorerst wieder zurückgesteckt.
In dem Bericht des 23. Armee-Korps heißt es im Schlußabsatz, daß »diese Absichten« (die Zurücknahme der Front hinter den Pripjet) »wieder in den Hintergrund traten«, nachdem es ab 16.2. erneut kälter geworden war, mit Nachttemperaturen bis minus 7 Grad, und in den darauffolgenden Tagen der Zustand der Straßen als »gut befahrbar für alle Fahrzeuge« gemeldet wurde.
Auch der Boden im Sumpfgebiet war fester geworden. Die Skijäger konnten nach wie vor mit Stoßtrupps und Jagdkommandos reihenweise feindliche Stützpunkte ausheben. Bei einem Umfassungsangriff des Regiments 1 kamen gleich zwei Kompanien zum Einsatz. Fast alle Unternehmungen endeten mit erbitterten Nahkämpfen. Auf Grund der erlittenen Verluste mußte der Gegner einige ausgebaute Stellungen aufgeben und sich am 16./17.2. — nachdem er »bei mehreren vergeblichen Angriffen« zusätzlich schwere Schläge einstecken mußte — nach Süden zurückziehen.

Im Bereich des Ski-Jäger-Regiments 2 führten die zur selben Zeit tief nach Süden zielenden Vorstöße der Deutschen gegen russische Stützpunkte — auch teils in Kompaniestärke — zu ähnlich empfindlichen Verlusten beim Gegner.

Am 21.2. kam es südlich von Torgoschino zum Zusammenstoß eines Jagdkommandos der 6./1 mit einem feindlichen Spähtrupp. Ein Regiments-Eingreifzug (9./1, v. Cramm) war von Chlupin aus fast 10 Kilometer weit nach Süden vorgestoßen, hatte einen mit 200 - 250 Mann besetzten, stark ausgebauten russischen Stützpunkt zangenartig angegriffen und den Gegner, der mindestens 40 Kämpfer verlor, in die Flucht geschlagen. Im Morgengrauen des folgenden Tages stießen Teile der 1. und 3./1 nochmals zum Stützpunkt vor und fanden ihn immer noch unbesetzt, dafür aber stark vermint. An beiden Tagen hatten die Deutschen dort 2 Tote und 8 Verwundete zu beklagen, 3 davon durch Minen.

Auch am 26. und 27.2. ist in den Aufzeichnungen von »verstärkter Aufklärung mit Feindberührung bis tief hinter die russische HKL« die Rede. Aber nun hatte wieder Tauwetter eingesetzt; am 28.2. wurde gemeldet, daß die Spähtrupps im aufgeweichten Sumpfgelände »z.T. bis über die Knie einsinken«. Schon am nächsten Tag hieß es, »daß Altwässer und Sümpfe stellenweise nicht mehr begehbar sind«. Von einer damit zusammenhängenden Einschränkung der Jagdkommando- und Spähtrupptätigkeit wird noch nichts berichtet. Im Gegenteil. »Vor dem linken Brigadeabschnitt lag seit dem 27.2. abends, 18 Uhr, ein eigener Spähtrupp der 2./1 unter Feldwebel Biniok in Gegend 3 km nordostwärts Ossmalenik in Lauerstellung, der in der Frühe des nächsten Tages auf der Straße Ossmalenik - Samoschje ein russisches Versorgungsfahrzeug überfiel und dabei einen Gefangenen machte. Der Russe gehörte zur 1. Schwadron/Garde-Kav. Rgt. 55. Straße und Fahrzeug wurden vermint«.

»Nach mehrstündigem Marsch durch unwegsames Sumpfgelände, teilweise bis an die Knie im Morast watend«, erreichte ein verstärkter Aufklärungszug des Ski-Jäger-Regiments 2 unter der Führung von Leutnant Supphahn am Nachmittag des 2. März die Straße Gorki - Mlynok Ssimanowskij, etwa 2 km südostwärts von Gorki. Leutnant Supphahn hatte den Auftrag, an dieser Straße mit seinen Soldaten in Lauerstellung zu gehen, eine Kolonne oder ein motorisiertes Fahrzeug anzugreifen und einen Gefangenen einzubringen. Nachdem die Skijäger eine Stunde gewartet hatten, näherten sich aus westlicher Richtung 6 Rotarmisten. Die Russen, darunter ein Hauptmann, erkannten zwar noch »auf nächste Entfernung« die Gefahr, in die sie hineingeraten waren, hatten ihre Maschinenpistolen in Anschlag gebracht — wurden aber im anschließenden Nahkampf, der nur Augenblicke dauerte, bis auf einen Mann getötet. Der Gefangengenommene gab bei der Vernehmung an, einem Erkundungskommando der 23. Schützen-Division, Regiment 89, angehört zu haben, das in die russischen Minenfelder eingewiesen werden sollte. Sein Regiment war am 29.2. im Bahntransport über Kalinkowitschi - Mosyr herangeführt worden, um die im Raum Gorki eingesetzten Teile der 14. Garde-Kavallerie-Division abzulösen. Der neu herbeigeführte Truppenverband sollte im übrigen die schon von der Garde-Kav.Div. errichteten Minensperren weiter ausbauen.

Der 6. März war dann wieder der Tag des Zugführers Leutnant Franz Primoschitz. Von ihm erwartete man nun, für die Aussagen des gefangengenommenen Russen zusätzliche, klare Beweise einzuholen. Sein Bataillonskommandeur hatte ihn zu sich rufen lassen und ihm den Auftrag erläutert. Franz Primoschitz hat aufgezeichnet, was Hauptmann Stender zu ihm sagte: »Der Feind wurde vor unserem Abschnitt abgelöst; ich will wissen: Ist Rudnja vom Gegner besetzt? — wenn ja: wie stark, von welcher Einheit«. Die Deutschen hatten demnach, so der Befehl, anzugreifen, wenn der Feind zahlenmäßig nicht zu überlegen war, und möglichst Gefangene einzubringen. Außerdem sollte der Zustand der Wege erkundet werden. Für dieses Jagdkommando-Unternehmen wurden dem Stoßzug der 1./2 noch zugeteilt: eine Bataillons-Pioniergruppe, Sanitäter und Verwundetenträger sowie ein Funktrupp.
Das Zielgebiet lag ungewöhnlich weit von der Ausgangsstellung Siedlung Rydtscha, südlich von Turoff, entfernt: mindestens 18 Kilometer — 18 Kilometer aufgeweichter Pripjet-Sumpf!
Es war um 4 Uhr morgens. »Tastend werden noch Waffen und Anzüge überprüft, die Soldaten werden in die Lage und den Auftrag eingewiesen. Dann stapfen wir los.
Der Himmel ist mit Wolken verhangen, nur ab und zu blinkt ein Stern durch eine kleine Lücke. Die Schritte glucksen und platschen im Sumpf und Wasser — es taut.
Nach einer Stunde ist der Fluß erreicht und die weit und breit einzige Brücke überschritten. — Wir sind im Niemandsland. Jetzt geht es vorsichtig und in großen Abständen weiter. Ehe uns der Wald aufnimmt, bricht der Tag an. Aufsteigende Nebelschwaden ziehen am Fluß entlang. Die düstere Wolkenschicht öffnet sich. Nach Karte und Kompaß arbeiten wir uns durch den bereits bis über die Knöchel reichenden Urwaldsumpf vorwärts. Gut, daß wir Gummistiefel tragen. So können uns das kalte Wasser und der Morast noch nichts anhaben. Mittlerweile ist es 9 Uhr geworden. 5 Stunden stapfen wir nun schon auf Schneisen, alten Trampelpfaden, oft aber auch auf selbstgebahnten Wegen nach Süden. Da! Links von uns ein Schuß, wohl weit entfernt, aber er mahnt uns zu erhöhter Vorsicht.
Das Ziel müßte jetzt bald erreicht sein. Wir versuchen, Rudnja auf einem Schleichweg zu umgehen, schlagen uns deshalb durch das Gehölz und den fast schon knietiefen Sumpf nach Westen und biegen dann wieder in südliche Richtung ab. Es ist geschafft: wir haben den Ort umgangen.
Das Gelände wird trockener und auch übersichtlicher. Felder, offensichtlich seit langem nicht mehr bestellt, breiten sich entlang des Waldes aus. Noch ist vom Russen nichts zu bemerken«.
Was danach geschah, ist im Gefechtsbericht von damals genau festgehalten: »500 m nördlich von Punkt 138,5 entsendet Lt. Primoschitz um 11.30

Uhr eine Fesselungsgruppe mit dem Auftrag, ab 12.30 Uhr den Feind in Rudnja von Nordwesten her zu binden und abzulenken. Um 12 Uhr erreichte die Gruppe die Ausgangsstellung bei Punkt 139,9. Lt. Primoschitz entsendet zwei Mann zur Beobachtung in das Waldstück hart südostwärts von Rudnja. Zivilisten und am Waldrand weidende Kühe werden erkannt. Um 12.25 Uhr werden ein Posten vor Gewehr am Südwestausgang von Rudnja und drei schanzende Russen beobachtet. Um 12.30 Uhr laufen aus bis dahin noch nicht erkannten Bunkern 12 Russen in Stellung und erwidern das Feuer der Fesselungsgruppe im Nordwesten von Rudnja. Daraufhin teilt Lt. Primoschitz seinen Zug. Der Zugtruppführer bekommt den Auftrag, mit einer Gruppe und der Pioniergruppe von Südwesten her umfassend anzugreifen. Der Leutnant umfaßt mit 2 Gruppen von Südosten. Die linke Umfassungsgruppe wird beim Heranarbeiten erkannt. Die offensichtlich verwirrten Rotarmisten wissen im ersten Augenblick nicht, nach welcher Seite sie sich zuerst wenden sollen und nehmen dann mit 1. MG, s.MG und Maschinenpistolen das Feuer nach Süden auf. Die anfängliche Verwirrung ausnutzend, befiehlt Leutnant Primoschitz den konzentrischen Angriff. Nach kurzem, aber heftigem Feuerkampf wird der Russe überrannt, und die Jäger brechen mit Hurra in die Stellung ein. Das feindliche s.MG wird durch Volltreffer einer Gewehrgranate vernichtet. Ein Oberjäger entreißt einem Russen im Nahkampf das Gewehr und erschlägt ihn damit. Nach kurzem Nahkampf ist der feindliche Widerstand trotz erbitterter Gegenwehr gebrochen. **Ergebnisse:** 16 gezählte Feindtote (15 davon durch Kopfschuß), 8 Gefangene (davon ein Oberleutnant und zwei Leutnants); ein leichter Granatwerfer, ein s.MG, eine Panzerbüchse, zwei 1.MG, dreizehn Maschinenpistolen und zehn Gewehre erbeutet. **Eigene Verluste:** 2 Verwundete.

Leutnant Primoschitz sichert darauf den Ort, läßt durch die Pioniere 16 Holzminen verlegen, stellt die Beute sicher und läßt die Verwundeten versorgen. Das s.MG, ein l.MG und die zehn Gewehre läßt er, da beschädigt bzw. zu schwer, vernichten.
Um 14.30 Uhr tritt er den Rückmarsch an. Durch das Tauwetter ist inzwischen der Boden so weich geworden, daß die Männer stellenweise bis an die Hüften einsinken! Besonders schwierig ist der Transport der Verwundeten. Ein großer Umweg muß gemacht werden. Einer der Verwundeten stirbt auf dem Transport. Zwei Gefangene, darunter ein Leutnant, werden beim Fluchtversuch erschossen«.
Zu den Strapazen des Rückmarsches noch eine Anmerkung des damaligen Zugführers der 1./2: »Was dieser 16 Stunden währende Rückmarsch — durch jetzt teilweise hüfttiefen Sumpf, in stockfinsterer Nacht, mit den Verwundeten und der Beute auf den Schultern — an Einsatzbereitschaft,

Ausdauer und Kraft von jedem Einzelnen forderte, läßt sich hier nicht beschreiben!« . . .
Das Jagdkommando Primoschitz erreichte am 7. März um 6.45 Uhr wieder die Ausgangsstellung. In der Ia-Tagesmeldung wurde bestätigt, daß es sich bei den in Rudnja getöteten und gefangengenommenen Russen tatsächlich um Angehörige des neu herangeführten S.R. 89 (23. Schützen-Division) handelte.

Oberst von Schlebrügge berichtete damals an das Generalkommando, »daß die Breite des Brigadeabschnitts z. Zt. den fast restlosen Einsatz aller Kräfte erfordert«. Ein PK-Berichter schrieb, die Skijäger würden sich »mit Selbstironie als »Schlammjäger« bezeichnen«. So erstürmte laut Gefechtsbericht vom 9.3. ein Jagdkommando des Ski-Jäger-Regiments 1 . . . »nach sechseinhalbstündigem Marsch durch stark überschwemmtes Sumpfgebiet, größtenteils bei Dunkelheit« . . . einen Stützpunkt des russischen Schützen-Regiments 117. Ein Skijäger (oder »Schlammjäger«)-Spähtrupp hatte am selben Tag versucht, mit Hilfe von Schlauchbooten vorzugehen. Das Gelände wird im Bericht als »fast nicht begehbar« bezeichnet; »die Männer versanken z.T. bis zum Koppel im Sumpf«. Wegen der auf den Sumpfgewässern treibenden Eisschollen konnten die Schlauchboote jedoch nicht eingesetzt werden. Auch war das dichte Gestrüpp, das große Teile der Wasserflächen überzog, mit den Booten nicht zu durchfahren.

Noch immer — seit Anfang Februar — wartete die Brigade auf die Zuführung einer zusätzlichen Werkstattkompanie. Außerdem wurde über den Mangel an Werkzeug und Instandsetzungsgerät bei den I. Trupps und den I. Staffeln geklagt. Es fehlten auch notwendige Ersatzteile für die »Maultier«-Halbkettenfahrzeuge, die »Raupenschlepper Ost« (RSO) sowie Kettenkräder und PKW. Ebenso dringend gebraucht wurden die bereits zugesagten 900 Jf 8. Dazu hieß es: »Die leichten Zug- und Panjepferde, mit denen die Brigade ausgestattet ist, sind bei den augenblicklichen und vor allem bei den noch zu erwartenden Straßen- und Wegeverhältnissen der Schlammperiode auch 4-spännig nicht mehr in der Lage, die Heeresfahrzeuge zu ziehen«. . .

Das Wasser der Flüsse und Bäche stieg zusehends. Im linken Brigadeabschnitt war die Brücke bei Bogdan, in deren Bereich sich beiderseits des Pripjet mehrere Gefechtsstände befanden, durch Treibeis zum Einsturz gebracht worden. Andere Verbindungen wurden in erheblichem Maße gestört, weil Straßen und Wege im Schlamm versanken. Zudem verstärkte der Russe spürbar seinen Druck gegen die deutschen Stellungen. Am 17.

März wollte er in die nur vier Kilometer südlich des Pripjet gelegene Ortschaft Oserany eindringen. Der Angriff wurde aber unter starken Verlusten für den Gegner abgeschlagen. 28 Rotarmisten wurden gefangengenommen; sie sagten aus, daß ihnen einheimische Partisanen den Weg durch den Sumpfwald gewiesen hätten. Oberleutnant Walther erwähnt in seinem Tagebuch die »verdammt dünne Besetzung« der eigenen Stützpunktlinie.

Am Abend des gleichen Tages schickte der Brigadekommandeur eine Meldung an das Armeekorps. Darin hieß es, daß nach Gefangenenaussagen die Sowjets beabsichtigen würden, »weitere Divisionen von Osten her anzusetzen«, um die Abwehrfront der Skijägerbrigade »aufzurollen«. Zunächst rechnete Schlebrügge mit einem Vorstoß der Russen aus südlicher Richtung »entlang des Sswinowod-Flusses auf Mlynok«. (Der Ort lag ungefähr in der Mitte des Verteidigungsabschnittes der Brigade). »Schon in zurückliegender Zeit hätte der Gegner dort mehrmals versucht, mit Späh- und Stoßtrupps vorzufühlen und sogar — wieder laut Gefangenenaussagen — über Mlynok hinaus bis an Turoff heranzukommen«.

In Betschi und Buda — nur 3 km südlich der wichtigen Verbindungsstraße zwischen Turoff und Petrikoff sowie 3 - 5 km ost-südostwärts von Oserany — hatten sich die Sowjets mittlerweile mit zwei Bataillonen festgesetzt. Um den Gegner aus seinen vorgeschobenen Stützpunkten wieder hinauszuwerfen, hatte das Armeekorps einen starken Sturzkampfbomber-Verband zur Unterstützung der Bodenkämpfer angefordert. Für zwei Kompanien des I. Bataillons des Regiments 2 waren am 18. März die Vorbereitungen für den Angriff befohlen worden. Der Anmarschweg der am Angriffsunternehmen beteiligten 1. Kompanie zog sich außer Sichtweite des Gegners über viele Kilometer »endlos« dahin. Zwischendurch mußten die Pferde, die samt den Fuhrwerken tief im Morast eingesunken und kraftlos liegengeblieben waren, ausgespannt und durch einige schnell angeforderte Raupenschlepper ersetzt werden. Oberleutnant Walther war mit einem Kettenkrad zum Gefechtsstand des Bataillonskommandeurs gefahren, wurde von Hauptmann Stender in die Lage eingewiesen und fuhr wieder zu seinen Leuten zurück, die sich noch mehrere Stunden durch Wasser und Schlamm, der ihnen schon bis über die Knie reichte, vorquälen mußten. Am Ende dieses äußerst beschwerlichen Anmarschweges lag unweit des Pripjet der Ort Chwojensk. Das Angriffsziel Betschi hatten sie im Norden umgangen; es lag nun südwestlich von ihnen.
Unter dem Datum 19.3. heißt es im Tagebuch des Chefs der 1. Kompanie: »Ein herrlicher Morgen zieht über dem Wald auf. Wir erreichen unseren Bereitstellungsraum, ohne daß uns der Iwan bemerkt. Um 6.45 Uhr melde

ich Bereitstellung. Warten. Eine geradezu himmlische Ruhe ringsum; kein Schuß fällt«.

Während der Lagebesprechung im Zelt des Bataillonskommandeurs konnte noch kein genauer Zeitpunkt für den Einsatz der Ju-87 genannt werden. Es war bis dahin nicht einmal sicher, ob sie überhaupt eingreifen würden. Kurz vor 7.30 Uhr ließ das Bataillon endlich über Funk mitteilen: »Stukaangriff auf Betschi 7.30 - 7.35 Uhr!« Und dann kamen sie auch. Oberleutnant Walther zählte 27 Maschinen. Sie überflogen zunächst das Gebiet westwärts von Betschi in Richtung Süden, »als ginge sie unser Angriff nichts an. Oder sollten sie Betschi nicht finden?« — Weiter wird berichtet, daß zwei Jagdflugzeuge, die den Stukaverband begleiteten, plötzlich über Betschi erschienen und mit Rauchstreifen einen Markierungskreis über dem Zielraum bildeten. Wenige Sekunden später formierte sich der Verband der Ju-87, nachdem er eine große Schleife geflogen hatte, zu einer langen Angiffsreihe. Nacheinander setzten die Kampfbomber mit heulenden Bordsirenen zum Sturzflug auf den mit russischen Soldaten voll besetzten Ort an. Den Schilderungen nach haben die Stukas das Zielgebiet regelrecht umgepflügt. Sie warfen sogenannte Füllbomben. Das waren große Behälter in Bombenform (Typenbezeichnung SD 1 und SD 2), die je nach dem mit 180 oder 360 Zwei- und Ein-Kilo-Bomben gefüllt waren. Die Behälter öffneten sich kurz über dem Boden und streuten die hochexplosiven Kleinbomben in den feindlichen Stellungsraum. In den Berichten ist mit Schaudern nachzulesen, welches Maß an Tod und Vernichtung nachher in Betschi vorgefunden wurde.

Die von drei Seiten her, noch vor Beendigung des Luftangriffs, vorrückenden Skijäger hatten zirka 500 Meter vor dem Ortsrand in Deckung zu gehen. Oberleutnant Walther meldete über Funk, daß sich kein Russe in Betschi rührt, daß der vorgesehene Feuerschlag der eigenen Artillerie, der 2 Minuten dauern sollte und weswegen sie in Deckung bleiben sollten, nach dem verheerenden Stukaangriff wohl nicht mehr nötig sei. Seine Soldaten warteten schon ungeduldig auf das Zeichen zum Angriff. »Nur mit Mühe kann ich meinen Haufen zurückhalten«, heißt es in seinen Notizen. Nach kurzer Wartezeit war dann der Befehl zum Angriff übermittelt worden. Bis die Männer den Ortsrand erreichten, mußten sie noch durch bauchtiefen Sumpf, über Flächen, die mit einer dünnen Eisschicht bedeckt waren, die einbrach, so daß sie in dem kalten Wasser fast versanken.

In Betschi sah es, wie erwähnt, fürchterlich aus. Inmitten der Zerstörung lagen haufenweise getötete Russen. Zum Teil waren ihre Körper von den Bomben zerrissen worden. Einige Rotarmisten, die überlebt hatten, befanden sich in panischer Flucht in östliche Richtung und liefen schließlich in die Maschinengewehre des von dort vorrückenden 1. Zuges des Leutnants Primoschitz.

Bei der 1./2 hatte es bis dahin noch keine Verluste an Toten und Verwundeten gegeben. Oberleutnant Walthers Soldaten waren bis zum äußersten südlichen und südöstlichen Ortsrand (Richtung Buda) durchgestoßen und bildeten vorerst eine Igelstellung. Ihr weiteres Vorrücken sollte durch das Feuer der eigenen Artillerie unterstützt werden. Tragischerweise gingen aber die ersten abgefeuerten Granaten nicht beim Feind, sondern in der eigenen Stellungslinie nieder. Ein Gefreiter des 1. Zuges wurde getötet, ein weiterer schwer und zwei Obergefreite leicht verwundet. Oberleutnant Walther ließ sofort grüne Leuchtkugeln schießen, das bedeutet: »Artilleriefeuer vorverlegen!«, da explodierten Granaten auch im Linienbereich des 2. und 3. Zuges. Zwei Oberjäger wurden von Splittern getroffen und überlebten. Einem Gefreiten, dem der Bauch aufgerissen wurde, war nicht mehr zu helfen. Den Kompaniechef selbst hatte es am Arm und Oberschenkel erwischt. Wenn seine Leute nicht so weit auseinandergezogen in Stellung gelegen hätten, wäre es nach seiner Meinung sicher »noch schlimmer gekommen«.

Während der größere Teil der Kompanie unter der Führung von Leutnant Primoschitz zurückweichende gegnerische Gruppen bis in das Waldgebiet südlich von Betschi - Buda verfolgte und niederkämpfte, übernahmen ein Zug und eine Reservegruppe mit dem notdürftig vom Sanitäter versorgten Kompaniechef die Absicherung des Kampfraumes nach Osten.

Inzwischen waren der Regimentskommandeur, Major von Salisch, und der Bataillonskommandeur in Betschi eingetroffen. Hauptmann Stender setzte sich später persönlich an die Spitze der 2. Kompanie »und stieß in immer wiederholten, schwierigen nächtlichen Waldnahkämpfen in den ständig von neuem sich festsetzenden und verbissen kämpfenden Gegner hinein und trieb ihn weit nach Südosten zurück«. Auch südwestlich von Betschi konnte sich der geschlagene Feind einer beabsichtigten vollständigen Einschließung im unübersichtlichen Sumpfwald entziehen: »Die Russen wurden teils vernichtet, teils flüchteten sie nach Südosten«.
Beim Rückmarsch in die Ausgangsstellung gerieten die abgekämpften und erschöpften Skijäger der 1./2 in eine russische Minenfalle. Dabei kamen der Funker Zimmermann, der Kompaniemelder Gefreiter Strasser sowie ein vor kurzem erst der Kompanie zugeteilter Ersatzmann ums Leben. Oberfeldwebel Goßner starb später an der erlittenen schweren Verwundung. Oberleutnant Walther schrieb damals in sein Tagebuch: »Dem armen Jungen kann ich auf dem Verbandsplatz nur noch die Augen zudrücken« . . .

Schon in der ersten Hälfte des Monats März wurden beim Oberkommando der Heeresgruppe Mitte Überlegungen darüber angestellt, die Brigade

endgültig aus dem Pripjet-Abschnitt herauszulösen und weiter westlich einzusetzen. Interessantes hat dazu der damalige Adjutant beim Minsker Ski-Feldersatzbataillon, Oberleutnant Georg, mitzuteilen. Georg betont, daß die Bataillonsführung seit Dezember 1943 »stets enge Verbindung zum Generalstab der Heeresgruppe hielt. Dadurch war sie immer über sich abzeichnende Entwicklungen und Entscheidungen unterrichtet«.
Daß die Westwärts-Verlegung der Brigade für die allernächste Zeit geplant sei, das erfuhren Bataillonskommandeur Hauptmann Jacob und sein Adjutant am 12.3.44 im Verlauf einer Unterredung mit dem Ia/op der Heeresgruppe, Oberstleutnant i.G. von Voss, und dem Ic, Oberstleutnant i.G. Stephanus. Der entscheidende Grund für die Verlegung war: »Die Abteilung »Fremde Heere Ost« des Heeres-Generalstabs erwartete in Übereinstimmung mit der Heeresgruppe Mitte einen Großangriff der Roten Armee gegen den Nordflügel der Heeresgruppe Süd und den Südflügel der Heeresgruppe Mitte. Hierbei nahm man an, daß der Gegner bestrebt sein werde, aus der Linie Kolomea - Tarnopol - Brody - Luzk - Kowel bis zur San-Weichsellinie vorstoßen und sich in den Besitz des wichtigen Knotenpunktes Brest Litowsk setzen werde. In der 2. Phase rechnete man damit, daß er den Weg über Warschau bis zur Ostsee öffnen werde, um damit den Nordflügel der deutschen Ostfront aus den Angeln zu heben. . .(An dieser Lagebeurteilung hielten beide Heeresgruppenstäbe bis zum 26.6.44 — 4 Tage nach Beginn der russischen Großoffensive im Mittelabschnitt der Heeresgruppe Mitte — fest)«.
»Demgegenüber legte bereits am 12.4.44 der Chef des Generalstabs beim STAWKA (Großes Hauptquartier, Stalins militärischer Führungsstab), der Armeegeneral Antonow, in einer Besprechung mit den Oberbefehlshabern der 1. Baltischen Front, der 2. Weißrussischen Front und der 3. Weißrussischen Front die Zerschlagung der Heeresgruppe Mitte sowie die Wiedereroberung Weißrußlands mit seiner Hauptstadt Minsk als nächstes Operationsziel fest. Am 20.4.44 gab Stalin den Angriffsbefehl für die Operation unter dem Stichwort »Bagration« (Name des russischen Generals, der entscheidend bei der Vernichtung der »Großen Armee« Napoleons im Jahre 1812 mitgewirkt hatte)«.

Mitte März 1944 war der Russe nun, wie erwartet, rechts vom Brigadeabschnitt mit starken Kräften zum Durchbruch nach Norden angetreten. Zur Verstärkung der stützpunktartigen dünnen Abwehrfront waren am 15.3. erste Teile der bayerischen 7. Infanterie-Division auf dem Schienenweg im Raum Luninez eingetroffen und in den Kampf geworfen worden. Was die mit den Transportzügen ankommenden Soldaten sahen und unmittelbar nach dem Ausladen erlebten, darüber berichtet die Divisionschronik: »Rechts und links des Bahndammes dehnten sich unübersehbare ver-

sumpfte Wälder und im trüben Wasser stehendes Buschwerk bis zum Horizont; der Eisenbahndamm war das einzige Feste inmitten einer von Buschinseln überragten Wasserwüste« . . . »Die Wegeverhältnisse stellten alles in den Schatten, was die Grenadiere und Kraftfahrer in dem gewiß an Schlammzeiten aller Art nicht armen Osteinsatz erlebt hatten. Hilflos versackten auch Raupenschlepper im abgründigen Schlamm«. An anderer Stelle heißt es, daß »die Anforderungen dieses Kampfes« (im Sumpf) »übermenschlich groß« waren, und daß die Soldaten »oft bis zu den Schultern im eiskalten Wasser« waten mußten.
Die Angehörigen der Skijägerbrigade kannten das. Für sie gehörten diese »Zustände« schon seit längerer Zeit zum normalen Kampfalltag. Deshalb sollte auch die kurzfristige Verlegung einiger Kompanien des Ski-Jäger-Regiments 2 in den Kampfraum der 7.I.D. in dieser Beziehung keine Überraschung bringen.
Die schwere 4. des I. Bataillons war bereits am 17. März zum Verladebahnhof in Marsch gesetzt worden. Es wird berichtet, daß die Gefechtskompanie noch nicht einmal ein Viertel des Weges nach Shitkowitschi zurückgelegt hatte, als sie schnellstens mit RSO wieder in die alte Stellung zurückgeführt wurde — »weil der Iwan zu stark nachdrängte«. Ein Gegenangriff des Regiments schaffte wieder Distanz zum Russen.
Am 20.3. war es dann soweit. Bis zur Abfahrt am nächsten Tag wurde den Soldaten etwas Zeit gelassen zum Atemholen — zum Träumen von besseren Tagen: in Shitkowitschi konnte in einem Frontkino ein Heimatfilm angeschaut werden. Am 21. und 22.3. traten weitere Teile des Regiments den Marsch zum Verladebahnhof an.

Die Fahrt ging zirka 80 Kilometer nach Westen in den Raum zwischen Luninez und Pinsk, wo auf freier Strecke ausgeladen wurde. Während des beschwerlichen Marsches in den neuen Stellungsraum geriet die 4. Kompanie, ohne daß es rechtzeitig wahrgenommen werden konnte, in den Sichtbereich des Russen und erlitt durch einen überraschenden Feuerschlag der feindlichen Artillerie gleich die ersten Verluste an Toten und Verwundeten.
Zu einer dramatischen Situation kam es für die Skijägerkompanien, die selbst in schweren Abwehrkämpfen standen, ab 26. März, als der Russe mit überlegenen Kräften rechts von ihnen bei Chwedory einen Durchbruch durch die schwache Stützpunktlinie erzwang und die Deutschen einzukesseln versuchte. Nur mit größter Mühe und unter starken Verlusten konnten sich die Skijäger aus der Umklammerung befreien. Während dieser Kämpfe wurde der Kommandeur des I. Bataillons, Hauptmann Stender, durch Kopfschuß schwer verwundet und starb nach einer Operation im Lazarett Luninez. Oberleutnant Walther berichtet in seinem Tagebuch,

daß von seiner Kompanie damals nur 18 Mann übriggeblieben sind. Fast der ganze 2. Zug war »ausgefallen«. Die Hälfte seiner Leute mußte mit mehr oder weniger schweren Verwundungen ins Lazarett nach Luninez eingeliefert werden. (Nachfolger von Hauptmann Stender wurde Hauptmann Rückauer).

Am selben Tag bekämpfte ein Jagdkommando des Regimentsaufklärungszuges 2, verstärkt durch Teile der 5./Ski-Jäger-Regiment 1 und des Sicherungs-Bataillons 258 — unter Leutnant Rosche — den Gegner weiterhin südöstlich von Turoff und drang dabei bis in das Gebiet 3 km südlich von Oserany vor.
Diese Kämpfe im Raum südlich des Pripjet zwischen Turoff und Petrikoff, an denen je nach Verfügbarkeit verschiedene Brigadeeinheiten beteiligt waren, mußten noch bis in den Monat April hinein durchgestanden werden. Erst dann war das Ende des »schrecklichen Sumpfkrieges« (Grashey) gekommen. Ia Major Grashey erläutert in seinen Aufzeichnungen kurz die damalige Lageentwicklung: »Der Russe war südlich der Pripjet-Sümpfe in der Lücke zwischen den Heeresgruppen Süd und Mitte über Rowno und Luzk hinaus nach Nordwesten vorgedrungen, hatte am 17. März die sogenannte Festung Kowel eingeschlossen und zielte auf Brest Litowsk. Die 2. Armee erhielt den Auftrag, westlich von Kowel eine neue Widerstandslinie aufzubauen und dann Kowel zu entsetzen. Die Ski-Jäger-Brigade 1 gehörte zu den für diese Aufgabe vorgesehenen Verbänden. Sie wurde aus ihrer Stellung in den Pripjet-Sümpfen herausgelöst und im Eisenbahntransport in ihren neuen, rund 300 km entfernten Einsatzraum südwestlich Kowel verlegt. Das Unterstellungsverhältnis wechselte vom XXIII. Armee-Korps zum LVI. Panzer-Korps«.

Als Ergänzung zu den Ausführungen Grasheys folgendes: An der Monatswende März/April 1944 wurde die Heeresgruppe Süd, nach der Entlassung des für Hitler höchst unbequem gewordenen Feldmarschalls von Manstein, in Heeresgruppe Nordukraine umbenannt. Zum Nachfolger Mansteins bestimmte Hitler, im Hinblick auf die Erfordernisse einer neuen »Strategie der Defensive«, den nach seiner persönlichen Einschätzung besser geeigneten Feldmarschall Walter Model.

Weiter berichtet der damalige Ia der Skijägerbrigade: »Der Angriff zum Entsatz Kowels begann am 29. März und führte nach langen schweren Kämpfen am 5. April zum beabsichtigten Erfolg. Anschließend sollten die in der rechten Korpsflanke zwischen Turja und Bug stehenden Feindkräfte vernichtet und der Turja-Abschnitt südlich Kowel gewonnen werden. Zweck dieser Angriffsunternehmen war die endgültige Eingliederung Kowels in die Abwehrfront des Korps«.

An der Turja
(Umbenennung der Ski-Jäger-Brigade 1 in 1. Ski-Jäger-Division am 2.6.1944)

»Die Brigade traf — am 13. April beginnend — staffelweise in ihrem Einsatzraum 40 Kilometer südwestlich Kowel ein. Ihr Auftrag war: Schutz der Südflanke des Korps. Hierzu waren noch auf dem Westufer der Turja stehende Feindkräfte zu vernichten und die etwa 10 km entfernte Turja zu gewinnen. Schon am 15. April begann der Angriff der ersten Teile der Brigade«.
Die der »Gruppe Hoßbach« (56. Panzer-Korps) unterstellten Skijäger befanden sich damals, wie erwähnt, in Ausgangsstellungen 40 Kilometer südwestlich von Kowel, im Bereich der Ortschaften Stawki - Owloczym -Turyczany. Einige Kompanien mußten anfangs zum Teil an das Panzer-Regiment 31 von der schlesischen 5. P.D., das — an der nach Süden gerichteten Front — rechts von der Skijägerbrigade eingesetzt war, und zum Teil nach links an die 253. und 131. I.D. »ausgeliehen« werden.
Der Brigadekommandeur erhielt am 13.4. erste schriftliche Anweisungen von der Korpsgruppe. Demnach hatten seine Skijäger »den bei Stawki und auf Höhe 209 (östlich von Stawki) stehenden Feind zu schlagen, den gesamten Sicherungsabschnitt vom Feind zu säubern und anschließend, im Vorstoß 8-10 km nach Süden, die Turja zwischen Ruda und Turyczany zu gewinnen und zu halten«. Die Kommandeure des Panzer-Regiments 31 und der Skijägerbrigade wurden gleichzeitig dafür verantwortlich gemacht, »daß bis zum Übergang angriffsweiser Kampfführung« die 32 Kilometer lange Abwehrlinie von südwestlich Luboml (Rakowiec) bis Turyczany, das an der Abschnittsgrenze zur 253. I.D. lag, »bedingungslos gegen jeden Feindangriff gehalten wird«.

Der Angriff der Skijäger begann planmäßig am 15. April um 14.50 Uhr. Stawki wurde, nachdem es von Sturzkampfflugzeugen bombardiert worden war, um 15.30 Uhr »gegen Feindwiderstand«, die Höhe 209 gut eine Stunde später »umfassend gegen erheblichen Widerstand« genommen. Teile des Regiments 2 gingen anschließend beiderseits der Straße nach Südosten auf Gajki vor und besetzten nach einem Sturmangriff um 17.40 Uhr die Höhe 201, nur zwei Kilometer westwärts der Turja. Im weiteren Verlauf des Angriffs wurden um 18 Uhr Gajki und um 22.35 Uhr nach schwerem Kampf Ruda erobert. Damit war der Turja-Abschnitt »von Ruda einschließlich bis Turyczany ausschließlich« in Besitz der Skijäger, die ihren Angriff weit über die benachbarten Hauptkampflinien hinaus vorgetragen und im Raum Stawki eine starke Feindgruppe eingekesselt hatten.

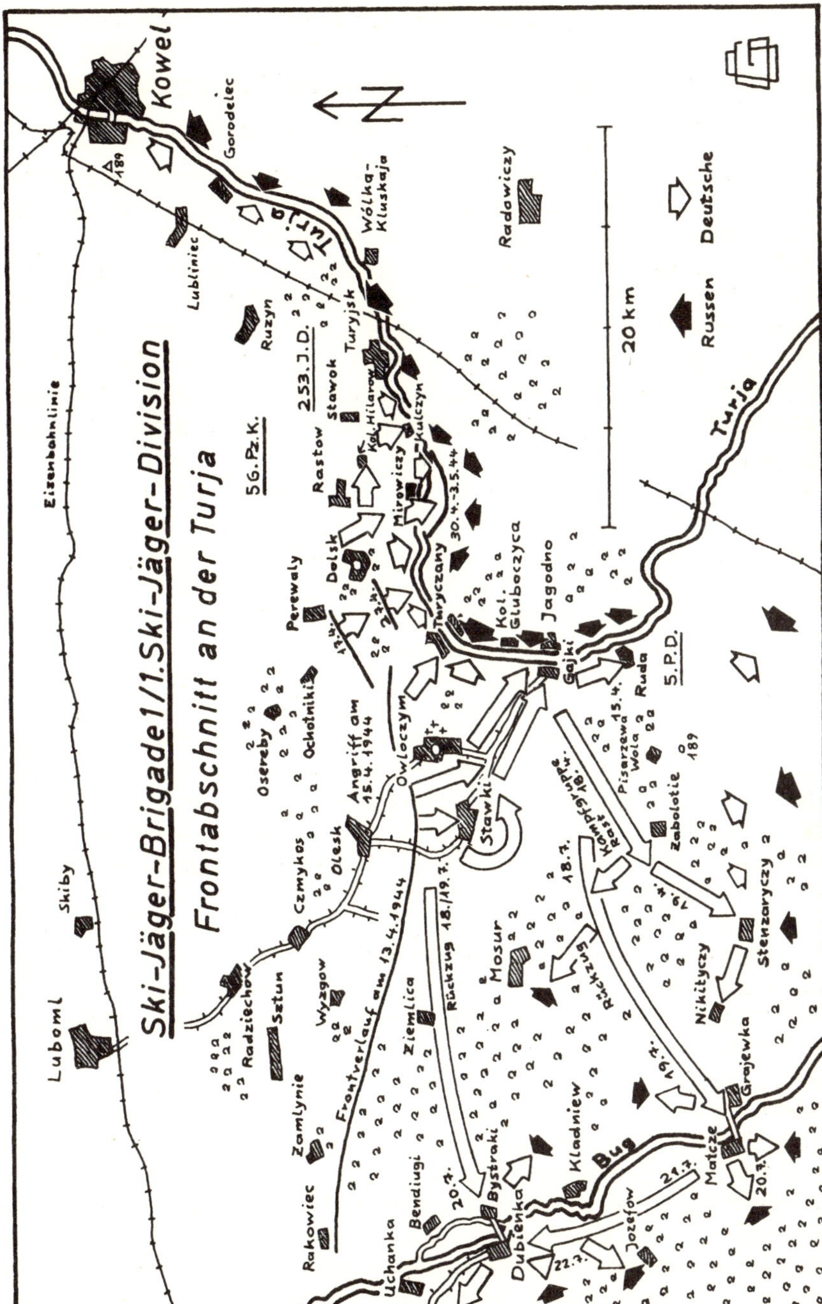

Ski-Jäger-Brigade 1/1. Ski-Jäger-Division
Frontabschnitt an der Turja
Kowel
Gorodelec
Turja
Wólka-Kluskaja
Radowiczy
Lubliniec
Ruzyn
Turyjsk
253. I.D.
Stawok
5G. Pz.K.
Rastow
Kol. Hilarow
Kulczyn
Mirowiczy
30.4.-3.5.44
Dolsk
Perewaly
Turyczany
Kol. Gluboczyca
Jagodno
Gajki
Ruda
5.P.D.
Eisenbahnlinie
Oserеby
Ochotniki
Angriff am 15.4.1944
Owloczym
Stawki
Pisarzewa Wola
15.4.
Zabolotie
189
Kampfgruppe Rast
18.7.
Olesk
Czmykos
Skiby
Luboml
Radziechow
Sztun
Wyzgow
Zamlynie
Rakowiec
Frontverlauf am 13.4.1944
Rückzug 18./19.7.
Ziemlica
Mosur
Rückzug
19.7.
Stenzaryczy
Nikityczy
Grajewka
Kladniew
Bug
Matcze
20.7.
Bystraki
Bendiugi
Uchanka
Dubienka
Jozefow
21.7.
22.7.
20 km
Russen
Deutsche

Ia Grashey meint in einer nachträglichen Würdigung der großen kämpferischen Leistungen seiner Brigade: »Der Angriffsschwung erfuhr eine starke Steigerung durch den Einsatz im sumpffreien Gelände«. Das Korpskommando, das nach dem gelungenen Vorstoß der Skijäger nach Süden nun mit der »endgültigen Vernichtung« der angeschlagenen Masse der russischen 14. Garde-Kavallerie-Division rechnete, befahl der Brigade, »die Turja-Linie zwischen Ruda und Turyczany fest in die Hand zu nehmen und gegen jeden feindlichen Angriff von Osten her zu halten«.

Am 16.4. trat dort eine vorläufige Kampfpause ein. Der Gegner verhielt sich »defensiv« und nahm offenbar eine Umgliederung vor (Verstärkung durch mehr Infanterie). Ansonsten betrieb der Russe Stellungsbau und schoß seine schweren Waffen ein. Die zahlreich aufgebotenen russischen Scharfschützen machten jede Bewegung in der deutschen HKL bei Tage unmöglich.
Die Divisionen des 56. Panzer- und des 8. Armee-Korps hatten sich nun, »bis zur Wiederaufnahme der eigenen Offensive auf die Abwehr starker Feindangriffe einzustellen«. Unter anderem wurden angeordnet: Gliederung nach der Tiefe; Verstärkung der Stellungen; Aufklärungsvorstöße; Zerschlagung feindlicher Angriffsvorbereitungen durch zusammengefaßtes Feuer; Vorbereitung von Sperrfeuer aller Waffen.

Ab 17. April mußte die Brigade am Turjabogen zwischen Turyczany und Dolsk zusätzlich noch den Südflügel des Frontabschnitts der 253. I.D. übernehmen. Unterdessen liefen die streng geheimgehaltenen Vorbereitungen für das Angriffsunternehmen »Ilse«, das darauf abzielte, südwestlich von Kowel in den feindlichen Stellungsbereich, der noch 5-10 Kilometer über das Nordufer der Turja hinausragte, einzudringen und den Russen — der in Erwartung eines deutschen Angriffs einen Teil seiner Panzer bis zum Kanonenturm ins Erdreich eingraben ließ — wieder hinter den Fluß zurückzuwerfen. Die Skijägerbrigade, die unterhalb des Flußbogens ab Turyczany bereits an der Turja stand, hatte die Sicherung des rechten Angriffsflügels zusammen mit dem ihr unterstellten ungarischen Infanterie-Regiments 53 zu übernehmen. (Später wird von einer »offensiven Beteiligung« am Unternehmen »Ilse« gesprochen). Ihr nordostwärts schon erweiterter Abschnitt wurde um weitere 5 Kilometer gegen die 253. I.D. hin verbreitert, insgesamt jetzt um 8 Kilometer.

Verschiedene Teile der Brigade, wie die schweren gepanzerten Waffen, die Pioniere, das Granatwerferbataillon usw., standen nicht gleich vollständig zur Verfügung und trafen erst allmählich im neuen Einsatzraum ein oder wurden noch an anderen Frontabschnitten (einschließlich Pripjet-Gebiet) benötigt. So war am Durchbruchsunternehmen entlang der Turja nach Süden von den beiden Skijägerregimentern nur das Zweite beteiligt gewesen. Vom Regiment 1 war das II. Bataillon erst am 19.4. bei der Brigade eingetroffen, während das I. Bataillon (Meergans) in der »Stärkemeldung vom 22.4. (abends)« immer noch nicht aufgeführt ist; es war aber gerade aus dem Befehlsbereich des 23.A.K. herausgelöst worden und befand sich im Eisenbahntransport auf dem Weg nach Luboml.

Am 17.4. hatten vom Ski-Pionierbataillon die 1., 2. und 3. Kompanie den Einsatzraum erreicht. Ihr Kommandeur, Major Rast, war sofort damit beauftragt worden, seine Pioniere mit einem Aufklärungszug des Regiments 2 und einem Zug Selbstfahrlafetten der 3.(Fla)Kompanie des schweren Ski-Bataillons zu einer Kampfgruppe zusammenzufassen und zur »offensiven Aufklärung« nach Südwesten anzutreten. Erwartet wurde ein zirka 15 Kilometer tiefer Vorstoß in Richtung des Flusses Bug.

Der Angriff der Kampfgruppe Rast blieb zunächst auf halbem Wege im konzentrierten Abwehrfeuer des Gegners liegen. Am nächsten Tag rafften sich die Deutschen erneut auf und erstürmten schließlich »nach verlustreichem Kampf« in den Abendstunden die Höhe 190, südwestlich des Ortes Zabolotie. Dort hatten sich 4 russische Kompanien eingegraben.
Dann ging es Zug um Zug weiter: Am 19.4. um 10.10 Uhr »nach Abwehr einiger Gegenangriffe« Eroberung von Zabolotie. Verfolgung des nach Nordwesten und Südwesten abgedrängten Feindes. Teile der Kampfgruppe stießen im Vorgehen nach Nordwesten auf starke Feindabwehr. Masse der Kampfgruppe erreichte im weiteren Vorgehen nach Südwesten um 15.10 Uhr die Höhe 205 bei Stenzaryczy. Um 16 Uhr im Ort. Am Ortsrand Kontaktaufnahme zu einem Stützpunkt der 214. I.D. Weiteres Vorgehen nach Nordwesten auf Nikityczy. Im Waldstück nordwestlich davon saß wieder starker Feind. Angriff um 19.30 Uhr mit 2 Kompanien frontal und mit dem Regiments-Aufklärungszug von Westen umfassend. Der Gegner wurde in die Flucht geschlagen. Anschließend Rückmarsch der Kampfgruppe in die Ausgangsstellung. Am Vormittag des nächsten Tages besetzten ungarische Truppen den Raum zwischen Stenzaryczy und Nikitiyczy.

Neben dem »Königlich ungarischen Infanterie-Regiment 53« wurden der Skijägerbrigade vorübergehend noch Teile des Kgl.ung. Artillerie-Regiments 89 und die Kgl.ung. Husaren-Schwadron 26 unterstellt. Dafür wuchsen aber auch die Aufgaben. Zum Beispiel mußte der Abschnitt an der Flanke zur 253. I.D. abermals um einige Kilometer nach Osten hin erweitert werden.

Am 22.4. verschickte das Korpskommando an die unterstellten Truppenstäbe genaue Anweisungen für das Unternehmen »Ilse«. Der Skijägerbrigade fiel also die Aufgabe zu, die Südflanke der Angriffsgruppe »zunächst durch Verteidigung« in der Linie Ruda - Turyczany - Rastow (= 18 km) abzusichern. Sie hatte sich aber — wenn der Angriff bei der 253. I.D. wie erwartet verläuft — darauf einzustellen, mit der Mitte und dem linken Flügel ebenfalls zum Angriff anzutreten und die Turja beiderseits von Mirowiczy auf 12 Kilometer Breite zu gewinnen. Bei Gajki, unterhalb des Turjabogens, sollte in der Frühe des 27.4. (festgelegtes Datum für »Ilse«) der Gegner durch einen vorgetäuschten Angriff in die Irre geführt werden. Das könnte sich jedoch als sinnlos und unnötig erweisen, denn nach Auswertung russischen Funkverkehrs wußte das Korps »mit ziemlicher Sicherheit«, daß ein zu den Russen übergelaufener deutscher Soldat der im vorgesehenen Schwerpunktraum des Unternehmens bereitstehenden Infanteriedivision »dem Feind die Absicht des eigenen Angriffs verraten hat«. Es blieb aber dabei, daß die Brigade zwischen Ruda und Turyczany mit kleineren Erkundungsvorstößen das Übersetzen über die Turja an den dafür geeigneten Stellen vorbereiten sollte. Im übrigen wurde ihr befohlen, sich — »ohne Rücksicht auf das Eintreffen des I./Ski-Jäg.Rgt. 1 zu nehmen — so zu gliedern, daß sie sich entsprechend den gegebenen Befehlen zum Angriff bei Unternehmen »Ilse« beteiligen kann«. (Gleichzeitig wurde angeordnet, »das Feldersatzbataillon baldigst aus Minsk heranzuziehen«. Bereits am 1.4.44 war aber schon ein Antrag der Brigade auf Verlegung ihres Bataillons in den Brigadebereich vom Oberkommando der Heeresgruppe Mitte — das seit dem 1.3.44 das Ski-F.E.B. 1 für eigene Aufgaben benötigte und es sich selbst unmittelbar unterstellt hatte — abgelehnt worden).

Vorerst verstärkte der Gegner noch laufend seine Grabenbesatzungen, legte Artillerie- und Granatwerferfeuer auf die deutschen Linien und unternahm am 24. April in der Mitte des Brigadeabschnitts sogar »einen offensiven Vorstoß trotz eigener Abwehr« auf das Westufer der Turja. An anderer Stelle sorgte der gut geführte Einsatz der zur Abwehr bereitgestellten mittleren und schweren Waffen dafür, daß der Versuch einer Flußüberquerung gleich in der ersten Phase scheiterte.

Tags zuvor hatte das 56. Panzer-Korps einen Tagesbefehl herausgegeben, der, soweit es die Brigade betrifft, in den Aufzeichnungen des damaligen Ia, Major Hellmut Grashey, wie folgt wiedergegeben wird:

> »Am 15.4.44 war es der Ski-Jäger-Brigade 1 gelungen, in kühnem Vorstoß das Höhengelände südlich Owloczym gegen starken Feind zu nehmen, das Westufer der Turja zwischen Ruda und Turyczany zu gewinnen und damit den in die tiefe Flanke des Korps vorgedrungenen Kräf-

ten der 14.Gd.Kav.Div. den Rückzug nach Osten abzuschneiden. Die Vernichtung dieser abgeschnittenen Kräfte ist heute beendet. Die der Südflanke des Korps drohende Gefahr ist beseitigt.
Allen Truppen, die zu dieser erfolgreichen Waffentat beigetragen haben, spreche ich meinen Dank und meine vollste Anerkennung aus.

Der Kommandierende General
gez. Hoßbach
General der Infanterie«

Erwartungsgemäß traten Teile der Brigade am 27. April in der Mitte und am linken Flügel der Front zum Angriff an. Der Angriffsbeginn für »Ilse« war für die Masse der Korpsverbände auf 4.10 Uhr festgelegt worden. Im Süden wurde zur selben Uhrzeit ebenfalls angegriffen, jedoch nur — wie erwähnt —, »um die dortigen Feindkräfte zu binden«. Die für diesen Zweck dem Stab des Ski-Jäger-Regiments 1 unterstellten Truppen, mit der »Artillerie-Kampfgruppe Süd«, führten zwischen 4.10 Uhr und 6.30 Uhr zwei Scheinangriffe auf Jagodno, am gegenüberliegenden Flußufer.

Das ostwärts des Turjabogens in die Front der Stoßverbände eingereihte II. Bataillon des Regiments 2 hatte Mirowiczy zum Angriffsziel. Der mit Sturmgeschützunterstützung um 7.05 Uhr aus dem Waldgebiet südöstlich von Dolsk anlaufende Angriff stieß gleich in ein höllisches Sperrfeuer von Artillerie und »Stalinorgeln«. Die Skijäger hatten dadurch »erhebliche Verluste«. Ein russischer Gegenangriff von Südwesten, aus dem Raum Duliby, wurde anschließend von der zusammengefaßten Abwehrfront der Artillerie, Sturmgeschützen und schweren Infanteriegeschützen zerschlagen. Um 14 Uhr war Mirowiczy, nach vierstündigem erbitterten Häuserkampf, in der Hand des Bataillons.

Rechts vom II./2. konnte das II. Bataillon des Regiments 1 seine Stellungen kampflos an die Turja vorverlegen; der Feind hatte sich noch am 26.4. auf das Südufer des Flusses abgesetzt.

Ganz anders war es dann wieder im Abschnitt des I. Bataillons des Regiments 2: Angriff, wie beim II./2, aus dem Wald südöstlich von Dolsk — aber erst um 10.40 Uhr und zunächst in östliche Richtung auf Kolonie Hilarow, »gegen sich zäh verteidigenden Gegner«. Der von Panzern unterstützte Vorstoß mußte nach 2 Kilometern, und nach der Erstürmung einer Anhöhe, gestoppt werden, weil die Panzer erst einen Panzergraben an der nach Mirowiczy führenden Straße zu überwinden hatten. Um 14 Uhr war endlich Kol.Hilarow in eigener Hand; den Infanteristen der 253. I.D. wurde somit auch das Eindringen in den weiter ostwärts gelegenen Ort Stawok erleichtert. Um 16.25 Uhr, im Anschluß an die Eroberung des sogenannten »Handtuchwäldchens« (gegen 15 Uhr), mußte der Angriff nach Südosten gegen die Turja, Richtung Kulczyn, fortgesetzt werden. Diesen Ort eroberten die Skijäger um 19 Uhr. In der Ia-Tagesmeldung heißt es: »Die Angriffskämpfe wurden durch verbissenen Widerstand des Feindes gekennzeichnet. Der mit geringer Artillerieunterstützung vom Feind flankierte Angriff kostete hohe Blutopfer« . . . Für den Kriegstagebuch-Schreiber des 56. Panzer-Korps war der 27. April 1944 ein Tag, »der dem Korps einen klaren, eindeutigen Sieg über einen starken und in jeder Weise abwehrbereiteten Feind brachte . . . Um 19.45 Uhr konnte der Kommandierende General dem Oberbefehlshaber der Armee melden, daß sich das Westufer der Turja zwischen Turyjsk und Kowel auf gesamter Front, bis auf eine kleine Stelle, in Händen des Korps befindet«.

Die schweren und verlustreichen Kämpfe wurden in den darauffolgenden 6 Tagen mit Unterstützung von Teilen der Panzerjäger-Fla-Kompanien fortgesetzt und führten im Brigadeabschnitt zu der Errichtung eines Brückenkopfes südlich und südöstlich von Mirowiczy. Dagegen scheiterte ein ähnliches Vorhaben — einen Brückenkopf südlich der Turja zu bilden — im Raum von Turyjsk, bei den links von der Skijägerbrigade eingesetzten Angriffsverbänden.

Schmerzliche Verluste mußte bei Mirowiczy auch das I. Bataillon des Regiments 1 hinnehmen, das am 27.4. in Luboml eingetroffen war und sofort in den Kampf geführt wurde. Bei Mirowiczy fiel am 1.5.44 der Kommandeur der Ski-Nachrichten-Abteilung 152, Major Teller. Der Kommandeur hatte vorne beim Leitungsbau geholfen und war durch Kopfschuß getötet worden (vermutlich von einem russischen Scharfschützen). Seine letzte Ruhestätte fand Major Teller, ebenso wie der damalige Kommandeur des II./1, Major von Bothmer, neben den vielen anderen gefallenen Kameraden verschiedener Dienstgrade auf dem Soldatenfriedhof in der Nähe von Owloczym.
Nach diesen Großkampftagen ging es wieder verhältnismäßig ruhig zu. An der zuletzt erreichten Linie wurden feste Stellungen bezogen. Die Kampfhandlungen beschränkten sich vorwiegend auf Spähtrupptätigkeit. Ab 8. Mai wurde die 5. Panzer-Division, die mit ihren Einheiten links von der Skijägerbrigade eingesetzt worden war, herausgelöst und in neue Stellungen im bisherigen rechten Brigadeabschnitt, »an der Grenze zur Heeresgruppe Nordukraine«, verlegt. In der Divisionschronik heißt es dazu: Grund für die Verlegung »war eine wesentliche Verstärkung feindlicher Verbände im Raum südlich Kowel und die Sorge um einen bevorstehenden Großangriff auf die Naht der beiden Heeresgruppen«.

In diesem Zusammenhang erfolgte kurz darauf auch die Unterstellung des 56. Panzer-Korps dem Befehl der Heeresgruppe Nordukraine. Deren OB, Feldmarschall Model, »hatte vorgeschlagen, der erwarteten sowjetischen Offensive durch einen eigenen Angriff mit Unterstützung starker Panzerkräfte am Nordflügel seiner Heeresgruppe zuvorzukommen und die Pläne des Feindes dadurch zu durchkreuzen«.
Tatsächlich plante der Russe aber zunächst seinen vernichtenden großen Offensivstoß gegen die — viel weiter nördlich davon — vorspringende Frontlinie der Heeresgruppe Mitte.

Am 13. Mai bekamen die Skijäger einen neuen Brigadekommandeur: den 39jährigen Ritterkreuzträger Oberst Martin Berg.

Oberleutnant Walther war nach einem mehrwöchigen Genesungsurlaub am 14.5. zu seiner Kompanie zurückgekehrt. Eintragung im Tagebuch: »Wieder haben sich die Reihen gelichtet« . . .
Eine »Auffrischung« hatte natürlich nicht nur die 1. Kompanie des Regiments 2 dringend nötig. In jenen Tagen der relativen Frontruhe reichten schon 5 Kilometer Abstand zur HKL, um das Gefühl des totalen Eingespanntseins in die Vernichtungsmaschinerie einigermaßen loszuwerden. Unterhaltungskünstler aus der Heimat kamen in die rückwärtigen Quartierorte. Ihren Darbietungen war das Motto vorangestellt: »Kraft durch Freude«. (Allgemein verwendete Abkürzung: KdF). . .

Am 2.6.1944 wurde die Brigade in 1. Ski-Jäger-Division umbenannt. (Die Umwandlung zur Division war auf Antrag von General Hoßbach — 56. Panzer-Korps — erfolgt. Hoßbach und der neue Skijäger-Kommandeur Oberst Berg kannten sich schon aus Friedenszeiten, als Berg noch Kompaniechef im hannoverschen Infanterie-Regiment 82 des einstigen Oberst' Hoßbach war). Aus den offiziellen Akten erfährt man zur Umbenennung nur Selbstverständliches. So wird festgestellt, »daß der Brigadekommandeur in Kommandeur 1. Ski-Jäger-Division und der Kommandeur der Brigade-Nachschubtruppen in Kommandeur der Divisions-Nachschubtruppen umzubenennen ist«. Und: »Nach Umbenennung in 1. Ski-Jäger-Division erhält der Brigadekommandeur die Dienststellung und die Disziplinargewalt eines Divisionskommandeurs«. Von Veränderungen in der Struktur oder Gliederung ist noch nicht die Rede. Zum Beispiel würde die Aufstellung eines dritten Bataillons für die beiden Skijägerregimenter und die des Artillerieregiments erst viel später erfolgen. Die bislang der Brigade zugestandene schwere Artillerie-Abteilung (mot.) II./59 bekäme dann Verstärkung durch die schwere Artillerie-Abteilung (mot.) II./65 und eine motorisierte Abteilung leichter Feldhaubitzen. Schließlich würde dem neu aufgestellten Artillerie-Regiment 152 noch das Schwere Granatwerfer-Bataillon 18 als II. Abteilung angehören.

Wenn man die Bilder von den Kampfeinsätzen der Skijäger im Sumpfgebiet des Pripjet betrachtet, so fällt auf, daß sie dort als Kopfbedeckung statt des Fallschirmjäger-Stahlhelms ihre Jägermütze bevorzugten. Die Fotos von den Kämpfen an der Turja belegen, daß der normale Stahlhelm gegenüber dem Stahlhelm der Fallschirmjäger, der zur Erstausstattung gehörte, als Kopfschutz bei weitem überwiegt. Als Gründe dafür werden angegeben: 1.) Der übliche Stahlhelm der Infanterie bot dem Soldaten mehr Schutz. 2.) Die nach der Pripjetzeit zahlreich nachgerückten Ersatzleute wurden nur noch mit dem normalen Stahlhelm ausgestattet.

In den ersten Junitagen kam es zu einer erneuten Herauslösung der 5.P.D. Die Division sollte aufgefrischt werden. Den freiwerdenden Abschnitt mußten wieder die Skijäger übernehmen. Teile der Division wurden mit LKW vom linken Flügel herangeführt, wie die 1./2, bis dahin Regimentsreserve in Rastow. Ihr neu zugewiesener Frontabschnitt im Gebiet Ruda lag von Rastow aus 20 Kilometer weit entfernt.
Ohne die Unterstützung durch Sturmgeschütze sowie Teile der 9. Kompanie (leichte Infanteriegeschütze unter Oberfeldwebel Mittelbach und s.MG-Trupp) und später durch einige schwere Infanteriegeschütze, wäre der zweieinhalb Kilometer breite Abschnitt — mit einem Waldstück im gegnerischen Bereich, das dem Russen gute Deckung bot — gar nicht zu kontrollieren und zu verteidigen gewesen.

Ab Monatsbeginn hatte sie Spähtrupptätigkeit auf beiden Seiten stark zugenommen. Im Tagebuch des Oberleutnants Walther ist nachzulesen, daß im übrigen »gewaltig geschafft wird: Neue Stellungen, Bunker, Drahtverhaue und Minenfelder werden angelegt«. Nachts waren Mäh- und Walzkommandos unterwegs, um unmittelbar von den Gräben das Schußfeld freizuhalten. Sogar ein »Betreuungsbunker« wurde gebaut. Dabei war besonders an diejenigen Soldaten gedacht worden, die noch zum »alten Stamm« gehörten und denen man ein bißchen Erholung zuallererst gönnte.
Die KdF-Unterhaltungsgruppen wagten sich jetzt bis in den Bereich der HKL vor. Von Varieté- und Filmvorführungen wird berichtet. Einmal kam der bekannte Volksliedsänger Karl Devogt zu den Soldaten und sang Löns-Lieder zur Klampfe.
Dem Chef der 1./2. wurde als Gefechtsstand ein geräumiger Bunker aus Birkenstämmen errichtet; er war zugleich bevorzugtes Tierasyl. Dazu der Oberleutnant in seinem Tagebuch: »Vögel wohnen mit uns: Kiebitze,

Würger, ein Wiedehopf und ein Pirol. Und dann unser Bussard! Alles junge Tiere, denen der Krieg die Eltern genommen hat. Sie werden bei uns groß, bis sie fliegen und sich selbst helfen können. Die ganze Kompanie bringt Futter«. Jeder, ob Melder oder Essenholer, hatte seine Freude an den gefiederten Tierchen, die mit einer echten Bunkerkatze friedliches Zusammenleben demonstrierten.

Die Realität draußen: Der damalige Gefreite Otmar Sternad war von der 9. Panzerjäger-Fla-Kompanie des Regiments 2 zu einem »Gruppenführereinsatz bei Jägerkompanien« vorübergehend der 3./2 zugeteilt worden und erinnert sich noch »an die Formel, die man auf Posten bei Kontrolle hersagen mußte: Jäger XY auf Posten vor dem Feind. Ich habe den Auftrag, den Abschnitt vor mir, linke Grenze ....., rechte Grenze ....., zu beobachten und im Falle eines Angriffs bis zum letzten Blutstropfen zu verteidigen«.

Helmut Kramm war als Geschützführer bei der »Neunten« des Regiments 1 und kam damals ebenfalls für kurze Zeit zu einer anderen Einheit. Kramm berichtet: »Ich wurde zu einem achttägigen Lehrgang bei irgendeiner Infanterieeinheit abgestellt zur Herstellung von Minen. Das kleine Waldstück, in dem wir uns aufhielten, lag bald unter feindlichem Beschuß. Eines Abends sahen wir eine Gruppe Soldaten mit einer deutschen 5-cm-Pak im Mannschaftszug auf uns zukommen. Ich erkannte, daß es sich zwar um eine deutsche Pak handelte, daß aber die Begleitmannschaft aus Russen bestand. Unser Kommandoführer oder Ausbilder wollte es nicht wahrhaben. Er hat sich so verhalten, daß wir uns damit nicht einverstanden erklären konnten. Im letzten Moment — man hatte uns auf der Gegenseite schon erkannt und brachte die Pak in Stellung — kamen zwei Kettenkräder mit Vollgas angefahren. Die Fahrer schrien: »Aufsitzen! Schnell weg hier!« Wir waren gerettet. Der Kommandoführer ist gefallen, aufrecht stehend, wenn ich mich richtig erinnere«.

Obergefreiter Selling aus Cottbus, der zur Geschützbedienung des Oberjägers Kramm gehörte, wurde zum Troß an die Küche versetzt, weil er bei einem Bombenangriff der Amerikaner auf Cottbus seine gesamte Familie bis ins letzte Glied verloren hatte.

Auf tragische Weise kam damals ein Munitionsschütze der 9./1 beim Waffenreinigen ums Leben. »Durch einen dummen Zufall«, wie es heißt, »ist er an einen Panzerfaustknüppel gekommen, und die plötzlich herausschießende Flamme hat ihm den ganzen Bauch verbrannt. Er hat es kaum gemerkt; er schrie immer nur, daß er sehr viel Durst hat. Und da wir sahen, daß da nichts mehr zu machen war — da war nämlich fast nichts mehr da unten —, haben wir ihm zu Trinken gegeben. Und es dauerte Minuten — dann starb er. Ich habe ihm noch die Augen zugedrückt. Es war sehr traurig. Ich habe noch lange darüber nachdenken müssen«.

Dann war da noch die Geschichte mit Sepp Zahler aus Augsburg. Sepp Zahler hatte nach einem mehrtägigen Einsatz auf der Selbstfahrlafette das EK II bekommen. Sein Geschützführer befand sich, als jener Einsatz gefahren wurde, gerade bei der Infanterie zu diesem Kurzlehrgang. »Nachdem wir wieder zusammenwaren«, erzählt Kramm, »mußte ich mit der Pak und dem Fahrer nach hinten zum Aufmunitionieren, außerdem sollten Geschütz und Motor überholt werden. Zahler, der in den 3 Einsatztagen einiges hinter sich gebracht hatte — man sah es ihm an — wollte mit. Aber es hieß: »Nein, nur Geschützführer und Fahrer, alle anderen Leute werden vorne gebraucht. Die Situation war so, daß wir nur nachts fahren konnten. Wir sind also nach hinten gefahren. Am Abend des nächsten Tages ging es wieder zurück. Die Nachricht, die ich dann vorne erhielt, war sehr traurig. Es hatte einen Toten gegeben: Sepp Zahler. Eine Granate der schweren russischen Artillerie hatte ihn im Deckungsloch voll erwischt. Wie man mir sagte, hat man nur noch sein EK und einen Schuh mit einem Stück Bein darin gefunden. Mich hat das moralisch ziemlich fertig gemacht. Ausgerechnet in dieser Nacht ein Toter, und das war Sepp, der mit uns nach hinten wollte, um sich nach seinen dreitägigen Strapazen einmal auszuschlafen. Das ist der Krieg«. . .

»Wegen der zu erwartenden schweren Kämpfe« wurde am 13. Juni für die Soldaten der Division eine völlige Urlaubssperre angeordnet. Gegen Monatsmitte bereits wurden die am Turjabogen eingesetzten Einheiten des Regiments 1 von starkem Feind angegriffen und mußten bis zum Ende des Monats ihre Front einige Kilometer in Richtung Dolsk - Owloczym zurücknehmen.

Am 22. Juni 1944 hatte die Rote Armee ihre seit April geplante Offensive gegen die weit nach Osten vorspringende Front der Heeresgruppe Mitte eingeleitet. Der Gegner konnte 185 Divisionen und Verbände mit einer Gesamtstärke von 2,5 Millionen Mann einsetzen. Diese gewaltige Streitmacht verfügte über 6100 Panzer und 7000 Flugzeuge. Bis zuletzt war auf deutscher Seite noch damit gerechnet worden, daß die Russen ihren absoluten Angriffsschwerpunkt an die Südfront verlegen würden, wo auf Befehl Hitlers auch die Masse der Panzerkräfte in Bereitschaft gehalten wurde. So konnte Feldmarschall Busch am ersten Tag dem Feinde nicht mehr als eine Panzerdivision entgegenstellen. Bei den Flugzeugen sah es nicht weni-

ger schlimm aus: Nur 40 Maschinen sollen verfügbar gewesen sein. 40 gegen 7000 !
Die Folge war: »die größte militärische Katastrophe in der deutschen Heeresgeschichte«. Hellmut Grashey spricht vom »größeren Stalingrad« für das deutsche Ostheer. Schon zwei Tage nach Offensivbeginn war die Abwehrfront der Heeresgruppe Mitte auseinandergerissen worden; die verschiedenen Einheiten und Verbände waren auf sich allein gestellt, ohne funktionierende Befehlsverbindung. Nach vier Wochen galt die Heeresgruppe des Feldmarschalls Busch (daran konnte auch sein Nachfolger Model nichts ändern) als zerschlagen. Rund 200 000 gefallene deutsche Soldaten wurden gezählt, darunter befanden sich 10 Generäle. 85 000 Mann (mit 21 Generälen) gerieten in Gefangenschaft.

In die tragischen Ereignisse mit hineingezogen wurde damals das in Minsk stationierte Skijäger-Feldersatzbataillon. Minsk war von Hitler zum »Festen Platz« erklärt worden und das F.E.B. somit »an die Verteidigung von Minsk gebunden«. Noch bis zum Mittag des 1.7. befanden sich Teile des Bataillons 35 Kilometer ostwärts von Minsk in Smolewitschi; bis zum Abend waren sie wieder in Ostrochizky-Gorodok. Unterdessen hatte, wie der damalige Bataillonsadjutant, Oberleutnant Georg, berichtet, über Gesprächskontakte mit der vorgesetzten Kommandostelle der Heeresgruppe erreicht werden können, »daß die Bindung an den Festen Platz Minsk aufgehoben wurde und das Bataillon den Befehl erhielt, sich abzusetzen«.

Während der anschließenden Rückzugskämpfe kam das Bataillon am 2.7. in der Gegend von Saslawlj, nordwestwärts von Minsk, erstmals mit Einheiten der 5.P.D. zusammen. Diese Division kämpfte, wie berichtet, im April und Mai südwestlich von Kowel an der Seite von Schlebrügges Skijägern. Erst 4 Tage nach Beginn der sowjetischen Offensive — also viel zu spät, um noch wirksam in die Kämpfe eingreifen zu können — war der Panzerverband von dort in den Raum Borissow verlegt worden.

Am 1. Juli fiel unweit von Saslawlj, bei Radoszkowicze, Bataillonskommandeur Hauptmann Streidel. (Nachfolger von Hauptmann Jacob). Die Führung des Bataillons wurde von Oberleutnant Georg übernommen. »Marsch des Bataillons über Saslawlj - Molodeczno - Smorgonie - Oszmiana - Wilna - Lida und Bialystok. Verlustreiche Kämpfe mit den zur umfassenden Überholung vorgestoßenen Russen in den Räumen Molodeczno, Smorgonie und Oszmiana. Ab Bialystock Bahntransport zur Division. Die täglichen Marschleistungen lagen zwischen 30 - 50 km. Wäre der Abmarsch in Minsk nur einen Tag später erfolgt, wäre das Bataillon im großen Kessel von Minsk untergegangen«.

Den Tagebuchaufzeichnungen des damaligen Skijägers Hubert Langer ist zu entnehmen, daß das Bataillon nicht geschlossen den eben beschriebenen Rückzugsweg nahm. Teile, wie die Kompanie Hubert Langers, schlugen sich im Verlauf der Abwehrkämpfe, die vielfach ohne Übersicht gegen den von mehreren Seiten anrollenden und dazu ständig aus der Luft angreifenden Feind geführt werden mußten, in west-südwestliche Richtung direkt nach Lida - Grodno durch. Am Ende lagen mehr als 100 Kilometer zwischen den zurückgehenden Bataillonsteilen.
Wie weiter berichtet wird, wurden beim Abmarsch von Minsk auch die rund 200 Schlitten-Ziehhunde der Division mitgenommen. 12 Angehörige der Hundestaffel kamen allein am 4. Juli bei einem Partisanenüberfall ums Leben. Im Tagebuch des Gefreiten Hochberger sind die getöteten Kameraden namentlich aufgeführt.
In den Aufzeichnungen des damaligen Kommandeurs, Oberleutnant Georg, wird noch geschildert, wie schließlich die Zusammenführung des Feldersatzbataillons mit der Division zustande kam: »Am 9.7. suchte ich den Generalstab der Heeresgruppe Mitte in Druskieniki (Memel) auf, um die Freigabe zum Abtransport zur Division zu erwirken. Der Ia, Oberst i.G. von der Groeben, lehnte mit Rücksicht auf die katastrophale Personallage bei der Heeresgruppe ab und befahl den Einsatz des Bataillons im Raum Lida. Das Bataillon war zu dieser Zeit rund 300 Mann stark. Ich bat um Rücksprache mit dem Chef des Generalstabs der Heeresgruppe Mitte, Generalleutnant Krebs. Dieser stimmte nach eingehender Darlegung der Umstände dem Abtransport zur Division zu«.
Bis Mitte Juli stand das Bataillon an der Turja der Division zur Verfügung. Oberleutnant Georg wurde als neuer Kommandeur bestätigt. Dem ehemaligen Kommandeur, Hauptmann Jacob, war inzwischen die Führung des II./Ski-Jäger-Regiment 1 übertragen worden. Das Bataillon lag an der äußersten linken Flanke des Divisionsabschnitts in Stellung.

Neu beim Regiment war auch der Chef der 8.(schweren) Kompanie, Oberleutnant Heinrich Weber. Nach seinem Bericht herrschte in den Wochen an der Monatswende Juni/Juli »im allgemeinen tagsüber eine gewisse Gefechtsruhe, nur nachts wurde es immer unruhig: Abgesehen von der »Nähmaschine«, die ihre an Ketten zusammenhängenden Bömbchen ohne Schaden für uns abwarf, knatterte bis zum frühen Morgen Gewehrfeuer knapp über dem Boden zu uns herüber. Man gewann den Eindruck, daß drüben jeder Iwan 80 - 100 Schuß abgeben mußte, um uns zu beunruhigen oder zufällig zu treffen«.
(»Nähmaschine«, das war ein russisches Langsamflugzeug, das seinen Namen wegen des unverwechselbaren Motorgeräusches bekam. Der altmodische Hochdecker erhielt von den Ostfrontlandsern aber je nach Situation

noch weitere Bezeichnungen: »Nebelkrähe« oder »Rollbahnkrähe«, I.v.D. = »Iwan vom Dienst«, »der Obergefreite« oder »der Unteroffizier vom Dienst« — »weil er regelmäßig in der Nacht um 22 Uhr angeflogen kam«).
Während der ständig bei Dunkelheit stattfindenden Schießereien der Rotarmisten war zufällig der Gefreite Arno Ruppert von einer Gewehrkugel in den Kopf getroffen worden. Ruppert, Munitionsschütze eines MG-Trupps, half damals gerade beim Ausgraben einer Fliegerabwehrstellung. Sein Kompaniechef, dem der Vorfall gemeldet wurde, konnte noch sehen, wie man den anscheinend tödlich Verwundeten auf einer Bahre wegtrug. »Man sagte mir«, schreibt Weber, »daß er schon im Sterben liegt. Gefreiter Ruppert hat aber überlebt, und zwar deswegen, weil das Geschoß genau zwischen den beiden Gehirnhälften durchging, so daß keine wichtigen Zentren verletzt wurden«. . .

Von deutscher Seite beantwortete man das entnervende nächtliche Gewehrfeuer mit einem verstärkten Aufgebot an Scharfschützen. Ihr Einsatz erfolgte »in Paaren (schießend und beobachtend), aus schnell in den Sand gegrabenen, immer wechselnden Tunnels«. Im damaligen Sprachgebrauch nannte man es einen »bestätigten Abschuß«, wenn der Mann mit dem Fernglas neben dem Schützen sicher feststellen konnte, daß ein Rotarmist getroffen wurde. Und das geschah damals sehr oft.
Immer mehr schien sich daraus ein von beiden Seiten gleichermaßen gnadenlos geführter Scharfschützenkampf zu entwickeln. Dem diente auch der Versuch des Gegners, im Schutze der Dunkelheit seine Deckungsgräben weiter nach vorne zu verlegen. Um nun die von den Schanzkommandos verursachten Arbeitsgeräusche zu übertönen und die Aufmerksamkeit der Deutschen abzulenken, besannen sich die Russen einer Methode, von der sie gleich doppelten Nutzen erwarteten. Sie holten ihre Propagandaleute heran, und von da an war in den Nächten das Dröhnen der Lautsprecher zu hören. Manch »verlockendes Angebot« wurde den deutschen Soldaten gemacht. Sie vernahmen: »Ihr Skijäger, kommt doch zu uns herüber! Bei uns bekommt Ihr gutes Essen! Bei uns bekommt Ihr Frauen und Pudding! Kommt doch!« Anzunehmen ist, daß die Soldaten den Verlockungen durchweg widerstanden haben, denn es wird berichtet, der russische Propagandist hatte nach wiederholter Aufforderung zum Überlaufen, und nachdem alle Bemühungen offenbar erfolglos geblieben waren, seine Enttäuschung in das Mikrophon hineingeschrien: »Aber Ihr Skijäger seid ja so stur! . . .«
Als schließlich die eigentliche Absicht des Gegners, den Stellungsbereich vorzuverlegen, erkannt worden war, ließen die Deutschen alles, was ihnen an wirksamen Waffen zur Verfügung stand, auf das frisch ausgehobene

Grabensystem ausrichten. Tagsüber erfolgte ein kurzes Einschießen. In der Nacht ging dann bei »zwei schweren Feuerzusammenfassungen«, wie es heißt, ein wahrer Geschoßhagel auf die vorgeschobene Stellung der Russen nieder. In den Aufzeichnungen des Oberleutnants Weber werden Artillerie, schwere und leichte Infanteriegeschütze, die 6 Granatwerfer der eigenen Kompanie und mehrere s.MG erwähnt. Die einzelnen Salven wurden von ihm selbst aus seinem Gefechtsstand in der HKL nach einem festgelegten Zeitplan abgerufen. Seitdem wagte sich der Russe nicht mehr zum Stellungsbau vor. Die Tage und Nächte, die den deutschen Soldaten an der Turja-Linie noch verblieben, waren ohnehin schon gezählt.

Von der Turja über den Bug zur Weichsel

Am 16.7.1944 durchbrachen die Sowjets (nach dem Durchbruch bei der Heeresgruppe Mitte) auch die Heeresgruppe Nordukraine in Südpolen und Galizien. An der Turja begannen die damit zusammenhängenden Kampfhandlungen mit einem heftigen Trommelfeuer der russischen Artillerie im Morgengrauen des 18. Juli. Eine kritische Situation war zuvor am äußersten linken Flügel beim II./1 entstanden, nachdem Panzer des Gegners die Front der benachbarten Infanteriedivision durchbrochen hatten und mehrere T-34 schon die rückwärtigen Verbindungen des Bataillons unsicher machten. Am Nachmittag des 18.7. stießen starke feindliche Infanteriekräfte, vom Feuer der »Ratsch-Bumm« unterstützt, von Norden nach Süden gegen die Flanke des Bataillons. Für 16 Uhr wurde von Hauptmann Jacob ein begrenzter Rückzug angeordnet. Bis dahin sollte die als Regimentsreserve herangeführte 7. Kompanie die Flankensicherung übernehmen. Als sich Oberleutnant Weber um 14 Uhr an Ort und Stelle über die Lage informieren wollte, kamen ihm schon zurückgehende Skijäger der 7./1 entgegen. Ihr Kompanieführer erklärte, seine Leute haben dem übermächtigen Druck der Russen nicht mehr standhalten können. Teile des Regiments, die noch an der Turja standen, waren dadurch von der Einschließung bedroht, zumal es auch keine Fernsprechverbindung mehr nach vorne gab.
Angesichts dieser Gefahr entschloß sich der Oberleutnant, die Zurücknahme der Front sofort einzuleiten. Einem Meldereiter des Bataillons gelang es, im feindlichen Feuer bis zu den ostwärts noch in Stellung liegenden zwei Kompanien durchzukommen. Die links eingesetzte Kompanie wurde dann während des Zurückgehens in den rasch gebildeten, nach Norden ge-

richteten Abwehrschirm miteinbezogen. Das Bataillon konnte schließlich wie vorgesehen vollständig herausgelöst werden.

Der für den 18. Juli allgemein befohlene große Rückzug der Division kam erst während der Nachtstunden richtig in Gang. An der linken Flanke erfolgte der Marsch in Richtung Bug »fast parallel zu den vorsichtig vorrückenden Russen«. Es regnete. Eine geplante neue Abwehrlinie ostwärts von Owloczym, »Bisonstellung« genannt, konnte von den Bataillonen des Regiments 1 gar nicht mehr besetzt werden. Durch das Gebiet Olesk -Stawki ging es weiter nach Dubienka. Das waren bis zu der Brücke über den Fluß (die immer wieder von russischen Schlachtflugzeugen angegriffen wurde) mindestens 35 Kilometer.

An der rechten Flanke im Abschnitt des I. Bataillons des Regiments 2, das seit einiger Zeit unter dem Kommando von Hauptmann Joseph (»Peppi«) Neuner, einem gebürtigen Tiroler, stand, begann der Rückzug nachts gegen 22 Uhr. Bei Nikityczy, 20 Kilometer westwärts der Turja, kam es am Nachmittag des 19.7. zu einem Zusammenprall mit Feindkräften, die von Norden her angriffen. Ein in der Abenddämmerung durchgeführter Gegenstoß schaffte wieder Luft. Während der Dunkelheit marschierten die Kompanien weiter nach Westen und überquerten bei Grajewka - Matcze den Bug, wo zunächst gut ausgebaute Stellungen bezogen wurden.
Den Meldungen von damals ist zu entnehmen, daß die zurückgehenden Verbände an mehreren Stellen im ausgedehnten Waldgebiet um Mosur Partisanenüberfälle abwehren mußten. Der Bug bei Dubienka wurde aber gleichfalls noch in der Nacht zum 20. Juli erreicht und dort von großen Teilen der Division überschritten. Bis zum Anbruch des Tages blockierten allerdings zahlreiche Fahrzeuge den Übergang. Fast wäre es zu einer Panik gekommen, als russische Schlachtflugzeuge die Situation ausnutzten und mit Bordwaffen vor allem in die eng aufgefahrenen Pferdefuhrwerke hineinschossen. Wirksame Hilfe bekam die eigene Fliegerabwehr von zwei überraschend auftauchenden Me-109-Jagdflugzeugen. Weiter wird berichtet, daß der Fluß dort »sehr steile Ufer aufwies; dies sollte sich nachher als Segen für uns erweisen, denn so mußten die später ankommenden russischen T-34 drüben stehen bleiben« . . .

14 Kilometer süd-südostwärts davon, an der Turja bei Grajewka - Matcze, hatten die Skijäger der 1./2 in den Morgenstunden des 20. Juli einen feindlichen Spähtrupp vertrieben. Gegen Abend rückten die Russen mit stärkeren Kräften gegen die Stellungen des Bataillons Neuner vor und versuchten besonders, die Abwehrlinie der 2. Kompanie des Oberleutnants Giesler zu durchstoßen. Nach erbitterten Nahkämpfen und nach einem

kühn geführten Gegenangriff konnte der Feind wieder zurückgeworfen werden.
In den Abendstunden des nächsten Tages wurde dann auf schlechten Waldwegen der Weitermarsch in Auffangstellungen am westlichen Bugufer angetreten. Während der darauffolgenden 24 Stunden kam es im Bereich der Ortschaften Jozefow - Kladniew - Dubienka - Uchanka, bei »pausenlosen Fliegerangriffen und heftigstem Artillerie-, Pak- und Granatwerferbeschuß«, zu teilweise äußerst schweren Gefechten. Nahezu alle Kampfeinheiten der Division waren daran beteiligt. Zu denen, die am längsten am Flußufer ausharrten und den nachdrängenden Gegner entschlossen bekämpften, zählten die Soldaten einer kleinen Nachhut unter der Führung von Oberleutnant Heinrich Weber (8.schwere/1). Beim Zurückgehen wurde der Kompaniechef am Oberschenkel getroffen; ein Unteroffizier, der ihn begleitete, erlitt einen Armdurchschuß. Beide konnten sich zu ihrer Truppe retten.

Der Gefreite Sternad von der 9./2, damals aber noch als Gruppenführer bei der Jägerkompanie des Oberleutnants Reinsdorf (3./2) eingesetzt, hatte zusammen mit seinen Kameraden gehofft, nach dem anstrengenden Marsch zum Bug »in den hier vorbereiteten Stellungen am Westufer eine Pause zu finden«. Doch es mußte ja weitergehen. »Wie ernst die Lage für uns war, konnten wir daraus entnehmen, daß es erlaubt wurde, sich für ein Eilmarschtempo »leicht« zu machen«, schreibt Sternad. »Selbst die Gasmaske (!) durfte vernichtet werden. Die darauffolgenden Tage und Nächte waren geprägt durch Absetzen vom Feind, Festsetzen, Verteidigen und wiederum Absetzen. Schlaflosigkeit, hohe Marschleistungen, kaum Ruhepausen, ständige Gefechtsbereitschaft und häufige Einsätze waren zermürbend. Einmal auf Horchposten mit einem Scharfschützen mußte ich erleben, wie der Mann neben mir nicht wachzuhalten und als lauter Dauerschnarcher für diese Aufgabe nicht mehr zu gebrauchen war«.
»Die Nacht vom 23. zum 24. Juli ist mir noch gut in Erinnerung. Der Zug des Feldwebels Hütter, damit auch meine Gruppe, hatte Nachhut. Nachdem am Rande einer Ortschaft das Herannahen des Russen bereits gelauscht wurde, sammelten wir uns in dieser stockdunklen Nacht im Ort selbst auf der Dorfstraße und setzten uns ab — geradewegs in einen feindlichen Hinterhalt hinein. Die Dorfstraße führte nämlich am anderen Ortsende, von dem keine Feindannäherung angenommen wurde, an einer Friedhofsmauer vorbei. Hier wurden wir vom Russen hinter der Mauer erwartet. Von der Seite her fielen plötzlich Schüsse; wir sahen aus kürzester Entfernung das Mündungsfeuer auf der Mauer. Nur der für die russischen Schützen tote Winkel an der Mauer konnte unserer Verteidigung eine Chance geben. Wir reagierten dann auch blitzschnell und sprangen an der

Mauer in Deckung. Da lagen wir nun, Kopf an Kopf, nur durch die Mauer getrennt, neben den Russen. Die nächsten Sekunden waren für uns entscheidend — Handgranatenwurf über die Mauer — und lebensrettend. »Nur« 2 oder 3 Kameraden blieben zurück, meine Gruppe kam vollzählig durch«.

In Richtung Weichsel unterwegs war damals auch der Oberleutnant Freiherr von Cramm. Nach seiner schweren Verwundung im Februar 1944 sollte Cramm eigentlich nicht mehr an die Front zurückkehren. Der zuständige Truppenarzt in Pilsen hatte den aus dem Lazarett entlassenen, noch humpelnden Oberleutnant als »gvh« (= garnisonsverwendungsfähig Heimat) eingestuft, »so daß ich dazu verurteilt war«, erzählt Cramm, »in Pilsen oder in Taus mein militärisches Leben zu fristen, was mir wenig behagte«. Über einen »von früher« gut bekannten Truppenarzt der Panzer-Aufklärungs-Ersatzabteilung 24 in Insterburg gelang es ihm schließlich doch, wieder »kv« (= kriegsverwendungsfähig) geschrieben zu werden. Rückkehr an die Front dann über Taus in der zweiten Junihälfte. Die Soldaten sahen den früheren und nun wieder eingesetzten Chef der 9./1 »am Stock gehend, wenn auch nicht sehr stark humpelnd«. Seine Panzerjäger-Fla-Kompanie war ab Februar die meiste Zeit vom ältesten Zugführer, Leutnant Braun, geführt worden.
Im Verlauf des Rückzugs zur Weichsel geriet die Cramm'sche Einheit südlich von Lublin in eine feindliche Umklammerung. Es wird berichtet, daß in dieser Situation zahlreiche Fahrzeuge, für die kein Betriebsstoff mehr vorhanden war, gesprengt werden mußten. Außerdem wurde praktisch das ganze Gepäck vernichtet. Selbst von den »geheiligten Gasmasken« trennte man sich (s. auch Sternad-Bericht). Cramm schreibt: »Kein Soldat besaß mehr einen Rucksack; erlaubt war die Gasmasken-Tragetasche (wir hatten keine Büchsen) mit lediglich einer Unterhose und einem Paar Socken als Reservebekleidung«. Den Ausbruch aus der russischen Umklammerung schaffte die Kompanie mit Hilfe von Panzern einer »Tiger«-Abteilung der SS, die von außen in die Einschließungsfront des Gegners hineinstießen.

Die wahrscheinlich letzten Soldaten der Division — sie gehörten zur 4. (schweren) Kompanie des Regiments 2 — versuchten in den Abendstunden des 1.8. das rettende Westufer der Weichsel zu erreichen. An diesem Tag standen bereits Teile der Division, und auch des I./2, in schweren Abwehrkämpfen an der Uferlinie bei Annopol. Im Tagebuch des Gefreiten Veldscholten ist nachzulesen, daß die Sowjets ihnen »im letzten Moment« den Weg über die Weichsel versperren wollten. Am Nachmittag war eine Ju-52 an der Rückzugsstraße gelandet (!), um Verwundete aufzunehmen.

»Abends durchbrachen wir dann die russische Linie und überquerten die Weichsel«.

Der Rückzug der Division von der Turja über den Bug zur Weichsel war tatsächlich ein Wettlauf mit den Russen — kämpfend und oftmals durch verstopfte Straßen und durch schwer begehbare Wald- und Sumpfflächen. Westwärts des Bug lagen Wolkowiany, Uchanie, Wojslawice, Izbica und Krasnik auf dieser insgesamt 200 Kilometer weiten Strecke bis zum Stromübergang bei Annopol. In dem folgenden Erlebnisbericht nach Tagebuchnotizen sind die Etappen dieses Weges mit genauen Datenangaben nachgezeichnet. Unter dem Datum 23.7.44 wird erwähnt, daß eine in Marschrichtung liegende Höhenstellung befehlsgemäß nicht besetzt werden konnte, weil der Russe die Deutschen dort bereits mit 10 Panzerabwehrkanonen erwartete. »Wir können nichts dagegen tun«, heißt es. Aber: »Links von der Pakstellung, zwischen Wojslawice und Krasniczyn, gelingt der Durchbruch, und es kann weitergehn. — In der Nacht vom 24. zum 25.7. stellen wir fest, daß der Abstand zu den Russen in einem Ort keine 50 Meter beträgt. Die Kompanie pirscht sich auf einem Umweg ganz leise davon. Der Iwan hat nichts gemerkt. — Am 25.7. werden wir der Nachhut zugeteilt. Bald stellt sich heraus, daß die 2. Kompanie noch hinter uns ist! Wir beziehen eine Auffangstellung. Dann weiter durch drei Ortschaften — und an einem Steilhang wieder in Stellung. Der Iwan schickt uns ein Trommelfeuer herüber, greift an — und wird abgewiesen. — Eine brennende Ortschaft. Weiter durch Rauch, Qualm, Feuer und unter Granatbeschuß. Ein Volltreffer. Tote und schreiende Verwundete. — Marschieren, marschieren, marschieren. Fast alle haben schon kaputte Füße. Diesmal sogar auf Straßen über Zolkiewka. Dann, am 26.7., wird in einem Waldstück gelagert. Endlich mal Ruhe für die zerschundenen, müden Knochen. Doch bereits nach einer Stunde fertigmachen. Weiter. Diesmal zur Flankensicherung nach Norden ab Wysokie - Tarnawka«. (Der Russe war schon vor zwei Tagen 35 Kilometer nördlich dieser Ortschaften in Lublin eingedrungen). »Wir erhalten Unterstützung durch eine Batterie unserer Sturmgeschütze. Halt an Kirschbäumen. Noch nie haben Kirschen so gut geschmeckt! Weiter mit den Sturmgeschützen. — Wieder auf der Straße bis vor Krasnik. Waldlager. Wir können nicht mehr. — 27.7.: Im Morgengrauen weiter. Mit LKW über Krasnik. Dann Abschirmstellung nach Norden. — 28.7.: Gegen 23 Uhr weiter, ohne Halt weiter. — 29.7.: Bald sind wir an der Weichsel. Ein Wald, der Vollmond. Wir gelangen über die Weichselbrücke bei Annopol« . . .

Mit den vordersten Teilen hatte die Division die Weichsel schon in der Nacht vom 28. zum 29. Juli überschritten. Ohne den Deutschen etwas Ruhe zu gönnen, versuchte der schnell nachstoßende Gegner, sich ebenfalls unbedingt am Westufer festzusetzen. Das führte dazu, daß die Lage in den ersten 24 Stunden nicht in jeder Hinsicht überschaubar war. Der damalige Leutnant von Dolgow spricht sogar von einer »Krisensituation«. So tauchte der Russe beim Vorwerk Rachowski, am Weichsel-Westufer, plötzlich im Rücken der Deutschen auf. Der Gefreite Grunwald vom Granatwerferbataillon war bei diesem feindlichen Überraschungsangriff, der eine momentane Panik bei ihm und seinen Kameraden auslöste, von Granatsplittern am Knie und an einer Hand getroffen worden und liegengeblieben. Er wollte sich noch einmal aufraffen, sackte aber nach paar Metern wieder zu Boden. Als er sah, daß die russischen Soldaten immer näher kamen, schnallte er einen Teil seiner Ausrüstung ab, »um so vielleicht besser vorwärts zu kommen«. Doch es war vergeblich; bald hatten einige der heranrückenden Rotarmisten ihn umringt. »Ich zeigte den Russen meine Verwundung, so taten sie mir nichts, sondern sie untersuchten mich nur und nahmen mir Brieftasche, Geldbeutel und sogar Kamm und Spiegel ab«, schreibt Grunwald. »Das Soldbuch, das ich vorher in der Hose versteckt hatte, fanden sie in der Eile nicht«. Sie ließen also den Verwundeten liegen und liefen weiter. Ihnen folgten noch andere russische Soldaten. Und da geschah etwas Ungewöhnliches. Jedenfalls hatte der deutsche Gefreite Grunwald nicht damit gerechnet, daß zwei von diesen vorbeistürmenden Soldaten des Feindes sich seiner Hilflosigkeit annehmen, ihn am Oberkörper packen und etwa 10 Meter weit in einen Granattrichter schleifen würden! Dort verbrachte er mehrere Stunden, zwar der Sonnenglut ausgesetzt, aber relativ sicher vor Gewehrkugeln und vorbeischwirrenden Eisensplittern. Dennoch konnte er die Angst nicht loswerden, voll von einer deutschen Werfer- oder Artilleriegranate getroffen zu werden. Denn inzwischen wurde der von den Russen besetzte Geländeabschnitt sturmreif geschossen. Anschließend dauerte es, seinem Gefühl nach, fast noch eine Ewigkeit, bis aus dem Lärm der Abschüsse und Detonationen endlich wieder vertraute Stimmen herauszuhören waren: Der deutsche Gegenangriff war ins Rollen gekommen. Gefreiter Grunwald bekam wieder Verbindung mit seinen Leuten. Sie versorgten ihn notdürftig, und nach Einbruch der Dunkelheit nahm ihn ein Kamerad auf die Schulter und schleppte ihn nach rückwärts zum nächsten Verbandsplatz...

Das auch später noch hart umkämpfte Vorwerk Rachowski wurde dann von Leutnant Herbert Gladewitz und seiner 7. Kompanie des Regiments 1 drei Tage lang gehalten. Dem mit weit überlegenen Kräften angreifenden Feind war es mehrmals gelungen, sich dort festzusetzen. Doch genauso oft hatten die deutschen Soldaten Gegenangriffe unternommen und den Russen zurückgeworfen. »Dadurch«, so heißt es, »wurde das rechtzeitige

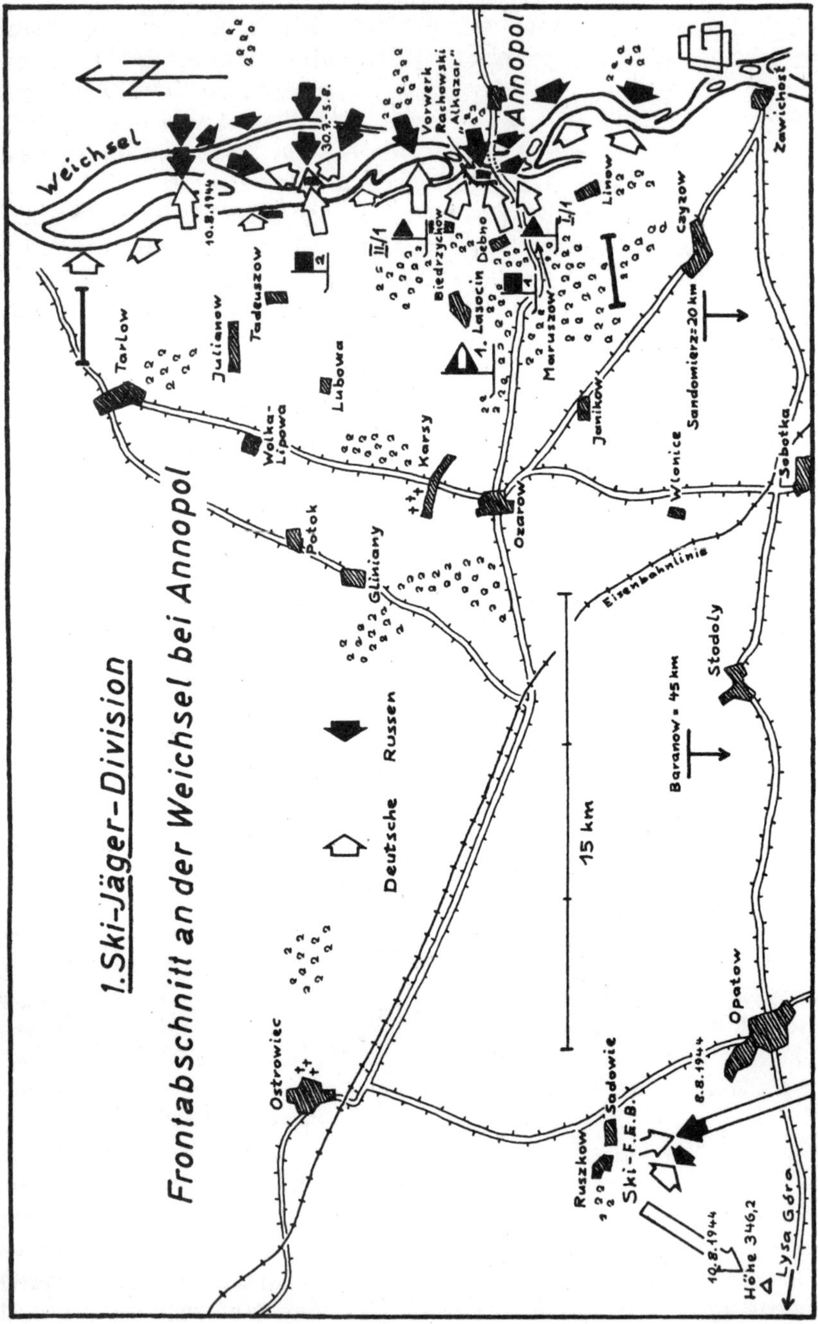
1.Ski-Jäger-Division
Frontabschnitt an der Weichsel bei Annopol
Weichsel
Annopol
Vorwerk
Rachowski
„Alkazar"
303.-S.G.
10.8.1944
Tarlow
Julianow
Tadeuszow
Lubowa
Wolka-Lipowa
Karsy
Potok
Gliniany
Ozarow
Biedrzychow
Lasocin
Debno
Maruszow
Linow
Czyzow
Janikow
Wlonice
Sandomierz = 20 km
Sabotka
Zawichost
Eisenbahnlinie
Stodoly
Baranow = 45 km
15 km
Deutsche
Russen
Ostrowiec
Opatow
Sadowie
Ruszkow
Ski-F.E.B.
8.8.1944
10.8.1944
Höhe 346,2
Lysa Góra

Heranführen von Reserven ermöglicht und ein entscheidender Durchbruch des Feindes verhindert«. Der am dritten Tag der Abwehrkämpfe schwer verwundete Kompaniechef bekam dafür das Ritterkreuz. (Eine Woche zuvor hatte sich von der 7./1 schon ein Obergefreiter, Willi Vickendey, das Ritterkreuz verdient).

Was in dieser Situation im Bereich der 1. und 3. Kompanie des Regiments 2 unternommen wurde, darüber gibt im einzelnen das Tagebuch des Oberleutnants Hildebrand Walther Auskunft. Die 1./2 sollte gleich nach ihrem Eintreffen auf einer Weichselinsel bei Annopol eingesetzt werden. »Aber noch bevor wir überhaupt da sind«, schreibt Walther, »sitzt der Iwan schon vor unserem linken Nachbarn auf der Insel« (bei der 3./2). Der 1. Zug ging am Ostrand eines Gehöftes in Stellung. In der Nacht zum 31.7. Vorstoß des Russen gegen das Gehöft. Im Morgengrauen — nach starkem Pak- und Werferfeuer — erneuter feindlicher Angriff, von Norden gegen die Stellung der 3. Kompanie und von Westen (!) gegen das Gehöft. Der nördliche Weichselstützpunkt und das Gehöft mußten nach zähem Widerstand geräumt werden. Bei der 1./2 waren bis dahin 3 Mann gefallen, ein Skijäger geriet wahrscheinlich verwundet in Gefangenschaft.
Nach einem Gegenstoß von Feldwebel Berg und seinem Zug der 1./2 kam das Gehöft wieder in eigenen Besitz. Dabei fiel der Feldwebel durch Bauchschuß.
Auch der Zug des Feldwebels Hütter (3./2) unternahm einen Gegenstoß, der zur Wiedereroberung des verlorengegangenen Stützpunktes führte. Eine ganze russische Kompanie soll damals in die Weichsel abgedrängt worden sein. Im Verlauf eines gemeinsamen Angriffs der 1. und 3./2 wurden die russischen Stoßgruppen insgesamt zurückgeworfen und teils vernichtet (70 gezählte Tote). Viele Rotarmisten versuchten, schwimmend das östliche Stromufer zu erreichen — die meisten davon vergeblich.
Der Russe gab aber deshalb nicht auf und legte am nächsten Tag starkes Pak- und Granatwerferfeuer auf das Gehöft und die Stellung der 3./2. Aus der Beschießung entwickelte sich ein Trommelfeuer. Die Kompanie Walther mußte zurückgehen. 2 Mann wurden tödlich getroffen.
Am 2.8. begannen gegen 15 Uhr deutsche Flak sowie schwere und mittlere Granatwerfer das Gehöft sturmreif zu schießen. Anschließend Vorstoß der 1./2 — und das Gehöft wechselte abermals den Besitzer. Während der Nacht versuchte der Gegner noch zweimal vergeblich, den Stützpunkt wieder in eigene Hand zu bekommen.

Die Kampfleistungen von Oberleutnant Walther und seiner Kompanie wurden am 3. August in den ergänzenden Meldungen zum Wehrmachtbericht gewürdigt. Außerdem erschien ein Kurzbericht im »Ehrenblatt des

deutschen Heeres«. Die Meldung des Wehrmachtberichtes hat folgenden Wortlaut: »Bei der Beseitigung eines feindlichen Brückenkopfes hat sich Oberleutnant Walther, Kompanieführer im Ski-Jäger-Regiment 2, mit seiner Kampfgruppe durch beispielhafte Tapferkeit ausgezeichnet«.
Der Bataillonskommandeur, Hauptmann Neuner, wandte sich am nächsten Tag in einem »Sonderbefehl« an seine Soldaten und erwähnte dabei auch die Leistungen von Feldwebel Hütter und des Stoßzuges der 3. Kompanie. Feldwebel Hütter war zu diesem Zeitpunkt längst tot. — Otmar Sternad, dessen Gruppenführereinsatz bei der 3./2 am 30. Juli beendet war, berichtet unter der Überschrift »So fand ich sie wieder«: Es muß in den ersten Augusttagen gewesen sein. Ich kam am Heldenfriedhof bei Ostrowiec an einem Gräberfeld vorbei. Mich trieb es dazu, näherzutreten. Mein Blick wurde gebannt: da lagen sie! Feldwebel Hütter, der Zugmelder Badelka, viele Zugkameraden und meine Gruppe, letzter in der Reihe der Scharfschütze Raschka aus Oberschlesien. Alle Grabkreuze trugen dasselbe Datum: 31. Juli. Es fehlte der Oberjäger Müller. Meine Gedanken kreisten um das Datum — wäre ich einen Tag später zu meiner alten Kompanie zurückgekehrt, so läge ich hier bei ihnen! — Den Oberjäger Müller traf ich bei der Verladung in Kielce wieder. So konnte ich Näheres über diesen unglückseligen 31. Juli erfahren: Meine Kameraden sind alle bei einem Angriff auf eine Weichselinsel gefallen« . . .

Schmerzliche Verluste gab es auch bei den anderen Kampfeinheiten. Hauptfeldwebel Knahl von der 5./2 mußte einmal innerhalb von 24 Stunden 26 tote Kompanieangehörige begraben. Von einem starken Stoßtrupp der 6./1, der am 1.8. bei Biedrzychow über die Weichsel vorstieß, sind viele Soldaten während eines Feuergefechts gefallen.

Nur einen Tag hatte der Russe nach den erbitterten Kämpfen um den Stützpunkt auf der Weichselinsel die Kompanie des Oberleutnants Walther in Ruhe gelassen. Seit dem 4.8. schlugen wieder die Granaten seiner schweren Werfer im Bereich des Gehöftes ein. Aber die Deutschen ließen sich nicht vertreiben.
In dem Morgenstunden des 5.8. wieder schweres Trommelfeuer auf den Stützpunkt der 1./2. Die nachfolgenden Angriffe des Gegners wurden zunächst abgewehrt, erst am Abend gelang den Russen ein erneuter zeitweiliger Einbruch in die Stellung. Während des heftigen Feuergefechts auf engem Raum fielen 3 Mann. 2 Soldaten waren tags zuvor von Werfergranaten getötet worden, einer kam beim Störungssuchen ums Leben. Bis zum 8. August verzichtete der Russe dann an dieser Stelle der Front auf größere Vorstöße, nur mehrere seiner Spähtrupps versuchten, sich dem schon übel zugerichteten Gehöft zu nähern.

Bei Annopol kam damals auch die 9./1 des Oberleutnants von Cramm zum Einsatz. In den Aufzeichnungen des Kompaniechefs sind weniger die Berichte über blutige Gefechte von Bedeutung; vielmehr steht im Mittelpunkt der Erinnerungen ein einfacher Soldat: sein Bursche Wilhelm Majer aus Neu-Ulm, im Zivilleben Molkereiarbeiter. »Willem«, wie er von seinem Vorgesetzten genannt wurde, war von heiterem Gemüt, stets fröhlich und immer in Sorge um seinen Chef. Wenn dessen Wohlbefinden auf dem Spiele stand, machte es ihm gar nichts aus, auch mal entgegen einem Befehl zu handeln. Cramm erzählt von zwei Begebenheiten, die kennzeichnend für dieses Verhalten waren. Zunächst wird auf die Situation unmittelbar nach der Ankunft der Kompanie hinter der »rettenden Weichsel« eingegangen. Oberleutnant von Cramm hatte damals seine Zugführer zusammenrufen lassen und im Verlauf der Besprechung »so nebenbei« erwähnt, »wie schön es doch wäre, sich jetzt waschen zu können«. Die Zugführer wußten natürlich, auf was ihr Chef anspielte: während des Rückzugs vom Bug zur Weichsel waren auf Anordung nicht nur verschiedene Ausrüstungsgegenstände, sondern mit dem Gepäck auch die Waschutensilien dem Nimmerwiedersehn übergeben worden.
Nachdem die Zugführer ihre neuen Einsatzbefehle erhalten und den Gefechtsstand verlassen hatten, erschien »Willem« — dem die Bemerkung seines Chefs nicht entgangen war — und verkündete treuherzig: »Herr Oberleuntant können sich nun waschen«. Cramm, völlig überrascht, trat aus der Bunkertür und sah dort seine (»irgendwo erbeuteten«) russischen Kavalleriepacktaschen liegen. Wilhelm Majer hatte es also fertiggebracht, den Befehl zur Vernichtung dieser Gepäckstücke, in denen sich das komplette Waschzeug und genügend frische Wäsche befanden, zu ignorieren! Was sollte man dazu sagen? »Als Vorgesetzter ist man zunächst natürlich weniger geneigt, das Gute in einer solchen Handlungsweise zu erkennen, sondern vielmehr die Unkorrektheit« meint der damalige Kompaniechef. Sein logischer Gedanke war, was wohl die Soldaten der Kompanie sagen werden, wenn sie davon erfahren. Müßten sie sich nicht mit Recht fragen, warum ein Befehl nicht auch für den Chef der Einheit ein Befehl ist? — Cramm wollte seinen Burschen zur Rede stellen, doch der hatte inzwischen das Weite gesucht. Nach etwa einer Stunde tauchte er wieder auf, »richtig vermutend, daß ich gut rasiert und gut gelaunt sein würde. Später stellte sich heraus, daß die treue Seele mein gesamtes Gepäck gerettet hatte, sein eigenes jedoch vernichtet, wie es befohlen wurde«.

Die andere Geschichte mit »Willem« passierte im selben Frontabschnitt an der Weichsel. Der damalige Chef der 9./1 berichtet: »Meine Kompanie erhielt den Auftrag, mit einem Selbstfahrlafettenzug und dem Infanteriegeschützzug so in Stellung zu gehen, daß wir im direkten Richtverfahren auf

das gegenüberliegende Ufer wirken konnten. Nun befanden sich die vom Regiment befohlenen Stellungen am Vorderhang, von russischer Seite aus gut einzusehen, was den Ausfall zahlreicher Geschütze und den Verlust vieler Soldaten bedeutet hätte. Entsprechende Einwände beim Regiment hatten wenig Erfolg, so daß ich, dickköpfig wie ich war, dem Regimentskommandeur, Oberst Weiler, schließlich sagte: »Dann werde ich die Stellung selber erkunden!« Das hieß, daß der Oberleutnant ohne Begleitung auf Erkundungsgang gehen wollte. Seinem Burschen war befohlen worden, im Gefechtsstand zu bleiben.
Cramm ließ sich mit einem Fahrzeug bis in die Nähe des besagten Hanges bringen, schickte den Fahrer zurück und ging anschließend vorsichtig, das Sturmgewehr an der Hüfte im Anschlag, weiter und quer durch die Kornfelder im Geländeabschnitt am Vorderhang. Nach einer Weile »hatte ich das unsichere Gefühl, beobachtet zu werden«, schreibt Cramm. »Da die Sowjets bereits mit Hilfe einer Unterwasserbrücke Panzer übergesetzt hatten — die zwar vernichtet wurden, aber immerhin auf unser Ufer gelangt waren —, hielt ich es für nicht ausgeschlossen, daß ein russischer Spähtrupp in meiner Nähe sein könnte. Ich blieb für einen Moment ruhig liegen, worauf in der Richtung, in der ich Russen vermutete, auch Ruhe eintrat; nichts regte sich. Als ich mich wieder vorsichtig vorwärtsbewegte, hörte ich erneut dieses verdächtige raschelnde Geräusch hinter mir. Schließlich entschloß ich mich, der Sache auf den Grund zu gehen, koste es, was es wolle. Ich kroch nun besonders behutsam ein Stück in meiner Spur zurück — und was entdeckte ich?: Willem, begleitet von einem MG-Trupp! Die Männer hatten sich von Willem überreden lassen und waren gemeinsam ausgerückt, um ihren Chef zu schützen!«
Wieder auf dem Gefechtsstand angekommen, stellte Oberleutnant von Cramm seinen Burschen »förmlich barsch« zur Rede, worauf dieser, fast weinend, entgegnete: »Ich bin doch für Herrn Oberleutnant verantwortlich; wenn nun was passiert, was soll ich dann zuhause sagen?!« — Das hat den Kompaniechef, der ja keineswegs undankbar ihm gegenüber war, dann auch überzeugt. (Wilhelm Majer starb später in russischer Kriegsgefangenschaft). . .

In Skarzyska, in der Mitte zwischen Radom und Kielce und rund 70 Kilometer von der Weichsel entfernt, war am 6.8.1944 ein Transportzug mit Ersatzmannschaften aus Taus eingetroffen. Am nächsten Tag hatte die Division mehrere LKW's zum Ausladeort geschickt, um die frisch zugeführten Soldaten näher an die HKL heranzuholen. Um 10.30 Uhr waren der Divisionskommandeur — inzwischen Generalmajor — und sein Begleitoffizier mitsamt dem Musikzug zur Begrüßung angerückt. Es wurden Märsche und viele beliebte Schlager gespielt. Die russische Artillerie liefer-

te dazu die Untermalung. Denn neue Angriffe gegen die Abwehrfront der Skijäger standen bevor.
Einige der ankommenden Soldaten waren schon fronterfahrene »alte Füchse« und trafen vorne auf Kameraden aus gemeinsamer Zeit in Arys oder bei den Jägerbataillonen. Da in Taus bei der Ausgabe von Wäsche, Strümpfen sowie Oberbekleidung nicht geknausert worden war, konnte davon auch etwas an die armen Schlucker in den Gräben beiderseits von Annopol abgegeben werden.

Am 7. August war im Abschnitt des I./1 ein weiterer Angriff gegen den kleinen russischen Brückenkopf beim Vorwerk Rachowski unternommen worden. Den Angriff leitete diesmal der Leutnant Hans Zimmermann (ehemaliger Angehöriger des Jäger-Bataillons 7). Zimmermann verdiente sich dabei das EK I. In der Verleihungsurkunde heißt es: »Aus eigenem Entschluß übernahm er als Führer der schweren Kompanie eine Stoßgruppe, brach in das feindliche Grabensystem ein und besetzte in hartem Kampf den« (an den Gebäudekomplex angrenzenden) »Obstgarten«. Damit war die wesentliche Voraussetzung für die Einnahme des Vorwerks geschaffen. Am 8. August, nach einem erfolgreich verlaufenen Gegenstoß der Russen, trat Leutnant Zimmermann mit seinen Skijägern im Schutze der Dunkelheit an dieser Stelle erneut zum Sturm auf die russische Brückenkopfstellung an, setzte sich trotz erbitterter Gegenwehr wieder im Vorwerk fest »und organisierte im schwersten feindlichen Feuer die Abwehr«.

An der rechten Flanke der Division unternahm der Russe am Nachmittag des 8. August aus seinem großen Brückenkopf Sandomierz - Baranow heraus einen Vorstoß nach Nordwesten, und damit in den Rücken der Verteidiger an der Weichsellinie. Sein Angriff, ausgeführt von 12 Panzern und Infanterie, die von Kampfflugzeugen unterstützt wurden, traf auf das bei Ruszkow - Sadowie (10 km südlich von Ostrowiec) stehende Skijäger-Feldersatzbataillon. Der damalige Kommandeur, Oberleutnant Georg, berichtet: »Am rechten und linken Flügel des Bataillons entstanden tiefe Einbrüche bei den dort eingesetzten und dem Bataillon unterstellten 2 Alarmkompanien, die aus Troßeinheiten des Kommandeurs des rückwärtigen Armeegebiets der 4.Pz.Armee gebildet wurden. Die beiden Einbrüche am rechten und linken Flügel wurden vom Bataillonsstab im Gegenangriff bereinigt und die russische Infanterie wurde zurückgeworfen. Von den eingebrochenen Panzern wurden 8 abgeschossen, 4 durch Panzerabwehrkräfte und weitere 4 durch Einsatz von Nahkampfmitteln. Unter dem Eindruck der eingetretenen Verluste ließen die Russen die restlichen 4 fahrbereiten Panzer stehen und setzten sich ab. Am 10.8. stürmte das Ba-

taillon trotz stärkster Gegenwehr (massiver Einsatz von Granatwerfern und Stalinorgeln) die beherrschende Höhe 346,2 in der Lysa Góra, etwa 5 Kilometer süd-südwestlich von Ruszkow - Sadowie«.
Das entschlossene und tapfere Verhalten des Kommandeurs des Ski-F.E.B. 1 wurde damals im »Ehrenblatt des deutschen Heeres« erwähnt. (Oberleutnant Georg war ein sehr erfahrener Frontsoldat, ausgezeichnet mit der Ostmedaille, dem Infanteriesturmabzeichen, dem EK I, der Nahkampfspange in Silber und — nach 9 Verwundungen — mit dem Goldenen Verwundetenabzeichen).

Die Kompanie Walther war in der Nacht vom 8. zum 9. August durch die 2./2 abgelöst worden. Weil der Gegner schon wenig später nach massiver Feuervorbereitung seine Angriffe wieder aufnahm und ein Durchbruch befürchtet wurde, mußte die 1./2 einsatzbereit bleiben; ein Zug kam sofort in die vordere Stellung und hatte sich nach erfolgter Abwehr des russischen Angriffs am Gegenstoß zu beteiligen.

Gegen den seit Anfang des Monats bestehenden feindlichen Brückenkopf im Bereich des Bataillons Meergans (I./1), mit dem ununterbrochen hart umkämpften Vorwerk Rachowski, wurde am 9.8. ein größerer Angriff befohlen. Der damalige Bataillonskommandeur berichtet: »Mir wurden zur Verstärkung 6 Panzer zugeteilt. Außerdem konnte ich mit dem Einsatz von 3 Sturzkampfflugzeugen rechnen.
Nachdem ich erfahren hatte, daß der Angriff am Nachmittag um 15 Uhr beginnen sollte, setzte ich mich sofort mit dem Regimentskommandeur Oberst Weiler in Verbindung. Ich sagte zu ihm, daß diese Zeit ein Wahnsinn sei, da das Ostufer der Weichsel etwa 30 Meter höher liegt und wir uns deshalb der konzentrierten feindlichen Abwehr gewissermaßen wie auf einem Präsentierteller darbieten würden. Oberst Weiler ließ aber meinen Einwand nicht gelten und gab mir zur Antwort, der Befehl für den Angriff um 15 Uhr käme »von allerhöchster Stelle«. — Ich erklärte mich daraufhin bereit, persönlich mit den ersten Panzern den Angriff zu führen. Doch das wurde von Oberst Weiler verboten; die Führung des Angriffs wurde vom Regiment meinem Adjutanten, Leutnant Friedrich-Wilhelm Hammer, übertragen.
Während der letzten Besprechung kurz vor Beginn des Angriffs erteilte ich an meine Kompanieführer den Befehl: »Bei starkem Feuer liegen bleiben, versuchen, sich einzugraben und Dunkelheit abwarten!«
Um 15 Uhr stand ich an der Straße zur Brückenstelle, von wo aus ich die Panzer einwies. Die waren nur ein kurzes Stück vorgefahren, als sie auch schon von den russischen Abwehrkanonen am Ostufer unter Feuer genommen wurden. Nach insgesamt etwa 300 Metern legten die Panzerfah-

rer den Rückwärtsgang ein, und die ganze Panzerunterstützung verschwand, an mir vorbei, auf Nimmerwiedersehen. Mein Adjutant, Leutnant Hammer, wurde durch Bauchschuß schwer verwundet und starb nach wenigen Stunden im Feldlazarett. Zwei Tage zuvor hatten wir zusammen noch seinen 22. Geburtstag gefeiert. . .
Der Angriff mußte angesichts der sinnlosen Verluste, die mein Bataillon im heftigen Abwehrfeuer hinnehmen mußte, zunächst abgebrochen werden. Ich war nach vorne zu Oberleutnant Schülke (3. Kompanie) gekrochen und habe den entsprechenden Befehl auch an die anderen Kompaniechefs weitergeben lassen.
Mit Einbruch der Dunkelheit wurde dann der Angriff wieder aufgenommen. Es gelang uns, ein s.MG an der dammartig ausgebauten Brückenzufahrt in Stellung zu bringen. Ein links neben der Brückenstelle angesetzter Stoßtrupp wurde aus Richtung Vorwerk Rachowski mit starkem Maschinengewehrfeuer belegt und mußte umkehren. In Abständen setzte ich noch 3 weitere Stoßtrupps ein, jedoch ohne Erfolg, es gab immer Verluste.
Da mich allmählich die Wut packte und es auf Mitternacht zuging, nahm ich mir einen Meldestaffelführer, der mir als zuverlässiger Mann bekannt war, um mit ihm zusammen die Stellung zu erkunden. Dem MG-Schützen, der mit seinem Maschinengewehr auf dem Damm an der Brückenzufahrt lag — etwa 100 Meter von diesem Haus oder Bunker entfernt, wo sich die Russen mit ihrem MG verschanzt hatten —, erteilte ich den Befehl, durch andauernde kurze Feuerstöße auf die gegenüberliegende Stellung den Feind möglichst abzulenken.
Ich robbte also mit meinem Begleiter bis in die Nähe des Bunkers, der im Abstand von zirka 10 Metern von einem Graben umgeben war. Vor dem Graben hatten die Russen Stacheldrahtrollen ausgelegt. Der Versuch, eine Handgranate in die uns zugewandte Schießscharte des Bunkers zu werfen, mißlang. Die Russen antworteten mit wütendem MG-Feuer. Wir lagen wie festgeklebt hinter einer niedrigen Erdaufschüttung vor dem Graben. Mir wurde klar, daß eine panzerbrechende Waffe her muß.
Während ich in Bunkernähe liegengeblieben war, hatte mein Meldestaffelführer herangeschafft, was wir brauchten: ein »Ofenrohr« und dazu 3 Granaten. Nun suchten wir uns eine Lücke im Stacheldraht und nutzten eine kurze Feuerpause bei den Russen, um unseren Panzerschreck gegen die Schießscharte auszurichten und eine Granate abzufeuern. Die Wirkung des Treffers war verheerend; aus dem Bunker wurde ein gewaltiges Loch herausgerissen.
Stacheldraht und Graben waren anschließend schnell überwunden. Bevor wir mit schußbereiten Maschinenpistolen in den Bunker eindrangen, hatten wir noch eine Handgranate in das aufgesprengte Loch geworfen.
Bei diesem russischen Widerstandsnest (unter der Bezeichnung »Alkazar«

in die Erinnerung eingegangen) handelte es sich eigentlich um eine alte, aber stabil gebaute Hütte, deren Wände innen rundherum mit Sandsäcken verstärkt und mit Schießscharten nach mehreren Seiten versehen worden waren. Zwei Rotarmisten lagen tot neben dem Maschinengewehr, das uns so schwer zu schaffen gemacht hatte. Wie ich feststellen konnte, waren es Kosakenleutnants. Einen dritten Toten, ebenfalls einen Leutnant, fanden wir in einer ausgebauten Vertiefung, die anscheinend als Schutz gegen Artillerie- oder Panzergeschosse diente«.

Inzwischen war der Gegner an dieser Stelle mit weiteren Verstärkungen nachgerückt. »Die Russen hatten Holzbohlen in Fließrichtung der Weichsel an den Pfeilern der gesprengten Brücke befestigt und konnten so bei Dunkelheit den Fluß überwinden«, schreibt Meergans.

An der Naht zur 2. Kompanie des Regiments 2 verhinderte »eine hastig zusammengestellte kleine Kampfgruppe unter der Führung des Ordonnanzoffiziers von Hauptmann Neuner, Leutnant Ernst Korsch, das Übersetzen der Sowjets über eine Weichselinsel auf das Westufer«. Dabei sollen unmittelbar neben den Skijägern blutjunge Angehörige des Reichsarbeitsdienstes (RAD) eingesetzt worden sein, »die vollkommen kampfunerfahren waren, sich aber bravourös schlugen«.

Im Abschnitt der 7. Kompanie des Regiments 1 kamen die beiden Funker in ihrem Erdunterstand nach einem Granatvolltreffer ums Leben. Daraufhin wurden zwei eben erst aus Taus eingetroffene Ersatzleute zur 7./1 geschickt. Auch sie wurden wenig später durch Volltreffer getötet. Innerhalb kurzer Zeit verloren somit das II. Bataillon und der neue Kommandeur, Hauptmann du Bois, vier hochqualifizierte Spezialisten.
Das Gelände im Bataillonsbereich bot fast keine Deckung. Zu den vordersten Stellungen der 7./1 jenseits eines toten Weichselarmes führte ein schwimmender Steg aus Holz. Der Steg lag im Schußbereich des Gegners und war daher bei Tageslicht nur unter großer Gefahr zu überqueren. Welche Probleme dieses offene Gelände den Nachrichtenleuten bereitete und mit welchen Strapazen ihre gefahrvolle Arbeit verbunden war, darüber geben folgende Tagebucheintragungen des damaligen Gefreiten Johannes Flemke, Nachrichtenzug II./1, Auskunft: »10.8.: Seit gestern abend bis 3 Uhr morgens war ich mit noch drei Mann 2 Kilometer Leitung auftrommeln im Sumpfgelände an der Weichsel. Feuerüberfall russischer Pak. — 11.8.: Heute nacht bis 2.30 Uhr auf Leitungsbau. Der Iwan hatte uns eine 17,2-cm-Granate (genannt »Schwarze Sau«) auf drei Meter vor die Nase gehauen. Meine Ohren waren taub und dröhnten. Für Sekunden wußte ich nichts mehr. Völlig benommen versuchte ich aufzustehen. Der

nur lose aufgestülpt getragene Stahlhelm war fortgeflogen. Meine Ohren blieben noch viele Stunden lang fast völlig taub. — 13.8., Sonntag: Es ist wieder ein heißer Tag. Die Luft flimmert, und die Fliegen sind unerträglich geworden. . . Mein Freund Ottmar Steinbach klagt über Schmerzen; er hat Fieber; Eiter läuft aus einem dicken Furunkel. In der Nacht habe ich ihn noch einmal verbunden. Auch ich bin krank und schwach, habe Durchfall. — Nachts wird die Hitze im Erdbunker unerträglich. Man kann nicht schlafen. Der Schweiß rinnt unablässig über Gesicht und Körper. Ist das ein Leben! . . .— 14.8.: Bis 22 Uhr Störungssuche am Steg. Dann nach Mitternacht nochmals 4 Stunden mit drei Mann Leitungsbau am Steg, der durch Granatvolltreffer in zwei Teile getrennt worden war. Ich habe eine Leitung schwimmend, unter Beschuß, durchs Wasser gelegt und dann nackt auf dem anderen Ufer weitergearbeitet. Es war Wahnsinn, aber die Verständigung zu den Kameraden, die ganz vorne liegen, war wieder da. Schmutzig und naß und völlig kaputt kehrten wir zu unserem Bunker zurück. — 16.8.: Leitungsbau durch den Sumpf. Bis an den Bauch im Schlamm. Beschuß und furchtbare Strapazen, bin fertig, liege wie gerädert im Bunker, meine Knochen sind wie zerschlagen. Die Sonne brennt heiß am Tage, und die Fliegen lassen uns keine Ruhe. Um 4 Uhr früh war ich zurückgekommen, dreckig und naß und habe keine frischen Sachen zum Wechseln. — 17.8.: Todmüde und durchnäßt komme ich in den Bunker. Die ganze Nacht Störungssuche unter Beschuß. Der Pan griff wieder an. — Um 2 Uhr nachts hatte ich meine Arbeit beendet, aber schon nach eineinhalb Stunden ging es wieder nach vorn zur Entstörung. Kaputt und zerschlagen an allen Gliedern kroch ich vorne bei den Funkern in den Bunker und versuchte zu schlafen. Aber es gab keine Ruhe; fortwährend dröhnten die nahen Einschläge russischer Granaten. Mein Bart ist schon bald einen Zentimeter lang. Ich sehe toll aus. — 18.8.: Ich bin nun vorne bei der 7. Kompanie. Immer noch trommelt der Gegner auf unsere Stellungen. Ein russischer Kommissar treibt seine Leute mit einem Knüppel vor. Unsere Geschütze und Scharfschützen halten dazwischen. Der Pan hat keine Lust mehr hier; er hat schon den Mut verloren. Das ist ein gutes Zeichen für uns. — Es ist wieder sehr warm, und ich habe schweren Durchfall. Die Fliegen und Mücken sind schlimmer wie die Russen« . . .

Die 1./2 war bald wieder vollständig in die vorderen Stellungen zurückverlegt worden und im eben beschriebenen Zeitraum den nicht nachlassenden Angriffen des Gegners ausgesetzt. Die Eintragungen im Tagebuch des Kompaniechefs wiederholen sich: »Feuerüberfälle und vergebliche Angriffe des Iwan«. — »Schweres Trommelfeuer. Iwan bricht in die Stellung ein, wird aber wieder geworfen. Gegenstoß«. — »Feuerüberfälle, Angriffe des Feindes. Angriffe abgewehrt«. — »Immer wieder Trommelfeuer«.

Der Verteidigungsabschnitt der Division reichte damals von südlich Annopol bis in den Raum Tarlow im Norden. Oberst Weilers Gefechtsstand befand sich südwestlich von Debno, nahe der Straße Annopol - Ozarow, der des Regiments 2 nördlich davon bei Maksymow, nur 2 Kilometer vom Weichselufer entfernt. Wenn in den Nächten nicht gekämpft wurde, deckte der Russe die Stellungen regelmäßig mit Sprenggranaten aus seinen Panzerbüchsen ein. Deshalb gab es unter den Soldaten, die auf Posten waren und aus ihren Gräben das Gelände beobachten mußten, laufend Tote und Kopfverletzte.

Am 17.8. versuchte der Russe 40 Kilometer südlich von Annopol, wieder aus seinem Brückenkopf Baranow heraus, einen zweiten Vorstoß in den Rücken der Skijägerdivision. Entscheidenden Anteil an der Abwehr dieses Angriffes hatte die 3. (Fla)Selbstfahrlafettenkompanie des Schweren Ski-Bataillons 1 unter ihrem Chef, Oberleutnant Brück. Auch Brück kam ins »Ehrenblatt des deutschen Heeres«.

Hauptmann Gürke, ehemaliger Chef der 4./2, war am 14.8., der Divisionsarzt, Oberstabsarzt Dr. Kassler, tags darauf gefallen.

Am 22.8. fiel der Ritterkreuzträger Oberleutnant Bittner, Batteriechef/ Sturmgeschütz-Abteilung 270. Der Wehrmachtbericht vom 22.8. meldete: »Nordwestlich Baranow zerschlugen unsere Truppen, durch Artillerie und Werfer hervorragend unterstützt, stärkere sowjetische Kräftegruppen«. Ernüchternder klingt die Eintragung in einem Gefechtsbericht vom selben Tage: »Wir versuchten mit allen verfügbaren Kräften, den Feind bei Baranow über die Weichsel zurückzudrängen. Der in den frühen Morgenstunden zügig anlaufende Angriff, an dem sich vier Panzerdivisionen beteiligten, kam zunächst gut voran, blieb dann aber kurz vor Erreichen des Endziels im feuchten, sumpfigen und reichlich mit Buschwerk (und russischer Infanterie) durchsetzten Gelände stecken. Die Stoßkräfte waren erschöpft«.

Dieser 22. August 1944 war »der bitterste und härteste Tag« im bisherigen Leben des Soldaten Hildebrand Walther: »Meine drei Treuesten, die Seele der Kompanie, gefallen«. Am Abend zuvor hatte der Chef der 1./2 im Gefechtsstand noch in froher Runde seine Beförderung zum Hauptmann gefeiert. (»Ahnungslos und froh plauderten wir zum letzten Mal«). In den Morgenstunden verabschiedeten sich die drei Kameraden von ihrem Kompaniechef — und wurden bald darauf Opfer eines Feuerüberfalls russischer Artillerie. Zwei von ihnen waren sofort tot; Kompaniefeldwebel Hans Buchberger starb gegen 17 Uhr am Hauptverbandsplatz. Ihre letzte Ruhestätte fanden sie am Soldatenfriedhof Karsy.

Eintragung vom 23.8.: »Weiter tobt der Kampf an der Weichsel«. Ein einfacher Soldat schrieb damals in sein Tagebuch: »Wir sind arme Teufel hier im Graben, verdreckt und mit zerschlissenen Uniformen, vom Kampf gezeichnet an Leib und Seele. Wir kennen kein Leben mehr. Herr Gott, sind das Strapazen! . . .« Deutsche und Russen lagen sich 50 bis 70 Meter gegenüber. An anderer Stelle betrug der Abstand nicht einmal 50 Meter: »40 m vor uns hockt der Iwan«. Dann heißt es im gleichen Tagebuch: »In der Nacht war der Russe bis auf Handgranaten-Wurfweite herangekommen«.

Die Geschichtsbücher berichten unter dem Datum 23.8.1944 über den politischen Umsturz in Rumänien. Nur zwei Tage später erklärte der einstige Bundesgenosse Deutschland den Krieg. Bald würden sich auch die zum Teil neutral gebliebenen Bulgaren dem Schritt Rumäniens anschließen und unter sowjetischem Druck ihre Truppen gegen den Freund von gestern marschieren lassen.
Daraus ergab sich folgende Situation: Zwischen den Karpaten und der Donau war eine riesige Frontlücke entstanden, die nur allmählich geschlossen werden konnte. Ganz Rumänien und Siebenbürgen wurden von der Roten Armee besetzt.

An der Weichsel dauerten die aufreibenden Angriffs- und Abwehrkämpfe unvermindert an. Rechts von den Skijägern — aber nicht unmittelbar an sie anschließend, denn es gab damals erhebliche Lücken in der deutschen Abwehrlinie — war im Czarna-Abschnitt südlich von Lagow die bayerische 97. Jäger-Division (»Spielhahnjäger«) in die Kampffront vor dem starken sowjetischen Baranow-Brückenkopf eingerückt.

Am 26. August traten die Jäger der 97. Division zusammen mit der ebenfalls dort eingesetzten 1. Panzer-Division zum Angriff nach Südosten an. Gleichzeitig stießen von Südwesten her die Panzer und gepanzerten Grenadiere der 16. P.D. todesmutig in den russischen Feuerriegel. Das Angriffsunternehmen endete ähnlich wie das vom 22.8.: Vorstoß bei empfindlichen Verlusten ohne durchschlagenden Erfolg. Es bestand keine zusammenhängende Front. Die Kräfte reichten oft nicht einmal dafür aus, um in einem schwer erkämpften Geländeabschnitt für längere Zeit festen Fuß zu fassen. Das Ziel, den sowjetischen Brückenkopf einzudrücken, schien weiterhin unerreichbar zu sein.

Inzwischen war bei der Skijägerdivision damit begonnen worden, für die beiden Regimenter — neben dem Ski-F.E.B. 1 — je ein Ersatzbataillon aufzustellen. Das Panzer-Armee-Oberkommando 4 (Gräser) setzte für diese Bataillone folgende offizielle Bezeichnung fest: »Ers.Btl./Ski-Jäg.

Rgt. 1« und »Ers.Btl./Ski-Jäg.Rgt. 2«. Bei der Division führte man allerdings bald die Bezeichnungen »III./1« und »III./2« ein, unter Fortlassung des Zusatzes »Ersatzbataillon«.

Das III./1, das dringend für einen erneuten, den nun schwersten Angriff gegen die am Westufer der Weichsel bei Annopol festsitzenden Russen gebraucht wurde, »stand innerhalb eines Tages (am 26.8.) mit Fahrzeugen und fast allen Waffen zur Verfügung«. Kommandeur dieser Kampfeinheit wurde der 26jährige Oberleutnant Willi Schülke aus Neisse in Oberschlesien, bisher Kompaniechef im I./1.

Bereits in der Nacht vom 28. zum 29.8. ging Schülkes Bataillon zur Ablösung nach vorne, in Erdlöcher und Gräben beiderseits der Straße Annopol - Ozarow.

Unmittelbar neben dem III./1 lag das I./1 (Meergans). Die Pioniere hatten zahlreiche »Stukas zu Fuß« (in der Landsersprache auch »brüllende Kuh« genannt) in die vorderen Stellungen eingebaut; das waren Raketen mit Flammenöl oder Sprengsätzen in 28- oder 32-cm-Wurfrahmen aus Holz. Schwere Geschütze der Artillerieabteilung waren zur Bekämpfung des Gegners in direktem Beschuß aufgefahren. Werfer und Pak standen in Bereitschaft, ebenso Sturmgeschütze und Panzer.

Bevor das blutige Gegeneinander losging, hatte es in der Nacht vom 29. zum 30.8. Blitz und Donner gegeben, und ein heftiger Gewitterregen war auf die Schützenlöcher und Stellungen von Freund und Feind niedergegangen.

30. August: Punkt 17 Uhr wurde das Trommelfeuer der Artillerie eröffnet. Die gleichzeitig zum Zünden gebrachten »Stukas zu Fuß« flogen zum Teil samt Abschußrahmen zum Russen herüber. Obergefreiter Günter Brost, Führer einer Granatwerfergruppe bei der 4./1, hatte den Auftrag erhalten, mit Nebelgranaten auf das Ostufer der Weichsel zu schießen. Damit sollte erreicht werden, daß den dort in großer Zahl in erhöhter Position aufgestellten russischen Panzerabwehrkanonen die Sicht genommen wird — was auch gelang.

Der schwere Feuerschlag aus Rohren aller Kaliber dauerte zehn Minuten und wurde nach kurzer Unterbrechung in den rückwärtigen Bereich des russischen Grabensystems verlegt. Das war das Zeichen für den Sturmangriff, der von drei Skijägerbataillonen mit Sturmgeschütz- und Panzerunterstützung bis an die Weichsel vorgetragen werden sollte. »Die Erde bebte. Das Bersten und Krachen der schweren Granaten zerriß einem fast das Trommelfell«. Es wird berichtet, daß der Kommandeur des I./1, Hauptmann Meergans, den zur Unterstützung anrollenden 4 Panzern entgegenging und den Kommandanten letzte Anweisungen erteilte. »Meergans trug keinen Stahlhelm und bewegte sich in dieser Situation so kaltblütig und furchtlos, als wäre er auf einem Truppenübungsplatz«.

In einem Gefechtsbericht heißt es zum Verlauf des Angriffsunternehmens: »Das Abwehrfeuer des Gegners war am Anfang verhältnismäßig schwach. Zug um Zug wurden die vorderen feindlichen Gräben von den Skijägern aufgerollt. Den Rotarmisten blieb meistens nichts anderes übrig, als die Flucht zu ergreifen. Diese erste Angriffsphase lief mit geradezu unheimlicher Schnelligkeit ab.

Gegen das Vorwerk Rachowski wurden vom Regiment zwei Kompanien eingesetzt. Der hartnäckige Widerstand der Sowjets an dieser Stelle konnte nur mit Panzerunterstützung gebrochen werden. Nach 45 Minuten war dann das Vorwerk — bis auf ein kleines Widerstandsnest im Westteil — in der Hand der Jäger.

Am rechten Flügel war eine Kompanie bis zur Sandbank vorangekommen, als der Vorstoß im heftigen Abwehrfeuer der Russen, die sich mit Maschinengewehren hinter den Pfeilern der zerstörten Brücke verschanzt hatten, zunächst liegenblieb. Zweimal setzten die Jäger wieder zum Angriff an, beide Male wurden sie vom starken Abwehrfeuer in Deckung gezwungen. Schließlich gelang es einem Stoßtrupp, mit dem Kompanieführer an der Spitze, sich bis auf Handgranatenwurfweite an die MG-Nester heranzuarbeiten und den Gegner im Nahkampf zu überwältigen.

In der darauffolgenden Nacht wurde mit Hilfe von Sturmgeschützen der Ring um die im südlichen Teil des Brückenkopfes noch festsitzenden Feindkräfte geschlossen, das Weichselufer war erreicht«.

Besonders erwähnt wird in dem Bericht der Batteriechef der Sturmgeschütze, Hauptmann Hans-Christian Stock. Hauptmann Stock (1,96 Meter groß, schon siebenmal verwundet) »stieg während des Gefechts aus seinem Geschütz und reihte sich in die Angriffsspitze der Skijäger ein. Aus eigenem Entschluß blieb er auch nach hereinbrechender Dunkelheit mit seinen Geschützen noch vorne bei den Jägern«.

»Inzwischen waren die Sowjets am Brückenkopf-Nordteil ebenfalls auf engen Raum zurückgedrängt worden. Ein mit zusammengefaßten Kräften erneut vorgetragener Angriff am 31. August, wobei es in der letzten Phase zu erbitterten Nahkämpfen kam, warf die Russen vollends aus ihren Stellungen. Etwa 50 Rotarmisten versuchten — die meisten von ihnen vergeblich —, schwimmend das Ostufer der Weichsel zu erreichen«.

Bei diesen Kämpfen fiel Major Rast, Kommandeur des Ski-Pionier-Bataillons 85. Major Rast führte damals kommissarisch das Ski-Jäger-Regiment 2. Über den Führer der Sturmgeschütze wird berichtet, »daß er im Kugelhagel wieder aufrecht neben seinen Sturmgeschützen herging und auf diese Weise den Angriff leitete«. Hauptmann Stock, der selbst bis dahin insgesamt 58, seine Batterie 193 und die gesamte Abteilung 435 russische Panzer abgeschossen hatte, erhielt »für sein beispielhaftes Verhalten« das Eichenlaub zum Ritterkreuz.

Am 1.9.44 (»taktische Zeit: 20.30 Uhr«) gab das Pz.AOK 4 per Fernschreiben einen »Armeebefehl« heraus, in dem es lapidar hieß: »Die Beseitigung des Brückenkopfes Annopol ist unter Vernichtung der russischen 106. Schützen-Division gelungen«. —

Teile der Angriffsgruppe konnten schon in der Nacht vom 31.8. zum 1.9. wieder herausgelöst werden, so das III./1. Das 42. Armee-Korps wurde von der Armee angewiesen, ein Armee-Sturmregiment und ein Artillerie-Kampfbataillon zur Übernahme von »Teilen der ehemaligen Weichselfront der Skijägerdivision« bereitzustellen. Zugleich befahl die 4. Panzer-Armee dem 56. Panzer-Korps, »im engen Einvernehmen mit dem 42. A.K. die 1. Ski-Jäger-Division aus der Front herauszulösen«. Einem Fernschreiben der Armee an das 42. A.K. vom 2.9.44, 11.15 Uhr, ist zu entnehmen, daß das 56. Panzer-Korps dem 48. Panzer-Korps »sofort 2 Bataillone der 1. Ski-Jäger-Division im mot. Marsch in den Raum nordwestlich Slupia« (das war 25 - 30 km westlich Ostrowiec) »zuzuführen hat. **Eile geboten!**«
In der Nacht vom 2. zum 3.9. sollten dann vom 42.A.K. »die an der Weichselfront eingesetzten Teile der 1. Ski-Jäger-Division bis Biedrzychow (ausschließlich)« herausgelöst werden, ein weiteres Bataillon vom 56. Pz.Korps am äußersten Nordflügel der Division. Die harten und auch verlustreichen Kämpfe der Skijägerdivision im Frontabschnitt am Weichselufer waren somit, nach der »Bereinigung« des sowjetischen Brückenkopfes bei Annopol, beendet.

Lysa Góra

Mit der »gebotenen Eile« wurde schon am 2. September gegen 17 Uhr das Bataillon Schülke auf LKW verladen und erreichte über Ostrowiec den neuen Kampfraum südwestlich davon. »Explosionen dröhnen herüber«. Der zugewiesene Abschnitt lag in einem Waldgebiet. Es war inzwischen Nacht geworden. In völlig unbekanntem Gelände traten Oberleutnant Schülke und seine Skijäger sofort zum Angriff an. Bis zum Morgengrauen konnte der zum Teil überraschte Russe überrumpelt und mehrere Kilometer zurückgeworfen werden. Dann bezog das III./1 Stellung. Am 4. September wurde Günther Meergans verwundet. Sein I./1 übernahm Hauptmann du Bois.

Zu diesem Zeitpunkt befanden sich die Kompanie Walther sowie zumindest noch die Schwere 4. des Regiments 2 nach wie vor an der Weichsel. Die Herauslösung und Übergabe der Stellungen an Infanterieeinheiten begannen dort erst am 4.9. Dabei wurden die Züge vorsichtig einzeln herausgelöst, »damit uns der Iwan nicht zu sehr dazwischenfunken kann«.
Der Abtransport mit LKW begann am nächsten Tag. Während der Fahrt in westliche Richtung wurde ein Abstecher nach Karsy unternommen, wo die 1./2 auf dem Soldatenfriedhof zum letzten Mal Abschied nahm von den toten Kameraden. —
»Vor der Lysa Góra geht's im tiefen Morast nicht mehr weiter; überall haben unsere schweren Panzer (»Tiger«, »Panther«) ihre Spuren hinterlassen«, schrieb der Kompaniechef in sein Tagebuch. In einem Dorf konnte zunächst, wenn auch sehr notdürftig, Quartier bezogen werden. Laut Eintragung im Tagebuch wurde die Gegend trotz allem als »herrlich« empfunden. Im Süden befanden sich »die Waldhöhen der Lysa Góra«, in den Landschaftsbeschreibungen »ein Bergrücken am Nordrand des polnischen Mittelgebirges, der zum Teil noch im Weichbild der Stadt Kielce liegt und aus mehreren sanft ansteigenden, westöstlich streichenden Gebirgsrücken besteht«.
Die Felder waren abgeerntet. Hier und da stand eine Windmühle. Unübersehbar aber auch die Spuren des Kampfes! Vor wenigen Tagen war noch der Russe hier und hatte im Umfeld seiner Schützenlöcher eine Menge Minen verlegt. Es wird berichtet, daß die Skijäger von der Zivilbevölkerung, die zum großen Teil nicht flüchten konnte oder wollte, freundlich empfangen wurden: »Die Leute begrüßen uns herzlich und sind froh, daß wir (die deutschen Soldaten) wieder da sind«. . .
Im Abschnitt des I./2 verlief die HKL »gut einen Kilometer unterhalb der Lysa-Góra-Höhen«. Die dort eingesetzten Panzereinheiten waren vom Angriff zur Verteidigung übergegangen. Es gab »schwere Waffen in Massen«. Artillerie- und Werferbatterien feuerten Tag und Nacht.
Der »Mordsabschnitt«, den die 1. Kompanie dann am 7.9. übernahm, war unübersichtlich und bot noch keine Deckung. Deshalb wurde gleich in der ersten Nacht schwer am Ausbau von Stellungsgräben und Schützenlöchern gearbeitet. Am Tage mußte man sich vor den russischen Scharfschützen in acht nehmen, und bei Dunkelheit galt es aufzupassen, daß der mit Spähtrupps vorfühlende Gegner nicht die Gefechtsvorposten überwältigte. Seine Absicht war es, Gefangene zu machen.
»Der Schlamassel geht an der linken Seite los. Die Front ist dünn besetzt — aber es wird gehalten« . . .

Im bewaldeten Abschnitt des links anschließenden Regiments 1 war am 7.9. »die Hölle ausgebrochen«. Das III./1 hatte in der Nacht seine Stellungen weiter vorverlegt, das heißt, neue erobert, und nun überschüttete der wütende Russe den Bataillonsbereich mit einem Dauerfeuer schwerer Granaten.

Das I./1 unternahm am 8.9. nach Einbruch der Dunkelheit einen Angriff und »brachte den Wald im Bataillonsabschnitt und 200 Meter Vorgelände in eigene Hand«. An der äußersten linken Flanke des Regiments 1 wurde über ein »Nahtkommando« Kontakt zur 97. Jäger-Division aufgenommen.

Seit dem 8.9. war die 1. Ski-Jäger-Division dem 42. Armee-Korps (Recknagel) unterstellt — neben 2 Panzer- und 3 Infanteriedivisionen. Vor der Korpsfront standen 12 russische Schützendivisionen (9 von der 13. Armee und 3 von der 3. Garde-Armee). Mit 5 weiteren, in Auffrischung befindlichen Schützendivisionen der 13. Armee und mindestens 3 Panzerkorps — gleichfalls zur Auffrischung in Frontnähe — war noch zu rechnen. Die Anmerkung im Tagebuch des Hauptmanns Walther: »Artillerie- und Werferbatterien feuern Tag und Nacht« hat wohl was zu tun mit dem Korpsbefehl: »1. Ski-Jäg.Div., 23. bzw. 17. Pz.Div. täuschen mit der in Stellung befindlichen Artillerie durch Störungs- und Vernichtungsfeuer bei Tag und Nacht die Fortsetzung von Angriffsvorbereitungen vor«. . .

Am 8. September wurde bekannt, daß das Oberkommando des Heeres (OKH) den Antrag der Heeresgruppe auf Umgliederung der Skijägerdivision in eine Jägerdivision abgelehnt hat. Begründung: »Die Gliederung der Division entspricht den Sonderaufgaben der Division«. . .

Aber eine Umbenennung innerhalb der Division trat mit Wirkung vom 10.9.44 in Kraft: Die Berliner Sturmgeschütz-Abteilung 270 wurde in Panzerjäger-Abteilung 152 umbenannt. Sie war seit dem 21. August wie folgt gegliedert: Stab, Stabsbatterie, 1. und 2. Batterie. Die 3. Batterie kam als 2. Batterie zur Heeres-Sturmgeschütz-Brigade 244.

Den Ia-Tagesmeldungen für die Zeit vom 11. bis 22. September ist zu entnehmen, daß die Kämpfe in ungleich stärkerem Maße von der Gegenseite mit einem außergewöhnlich massiven Aufgebot schwerer Granatwerfer und Artillerie ausgetragen wurden. Der größte Teil der schmerzlichen Verluste an Toten und Verwundeten bei den Skijägern ist darauf zurückzuführen. »Im gesamten Divisionsabschnitt zumeist heftige Feuerüberfälle« oder »Während der zweiten Nachthälfte und im Verlaufe des ganzen Tages Artillerie-, Granatwerfer-, Pak- und Infanterie-Störungsfeuer mit Schwerpunkt auf HKL im Abschnitt des Ski-Jäg.Rgts. 1« — das war die Realität, die auch den Furchtlosesten nervte. Es wird erzählt, daß sich der Kommandeur des III./1, Oberleutnant Schülke, über seinem Erdbunker

im Abstand von etwa 1,50 Meter eine zusätzliche Abschirmung aus schweren Baumstämmen errichten ließ. Dadurch wurde sein Unterstand sozusagen »volltreffergeschützt«. Aber was half ihm das, wenn er draußen bei seinen Soldaten war! —
An diesem wahnsinnigen Duell der Geschütze und Kanonen beteiligten sich im Frontbereich der Skijägerdivision — den der Russe wahrscheinlich extra dafür ausgesucht hatte — nicht nur die eigene Artillerieabteilung und die anderen schweren Waffen. Dem Kommando der Division wurden am 8.9. unterstellt: die II. Abteilung des Artillerie-Regiments 66 sowie die II. Abteilung des Artillerie-Regiments 71, schwere Feldhaubitzen (Sf). Am 17.9. kam noch die Heeres-Artillerie-Brigade 288 hinzu.

Noch vor Ende des Monats September waren aber auch in diesem Frontabschnitt die Kämpfe für die Angehörigen der 1. Ski-Jäger-Division beendet. Der Kommandierende General des 42. Armee-Korps, General der Infanterie Recknagel, ließ die Soldaten des Generals Berg anscheinend nur ungern gehen. Am 22.9. verabschiedete er sich von den Skijägern unter anderem mit den Worten: »Ich spreche der Division meinen Dank und meine Anerkennung aus und bedaure das frühe Ausscheiden aus dem Verband des Korps«. (Recknagel und sein Chef des Generalstabs, Oberst von Drabich-Waechter, fielen im Verlauf der großen sowjetischen Baranow-Offensive am 18.1.1945 im Nahkampf).

Das Herauslösen aus der HKL und die Übergabe der Stellungen an die Kampfeinheiten der ostpreußischen 291. Infanterie-Division wurden nach einem genau festgelegten Zeitplan auf mehrere Tage verteilt — ebenso die Abfahrt vom Sammelpunkt Kielce. Befohlen wurde zum Beispiel, »daß die schweren Waffen je nach Eintreffen der entsprechenden Einheiten der 291. I.D. Zug um Zug herauszulösen sind«. Der Abbau der Nachrichtenverbindungen mußte so erfolgen, »daß ständig Sprechbereitschaft und eine sichere Befehlsführung im gesamten Divisionsabschnitt gewährleistet bleiben«.
Zunächst waren in den Mittagsstunden des 22.9. das »vorausbeförderte Personal« (V.P.) sowie das III. Bataillon des Ski-Jäger-Regiments 1 und die Reiterschwadron in Kielce verladen worden. Zu den letzten Einheiten, die ihre Stellungen laut Zeitplan räumten, zählte wieder die 1. Kompanie des Regiments 2. Ablösung: 24.9., Abtransport von Kielce: 25.9.

Den Unterlagen nach benötigte die Division an Transportraum mindestens 30 Eisenbahnzüge. Mit auf den Weg geschickt wurden: von der II. Abteilung des Artillerie-Regiments 66 der Stab und die Stabsbatterie sowie die 4./A.R. 66. Außerdem der Stab und die Stabsbatterie des Heeres-Artillerie-Regiments z.b.V. 618. Die Fahrt ging 150 - 200 Kilometer in südöstliche Richtung, zu den Paßhöhen an der polnisch-tschechoslowakischen Grenze in den Ostbeskiden.

Am Ozenna- und Duklapaß

Während die Skijägerdivision noch an der Weichsel stand, war (am 29. August 1944) in der mittleren Slowakei im Raum Banska Bystrica (Neusohl) ein Aufstand ausgebrochen. Diese in erster Linie von der Armee getragene nationale Aufstandsbewegung war verfrüht ausgelöst worden durch das Einrücken deutscher Truppen, nachdem am 28.8. slowakische Soldaten in Turc. Svaty Martin 22 deutsche Offiziere ermordet hatten. Im Verlauf eines überraschenden Zugriffs wurden damals in der Ostslowakei 22 000 Mann, die zwei Divisionen angehörten, entwaffnet und gefangengesetzt. 2 000 slowakische Soldaten schlugen sich zu den Aufständischen durch.

Angesichts dieser Entwicklung in der Slowakei kam es in jenen Tagen bei den Russen zu einer drastischen Änderung ihrer ursprünglichen Operationspläne. Die »4. Ukrainische Front« (Rokossowski) sowie die verstärkte 38. Armee der »1. Ukrainischen Front« (Konjew) wurden angewiesen, die deutschen Abwehrstellungen an den Karpatenpässen nun von Nordosten frontal anzugreifen. Der Befehl für die nächsten Tage lautete: Verteidigung im Raum Sanok - Krosno ist zu durchbrechen, dann weiterer Vorstoß in Richtung Dukla - Duklapaß (dem wichtigsten Gebirgsübergang an der Nord-Abdachung der Karpaten) und Presov. Auf slowakischem Boden war Verbindung aufzunehmen mit den Kräften der Aufständischen. Wie es heißt, rechnete Stalin offensichtlich damit, daß seine gewaltige Streitmacht innerhalb von fünf Tagen die Karpatenpässe überwinden und das erstrebte Angriffsziel Presov erreichen würde. Darüber hinaus spielten auch Überlegungen eine Rolle, nach der raschen Überwindung der Gebirgsfront in die ungarische Tiefebene durchzustoßen und die Deutschen dort im Rücken zu fassen.

Die russische Offensive begann im Morgengrauen des 8.9.44 mit einem zweieinhalbstündigem Trommelfeuer aus 1 500 Geschützrohren auf 10 Kilometer Frontbreite im Schwerpunktraum am äußersten rechten Flügel bei Krosno. Aber schon am ersten Tag kamen die Sowjets nicht vorwärts und erlitten nur blutige Verluste: Alle ihre Angriffe scheiterten an der intakt gebliebenen Abwehrfront der brandenburgischen 68. Infanterie-Division.

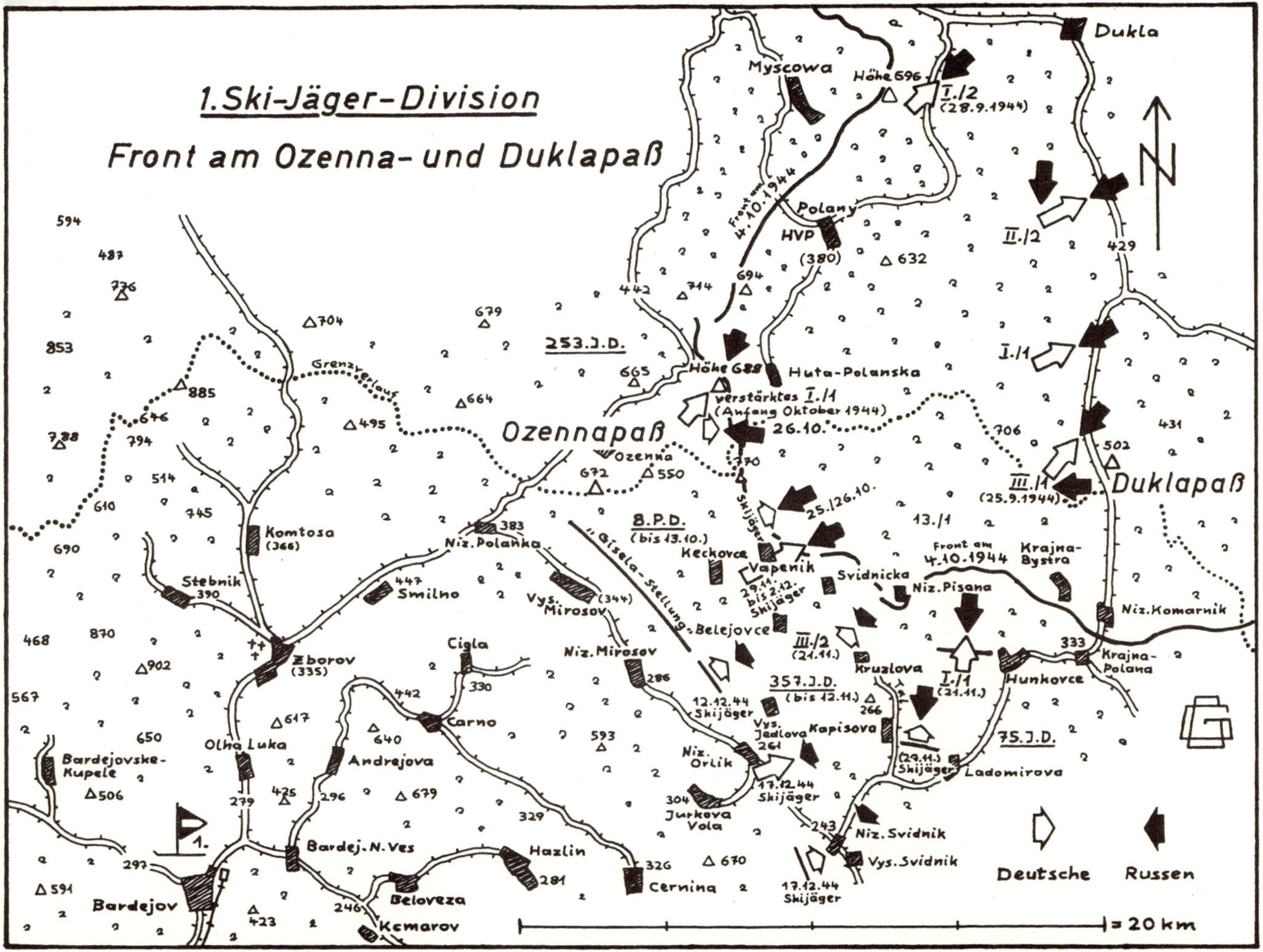
1. Ski-Jäger-Division
Front am Ozenna- und Duklapaß
Dukla
Myscowa
Höhe 696
I./2
(28.9.1944)
Front am 4.10.1944
Polany
HVP
(380)
632
II./2
429
694
714
442
679
704
2
253.J.D.
665
Höhe 688
Huta-Polanska
I./1
Grenzverlauf
885
664
verstärktes I./1
(Anfang Oktober 1944)
26.10.
431
646
495
Ozennapaß
706
502
738
794
Ozenna
672
550
370
III./1
(25.9.1944)
Duklapaß
514
610
745
Skijäger
25./26.10.
13./1
8.P.D.
(bis 13.10.)
Komtosa
(366)
383
Niz. Polanka
Keckovce
Vapenik
Svidnicka
Front am 4.10.1944
Krajna-Bystra
690
Stebnik
390
447
Smilno
Vys. Mirosov
(344)
"Gisela-Stellung"
29.11. bis 2.12. Skijäger
Niz. Pisana
Niz. Komarnik
468
870
Belejovce
III./2
(21.11.)
333
Zborov
(335)
Cigla
Niz. Mirosov
286
Kruzlova
Krajna-Polana
902
567
330
357.J.D.
(bis 12.11.)
266
I./1
(21.11.)
Hunkovce
442
12.12.44 Skijäger
617
Carno
Vys. Jadlova
261
Kapisova
650
640
593
75.J.D.
Bardejovske-Kupele
Olha Luka
Andrejova
Niz. Orlik
(24.11.) Skijäger
Ladomirova
506
279
425
296
679
304
Jurkova Vola
17.12.44 Skijäger
329
243
1.
Bardej. N. Ves
Hazlin
Niz. Svidnik
297
281
326
670
Vys. Svidnik
591
Bardejov
Beloveza
Cernina
17.12.44 Skijäger
Deutsche
Russen
246
423
Kemarov
= 20 km

Am 9. September setzten sie ihre Offensive mit weit überlegenen Kräften und gleichem Angriffsziel auf viel breiterem Raum fort. Neben Moskalenkos 38. Armee und dem 1. Tschechoslowakischen Armee-Korps (Kratochvil) traten von der »4. Ukrainischen Front« die 1. Garde-Panzer-Armee (Gretschko) mit dem 25. Panzer-Korps, das 1. Garde-Kavallerie-Korps sowie das 52., 67. und 101. Schützen-Korps zum Angriff auf die Verteidigungslinie der deutschen »Armeegruppe Heinrici« an. Den Durchbruch schafften sie wieder nicht. Auch in den folgenden drei Wochen, bis Ende September/Anfang Oktober, versuchten die Russen vergeblich, einen entscheidenden Vorstoß zu erzwingen, obwohl ihre Überlegenheit an Menschen und Material erdrückend war. In diesem Zeitraum verloren sie 440 von 540 eingesetzten Panzern und eine Vielzahl ihrer Soldaten. Sie waren bis dahin nicht mehr als 20 Kilometer vorangekommen!

Erste Einheiten der Skijägerdivision hatten ab 24./25. September in die Kämpfe eingegriffen. Das III./1 des Oberleutnants Schülke war am 24.9. an der Endstation der Eisenbahnzüge auf LKW's umgestiegen und in den Frontraum westlich der Straße, die vom Duklapaß südwestwärts nach Svidnik führt, weitertransportiert worden. Dort erfuhren die Soldaten, daß tags zuvor in dem Abschnitt, den sie übernehmen mußten, russische Panzer durchgebrochen waren. Noch am Abend wurden Stellungen bezogen. Der Russe reagierte sofort mit heftigem Granatwerfer- und Artilleriebeschuß. Auch in den Nachtstunden gab es keine Ruhe.

Vor dem Einsatz am Duklapaß war das Bataillon, dessen Gefechts- oder Grabenstärke in den verschiedenen Einsatzphasen bei 100 bis 150 Mann lag, mit Ersatzleuten auf eine Stärke von annähernd 200 Kämpfern gebracht worden.

Am frühen Morgen des 25.9. gingen die Kompanien zum Angriff über und warfen den Gegner, der vermutlich nicht mit einer solchen Entschlossenheit der Skijäger gerechnet hatte, gleich mehrere Kilometer zurück. Der damalige Gefreite Flemke berichtet, daß die Nachrichtenleute die schweren Geräte »bergauf und bergab« nachschleppen mußten. Es regnete. Bald würde es »in Strömen« regnen.
Der Angriff kam erst zum Stehen, als das Bataillon auf eine dichte Abwehrfront russischer Kanonen und auf bereitstehende Panzer des Gegners stieß. Die »Ausfälle« an Toten und Verwundeten häuften sich, und man war froh, als die Nacht hereinbrach. Es wurde stockfinster. Die Uniformen waren bis auf die Haut durchnäßt. Kein Unterschlupf, außer einigen Zeltplanen, unter denen die Soldaten — jeweils mehrere dicht nebeneinander — stehend den nächsten Morgen abwarteten. Der Verpflegungstroß ?

— der war irgendwo. Den Russen vermuteten sie inzwischen »vorne und hinten« — was sich bald als bittere Tatsache erweisen sollte.
26.9.: »Ein harter Tag. Abends kam endlich das Essen, von Trägern in Behältern auf dem Rücken über viele Kilometer herangeschleppt. Einen halben Becher Suppe und zwei Scheiben Butterbrot gab's«. Sonst kam kein Nachschub »durch diesen verteufelten Wald«.

Mit den ersten Transporten kam damals auch der Oberjäger Günter Brost (ein erfahrener Soldat des einstigen Heeres-Jäger-Bataillons 9) an die Front am Duklapaß. Brost erinnert sich, daß von seinem I. Bataillon des Regiments 1 vorerst nur die Kampfeinheiten dort eintrafen, »so daß wir zunächst von der Versorgung abgeschnitten waren. Nach drei Tagen Einsatz bekam ich — weil ich nach Meinung des Kommandeurs über ein gutes Orientierungsvermögen verfügte — vom Bataillon den Auftrag, unseren Troß zu suchen, was in dem waldreichen Gebirge nicht ganz einfach war. Der Troß (Hauptfeldwebel Schäfer) wurde aber von mir gefunden und der Truppe zugeführt. Nachschub war dringend nötig, wir sammelten Ausrüstung der Slowaken ein«. . .

Das von den Russen gleich zu Beginn der Offensive an der Gebirgsfront eingesetzte — und großzügig ausgerüstete — Armeekorps der Slowaken unter General Kratochvil war im Verlauf der Kämpfe besonders schwer angeschlagen worden. Der damalige General Ludvik Svoboda berichtet in seinen Memoiren, daß das II. Bataillon der 1. Brigade schon beim ersten Angriff 70 Mann an Toten und Verwundeten verlor. Die Soldaten der 3. Brigade flohen panikartig, als die Deutschen ihre Gegenangriffe unternahmen. »Wer den plötzlichen Feuerüberfall mit heiler Haut überlebt hatte, suchte die Rettung in der Flucht«. — »Die zahlreichen Gefallenen und Verwundeten führten bei vielen Soldaten zu depressiven Wirkungen«. — »Am Morgen des dritten Kampftages unternahm die 2. Brigade einen neuen Angriff; auch er wurde vom Gegner abgefangen und zurückgeschlagen«. Marschall Konjew sah sich daraufhin veranlaßt, Kratochvil abzulösen und durch Svoboda, den Kommandeur der 1. Brigade, zu ersetzen.
Nun wieder der 26.9.1944: Das III. Bataillon des Ski-Jäger-Regiments 1 lag, wie am Tag zuvor, unter heftigem Feuer der schweren Waffen des Gegners. Zum größten Problem wurde die Versorgung der Verwundeten; die meisten von ihnen mußten in stundenlangen, strapaziösen Märschen durch das Gebirge zurückgetragen werden. Manche starben unterwegs.

In Gorlice, 50 Kilometer nordwestlich des Kampfraumes der Bataillone des Regiments 1, war an diesem Tag der Eisenbahnzug mit der 1. Kompanie des Regiments 2 eingetroffen. Noch vor Anbruch der Dunkelheit wurde auf LKW's die Weiterfahrt in das unmittelbare Frontgebiet angetreten.

Hauptmann Walther notierte: »Es geht durch herrliches Land. Berge und Waldhöhen, wie bei uns daheim im Erzgebirge«. — »Über schmale Paßstraßen kriecht die LKW-Kolonne in Serpentinen hinauf und hinunter« . . Unterwegs mußten die Fahrzeuge des Granatwerferbataillons und einige der 26-Tonnen-Selbstfahrlafetten mit 15-cm-Feldhaubitzen (»Hummel«), von Major Neuberts schwerem Skibataillon, überholt werden. »Schwierig«. — »Gegen Mitternacht am Ziel, in einem Nest vor Polany«.
Polany liegt, von der Achse Ozennapaß - Duklapaß gemessen, 7 Kilometer nördlich davon etwa in der Mitte.
Regen. Völlige Dunkelheit. Hauptmann Walther bestieg ein Beiwagenkrad und ließ sich damit zum Regimentsgefechtsstand fahren — über »Saustraßen«, durch zähen Schlamm, über aufgeweichte Wiesen und gefährlich demolierte Bachübergänge. »Gottseidank, das Beiwagenkrad schafft es!« Nach langem Suchen wurde endlich der Gefechtsstand gefunden.
Einweisung durch den Kommandeur. Die Rückfahrt zur Kompanie konnte mit einem Kettenkrad angetreten werden.
Nach der Ankunft in dem unbekannten Nest erhielten die Soldaten von ihrem Hauptmann Anweisung, in Quartiere unterzuziehen. Große Freude unter ihnen, denn sie hatten etwas Schlaf dringend nötig.
Bereits am frühen Morgen des 27.9. ging es mit den Lastkraftwagen weiter. Während der Nacht hatte es ununterbrochen geregnet. Die Straße »am Fuße eines schmalen Gebirgstales« war für die Räderfahrzeuge kaum noch befahrbar.
Im Laufe des Vormittags konnten die Mäner noch einmal Unterkünfte beziehen. »Etwas warmer Kaffee tut gut«. Am Nachmittag erhielt die Kompanie den Einsatzbefehl: Angriff am nächsten Tag.
28.9., Eintragung im Tagebuch: »Ein Melder holt mich aus dem kurzen Schlaf: Einsatzbesprechung beim Kommandeur«. Die Kompanie machte sich fertig; ein Zug sollte als Reserve zurückbleiben. Für die anderen Abmarsch zum Einsatz. »Eigene Artillerie schießt sich ein. Der Geschützdonner hallt durch die Täler«. Bereitstellung in einer Mulde unweit des Bataillonsgefechtsstands. Hauptmann Neuners I./2 lag damals ostwärts von Myscowa an der Höhe 696, = 6 Kilometer vor der nach Süden zum Duklapaß führenden Straße.
Inzwischen hatte der Russe die Deutschen bemerkt und mit Granatwerfern das Feuer eröffnet. »Trotzdem wird planmäßig Bereitstellung bezogen, die Strippe zum Gefechtsstand gelegt und die Funkverbindung aufgenommen«.
Der Angriff war kaum voll in Gang gekommen, als die Deutschen auch schon mit dem Gegner zusammenprallten, der selbst zum Vorstoß in den Bereitstellungsraum angetreten war. Nach erbittertem Kampf, teils mit

blanker Waffe, konnte der Russe zurückgeworfen werden. Dann aber gerieten die Skijäger in das Sperrfeuer einer bereitstehenden gepanzerten Abwehrfront; Kanonen der Sowjets schossen in die Bäume hinein. Die Wirkung der Baumkrepierer war fürchterlich. Innerhalb weniger Minuten fielen mehrere Mann, darunter Leutnant Neugebauer; viele wurden verwundet, auch die V.B.'s der Artillerie. Die Nachrichtenleitung zum Gefechtsstand war unterbrochen. Verbindung zum Bataillon nun über das Funkgerät. »Vorläufig eingraben!« lautete der Befehl.
Hauptmann Walther entschloß sich indessen, zusammen mit einem Kameraden bis zum Waldrand vorzugehen, um dort Einsicht auf eine freie Fläche zu bekommen, die in der festgelegten Angriffsrichtung lag. Nachdem er die Lichtung erreicht hatte und sich danach vorsichtig den an der Flanke sichernden Leuten seiner Kompanie nähern wollte, um ihnen weitere Befehle zu erteilen, wurde er von einer russischen Gewehrkugel schwer am Oberschenkel getroffen. Sein Begleiter wurde ebenfalls schwer verwundet bei dem Versuch, ihn in Deckung zu ziehen. Einen weiteren Kameraden traf die Kugel — vermutlich aus demselben Gewehr eines Scharfschützen —, als er sich den beiden Schwerverwundeten nähern und ihnen helfen wollte. Ihre Rufe nach dem Sanitäter wurden im Kampflärm nicht gehört.
»Der Iwan schießt mit Explosivgeschossen in die Bäume. Es stinkt nach Schwefel. Pak- und Granatwerfereinschläge reißen den Waldboden auf, zerfetzen Bäume, fegen Baumkronen ab«.
Der zweite Angriff der Russen war nach dem Abflauen des Artilleriefeuers zu erwarten. Bis dahin konnten die Schwerverwundeten geborgen werden. Während Hauptmann Walther in einer Zeltbahn zurückgetragen wurde, verstärkte sich noch das Artilleriefeuer: Nun mischten auch wieder die eigenen schweren Waffen mit. Das gegenseitige erbarmungslose Töten würde in den nächsten Stunden einen neuen Höhepunkt erreichen.
In seinem Tagebuch beschreibt der Kompaniechef, wie die Sanitäter ihn an einem Schützenloch vorbeitrugen, in dem mit zusammengekrümmten Körper der Obergefreite Schunk lag, »das Gesicht bleich, vom Tode gezeichnet. Ich gebe ihm noch einmal die Hand. . . Immer die Besten; er war ein so feiner Kerl«.
Vom provisorischen Verbandsplatz aus (»verdammt viele von mir liegen hier schon«) schickte Hauptmann Walther, bevor man ihn zum Hauptverbandsplatz nach Polany brachte, einen Melder zu Hauptmann Neuner. Ob der Melder den Kommandeur noch lebend antraf? Neuner fiel am gleichen Tag. Vom Soldatentod ereilt wurde damals auch ein alter Kompaniechef des I. Bataillons aus der Zeit am Pripjet, Oberleutnant Rott.

Im Abschnitt von Schülkes III./1 war der Gegner am 28.9. nach dem üblichen massiven Vorbereitungsfeuer seiner Artillerie, das durch den Einsatz

von Schlachtflugzeugen noch unterstützt wurde, westlich der Paßstraße von Nordosten zum Vorstoß angetreten. »Es war hellichter Tag«. Beim ersten Sturmangriff aus ihrem Bereitstellungsraum — »bewaldete Gebirgshöhen jenseits eines breiten, flachen Wiesentals« — setzten die Russen gegen die Stellung des Bataillons ganz überraschend Kavallerie ein. Gefreiter Flemke erwähnt in seinen Aufzeichnungen, daß die Skijäger, die über dreißig MG's 42 verfügten, Anweisung erhalten hatten, die im gestreckten Galopp anstürmenden Pferde und Reiter bis auf etwa 50 Meter herankommen zu lassen. Dann erst erhielten sie Feuerbefehl — und in den nächsten Augenblicken brach der russische Kavallerieangriff auf schreckliche Weise im Kugelhagel der MG's, Sturmgewehre und Karabiner zusammen. »Die Angreifer wurden buchstäblich niedergemäht«. Der damalige Gefreite in der 9. Kompanie, Herbert Parsch, (ein ehemaliger Angehöriger von »Jäger 8«, und als blutjunger Soldat mit diesem Bataillon unter anderem in der Schlacht am »Kursker Bogen« eingesetzt gewesen) erinnert sich: »Der Angriff überraschte uns völlig, da in diesem Gelände ein Reiterangriff mit Bestimmtheit nicht zu erwarten war. Wegen des ungünstigen Schußfeldes mußten wir stehend schießen, das Maschinengewehr auf der Schulter eines Kameraden aufgelegt. Noch während der Kavallerieattacke hatte der Russe Granatwerferfeuer auf unsere Stellungen gelegt; mein Kamerad, auf dessen Schulter das MG aufgelegt war, wurde von einem Granatsplitter am Oberschenkel getroffen und brach zusammen. — Der Abschnitt, den unsere Gruppe zu verteidigen hatte — ein unübersichtlicher, leicht ansteigender und nach der anderen Seite abfallender Waldrand —, war im Verhältnis zu der Zahl der Verteidiger viel zu groß. Das war allerdings eine Tatsache, die für uns nichts Besonderes bedeutete. Wir mußten damit fertig werden«.
Von den 150 bis 200 Reitern, die beim Angriff eingesetzt worden waren, konnte sich keiner, trotz mancher Versuche, nach rückwärts zu den russischen Linien retten. Etwa 15 Reitpferde irrten ziellos in der Gegend herum; die meisten ließen sich leicht einfangen. Drei Rotarmisten, die von ihren Pferden gestürzt waren, ergaben sich.

Nach Beendigung dieses grauenvollen Gemetzels hatte der Gegner sein Granatwerferfeuer noch verstärkt und zusätzlich schwere Artilleriekaliber eingesetzt. In der Nacht vom 29. zum 30.9. drangen pausenlos die Geräusche von Panzermotoren und russische Kommandorufe zu den Stellungen der Skijäger herüber.
In den frühen Morgenstunden setzte erneut starkes Artillerietrommelfeuer ein, das bis zum Nachmittag andauerte. Das Inferno wurde vollkommen durch die fortgesetzten Angriffe russischer Schlachtflugzeuge. »Der Bereich unserer Deckungslöcher, die wir uns unter großen Mühen in den

schlammigen, steinigen Lehmboden gegraben hatten, sah danach wie umgepflügt aus«, heißt es in einer der Beschreibungen von ehemaligen Skijägern, die diese Hölle überlebten. »Daß wir nicht alle getötet wurden, mutet wie ein Wunder an, wenn auch die Verluste an Toten und Verwundeten erschreckend hoch waren«. Wie berichtet wird, sind damals insgesamt nur 25 Mann ohne Verwundungen davongekommen. Der Gefechtsstand, eine massiv gebaute Schutzhütte, »war angefüllt mit Verwundeten, die in ihrem Blut lagen. Manche schrieen laut vor Schmerzen, andere stöhnten und röchelten oder sie starben still. Inmitten dieser vielfachen Hoffnungslosigkeit unser Bataillonsarzt und die Sanitäter, die halfen, wo sie noch helfen konnten. Neben der Hütte ein ähnliches Bild: Schwerverwundete nebeneinander, manche von ihnen grauenvoll verstümmelt; Sterbende oder schon Gestorbene. In Reihe waren die Gefallenen hingebettet worden«...

Der Gegner griff dann nicht mehr frontal an, sondern benutzte für seinen Vorstoß offenbar einen schwach gesicherten Bereich oder eine Lücke in der Abwehrfront an der rechten Flanke des Bataillonsabschnitts. Herbert Parsch bezeichnet es als »typisch« für die verschiedenen Kampfsituationen an der Front am Duklapaß, »daß der eigentliche Verlauf der HKL nicht immer eindeutig feststand«. Der damalige Bataillonsarzt des III./1, Dr. Fenge, spricht von einem »verwirrenden Frontverlauf«.
Jedenfalls stand fest, daß der Russe versuchen würde, das stark dezimierte Bataillon zu umzingeln — was ihm am Ende auch gelang.
Am späten Nachmittag befahl Oberleutnant Schülke den Abmarsch nach Südwesten, in der Hoffnung, die endgültige Umklammerung und damit die völlige Vernichtung seines Bataillons noch verhindern zu können. »Durchschlagen unter Mitnahme aller Waffen und Verwundeten«, lautete die über Funk erteilte Anweisung des Regiments. »Wir sind fast ohnmächtig vor Strapazen«, schrieb der Gefreite Flemke in sein Tagebuch. Dr. Fenge berichtet, daß »in dem tiefen Schlamm« die Verwundeten auf Tragen mitgeführt wurden. Bei dem heftigen Artilleriebeschuß konnten sich die Träger nicht hinwerfen. Das war »persönliches Heldentum« für einen verwundeten Kameraden. »Wer denkt heute noch daran?« . . .
Dem damaligen Gefreiten Parsch ist in Erinnerung geblieben, wie Schülke »an der Spitze der wenigen Bataillonsangehörigen mit schußbereitem Sturmgewehr, einem Gurt MG-Munition über der Schulter, voranschritt, zwischendurch auch mal stehen blieb, die Mannschaft um sich versammelte, beratschlagte und alle zu äußerster Ruhe und Vorsicht mahnte. Wir konnten uns auf ihn verlassen und vertrauten darauf, daß er die günstigste Stelle für den Durchbruch finden würde«. In der Darstellung dieser Ereignisse vom 30.9. und 1.10.44 durch die Division heißt es, daß Oberleutnant Schülke und seine Männer, nachdem sie 24 Stunden lang »einen wichtigen

Eckpfeiler der Front« gehalten hatten, im Nahkampf den Einschließungsring des Gegners aufbrachen und endlich — »unter Mitnahme aller Waffen und Verwundeten« — die Auffangstellungen des Regiments erreichten.
Im Abschnitt des Ski-Jäger-Regiments 2 wurde unterdessen ebenfalls mit äußerster Härte um den Besitz der Gebirgsübergänge gerungen. Für den gefallenen Hauptmann Neuner hatte Hauptmann Helmut Friedrich das I. Bataillon übernommen. Die Einheiten waren »zahlenmäßig schon stark zusammengeschmolzen«. Im Durchschnitt lagen die Kompaniestärken bei etwa 30 Mann.

Eine Kampfgruppe des Regiments (verstärktes II. Bataillon) unter der Führung des Kommandeurs, Oberstleutnant Beierlein, war in eine ähnliche Situation hineingeraten wie Schülkes III./1. Zunächst konnte der Angriff, von Artillerie und Werfern unterstützt, »durch dichten, unübersehbaren Wald« bis zu einem Höhengelände unweit der Paßstraße vorgetragen werden. In der Frühe des nächsten Tages griff dann der Russe mit Panzern und Infanterie an. Sein Vorstoß blieb im Abwehrfeuer liegen. Daraufhin versuchten die Russen noch mehrmals mit kleineren Stoßgruppen den Einbruch in den Stellungsbereich von Beierleins Leuten zu erzwingen. Und eigener Angriff — und wieder Angriff der Russen — und erneuter Gegenangriff. Das ging so bis zum späten Nachmittag, als sich die Vermutung bestätigte, »daß der Gegner inzwischen an der linken Naht durchgebrochen ist und mit Panzern den Versorgungsweg sperrt«. Weiter wird berichtet: »Wir schlagen uns im Schutze der Dunkelheit bis zur Paßstraße durch und graben uns dort ein. Wenig später beziehen wir eine günstiger gelegene Stellung. Schon im Morgengrauen haben wir wieder Feindberührung. Der Russe schießt mit Granatwerfern und greift an — und eigener Gegenstoß — und wieder Angriff der Russen — ähnlich wie am Vortage. Wir merken, daß wir eingeschlossen sind; nichts kommt mehr durch, keine Verpflegung, keine Munition. — In der Nacht brechen wir zum Weitermarsch auf. Die Verwundeten werden in die Mitte genommen. Vor uns liegt ein langer und schwerer Weg. Es ist stockfinster. Wie wir uns bergauf und bergab durch den Dreck quälen müssen, ist mit Worten nicht zu beschreiben. Die vom Dauerregen durchnäßten Kleider kleben am Körper. Die Verwundeten stöhnen. Von allen Seiten wird geschossen«. . .
Erst nach einem Tag und einer weiteren Nacht konnten die Übriggebliebenen der Kampfgruppe mit den Verwundeten — niemand weiß genau, wieviele es noch waren — zu den eigenen Linien durchstoßen.
Über das Schicksal eines Verwundeten berichtet der damalige Gefreite und V.B.-Funker Otmar Sternad. (Seine alte 9. Panzerjäger-Fla-Kompanie des Regiments 2 hatte — wie auch die des Regiments 1 — nach der Aufstel-

lung der dritten Skijägerbataillone, III./1 und III./2, die Nummer 13 erhalten). Zuerst war von den Funkern seiner Kompanie ein Kamerad namens Westermeier (Rheinländer) »durch einen Luftangriff in einem Talkessel, in welchen wir ausweichen mußten«, an einem Bein verwundet worden und gestorben. Danach wurde der Funker Heinz Lange aus Flensburg von Granatsplittern getroffen, unter anderem auch in den Mastdarm. Sternad schreibt: »Ihn schleppten wir noch zwei Tage als Versprengte durch das bewaldete Gebirge, bevor wir ihn ärztlicher Hilfe übergeben konnten. Er starb Tage später in Bardejov«.

Gegen Ende des Monats September hatten die Sowjets ihre Verbände für die Offensive gegen die 14 deutschen (Heinrici) und 7 ungarischen Divisionen (Miklocz) neu gegliedert. Auf einer Angriffsfront von 360 Kilometern Breite standen den Deutschen und Ungarn nun 49 sowjetische Divisionen und 3 tschechoslowakische Brigaden gegenüber. Im Abschnitt am Ozenna- und Duklapaß kämpften neben den Rotarmisten von Generaloberst Moskalenkos verstärkter 38. Armee auch wieder Soldaten des tschechoslowakischen Kontingents.
Dieses übermächtige Aufgebot an Bodentruppen war für die Verteidiger an den Gebirgspässen schon schlimm genug. Hinzu kam aber noch die totale Überlegenheit der Sowjets in der Luft. Dem hatten die Deutschen ja so gut wie nichts entgegenzusetzen. Marschall Gretschko, der damals die 1. Garde-Panzer-Armee befehligte, nennt in seinem Buch »Über die Karpaten« (Berlin 1972) einige Zahlen. Demnach hatte die sowjetische 8. Luftarmee im September und Oktober 1944 insgesamt 6 719 Einsätze geflogen. . . Russische Flugzeuge »warfen in dieser Periode 168 239 Fliegerbomben verschiedener Kaliber ab«. (Also zirka 3 200 Bomben pro Tag!) — »Durchschnittlich flogen sie täglich 100 Einsätze; zuweilen jedoch 600 und mehr«. (Das von den deutschen Soldaten am meisten gefürchtete Flugzeug war die Iljuschin Il-2 »Sturmowik«, auch »Fliegender Panzer« genannt).
Die Fliegerabwehrkanonen des schweren Skibataillons sowie der 13. Kompanien wurden dementsprechend auf der ganzen Breite des Divisionsabschnitts eingesetzt. Von der »Dreizehnten« des Weiler'schen Regiments 1 ist bekannt, daß sie »weit auseinandergezogen« im Raum nordostwärts von Keckovce lag.
Genauso war es mit der Panzerabwehr; sie hätte gleichzeitig überall sein müssen. Bei dem tagelang anhaltenden Regen wurden die Kanoniere (wie die Jäger) auch dann, wenn sie den Feind nicht direkt vor sich hatten, seelisch und körperlich oftmals bis zur obersten Leistungsgrenze hin strapaziert. Dazu als Beispiel folgendes Erlebnis des damaligen Geschützführers in der 13./1 Oberjäger Kramm. Es war in der Nähe vom Duklapaß. Berge,

Schräghänge. Naßkaltes Wetter. Wie erwähnt, hatte es schon seit Tagen geregnet. Die Pak-Selbstfahrlafette von Helmut Kramm und seiner Mannschaft war einer anderen Einheit unterstellt worden. Sie bekamen, bis ihr Geschütz wieder verfügbar sein würde, eine 7,5-cm-Räderpak und sollten damit an einem Hinterhang, den der Russe tagsüber einsehen konnte, in Stellung gehen. Wegen der angeblichen Feindeinsicht konnte also nur bei Dunkelheit am Ausbau der Stellung gearbeitet werden. Vorgesehen waren zunächst zwei in den Schräghang hineingetriebene Deckungslöcher, eins für zwei und das andere für drei Mann, 8 bis 10 Meter unterhalb der Kanone. »Bodenverhältnisse: steinig-schlammig«. Helmut Kramm erzählt, daß sie nach einigen Stunden Arbeit mit Spaten und Schaufel völlig durchnäßt waren, »von innen vom Schweiß und von außen vom Regen. Die Hände waren wund und kalt. Jede Schaufelmenge mußte mit den Füßen oder Händen vom Hang gekratzt werden. Bei Morgengrauen ein kaum sichtbarer Erfolg, ein vielleicht 20 bis 30 Zentimeter hoher Schlammwall war erkennbar«. Das Brot und die Zigaretten waren aufgeweicht, und auch die Decken, in die sie sich normalerweise einwickelten, um dann, regungslos in ihren Löchern liegend, das Kommende abzuwarten, waren nicht mehr zu gebrauchen. Das vom Berg ablaufende Wasser und der unablässig niedergehende Regen hatten die Löcher voll gefüllt. Helmut Kramm beschreibt in einem Satz, wie ihm und seinen Kameraden damals zumute war: »Ohne Feindeinwirkung waren wir total mit den Nerven fertig«. In mühevoller Arbeit schlugen sie zusätzlich Rinnen in den steinigen Boden, durch die das aufgestaute Wasser ablaufen konnte. Danach hockten sie den ganzen Tag — frierend, vor Nässe triefend und mit leerem Magen — in ihren Schlammulden und warteten und warteten.

Es war abgesprochen worden, daß nach Einbruch der Dunkelheit mit einem Panjewagen Verpflegung herangeschafft werden sollte. Der vereinbarte Treffpunkt lag etwa 400 Meter von der Pakstellung entfernt. Wer sich auf den Weg machen und die Verpflegung dort abholen sollte, wurde durch das Los bestimmt. Den Auftrag erhielt auf diese Weise der Geschützführer selbst.

Nach einigem Umhertasten und Herumsuchen in der rabenschwarzen Nacht hatte Kramm den Panjewagen mit dem Soldaten, der ihnen das Essen brachte, gefunden. Während er sich im Schutze einer Zeltplane die langersehnte Zigarette gönnte — der Kamerad hatte trockene »Glimmstengel« dabei —, wurde das Essen in Kochgeschirre abgefüllt.

Danach wäre es am einfachsten gewesen, wenn sich der Geschützführer durch Rufe und Lichtzeichen mit seinen Leuten hätte verständigen können, damit er auf schnellstem Wege den noch warmen Eintopf zu ihnen bringen konnte. Aber es gab da eindeutige Befehle, deren kurze Begründung »Feindeinsicht und Feind hört mit« lautete. So irrte Oberjäger

Kramm »fast die halbe Nacht durch die Gegend, und das bei dieser kurzen Distanz«.
Am Abend wurden sie abgelöst und von der Division an einer Stelle eingesetzt, wo ein gepanzerter Vorstoß der Russen mit Sicherheit zu erwarten war.
Oberjäger Brost, Führer einer Granatwerfergruppe, hatte weniger Probleme mit steinigem Boden. Im Abschnitt der 4. Kompanie des Regiments 1 hatte sich vielmehr das Erdreich durch den vielen Regen in den reinsten Morast verwandelt. »Um nicht darin zu versinken, füllten wir die Granatwerferstellungen mit Baumstämmen aus«, schreibt Günter Brost.
Das I. Bataillon war verstärkt worden und mußte — nachdem es in der Nacht zwei Grenadierbataillone abgelöst hatte — in den frühen Morgenstunden eine beherrschende Höhe im Sturm nehmen. Besonderen Mut bewiesen bei diesem Angriff der Kompaniechef Leutnant Benvenuto d'Albert und Oberjäger Xaver Wiest von der 3. Kompanie. Im Regimentsgefechtsbericht heißt es, daß sie »durch eigenes Beispiel ihre Jäger mitgerissen haben, so daß der Angriff, trotz des heftigen Feuers von den vom Feinde besetzten Nachbarhöhen, durchdringen konnte«. Oberjäger Wiest, der sich während der schweren Kämpfe in den vergangenen Monaten schon mehrmals in besonderer Weise hervorgetan hatte, bekam das Ritterkreuz des Eisernen Kreuzes.
Diese Anhöhe, die auch nach Meinung von Günter Brost »beherrschend war«, wurde anschließend »fast ununterbrochen, an manchen Tagen gegen 8 Angriffe, verteidigt. Der Russe setzte dabei alle ihm zur Verfügung stehenden Mittel ein«. Verstärkung und Nachschub für die Deutschen konnten nur im Schutze der Dunkelheit herangeschafft werden. »Die Verluste unter den Skijägern waren groß«.

Das Ritterkreuz verdiente sich damals auch der Oberfeldwebel Sepp Trausnitz aus Salzburg, 3. Kompanie des Pionierbataillons. An der Spitze seiner Männer (im Bericht: »erdverschmierte Gestalten in verschlammten, zum Teil mit Wasser gefüllten Gräben«) hatte Trausnitz in erbittertem Nahkampf gegen starken Feind einen Stellungsabschnitt »des für den gesamten weiteren Verlauf der Abwehrkämpfe wichtigen Höhengeländes« erobert. Anschließend versuchten die Sowjets mehrmals, unter massivem Einsatz von Artillerie und Infanterie, diese »Schlüsselstellung« zurückzugewinnen. Zeitweilig konnten sie sogar, nachdem ein deutsches Maschinengewehr ausgefallen war, in die verlorengegangene Stellung wieder eindringen und sich mit einem s.MG darin festsetzen. Trausnitz »handelte blitzschnell«, wie es heißt, »faßte 11 seiner Männer zusammen, setzte — ungeachtet des Abwehrfeuers — zum Sturm auf das Widerstandsnest an und kämpfte die Rotarmisten mit blanker Waffe nieder«.

Die dezimierten Teile des III. Bataillons vom Regiment 1 hatten nach dem Ausbruch aus der feindlichen Umklammerung einen neuen Frontabschnitt bezogen. Herbert Parsch, damals 9. Kompanie, erinnert sich an die »oft endlos erscheinenden durchwachten Nächte, in denen jeder einzelne jederzeit auf seinem Posten sein mußte. An eine auch nur stundenweise mögliche Ablösung der Posten war bei der geringen Anzahl der Bataillonsangehörigen im Kampfraum nicht zu denken«.
»In einer an einem Waldrand gelegenen Stellung, mit Blick auf eine schräg nach unten verlaufende Waldwiese, konnten wegen der ungünstigen Bodenverhältnisse keine Schützenlöcher, sondern nur flache Mulden ausgehoben werden. Zur Verstärkung unserer Gruppe hatten wir unter anderem einen älteren Kameraden von der Bäckereikompanie (dem wahrscheinlich die Fronterfahrung fehlte) erhalten. Es war Nacht geworden. Wir lagen in den Mulden und beobachteten. Schließlich vernahmen wir Geräusche; zu sehen war von meiner Deckungsmulde aus allerdings nichts. Plötzlich stand der Mann von der Bäckereikompanie, der einige Meter entfernt von mir gelegen hatte, auf und rief: »Was wollt Ihr denn hier vor der Front!?«, während er im nächsten Moment erschreckt ausrief: »Russen!« und auch sofort mit einem Spatenstiel über den Kopf geschlagen bekam und zurücklief. Unser Maschinengewehr hatte in diesem Augenblick Ladehemmung. Wir hörten viele aufgeregte Stimmen und russische Kommandos und daß irgendwelche Geräte weggeworfen wurden, während sich die Sowjets gleichzeitig eilends entfernten.
Wie wir anschließend feststellen konnten, handelte es sich hier um einen Nachrichtentrupp, der in Unkenntnis des genauen Frontverlaufs vor unserer Linie (HKL) Telefonkabel verlegen wollte. Unter dem weggeworfenen Gerät befanden sich Kabelrollen, Werkzeuge, Spaten und außerdem ein Kanister, gefüllt mit gekochtem Rindfleisch, das wir gerne als Aufbesserung unserer nicht immer rechtzeitig eintreffenden Verpflegung verzehrten«.

Die auf russischer und deutscher Seite in einigen Fällen bestehende Unkenntnis über den genauen Frontverlauf hatte auch tragische Folgen. Im Tagebuch des Gefreiten im Nachrichtenzug des III./1, Johannes Flemke, ist die Rede von Verlusten »durch Kurzschüsse unserer eigenen Artillerie«. Der damalige Bataillonsarzt Dr. Fenge schreibt: »Auch ich kann bestätigen, daß wir in diesem waldreichen und unübersichtlichen Gelände mit dem verwirrenden Frontverlauf . . . an einigen Tagen durch Kurzschüsse der eigenen Artillerie mehr Verwundete hatten, als durch die russische Artillerie«. Einen »Frontverlauf«, wie man sich ihn normalerweise vorstellt, hat es nach Meinung von Dr. Fenge »ja gar nicht mehr gegeben«, jedenfalls nicht während der schweren Kämpfe um die Gebirgsübergänge am

Ozenna- und Duklapaß. Herbert Parsch, dessen Ansicht dazu schon an anderer Stelle zitiert wurde, möchte seine vorsichtiger formulierte Aussage, nämlich, »daß der eigentliche Verlauf der HKL nicht immer eindeutig feststand«, noch an folgendem Beispiel belegen. »So geschah es«, schreibt der damalige Gefreite, »daß wir uns — nach einigen total verregneten Tagen und Nächten — in einer Nacht am Feuer eines von den Sowjets in Brand geschossenen leerstehenden Bauerngehöftes, das in einer schmalen Talsenke stand, versuchten etwas aufzuwärmen und die vor Nässe triefenden Uniformen am Körper zu trocknen. An ein Löschen des Feuers und an eine Bergung des Mobiliars war sowieso nicht zu denken. Nach einiger Zeit, als das Feuer so ziemlich niedergebrannt war, entdeckten wir zu unserem Erstaunen auf der gegenüberliegenden Seite des brennenden Hauses eine größere Anzahl sowjetischer Soldaten, die die Hitze des Feuers zum gleichen Zweck nutzten. Die ganze Zeit über war, abgesehen von etwas Artillerie- und Granatwerfer-Störfeuer, kein Schuß gefallen. Als wir die zahlenmäßige Überlegenheit der Rotarmisten erkannten, beeilten wir uns, noch in der Dunkelheit an den für unsere Stellung vorgesehenen Waldrand zurückzukehren. Der anhaltende Regen und die Nässe haben höchstwahrscheinlich auch die Kameraden von der »anderen Feldpostnummer« für eine gewisse Zeit gleichgültig werden lassen, da sie uns ohne große Schwierigkeiten hätten gefangennehmen können«.

Am späten Abend des nächsten Tages wurde das Bataillon abgelöst und in einem Dorf mit warmem Essen versorgt. Schon im Morgengrauen hieß es wieder: »Fertigmachen zum Abmarsch!« Als die Soldaten in einer Talmulde neu Stellung bezogen, eröffnete der Russe, der den Abschnitt von mehreren Seiten einsehen konnte, heftiges Feuer aus Maschinengewehren und Panzerkanonen, das er am darauffolgenden Tag fortsetzte. Vier vorstoßende Panzer des Gegners hatten ihren Angriff eingestellt, nachdem ein fünfter sofort abgeschossen worden war. Vielleicht wären sie vor der Stellung der Skijäger im Schlamm steckengeblieben.
Es regnete weiterhin fast ununterbrochen. Die körperlichen und psychischen Belastungen der kämpfenden Soldaten steigerten sich gleichzeitig in kaum vorstellbarer Weise. Dazu noch einmal Dr. Fenge: »Ich habe in Rußland (einschließlich Kampfgebiet Pripjet-Sümpfe) viel Morast erlebt. Aber der abgrundtiefe Dreck an der Front am Ozenna- und Duklapaß war unbeschreiblich. . . Die Leute waren ausgemergelt, vom Trommelfeuer zermürbt, abgestumpft gegen die Einschläge. Vielleicht nur so waren diese körperlichen Leistungen erklärlich«.

In der Nacht vom 5. zum 6. Oktober kam es erneut zu einer Herauslösung. Diesmal durften die Soldaten des III./1 endlich Ruhequartiere im

rückwärtigen Frontgebiet beziehen. Von den Bewohnern des Dorfes, in das sie einzogen, wurden sie wegen ihres »total verdreckten Aussehens entgeistert angeschaut. Im übrigen waren die Zivilisten freundlich und sehr hilfsbereit«.
Jeder Soldat erhielt ein »Großkampfpäckchen« mit 6 Tafeln Schokolade, einigen Drops, Keksen und Zigaretten als Zusatzration.

Regimentskommandeur Oberst Weiler ließ den Führer seiner 13. (Panzerjäger-Fla)Kompanie, Oberleutnant von Cramm, in den Gefechtsstand kommen, um ihn zum Rittmeister zu befördern. Die Geschichte dieser Beförderung begann damit, als von Cramm im September in der Lysa Góra »aus irgendwelchen Gründen« beim Divisionsstab zu tun hatte und sich erstmals beim neuen Divisionsadjutanten (IIa), Major Friedrich Karl Freiherr von Seckendorff, meldete. Cramm erzählt: »Er trug, genau wie ich, als einziger dieser Division, deren Angehörige im allgemeinen die grünen Jäger-Kragenspiegel trugen — mit Ausnahme der Artilleristen, Panzerjäger usw., die natürlich ihre eigene Waffenfarbe hatten —, gelbe Kragenspiegel. Wir waren also, der Kennzeichnung nach, die einzigen Kavalleristen in der 1. Ski-Jäger-Division. Seckendorff erklärte mir, er habe mich aufgrund meines Dienstalters und meiner Beurteilung zur Beförderung zum Rittmeister vorschlagen wollen und den Regimentskommandeur gebeten, meine Beförderung zu beantragen. Oberst Weiler habe jedoch eine Beförderung zum Rittmeister abgelehnt und verlangt, daß ich zum Hauptmann befördert würde, so wie sich das in der Skijägerdivision gehöre. Seckendorffs Kommentar — er war und ist ein fröhlicher und lieber Mensch —: »Na, wir werden das schon machen«. An diese Episode dachte ich längst nicht mehr. Der Krieg ging weiter und ließ einen derartige Dinge vergessen, da man andere Sorgen hatte«.

Die militärische Laufbahn des Freiherrn von Cramm hatte beim Göttinger Kavallerie-Regiment Nr. 3 begonnen, in das er bei Kriegsausbruch als Fahnenjunker eintrat. Weiter in Stichworten: Im Oktober des gleichen Jahres »abgesessen« und zur motorisierten Panzer-Aufklärungs-Abteilung 13 (Stendal) übergewechselt. Mit der in »Lehr-Aufklärungs-Abteilung Rumänien 1« (LAAR 1) umbenannten Einheit als Fahnenjunker-Gefreiter nach Rumänien. Dort Beförderung zum Fahnenjunker-Unteroffizier. Abkommandiert zur Kavallerieschule nach Krampnitz/Potsdam in den Panzerspäh-Hörsaal. Lehrgang ohne Erfolg beendet. Rückkehr zur Panzeraufklärungsabteilung. Geschützführer einer 3,7-cm-Pak, mehrere Panzer abgeschossen. Mit der Abteilung Vormarsch bis zum Mius. Nach Deutschland in ein Lazarett. Vorher Beförderung zum Feldwebel ROB. Im Anschluß an den Lazarettaufenthalt Meldung zur 1. Kavallerie-Division, bei der alle seine Regimentskameraden waren. Die Division »saß gerade ab« und wurde zur 24. Panzer-Division umgegliedert. In der 5. schweren Schwadron Fahnenjunker-Wachtmeister. Von der 5. zur 3. Schwadron als stellvertretender Zugführer. Dann Zugführer des 3. Zuges. Zum Schluß Schwadronsführer in Stalingrad. 3 Tage vor der Schließung des Kessels um Stalingrad zur Behandlung einer Verwundung mit dem Lazarettzug Richtung Heimat. Beförderung zum Leutnant. Cramm: »In Berlin eingetroffen, eröffnete mir mein erster Stalingradkommandeur, inzwischen Inspekteur des Führernachwuchses, ich sei zum Leutnant befördert worden. Im Personalamt knöpfte er einem anderen »gelben« Offizier die Schulterstücke ab und heftete sie mir auf. Die Beförderung fand Ende November/Anfang Dezember 1942 statt, und zwar mit einem Patent vom 1.4.1941 (!), also mit demselben Rangdienstalter wie meine Jahrgangskameraden, welche die Kriegs-/Waffenschule erfolgreich absolviert hatten«. Dann, Ende April/Anfang Mai 1943, zur Neuaufstellung seiner in Stalingrad untergegangenen alten 24. Panzer-Division. Dort in der Panzer-Aufklärungs-Abteilung 24. (Adjutant des Abteilungskommandeurs war damals der 19jährige Leutnant von Senger und Etterlin, nach dem Kriege aufgestiegen zum Viersternegeneral und »Oberbefehlshaber der alliierten Streitkräfte Europa-Mitte«). Leutnant von Cramm wurde bereits nach 4 Wochen zum Oberleutnant befördert. Schließlich 15 Monate später bei den Skijägern Rittmeister, und das als erster seiner Jahrgangskameraden, die 1939 mit ihm zusammen beim Kavallerie-Regiment Nr. 3 in Göttingen eingetreten waren — und trotz des Mißerfolgs auf der Kriegsschule.

Im Regimentsgefechtsstand von Oberst Weiler waren an jenem späten Abend im Oktober 1944 außer dem Kommandeur nur sein Bursche, der Obergefreite Holtermann, anwesend. Cramm, der noch nicht wußte, welche Überraschung ihm bevorstand, erinnert sich: »Draußen strömender Regen. Oberst Weiler hatte auf einem Tisch Landkarten ausgebreitet; er erklärte mir, das Regiment verlege während der Nacht, meine Kompanie solle ebenfalls Stellungswechsel vorbereiten und ich persönlich mit einem Vorkommando die neuen Stellungen für das Regiment erkunden und ihm bis zum Morgengrauen meine Vorschläge melden. Wir besprachen den Einsatz des Regiments und meiner schweren Kompanie nach Karte. Dabei ließ Oberst Weiler, der das Deutsche Kreuz in Gold und das Panzervernichtungsabzeichen trug (schwer verwundet, rechter Arm gelähmt, also linkshändig schreibend, essend usw.), mir und sich selbst pausenlos Rotwein einschenken, was mich erstaunte, da ich noch niemals erlebt hatte, daß Weiler auch nur einen Tropfen Alkohol trank.
Die erste Flasche war geleert, Holtermann mußte die zweite öffnen, ich saß wie auf Kohlen und erlaubte mir zu bemerken, daß meine Kompanie

weit auseinandergezogen sei, die Züge, so zum Beispiel der s.MG-Zug wie auch der Infanteriegeschützzug, verkabelt seien und die kilometerlangen Kabel noch aufgespult werden müßten, als Oberst Weiler plötzlich bemerkte: »Ich trinke doch nie etwas, warum eigentlich jetzt — ach so, ja« — und mit diesen Worten schob er die Landkarten zur Seite, darunter lagen zwei gelb paspelierte Schulterstücke je mit zwei Sternen versehen. Der Kommandeur erhob sich und sagte: »Ich habe die Freude, Sie im Namen des Führers mit Wirkung vom 1. Oktober 1944 zum Rittmeister zu befördern. Und darauf trinken wir jetzt noch ein Glas und dann dürfen Sie Ihre Kompanie aufrollen«. . .
Vom Regimentsgefechtsstand aus gab ich über Funk den Befehl an meine Kompanie: »Stellungswechsel vorbereiten, Zugführer zum Chef«.
Als ich später, nach einer Fahrt durch Wind, Regen und Nacht, auf meinem Gefechtsstand erschien, waren die Zugführer bereits angetreten. Der älteste von ihnen, Leutnant Braun, meldete und gratulierte mir im Namen aller zur Beförderung. Eine Pulle Sekt war merkwürdigerweise auch vorhanden, die nun in Eile ausgetrunken wurde, bevor ich das Notwendige (Einteilung eines Vorkommandos, Einteilung eines Erkundungskommandos zur Erkundung der Regimentsstellungen und für den Stellungswechsel) befahl«.
Noch während dieser Befehlsausgabe traf ein Funkspruch von der Division ein: »Zum schönsten Titel der Armee herzliche Glückwünsche, Ihr Seckendorff«. Seckendorff wird dabei wohl an den Tag gedacht haben, als er diesen Titel verlor und zum Major befördert wurde. Da soll sein Kommandeur doch tatsächlich gesagt haben: »Sie verlieren leider den schönsten Titel, den die Armee zu vergeben hat, und müssen sich ab jetzt wieder mit einem Dienstgrad begnügen«. . .

Zwischen dem 5. und 7.10.44 hatten die Sowjets ihre Offensive unterbrochen und ihre Verbände erneut umgruppiert und mit frischen Mannschaften aufgefüllt. Der von den Russen angestrebte Versuch, die Gebirgspässe innerhalb weniger Tage zu durchstoßen und tief in slowakisches Gebiet einzudringen, war am hartnäckigen Widerstand der Deutschen — und damit auch der Skijäger — gescheitert. Bis zur Fortführung der sowjetischen Angriffe würde die Situation der slowakischen Aufständischen schon nahezu aussichtslos geworden sein.

Im Abschnitt der Skijägerdivision entbrannten die schweren Kämpfe zumeist erst wieder nach dem 10. Oktober. (Die Division war damals — zusammen mit der 8. Panzer- sowie der 68., 75. und 253. Infanterie-Division — dem 24. Panzer-Korps des Generals der Panzertruppen Nehring unterstellt).

Herbert Parsch berichtet, daß seine 9. Kompanie des Regiments 1 den Auftrag erhalten hatte, »eine russische Stellung, die auf einem Bergrücken, der von der Talsohle etwa 200 Meter hoch lag, zu stürmen. Wir kletterten oder stiegen immer höher, jeden Strauch als Deckung nutzend. Ungefähr ein Viertel der Entfernung bis zum Gipfel lag noch vor uns, als plötzlich stärkstes Abwehrfeuer auf uns herniederprasselte. Nachdem ein Durchkommen, das heißt die Fortsetzung des Angriffs dadurch unmöglich geworden war, befahl unser Kompanieführer Oberfähnrich Serowy: »Alles sofort zurück zur Talsohle!« Leider mußten wir viele Verwundete und Tote zurücklassen, da die Sowjets von einem gegenüberliegenden Bergrücken zusätzlich mit 2-cm-Kanonen auf uns schossen. Das war grausames Spektakel.
Auf meinem Weg nach unten kam ich an unserem Zugführer, einem Feldwebel, vorbei, der hinter einem Strauch lag und dessen linkes Knie zerschmettert war. Ich wollte ihm helfen, er aber schickte mich fort und rief verzweifelt nach russischen Sanitätern. . .
Durch den Aufenthalt bei dem Verwundeten hatte ich die anderen Kameraden aus den Augen verloren und war plötzlich allein. Ich wurde von einem großen Granatsplitter an der Hüfte getroffen, der jedoch in seiner Aufschlagskraft schon sehr gebremst war, so daß er nur eine Prellung verursachte.

Inzwischen war die Nacht hereingebrochen. Ich machte mich auf den Weg in die Richtung, aus der wir, wie ich annahm, zum Angriff angetreten waren. Nachdem ich bereits eine Zeitlang — teilweise mühsam durch Unterholz und Gestrüpp — gegangen war, glaubte ich, Geräusche (Stimmengewirr, Klappern von Gerät und Marschtritte) zu hören. Ich verhielt mich ruhig und konnte, so gut dies in der Dunkelheit möglich war, eine mir endlos erscheinende Kolonne sowjetischer Soldaten vorbeiziehen sehen. Daraus mußte ich schließen, daß ich inzwischen versehentlich hinter die feindlichen Linien geraten war. Trotzdem ging ich später in derselben Richtung weiter, weil ich immer noch hoffte, an den Ausgangspunkt unseres fehlgeschlagenen Sturmangriffs zu gelangen. Im Morgengrauen erreichte ich tatsächlich den Bataillonsgefechtsstand, wo ich von den wenigen übriggebliebenen Kameraden freudig begrüßt wurde. Der Kampf ging weiter, bis wir feststellen mußten, daß unser Bataillon wieder mal abgeschnitten und eingeschlossen war«.

In kurzen Zeitabständen trafen damals in Bardejov Ersatzmannschaften für die dezimierten Bataillone ein. Unter den neu ankommenden Soldaten befand sich auch der Gefreite Hubert Langer. Langer war bereits ab November 1943 beim Jäger-Reserve-Regiment 1, besuchte anschließend einen

Skikursus im schlesischen Riesengebirge und kam dann nach Arys zum Jäger-Ersatz-Bataillon A. Ab Juni 1944 gehörte er in Minsk dem Skijäger-Feldersatzbataillon an und wurde mit dieser Einheit in die schweren Rückzugskämpfe der Heeresgruppe Mitte (Juni/Juli 1944) hineingerissen. Seit Mitte Juli bei der Division an der Turja, war Langer noch während der anschließenden Rückzugskämpfe zwischen Turja und Bug eingesetzt und befand sich dann ab Ende Juli 44 in Taus.

8 Mann seines Transports waren von Bardejov (Divisionsgefechtsstand) bis zum Abend des 10. Oktober mit einem LKW nach Roztoky gefahren worden. Der Ort liegt 5 Kilometer südostwärts von Ozenna. Am nächsten Morgen begann, bei starkem Regen, der »Aufstieg« zum Gefechtsstand des Ski-Jäger-Regiments 2, wo die Ersatzleute dem III. Bataillon des Hauptmanns Erich Grimm zugeteilt wurden. (Grimm, ehemals »Jäger 2«, hatte das III./2 von Hauptmann Schäfer übernommen). Alle kamen sie zur 11. Kompanie.
In der Nacht zum 12.10. ging das Bataillon in eine Reservestellung auf Höhe 713 an der Paßstraße 3 Kilometer ostwärts von Ozenna. Das besagt, daß die Deutschen sich dort nach wie vor behaupten konnten.
Am 13.10. lösten sie eine Einheit der brandenburgischen 8. Panzer-Division ab. Diese Division wurde »beschleunigt« aus der Gebirgsfront herausgelöst und sollte am Baranow-Brückenkopf als sogenannter Eingreifverband der 4. Panzer-Armee (Gräser) unterstellt werden. Im Eiltempo wurden die Regimenter aber von Kielce wieder zur Armee Heinricis zurückgeschickt, der die Panzer und Panzergrenadiere angesichts der »mit aller Macht« wieder losbrechenden sowjetischen Offensive dringender benötigte (nun ostwärts des Kampfgebiets der Skijägerdivision). Im Abschnitt des III. Skijägerbataillons begannen die Angriffe der Russen »mit sehr starkem Artillerie- und Luftwaffeneinsatz«.

Der damalige Oberjäger Günter Brost von der schweren 4. Kompanie des Regiments 1 führte kein Tagebuch, erinnert sich aber trotzdem sehr genau an den 13. Oktober 1944, weil das sein Geburtstag war. Kompaniechef Leutnant Sommer hatte ihn am Abend, als die Kampftätigkeit etwas nachgelassen hatte, in seiner Granatwerferstellung angerufen und ihm vorgeschlagen, einen Melder zum Gefechtsstand zu schicken, um eine Flasche Steinhäger abzuholen. »Gegen 21 Uhr ging der Melder los, die Rückkehr erfolgte jedoch erst um 2 Uhr morgens«, erzählt Günter Brost. »Unterwegs war der Mann in einen mit Wasser gefüllten Bombentrichter gefallen; er mußte auf dem Gefechtsstand erst getrocknet werden«. Auf das Wohl des Gruppenführers wurde dann eben erst am 14. Oktober angestoßen.

In dem Bericht wird auch bestätigt, daß es »oft sehr schwierig war, in dem bergigen Gelände den Verlauf der HKL zu bestimmen; in vielen Fällen konnte der Gegner die Stellungen einsehen«.

Das III. Bataillon hatte sich inzwischen freikämpfen können und kam nach zweimaligem Stellungswechsel »in die neue HKL auf einem steil abfallenden Berg«, ebenfalls »zur Ablösung einer Einheit«. Der 15. Oktober war ein klarer Tag; es herrschte Fliegerwetter. Die laufenden Bombardierungen und der schwere Beschuß der deutschen Abwehrfront mit Werfer- und Artilleriegranaten erreichten wieder mal größte Ausmaße. »Es war die Hölle«.
Am 16.10. verhinderte Nebel wenigstens den massiven Einsatz der russischen Schlachtflugzeuge. Nachmittags gegen 16 Uhr griff der Feind an, kam aber nicht durch. In unmittelbarer Nähe des Gefreiten Parsch hatte sich eine schwere 17,2-cm-Granate ins Erdreich gebohrt, ein Blindgänger zum Glück, andernfalls wäre Parsch zerrissen worden. Nach dem Einschlag einer 10,5-cm-Phosphorgranate wurde er dann, und zwar während eines Meldegangs, durch einen Stecksplitter im Hals und durch Phosphorverbrennung am linken Handrücken verwundet. Das reichte nur für eine Behandlung im Divisionslazarett in Bardejov.

Dort war ein neuer Transport mit Ersatzleuten eingetroffen. Unter ihnen befand sich der Gefreite Franz Zähringer, ehemaliger Angehöriger des Jäger-Reserve-Regiments 1 in Sarajewo, ab August 44 beim Skijäger-Ersatztruppenteil in Taus.
Zur Begrüßung war wieder der Divisionskommandeur erschienen. Seit kurzem hörten die Skijäger auf das Kommando des 50jährigen Generalmajors Gustav Hundt. (Eine seiner ersten »Amtshandlungen« war, den Major und Kommandeur des Schweren Ski-Bataillons 1, Karl Neubert, mit dem Ritterkreuz auszuzeichnen).
Auch für diese Neuankömmlinge warteten in Bardejov einige LKW's, mit denen sie näher an die Front gefahren wurden. »Dann zu Fuß weiter, bis zum Gefechtsstand des Regiments 1, und schließlich den verschiedenen Bataillonen zugeteilt«. Franz Zähringer war ein Leichtgewicht von nur 1,62 Metern Körpergröße. Bei der 11. Kompanie, zu der er kam, sollte er zuerst ein Maschinengewehr übernehmen. Der Kompaniechef hatte nämlich beim Durchblättern seines Soldbuches festgestellt, daß ihm darin gute Leistungen als MG- und Gewehrschütze bescheinigt wurden. Zähringer meinte, warum gerade er, als der kleinste und körperlich schwächste von den Soldaten. . .? Sein Kompanieführer zeigte Verständnis, und der Gefreite Franz Zähringer blieb ein einfacher Gewehrträger.

»Gegen Abend in die vorderste Stellung am Duklapaß. Einweisung in die Gräben und Schützenlöcher. Man ging direkt unter vor Nässe« . . .
Paar Tage darauf sah der kleine Gefreite seinen General noch einmal aus nächster Nähe; Divisionskommandeur Hundt stattete den Kampfeinheiten, also auch dem III. Bataillon Schülke, seinen Antrittsbesuch ab.

Hundt ließ ein divisionseigenes Nachrichtenblatt herausgeben. In der Nummer 1 wandte er sich an die Skijäger mit folgenden Worten: »Seit wenigen Tagen erst führe ich Eure Division und habe schon miterleben können, wie Ihr Euch in schwierigsten Kampflagen als ganze Kerle gezeigt habt, die weder durch Not noch Entbehrung noch durch feindliche Übermacht erschüttert werden können. In tapferstem Einsatz habt Ihr alle Feindangriffe abgeschlagen oder im Angriff den Feind geworfen. Der Feind hat sich bei Euch blutige Köpfe geholt. Besonders freue ich mich, wenn ich in vorderster Linie in Eure fröhlichen und zuversichtlichen Gesichter sehe, aus denen Euer Gleichmut gegen Unbill und Gefahr und Euer unerschütterlicher Kampfgeist spricht. Diesen Geist wollen wir für immer in der Division erhalten, auch wenn es noch dicker kommen sollte! . . . Ich bin stolz darauf, Euer Kommandeur zu sein!«
Im selben Blatt vermittelte der Begleitoffizier von Generalmajor Hundt, Leutnant Robin von Dolgow, mit einem Gedicht eine ganz andere Stimmung. Unter der Überschrift »Irgendwo in dieser Nacht« schrieb Dolgow:

»Irgendwo in dieser Nacht
brennen stille Kerzen,
irgendwo in dieser Nacht
warten bange Herzen,

irgendwo in dieser Nacht
perlen dunkle Tränen, —
und durch schlafversunkenes Land
raunt das große Sehnen. . .«

Direkt über diesem Gedicht hatte der für die Gestaltung des Nachrichtenblattes »Der Skijäger« zuständige, der Division zugeteilte NS-Führungsoffizier folgende Meldung plaziert: »Vor wenigen Tagen konnte der Reichsjugendführer Axmann dem Führer melden, daß sich 70 % des in der HJ erfaßten Jahrgangs 1928 freiwillig — 1 Jahr vor Beginn ihrer Wehrpflicht — zu den Fahnen gemeldet haben. Wie der Nachrichtendienst meldet, betrug die Freiwilligenmeldung der HJ in Wien sogar mehr als 90 %.«
Der Mehrfrontenkrieg war nun in ein entscheidendes Stadium eingetreten: Aachen, die erste deutsche Großstadt, wurde gerade — nach 19tägigen schweren Kämpfen — von Truppen der 9. US-Armee erobert.

Am Ozennapaß waren zwischen dem 14. und 22.10. alle Angriffe des Gegners — der hauptsächlich bis zum 17.10. täglich mehrmals und mit einem unvermindert starken Aufgebot an schweren Waffen, Panzern und Schlachtflugzeugen den Durchstoß endlich erzwingen wollte — von den Skijägern abgewehrt worden. Im Tagebuch des Gefreiten Langer ist davon die Rede, daß »wiederholt« Rotarmisten zu den Deutschen überliefen. Vor der Stellung des III./2 fand ein Spähtrupp »massenhaft gefallene Russen«. Diese Eintragung wiederholt sich, nachdem das Bataillon einen Stellungswechsel vorgenommen hatte: »Vor der Stellung wieder viele gefallene Russen«.

Hauptmann Friedrich und sein I./2 werden in einer Meldung von damals besonders hervorgehoben, weil das Bataillon am 15. und 16.10 »an einem Schwerpunkt« starke Feindangriffe abgewehrt und somit einen Durchbruch verhindert hatte. Im Gegenstoß wurden 105 Gefangene eingebracht.

Major Neuberts schweres Skibataillon meldete bis zum 22.10. den Abschuß von 75 Panzern. Davon kamen auf das Konto der mit Beutepanzern T-34 ausgerüsteten Panzerkompanie 28 Abschüsse, allein Feldwebel Schöttler schoß 9 gegnerische Kampfwagen desselben Typs ab.

Das verstärkte I. Bataillon des Regiments 1 unter der Führung von Hauptmann Jitschin aus Breslau hatte in den drei Oktoberwochen — seit der Eroberung ihrer Höhenstellung — 56 russische Angriffe, davon einen bis zu Regimentsstärke und drei mit Panzern ohne Infanterie, abgewehrt. 11 Panzer wurden, teils mit Nahkampfwaffen, abgeschossen. Bei 13 Gegenangriffen konnte der zeitweilig eingebrochene Gegner wieder aus der Stellung hinausgeworfen werden. Besonders erwähnt wird in den Gefechtsberichten die 6. Kompanie des aus Raguhn/Sachsen-Anhalt stammenden Leutnants Georg Hoffmann.

Über die erbittert geführten Kämpfe um diese »Höhe 688« hat der damalige Gefreite Josef Hödl aus Josefstadt in Böhmen einen ausführlichen Bericht geschrieben. Demnach lag die Verteidigungsstellung des I./1 westlich des Duklapasses im Bereich der polnisch-slowakischen Grenze. »Höhe 688 war strategischer Mittelpunkt des vom I. Bataillon zu haltenden Frontabschnittes«. Es handelte sich um »einen kahlen, etwa 200 Meter langen Bergkamm, der nach rechts hin, also in östlicher Richtung, in offenen Fels bzw. Felsgestein überging. Seine mitunter recht steil abfallenden Flankenhänge waren dagegen bewaldet«.
Der Gefreite war — nach seinem Eintreffen vom Ersatztruppenteil, am 16. Oktober, — der 4. schweren Kompanie des aus Troppau stammenden Leutnants Sommer zugeteilt worden. Die »Vierte« verfügte über 2 s.MG-

Züge und einen Zug mittlerer Granatwerfer. Hödl sollte die Aufgaben eines V.B. übernehmen.
Nach seiner Erinnerung verlief die HKL am Bergkamm »in ihrem linken (westlichen) Bereich auf einem dem Feind zugeneigten Vorderhang, auf der rechten Seite dagegen direkt am Grat entlang. Im Gegensatz zu den beiden Flügeln war das viele Meter lange Mittelstück nur relativ schwach besetzt. Etwas links von der Mitte des Kammes an der Schnittstelle der hier liegenden Kompanien lag unsere (vorgeschobene) Beobachtungsstelle, die von Zugführer Feldwebel Heinle, einem ehemaligen 98er Gebirgsjäger, eingerichtet worden war. In den folgenden Nächten errichteten wir links von dieser B.-Stelle, direkt hinter dem Bereich der 1. Kompanie, zusätzlich einen Ausweich-B.-Stelle.
Im Turnus von 48 Stunden wechselten Feldwebel Heinle und ich uns im Einsatz auf der B.-Stelle ab, wobei uns jeweils noch 2 Mann, die die Aufgaben von Hilfsbeobachtern bzw. Meldern zu übernehmen hatten, begleiteten.
Die Feuerstellung unserer Granatwerfer lag etwa 1 500 Meter zurück in einem Waldstück, dazwischen ein von leicht ansteigenden Hängen flankiertes Tal mit einem in der Talsohle liegenden Dorf. Der Kompaniegefechtsstand befand sich in einem Erdbunker hinter einem Haus dieses Dorfes.
Als V.B.'s hatten wir unter anderem die Aufgabe, den Bereich vor der 1. Kompanie besonders sorgfältig zu beobachten. Denn hier reichte ein Wald, der vom Feinde besetzt war, kaum 30 Meter an unsere vorderen Gräben heran. Das war schon eine Nähe, bei der man mitunter in den Nachtstunden Gesprächsfetzen von den sich im Walde aufhaltenden Russen bis zu uns herüber hören konnte. Ja, selbst das Klingelgeräusch eines Feldtelefons war zeitweise zu vernehmen.
Der Gang zur und von der B.-Stelle war tagsüber nicht möglich, weil der Hang, der unserer Granatwerfer-Feuerstellung vorgelagert war, vom Feinde eingesehen werden konnte. Wenn wir also diesen Weg gehen mußten, dann warteten wir immer erst die Dunkelheit ab. Als Richtungsweiser diente uns dann — in den damals besonders finsteren Nächten — die Fernsprechleitung, die ja von der B.-Stelle über den Kompaniegefechtsstand zur Feuerstellung führte.
Neben einem Feldtelefon stand uns noch ein tragbares Funkgerät zur Verfügung. Die Telefonverbindung konnten wir in der Regel nur bis kurz nach Tagesanbruch benutzen, weil ab dann die in der Nacht vom Fernsprechtrupp reparierten Leitungen wieder zerschossen waren«.

Bis zum 25. Oktober setzte der Russe von Tag zu Tag mehr Granatwerfer, Pak und Artillerie gegen die Stellungen des Bataillons ein. Auch die Angriffe von Schlachtflugzeugen hatten zugenommen. Am 25./26. Oktober versuchten starke Infanteriekräfte dann mit Panzerunterstützung wieder mal den Durchbruch westlich des Duklapasses. »Schwerpunkt der Feindangriffe war« — nach einem Bericht der Division — »die Höhe Paseky, 1,5 km nördlich Vapenik, und 578, die der Feind täglich bis zu 7 mal, und die Höhe 688 (Abschnitt des verstärkten I./1), die er an zwei aufeinanderfolgenden Tagen sogar 15 mal angriff. Sämtliche Angriffe wurden in harten und zähen Kämpfen abgewehrt, Einbrüche im Gegenstoß bereinigt, so auch bei Höhe 688, die von den Jägern im Sturm zurückerobert wurde. Die eigenen schweren Waffen unterstützten wirksam die Abwehr und die eigenen Gegenangriffe. Bereitstellungen des Feindes wurden von leichten und schweren Infanteriewaffen bekämpft. Die Artillerie erzielte Volltreffer in einer s.Granatwerfer-Feuerstellung und schoß ein Munitionslager in Brand. — Gefangene sagten aus, daß die Stimmung unter den Rotarmisten infolge der hohen Verluste gedrückt sei. Öfters wird die Ansicht vertreten, daß von ihnen niemand lebend über die Karpaten kommt«. . .

Josef Hödl schildert, wie er als Vorgeschobener Beobachter einer deutschen Skijägerkompanie das damalige Kampfgeschehen erlebte und ü b e r lebte: »Am 26. Oktober kam es zu mehreren massiv vorgetragenen russischen Angriffen, die sich hauptsächlich auf den von der 1. Kompanie gehaltenen linken Abschnitt des Bergkammes konzentrierten. Die Vorstöße erfolgten immer aus dem uns vorgelagerten Niederwald heraus. Im Laufe des Vormittags wechselten unsere Stellungsgräben oftmals den Besitzer.
Was sich an diesem Vormittag in diesem Stellungsbereich ereignete, kann nur der ermessen, der, wie ich selbst, etliche Male bei Nahkämpfen das Weiße im Auge des Gegners sah. In den Gräben lagen tote Russen unmittelbar neben unseren toten Kameraden.

Zweimal hielt ich mich zur Erkundung der Lage und einer präziseren Feuerleitung beim Führer der 1. Kompanie auf. Als ich beim zweiten Male von dort aus, über den Berggrat hinweg, kriechend und in schnellen Sprüngen wieder zu unserer Beobachtungsstelle zurückkehrte, war diese inzwischen von einer Granate getroffen worden. Gefreiter Ritter lag verwundet am Boden; Obergefreiter Pommert wurde getötet. Als ich ihn aus den Trümmern der zerstörten B.-Stelle zog, kamen mir seine Worte von frühmorgens in den Sinn. Er hatte von einem unguten Gefühl gesprochen, und daß er deswegen gerade heute besonders auf sich aufpassen müsse. War es eine Vorahnung?

Nun war ich allein und bezog in der noch intakten Ausweich-B.-Stelle Posten. Gegen Mittag hin verstärkte sich der feindliche Druck in dem Maße, daß die übriggebliebenen Soldaten der 1. Kompanie ihre Stellung aufge-

ben mußten und sich über den Kamm hinweg — an mir vorbei — in eine etwa 200 Meter dahinterliegende Auffangstellung zurückzogen.
Nach dieser schnellen Rückverlegung der Abwehrlinie in meinem Bereich geriet ich natürlich in eine äußerst gefährdete Situation, da ich ja nunmehr direkt am Feinde lag. Kritisch wurde es auch am rechten Flügel, bei der dort eingesetzten Kompanie.
Nachdem ich mir meiner Lage so recht bewußt geworden war, hatte ich den Einfall, meinen Beobachtungspunkt in das Sperrfeuer unserer Granatwerfer, das ich schon seit geraumer Zeit auf die Einbruchsstelle und auch auf den dahinterliegenden Raum legen ließ, miteinzubeziehen — auf die Gefahr hin, von einer eigenen Granate getroffen zu werden. Damit hatte ich zunächst ein weiteres Vordringen des Feindes zum rechten Flügel hin verhindert oder verzögert, und ich entging wohl damit auch der Gefangennahme durch Rotarmisten.
Als mich schließlich kurz darauf noch über Funk die Anfrage unserer schweren Artillerie erreichte, ob ich nicht auch ihr Feuer leiten könnte, habe ich mich selbstverständlich sofort zur Verfügung gestellt. Eine Salve nach der anderen wurde nun in Richtung Höhe 688 abgefeuert. Die Granaten heulten nur knapp über meine B.-Stelle hinweg. Ihre Einschläge lösten beim Gegner, wie ich beobachten konnte, verheerende Wirkungen aus. Aber auch ich selbst konnte jeden Augenblick von einem Volltreffer weggefegt werden.
In welch mißlicher Situation ich mich da oben befand, bestätigte mir am nächsten Tage ein Kamerad, der Obergefreite H. Mayer aus Eckernförde, der von unserer zweiten B.-Stelle am Waldrand vor der Granatwerferstellung alles, was sich bei uns abspielte, gut beobachten konnte. Er sagte, daß er mich zu diesem Zeitpunkt schon »abgeschrieben« hatte.
Infolge des wirkungsvollen Feuers der schweren Artillerie und auch unserer Werfer, setzte der Gegner seine Angriffe in den frühen Nachmittagsstunden nicht mehr fort. Eine Granate war unweit von mir mit lautem Krachen niedergegangen. Danach hatte ich festgestellt, daß ich auf dem linken Ohr nichts mehr hörte.
Gegen 14 Uhr wurde ich vom Funker im Bataillonsgefechtsstand darüber informiert, daß um 17 Uhr ein Gegenangriff erfolgen würde. Der Kommandeur befahl mir, den linken Frontabschnitt weiterhin gut zu beobachten und wenn notwendig, Artillerieunterstützung anzufordern und dieses Feuer wieder zu leiten. Doch der ununterbrochen erfolgende Beschuß durch unsere Werfer genügte, um den Russen noch für die nächsten drei Stunden niederzuhalten.
Pünktlich um 17 Uhr lief dann unser Gegenstoß an. Binnen kurzer Zeit konnte der vom Feinde vorübergehend besetzte Teil der Höhe 688 im Sturmangriff zurückerobert werden«.

Gefreiter Josef Hödl erhielt das Eiserne Kreuz I. Klasse. In der Verleihungsurkunde heißt es unter »Begründung«, daß Hödl »durch sein Ausharren und durch die präzise Feuerleitung von Granatwerfern und Artillerie ein Nachführen von gegnerischen Reserven in den Kampfraum verhinderte und somit an der Zurückeroberung der Höhe 688 maßgeblichen Anteil hatte«.

Ab Ende der letzten Oktoberwoche (28.10) meldete die Division »ein wesentliches Nachlassen der Angriffstätigkeit des Feindes«. Aber »anhaltende Feuerüberfälle und Störungsfeuer aller Waffen«.
Die 1. Kompanie/Panzerjäger-Abteilung 152 schoß am 2.11. den 150. Panzer ab. Der Wachtmeister Wilhelm hatte in den letzten Tagen allein 4 Kampfwagen des Gegners abgeschossen.

Oberleutnant Willi Schülke, Kommandeur des III./1, dem an der Weichsel schon das Deutsche Kreuz in Gold verliehen wurde, erhielt am 28.10. das Ritterkreuz des Eisernen Kreuzes.
Fünf Tage zuvor hatte Hautmann Hans-Christian Stock, Chef der 2. Kompanie der Panzerjäger-Abteilung 152, das Eichenlaub zum Ritterkreuz erhalten.

Der am 29.8. begonnene slowakische Aufstand war niedergekämpft worden. Am 27. Oktober besetzten die »Kampfgruppe Schill« und die 18.SS-Panzer-Grenadier-Division »Horst Wessel« die Hauptstadt der Aufständischen, Banska Bystrica (Neusohl). In der Nacht darauf gab das slowakische Oberkommando an die Truppen den Befehl aus, den regulären Kampf einzustellen und zum Partisanenkampf überzugehen. 7 500 Soldaten gingen in die Berge. Am 3.11. gerieten die Führer des Aufstandes, Generalleutnant Rudolf Viest und Brigadegeneral Jan Golian, in deutsche Gefangenschaft.

In der ungarischen Tiefebene waren die sowjetischen Verbände in der Zwischenzeit rasch auf Budapest und nach Norden vorgestoßen. Die 1. Ungarische Armee hatte den Rückzug auf die Theiß antreten müssen. Sie kam dort in engere Verbindung mit der deutschen Heeresgruppe Süd und war dieser schließlich am 21. Oktober unterstellt worden.
An der Spitze der 1. Ungarischen Armee stand jetzt Generaloberst Lazlo, nachdem der seitherige Oberbefehlshaber, Generaloberst Miklocz, samt Chef des Stabes und Adjutant zu den Russen übergelaufen war. Zwar gelang es dem prominenten Überläufer Miklocz nicht, vom gegnerischen La-

ger aus seine ehemaligen untergebenen Offizierskameraden und Soldaten, die in den Deutschen weiterhin ihre Waffenbrüder sahen, Hals über Kopf für die »neue sowjetische Sache« zu gewinnen, doch war bei den Ungarn ein fortdauerndes Absinken der Kampfmoral zu beobachten, und daran konnte auch der getreue Lazlo nichts ändern. Je weiter die Rote Armee auf Budapest vorstieß und je mehr der Krieg das Land an der Donau verwüstete, desto spürbarer ließ der Kampfeswille der Honvedsoldaten nach.

Die Absetzbewegungen bei der 1. Ungarischen Armee in Richtung auf den Südrand des slowakischen Erzgebirges veränderten sozusagen automatisch das Lagebild bei der links anschließenden deutschen 1. Panzer-Armee. Generaloberst Heinrici sah sich nun gezwungen, den rechten Flügel und die Mitte seiner nach wie vor relativ stabilen Front auf eine neue Linie östlich von Kaschau — als »Gisela-Stellung« bezeichnet — zurückzunehmen. Sein linker Armeeflügel (zu dem die 1. Ski-Jäger-Division zählte) blieb in der Verteidigung der Duklapaßstraße gebunden und hielt auch im Raum Jaslo die Verbindung zur 17. Armee aufrecht. Rechts, südlich von Kaschau, wurde noch Anschluß gefunden an die scharf nach Westen zurückgebogene Front der 1. Ungarischen Armee.

Bis Mitte November war nach Darstellung der Division »die Lage innerhalb des Divisionsabschnittes unverändert. Der Feind fühlte überall mit Späh- und vereinzelt auch mit Stoßtrupps vor. Infanteriestörungsfeuer und Feuerüberfälle schwerer Waffen lagen auf der gesamten Breite der HKL«.
Am 7.11. mußten Skijäger die Grenadiere des II./G.R.946 am linken Flügel der 357. Infanterie-Division ablösen. Die 357. I.D. stand damals unmittelbar rechts neben den Skijägern.
Mit direktem Anschluß links neben ihnen kämpfte die 253. Infanterie-Division. Einheiten dieser Division lösten am gleichen Tag das II./2 heraus, das als Korpsreserve nach Vysni Svidnik ging. Schon am 8.11. verlegte das Bataillon in den »Unterkunftsraum« des I./1 nordöstlich von Ladomirov, 8 - 9 km ost-südostwärts vom Duklapaß »(zur Verfügung des Generalkommandos)«. Gleichzeitig wurde das I./1 der 75. Infanterie-Division unterstellt, und zwar zur Ablösung des I./G.R.172. Die 75. I.D. — wie alle anderen Divisionen nach den wochenlangen verlustreichen Kämpfen zur »Kampfgruppe« zusammengeschrumpft — stand wie die 357. und 168. I.D. rechts von der Skijägerdivision.
Am 9.11. wurde gemeldet, »daß der Ausbau der Gisela-Stellung voranschreitet und die Stellung in zwei Tagen größtenteils fertiggestellt sein wird. Wohnunterstände sind schon in größerer Anzahl vorhanden«.
»Auf Grund einer Verlegung der Divisionsgrenzen« wechselte das Unter-

stellungsverhältnis beim I. Bataillon des Ski-Jäger-Regiments 1 erneut: es kam in den Befehlsbereich der 168. I.D. Die bis dahin rechts zwischen Skijäger- und 168. Infanterie-Division stehende 357. I.D. wurde herausgelöst und die 1. Ski-Jäger-Division vom 11. Armee-Korps damit beauftragt, »die Übernahme des gesamten Abschnitts der 357. I.D. in der Nacht vom 12. zum 13.11. vorzubereiten«. . . Am 12.11. mußte das I./1 bei der 168. I.D. einen in Bataillonsstärke vorgetragenen Angriff des Feindes abwehren. Bis zum 14.11. rückte auch Hauptmann Schülkes III./1 vorübergehend in den Befehlsbereich der 168. I.D. und löste dort 2 Bataillone dieser Division ab. (Die völlige Herauslösung der 168. I.D. aus der Gebirgsfront stand ebenfalls kurz bevor).

Der Chef der 3. Kompanie des Ski-Jäger-Regiments 2 bekam in jenen Tagen einen besonderen Auftrag. Hauptmann Reinsdorf sollte das Ski-Füsilier-Bataillon 1 aufstellen. Zunächst erhielt diese neue Einheit bei der Division die Bezeichnung »Schnelles Ski-Jäger-Bataillon 1«. Der Bataillonsstab bezog Quartier in dem Ort Lukov, 15 Kilometer westlich von Bardejov.

In den letzten Novembertagen traf der wiedergenesene Oberleutnant Heinrich Weber als Führer eines großen Transports mit Ersatzleuten, von Taus kommend, in der Slowakei ein. Wie es heißt, wurden die frisch eingetroffenen Soldaten gleich für die Aufstellung der neuen Einheit — in Dörfern rund 10 Kilometer westlich von Bardejov — herangezogen. Weber selbst sollte die voll motorisierte 4. (schwere) Kompanie übernehmen.

Im Zusammenhang mit der Aufstellung des Füsilierbataillons konnte General Hundt mit der Zuführung von insgesamt 1 000 Mann Ersatz rechnen. Das Oberkommando des Heeres bestand immer noch darauf, »daß die Winterbeweglichkeit der Division erhalten bleibt«. Die Kampfkraft der schweren Kompanien bei den 6 Skijägerbataillonen sollte durch die zusätzliche Ausstattung mit je einem leichten Infanteriegeschützzug noch erhöht werden. Schließlich würde die Artillerie in nächster Zeit auf die seit Juni (Umbenennung der Brigade in Division) vorgesehene Regimentsstärke gebracht werden, das hieß laut OKH-Befehl: Zuführung des Artillerieregimentsstabes 152 der aufgelösten 52. Infanterie-Division mit Stabsbatterie und einer schweren Artillerieabteilung, ferner Eingliederung einer Abteilung leichter Feldhaubitzen (RSO) und des Schweren Granatwerfer-Bataillons 18 in das Regiment.

»Wegen ungünstigem Verlauf der Gisela-Stellung nordwestwärts von Belejovce wurde der Division am 16.11. die Genehmigung erteilt, ihre Abwehrlinie in besser gelegenes Gelände vorzuverlegen«. Das waren dort 2

Kilometer. Vorgesehener Stellungsverlauf nun: 15 Kilometer west-südwestlich des Duklapasses. Auf einem Kilometer Frontlänge standen der Division an diesem Tag durchschnittlich 108 Soldaten zur Verfügung (einschließlich Reserven).
Am 17.11. konnte ein feindlicher Aufklärungsvorstoß abgewehrt werden. Ein bei Kapisova — nahe der Paßstraße — zu den Deutschen übergelaufener Rotarmist der 70. Garde-Schützen-Division hatte ausgesagt, daß ihnen Ersatzmannschaften zugeführt wurden und daß die Division in zwei bis drei Tagen den Angriff zur Gewinnung der Duklapaßstraße fortsetzen würde.
Der Russe griff in Regimentsstärke bereits am 18.11. an, erzielte bei der 75. I.D. einen Durchbruch und stieß bis Krajna-Polana, 6 Kilometer südlich der Paßhöhe, vor. Von deutscher Seite erfolgte sofort ein Gegenstoß.

Am 21.11. ging die »Kampfgruppe 75. I.D.« — und mit ihr das unterstellte I. Bataillon des Ski-Jäger-Regiments 1 unter Major Schröppel — planmäßig im Bereich der Paßstraße 4 Kilometer nach Westen auf den »Hunkovce-Riegel« zurück.

Etwas weiter nordwestlich davon lag den Skijägern des Regiments 2 die sowjetische 81. Schützen-Division gegenüber. Gefreiter Hubert Langer von der 9. Kompanie (10 km südöstlich des Ozenna- und 10 km südwestlich des Duklapasses in Stellung) notierte in sein Tagebuch: »In den folgenden Tagen können wir hier 2 Angriffe in Kompaniestärke abweisen«.

Die ausgebaute »Gisela-Stellung« wurde von den Divisionsteilen in der Mitte und im rechten Bereich der Front ab 25.11. abends bezogen. Den Einheiten am linken Flügel war befohlen worden, zusammen mit der Kampfgruppe 253. I.D. an der bisherigen Linie stehenzubleiben. Ein weiterer Befehl des Armee-Oberkommandos an das 11. Armee-Korps sah vor, daß »im Zuge der (Absetz)Bewegung die Kampfgruppe 168. I.D. herauszulösen und der 17. Armee zuzuführen ist«. Das bedeutete auch: »1. Ski-Jäger-Division übernimmt bisherigen Abschnitt Kampfgruppe 168. I.D. zusätzlich mit eigenen Kräften«. (Vorher hatten die Skijäger schon, wie erwähnt, den Abschnitt der 357. I.D. mit übernommen).
Die Zivilbevölkerung in den Ortschaften an der neuen HKL und in einer Zone 8 Kilometer hinter der »Gisela-Stellung« war evakuiert worden.
Bis zum 27.11. morgens hatte sich der Russe noch an keiner Stelle in der Mitte und am rechten Flügel der neuen Stellungslinie genähert. Erst nach 13 Uhr wurde ein »starkes Nachdrängen des Gegners mit Infanterie« gemeldet. »Gefechtsvorposten bei der Ortschaft Kapisova, 12 km südwestlich des Duklapasses, wiesen Feind in Bataillonsstärke ab«.

Vor der 2. Kompanie des Regiments 2 am linken Flügel des Divisionsabschnittes lag in 700 Meter Entfernung ein russisches Grabensystem, »Bunkerhöhe« genannt. Gegen diese Feindstellung schickte der Kommandeur des I./2, Hauptmann Friedrich, einen Stoßtrupp los. Ihm gehörten nur 4 Mann an: Der 22jährige Obergefreite (R.O.B.) und Führer des Stoßtrupps Günter Sack aus Stettin, der 21jährige Obergefreite Schiechel aus Bunauburg, der 22jährige Obergefreite Strölin aus Hossingen (Württemberg) und der 24jährige Gefreite Tscholl aus Schlanders (Tirol). Es war der 28. November, 12 Uhr.
Kommandeur Hauptmann Friedrich und Feldwebel Mittelbach von der 13./2 leiteten als V.B. von einer Anhöhe aus das Feuer der Infanteriegeschütze und Granatwerfer der 4. und 13. Kompanie sowie der schweren Feldhaubitzen einer Batterie der Artillerieabteilung unter Leutnant Lüttner.
Geschützt durch das Feuer der eigenen schweren Waffen, durch das die Sowjets in Deckung gehalten wurden, konnte sich der Stoßtrupp zunächst über eine freie Ebene bis auf etwa 80 Meter an die feindliche Stellung heranarbeiten. Das Feuer wurde dann vorverlegt, und im nächsten Moment sprangen die 4 Jäger auf »und stürzten sich mit lautem Hurra«, wie berichtet wird, auf den Gegner. »Nur wenigen Russen gelang es, zu fliehen. 20 Rotarmisten lagen tot im Graben. Mit 18 Gefangenen kehrten die Skijäger unversehrt zur Kompanie zurück. 4 Maschinengewehre, 10 Maschinenpistolen und 7 Gewehre hatten sie erbeutet«. Stoßtruppführer Obergefreiter Sack wurde zum Oberjäger befördert und — wie seine drei Kameraden auch — mit dem Eisernen Kreuz ausgezeichnet.

Unter dem Datum 29.11.44 notierte der Tagebuchschreiber des Armee-Oberkommandos: »In der Nacht im Abschnitt der 1. Ski-Jäger-Division lebhafte beiderseitige Aufklärungstätigkeit. Angriffe des Feindes in Kompaniestärke abgeschlagen. Allein bei Vapenik 17 Vorstöße des Gegners«.

»Angriffe abgeschlagen«, obwohl die Kämpfer immer weniger wurden. Die Skijägerdivision konnte je Frontkilometer zum damaligen Zeitpunkt nur noch 75 Mann (mit Reserven) einsetzen. Bei der links von ihr stehenden 253. I.D. waren es 98 Soldaten.

Im Tagebuch des Gefreiten Langer von der 9./2 wird unter dem Datum 2.12. berichtet: »Nach starkem Pak- und Granatwerferbeschuß brechen die Russen in einen unbesetzten Teil unserer Stellung ein. Ein sofortiger Gegenstoß einer Gruppe wirft sie wieder hinaus. Die Russen setzen den Angriff noch einige Zeit fort. Wir verschießen dabei unsere gesamte MG-Munition«. . .

Danach ging es an der Front verhältnismäßig ruhig zu. In jenen Tagen wurde bei der Heeresgruppe A die Herauslösung der Skijäger aus dem Abschnitt Ozenna-/Duklapaß und der Abtransport der Division in einen neuen »Schwerpunktraum« erwogen. Fertig geplant war zunächst die Verlegung von Teilen des Regiments 2 als Reserve in einen rückwärtigen Bereich der HKL.

Noch bevor damit begonnen wurde, wollte der Divisionskommandeur zu einer Besprechung mit Oberstleutnant Beierlein und den Kommandeuren der drei Bataillone (Friedrich, Schäfer und Grimm) zusammenkommen. Generalmajor Hundt benutzte für seine Fahrt zum Regimentsgefechtsstand ein Kettenkrad. In Begleitung des Divisionskommandeurs befand sich der IIa Major von Seckendorff.

Der Ort, in dem Beierleins Gefechtsstand lag, wurde durch einen Bach geteilt, den der Fahrer des Generals auf dem Hinweg leicht überqueren konnte.

Über das, was danach geschah, berichten der damalige Bataillonskommandeur Grimm und der Divisionsadjutant Freiherr von Seckendorff. »Wir saßen gemütlich in einem warmen Bauernhaus«, schreibt Grimm, »während draußen ein wolkenbruchartiger Regen niederging. Um Mitternacht verabschiedete sich der General. Oberstleutnant Beierlein begleitete ihn bis zur Tür. Als er wieder bei uns in der Stube war, sprach er von einem unguten Gefühl«. . .

Die Vermutung des Regimentskommandeurs, daß das Kettenkrad in dem Bach, der mittlerweile ein reißender Fluß geworden war, »absaufen« würde, bestätigte sich nach kurzer Zeit. Der Fahrer hatte »bei strömendem Regen und in rabenschwarzer Nacht« versucht, an der gleichen Stelle, die er zur Hinfahrt benutzte, überzusetzen. Nach der Schilderung des Majors von Seckendorff sei das Krad »sofort versunken«, und die drei Männer retteten sich schleunigst mit den Füßen auf die Sitze. Das eiskalte Wasser stieg immer höher; es reichte den Soldaten, die in ihren langen, schweren Kradmänteln »nicht gerade für's Schwimmen ausgerüstet« waren, schon bald bis weit über die Knie. Als die Sache allmählich kritisch wurde, ließ Major von Seckendorff seinen Vorgesetzten wissen, daß er sich den »Heldentod« so nicht vorgestellt habe. Der Kommandeur erwiderte: »Was sollen wir tun — ein General kann doch nicht um Hilfe rufen?!« — Schließlich machten sie sich mit lauten» »Hallo«-Rufen bemerkbar.

Oberstleutnant Beierlein, wie gesagt, Schlimmes ahnend, hatte kurzentschlossen einen Schwimmwagen etwas oberhalb der in Not geratenen Männer in das Wasser einfahren lassen. Dieser Rettungsversuch scheiterte kläglich. Denn der Schwimmwagen war in der reißenden Flut nicht zu steuern, schaukelte nur rasch an den Hilfesuchenden vorbei und prallte nach mehreren hundert Metern gegen die Reste einer Brückenverstrebung, so daß er leck wurde und die beiden Wageninsassen nun selbst in Not gerieten. Über eine dichte Menschenkette, die von einigen alarmierten Soldaten gebildet wurde, konnten unterdessen der General, sein Adjutant und der Kradfahrer »aus dem kalten Naß an Land gezogen werden«.

In der Nacht vom 6. zum 7.12.44 begann vorerst die Herauslösung des III./2 (Grimm) und die Übernahme der Stellung durch Soldaten der 253. I.D. Gefreiter Langer schrieb damals in sein Tagebuch: »Wir werden in der Stellung westlich Vapenik abgelöst und steigen ab zum Troß nach Vys. Mirosov (west-südwestlich davon)«. Nach 2 Tagen marschierte seine Kompanie weiter bis zu einem Ort 5 Kilometer östlich von Bardejov. Dort wurde bis zum 16.12. hauptsächlich Gefechtsausbildung betrieben. An Ruhe war nicht zu denken.
Auf Befehl des Armee-Oberkommandos hatte die Division damals insgesamt 3 Bataillone in eine Reservestellung zu verlegen. Zum III./2 kam das III./1 (Schülke) und das Pionierbataillon. Die entstehenden Lücken in der Front wurden »durch Streckung der Abschnitte des I. und des II./1« geschlossen. . .

Unter dem Datum 12.12.44 ist im AOK-Tagebuch folgende Eintragung zu finden: »Wegen der laufenden, durch starken Schlachtfliegereinsatz unterstützten feindlichen Angriffe am rechten Flügel XXXXIX. Gebirgs-Korps, bei denen sich die dort eingesetzte 2-cm-Fla als wenig wirksam erwies, befiehlt das AOK die Zuführung der Fla-Kompanie des Schweren Ski-Bataillons der 1. Ski-Jäger-Division zum XXXXIX. Gebirgs-Korps (7 3,7-cm-Fla Sf.). Abmarsch der Kompanie 12.12. abends (mit Transportzug nach Kaschau)«.

Damit den Skijägern am Duklapaß bis zu ihrem vollständigen Abtransport an einen neuen Brennpunkt der Kämpfe noch genügend zu tun bleibt, dachte das Oberkommando der Armee über eine »Frontverbesserung durch Vorverlegung der HKL ostwärts Vysni Orlik bis in Gegend 324« nach — (»oder zumindest Gefechtsvorposten bis dorthin vorzutreiben, damit die jetzige HKL als 2. Linie gelten kann)«.

Das Bataillon Schülke war unterdessen auf dem Marsch in die Reservestellung. Der Gefreite Franz Zähringer erinnert sich an einen Weg, »der eher wie ein umgepflügter Acker aussah. Wir gingen unter bis an die Knie, mußten uns gegenseitig heraushelfen. Die Pferde, die die Wagen ziehen mußten — beladen mit Munition usw. — kamen kaum aus dem Dreck

heraus. Es mußte abgeladen werden; ein Teil des Geräts, sogar Munition, wurde vergraben«.
Aber es sollte für den kleinen Soldaten Zähringer noch schlimmer kommen: »Nach einer Weile mußte ich »abhängen«; ich konnte nicht mehr mithalten. Nur langsam ging ich weiter und kam an einen tiefen Wassergraben an einem Abhang. Beim Versuch, den Graben zu überqueren, rutschte ich auf dem lehmigen Boden aus und stürzte ins Wasser.
Ich versuchte, wieder herauszukommen, setzte meine ganze Kraft ein — doch alle Versuche waren umsonst. Meine Ausrüstung (Gewehr, Stahlhelm, Gasmaske, Rucksack) hatte ich auf die andere Grabenseite geworfen, um es leichter zu haben. Ich unternahm wieder einen Versuch nach dem anderen, auf der glitschigen Böschung hochzukriechen, aber ich schaffte es einfach nicht. Das Wasser war eiskalt.
So vergingen ungefähr 2 bis 3 Stunden, bis ich nach wiederholten Versuchen an einer anderen Stelle endlich herauskam. Mein Gedanke war in diesem Moment, daß mir ein Engel beigestanden und mir geholfen hat.
Es war stockfinster. Nachdem ich meine Ausrüstung aufgenommen und umgeschnallt hatte, lauschte ich in die Nacht hinein und vernahm ein Geräusch von Pferden und Fuhrwerken. Ich ging darauf zu — den Berg hinunter — und traf auf einer Straße Soldaten, aber es waren keine von meiner Kompanie.
Nun bin ich weitergegangen und kam an einem unterirdischen, gewölbten Keller vorbei. Dort lagen Landser, die sich ausruhten, manche schliefen; andere zogen von da wieder weiter. Weil ich so hundemüde war und fertig von den Strapazen, legte ich mich auch hin und schlief ein.
Am Morgen waren wir etwa 20 Mann, die die Nacht im Keller verbracht hatten. Einer fragte, wer vom Bataillon Schülke sei. Mehrere meldeten sich, auch ich. So marschierten wir gemeinsam weiter.
Aber nach kaum hundert Metern konnte ich nicht mehr und blieb wieder hängen. Ich mußte die Zähne zusammenbeißen und die letzte Energie aufwenden, um nicht aufzugeben und mich hinfallen zu lassen. Jetzt war ich allein auf weiter Flur. Stunden später hatte ich es endlich geschafft und war wieder bei meiner Kompanie.
Dort blieb ich zwei Tage. Weil ich merkte, daß ich bald überhaupt nicht mehr werde laufen können, meldete ich mich ab und ging zum Feldarzt. Dem habe ich mein Problem geschildert. Da wollte er, daß ich meine Schuhe ausziehen soll. Ich brachte sie aber nicht von den Füßen. Daraufhin zog der Arzt mir die Schuhe aus, besah meine Füße und sagte mir, ich hätte Erfrierungen 3. Grades. Er überwies mich sofort zum Hauptverbandsplatz. Der Arzt fragte mich natürlich, ob ich schon vorher nichts gemerkt habe. Nein, sagte ich zu ihm, ich habe nichts verspürt, wir haben die ganze Zeit an der Front Nässe und Frost aushalten müssen, und es gab

keine Gelegenheit, die Schuhe auszuziehen. Einmal habe ich vorne in der Stellung versucht, meine nassen Socken auszuziehen und trockene anzuziehen, da kam mein Gruppenführer und sagte zu mir, das dürfte ich in der Stellung nicht tun, ich bekäme 3 Tage Bau dafür. Seitdem habe ich es nicht mehr versucht.
Am vorgeschobenen Verbandsplatz, zu dem mich ein Panjewagen hinbrachte, habe ich dann meinen ersten Verband bekommen. Mit einem Krankenfahrzeug sind wir — zusammen 4 Mann — anschließend zum Hauptverbandsplatz gefahren. Unterwegs bekam ich starke Schmerzen, die ich vorher, bei der Nässe und Kälte, nicht gespürt habe.
Nach 3 Wochen Behandlung am H.V.P. in Bardejov kam ich in ein Feldlazarett. Dort wurden mir die Zehen abgenommen. Später mußte ich — nach langem Lazarettaufenthalt — an beiden Füßen nochmals nachamputiert werden«.

Der Befehl des Armee-Oberkommandos zur »beschleunigten Zuführung der von der Heeresgruppe hierzu freigegebenen 1. Ski-Jäger-Division zum XXXXIX. Gebirgs-Korps nach Kaschau« wurde dem 11. Armee-Korps am 16.12.44 um 20.15 Uhr übermittelt. Oberleutnant Dr. Joseph Schmid, der damalige Ic der Division, nennt die Gründe für diese Entscheidung: »Die ungarische Front war zusammengebrochen, und die rechte Flanke der von Kaschau gegen Osten kämpfenden deutschen Verbände war damit nach Süden und Westen offen. In diese Lücke sollte die 1. Ski-Jäger-Division eingeschoben werden«.
Die Ablösung »der noch eingesetzten Teile« hatte laut Befehl des AOK in der Nacht vom 18. zum 19.12. zu erfolgen. In der Frühe des 17.12. konnten die Skijäger je einen feindlichen Stoß- und Spähtrupp westlich von Vysni Svidnik abweisen. Und noch am 18.12. drang ein Skijäger-Stoßtrupp an der Paßstraße bis in den Raum 1 Kilometer südwestlich von Ladomirova vor und brachte einen Gefangenen der tschechoslowakischen 1. Brigade ein. Ein anderer Stoßtrupp erstürmte zwei Stützpunkte des Gegners ostwärts von Nizni Orlik, nordwestlich von Ladomirova.

Bereits am 16.12. mittags war mit dem Abtransport der in Reserve liegenden Einheiten in den Raum Kaschau — das waren rund 80 Kilometer Luftlinie in Richtung Süd — begonnen worden. Insgesamt benötigte die Division 700 Tonnen »LKW-Kolonnenraum«. 34 Eisenbahnzüge standen zur Verfügung. Bis zum 20. Dezember wurden täglich 8 - 10 Züge zum Transport eingesetzt.

Der Gefreite Hans Veldscholten von der 4. Kompanie des Ski-Jäger-Regiments 2 setzte in seinem Tagebuch einen Schlußstrich unter das Kapitel

»Kämpfe am Ozenna- und Duklapaß« und schrieb: »Unsere Kompanie und überhaupt unsere Division ist hier schwer zusammengeschlagen worden. Aber den Übergang über den Duklapaß haben wir den Russen nicht preisgegeben, und auch er hat seine fortwährenden Angriffe teuer bezahlt«.

Wolfgang Venohr, der Verfasser des Buches »Aufstand in der Tatra«, schreibt: »An der Karpatenfront zeigte es sich, daß der deutsche Soldat, selbst nach fünfjährigem furchtbaren Ringen, noch immer jedem Gegner eindeutig überlegen war, wenn er nicht in offenem Gelände von erdrückenden Panzermassen niedergewalzt werden konnte«.
»In dreimonatigem Ansturm gegen die deutsche Karpatenfront opferten die Sowjets ca. 80 000 Mann, davon 25 % Gefallene. Das 1. Tschechoslowakische Armee-Korps des Generals Svoboda verlor an die 8 000 Mann, davon 30 % an Toten. Drei Monate lang hatte jeder Tag 1 000 Mann Verluste gekostet: etwa 250 Gefallene und 750 Verwundete«.

Das Kapisovatal, westlich der Duklapaßstraße im ehemaligen Kampfgebiet der Skijägerdivision, erhielt von der einheimischen Bevölkerung die Bezeichnung »Tal des Todes«. Mehrere der damals abgeschossenen Panzer und anderes Kriegsgerät wurden im Gelände stehengelassen oder zur Erinnerung an die schweren, verlustreichen Kämpfe nachträglich an bestimmten Punkten aufgestellt. So errichteten die Russen bei Svidnik ihre Gedenkstätte mit Ehrenmal auf einem etwa zwei Hektar großem Gelände.

Bei Zborov, 12 Kilometer südwestlich vom Ozennapaß, konnte 47 Jahre nach diesen schrecklichen Geschehnissen der Volksbund Deutsche Kriegsgräberfürsorge mit dem Herrichten seiner Gedenkstätte beginnen. 1944 befand sich dort ein Hauptverbandsplatz mit Friedhof. Am 19. September 1992 wurde dieser neu errichtete Ehrenhain, die Ruhestätte vieler gefallener und an Verwundungen gestorbener Skijäger, im Beisein einer Gruppe ihrer ehemaligen Kameraden eingeweiht.

Im Raum Kaschau

Zu den ersten Einheiten, die damals im neuen Frontabschnitt eintrafen, zählte das III. Bataillon des Regiments 2. Gefreiter Hubert Langer, nun 9./2, notierte am 16.12.44: »Mittags wird die Kompanie mit dem Troß auf LKW verladen. Wir fahren über Presov - Kaschau bis nach Nagyida« (15

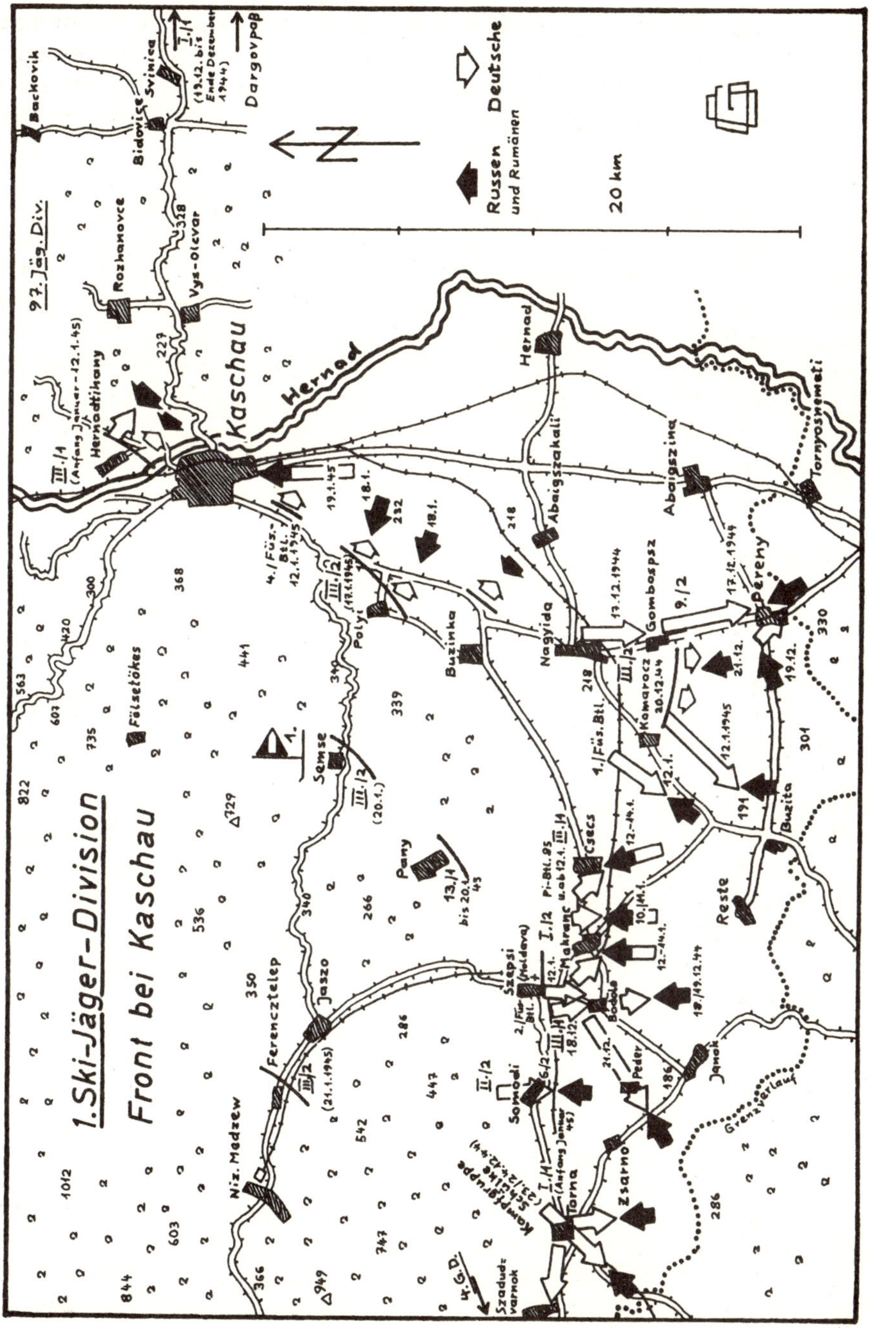

1. Ski-Jäger-Division
Front bei Kaschau
97. Jäg. Div.
Kaschau
Hernad
Russen und Rumänen
Deutsche
20 km
Dargovpaß
Backovik
Bidovice
Svinica
Rozhanovce
Vys-Olcvar
Hernadtihany
Fülsetökes
Polyi
Buzinka
Nagyida
Abaigszakali
Abaigszina
Tornyosnemeti
Perény
Gombospsz
Komarocz
Csecs
Buzita
Reste
Pany
Semse
Jaszo
Ferencztelep
Niz. Medzew
Szepsi (Moldava)
Makranc
Bodola
Peder
Janok
Somodi
Zsarno
Torna
Szadudvarnok
Grenzverlauf

Kilometer ost-südöstlich von Kaschau). Und unter dem Datum 17.12. heißt es: »Morgens Abmarsch nach Gombospsz« (2,5 km im Süden von Nagyida). »Bataillonsgefechtsstand in der Mühle südlich Bahnübergang Nagyida. Mit 10 Mann bleiben wir zur Sicherung in der HKL südlich Gombospsz. Die Kompanie geht mit einem Sturmgeschütz weiter vor nach Pereny. Unser Kompaniechef, ein Oberleutnant, fällt dort durch Kopfschuß. Abends folgen wir der Kompanie. In der Nacht sickerten die Rumänen von Süden her ein. Ein Gegenstoß mit dem Sturmgeschütz wirft sie wieder zum Ortsende zurück«.

Pereny liegt 4 Kilometer südlich von Gombospsz. Nach Aussagen des damaligen Bataillonskommandeurs, Hauptmann Grimm, war die Verlegung der 9. Kompanie über den schon festgelegten HKL-Bereich hinaus vom Regimentskommandeur extra befohlen worden. Die Skijägerkompanie sollte »gewissermaßen als Wellenbrecher« (Grimm) — eher aber als »Himmelfahrtskommando« — starke Feindkräfte auf sich ziehen und binden . . . Der Auftrag an die Männer lautete: »Durch geschickte Kampfführung in dem Ort Pereny eine stärkere Besatzung vortäuschen und sich gegebenenfalls einschließen lassen. Zurückkämpfen auf die inzwischen vorbereitete HKL auf Befehl (Funk)«.
»Mir war nicht wohl dabei«, schreibt Grimm. »Wie sollte ich meine 9. Kompanie zurückholen? Es stellte sich auch bald heraus, daß der Sprechfunk nicht ausreichte. Der Regimentskommandeur hatte unterdessen seinen Gefechtsstand bis in meinen Ort vorgeschoben«.

Bei der in Pereny kämpfenden Kompanie war inzwischen die Munition knapp geworden. »Es fehlen auch Handgranaten«, schrieb Gefreiter Langer am 18.12. in sein Tagebuch. Nach einem massiven Artillerieschlag griff der Gegner in den Mittagsstunden an. Die Deutschen mußten zurückweichen, fingen sich aber wieder und trieben den Feind erneut vor sich her. Während sie die Häuser besetzten, blieb ihr Feldwebel, der die Führung der Kompanie übernommen hatte, den Rumänen noch allein auf den Fersen und jagte sie mit Feuerstößen aus seinem Sturmgewehr bis zum äußersten Ortsrand. Als Antwort darauf setzte die Gegenseite wahrscheinlich alle ihre Granatwerfer und am Nachmittag zusätzlich eine »Stalinorgel« ein. Hubert Langer schrieb in sein Tagebuch: »Unser Gruppenführer, der Obergefreite Mücke aus Troppau, wird durch Granatsplitter im Bauch schwer verwundet. Wir bringen ihn in einen Keller. Er kann leider erst am Abend mit einem Panjewagen zurückgebracht werden. Er stirbt am nächsten Tag«.
Am 19.12. um 4 Uhr morgens erstürmte eine Gruppe der Kompanie das am Südende der Ortschaft gelegene Schulgebäude. Dabei wurden 4 Rumä-

nen gefangengenommen und 2 Skijäger befreit. Bei der Gruppe gab es nur einen Verwundeten.
Wiederholte Versuche des Gegners, von dort weiter in den Ort einzudringen, konnten abgewehrt werden. Am Abend gelang den Rumänen dann von Westen her der Vorstoß bis zur Straße nach Gombospsz. Somit war den Skijägern der Rückzugsweg an dieser Stelle versperrt.

Hauptmann Grimm erhielt — nach einigen vergeblichen Anfragen beim Regiment — erst in der darauffolgenden Nacht von Oberstleutnant Beierlein die Erlaubnis, seiner 9. Kompanie Hilfe zu leisten. Das Unternehmen, für das 3 Sturmgeschütze mit aufgesessenen Jägern bereitgestellt worden waren, hatte noch nicht begonnen, als in Gombospsz eins der Geschütze in der Dunkelheit gegen einen Minenstapel am Straßenrand fuhr. Die Minen explodierten; mehrere Soldaten wurden dabei getötet oder erlitten zum Teil schwerste Verwundungen.

Fast zur gleichen Zeit hatte die in Pereny von der völligen Einschließung bedrohte 9. Kompanie, die keine Funkverbindung mehr mit dem Bataillon herstellen konnte, auf eigenen Entschluß unter der Führung des Feldwebels den Rückzug angetreten und konnte im Schutze der Nacht im Ostteil des Dorfes gerade noch aus der Falle schlüpfen. Ihr Sturmgeschütz war schon vor ihnen auf direktem Wege durchgekommen. Die Besatzung hatte noch zwei Verwundete und den Leichnam des gefallenen Kompanieführers bergen können.

Das II. Bataillon des Regiments 2 wurde rund 20 Kilometer weiter westlich ausgeladen und sofort eingesetzt. Der damalige Chef der 6. Kompanie, Oberleutnant Heinz Mazakarini aus Wien, berichtet: »Unser Bataillon unter der Führung von Hauptmann Erich Schäfer (ein wunderbarer, unerschrockener Offizier) bekam den Auftrag, Somodi zu nehmen. Die Feindlage war noch unklar. Im Verlauf eines Nachtgefechts erstürmte ich mit meiner Kompanie, angelehnt an die 7. Kompanie, den Ort und drang bis zum Bahnhofsbereich vor. Dort blieben wir im Gelände über dem Bahndamm im massierten feindlichen Feuer liegen, so daß der Bahndamm zur HKL wurde. Nach diesem Unternehmen konnte ich die Beute von 4 russischen Geschützen, 22 Maschinengewehren sowie Bergen von Munition melden. Hauptmann Schäfer erhielt wenig später das Ritterkreuz«.

Dr. Helmut Friedrich, damals Hauptmann und Kommandeur des I./2, erinnert sich an zurückmarschierende ungarische Truppen, »während wir vorwärts marschierten in die neuen Einsatzräume. Bald darauf kamen allerdings die ungarischen Einheiten wieder zum Stehen und wurden uns zum Teil unterstellt«. Dabei ergab sich die paradoxe Situation, daß ein ungarischer Regimentskommandeur seine Einsatzbefehle bei einem deutschen Bataillonskommandeur, in diesem Fall bei Hauptmann Friedrich, einholen mußte, was dann auch bei den ungarischen Offizieren »erhebliche Verwunderung und sogar Befremden« auslöste. Andererseits war Hauptmann Friedrich nicht wenig erstaunt darüber, daß zu diesem Zeitpunkt in der ungarischen Armee noch getrennt gekocht wurde. Offiziere, Unteroffiziere und Mannschaften aßen nicht, wie es beim deutschen Heer üblich war, aus demselben Topf. »Meine Verblüffung war groß, als ich in den Gefechtsstand des ungarischen Obersten zu einer Mahlzeit eingeladen wurde, wie wir sie schon lange nicht mehr kannten«.

Am 18. Dezember war in Bodolo, 3 Kilometer ost-südöstlich von Somodi und jenseits der Bahnlinie gelegen, das Bataillon Schülke (III./1) eingetroffen. Auch hier das gleiche Bild: »Während wir vormarschieren, kommen uns zurückgehende ungarische Infanterie- und Artillerieeinheiten entgegen«. Die Artillerie der Ungarn wurde jedoch sofort zur Unterstützung des III./1 eingesetzt.
Der Durchbruchsversuch der Russen konnte im Angriff gestoppt werden, und das Bataillon ging südlich von Bodolo in ebenem, deckungslosen Gelände in Stellung.
Am 19.12. setzte der Russe wieder, und gleich mehrere Male, zum Durchbruch an. Nahezu pausenlos lag schweres Artilleriefeuer auf der Abwehrlinie des III./1.
Am 21.12. gelang es dann dem Gegner, der mit »Stalinorgeln« ein höllisches Feuer entfacht hatte, die schon sehr dünn besetzte Front des Bataillons aufzubrechen und auf Bodolo vorzustoßen. Während der Nacht versuchte er, den Ort ganz in Besitz zu nehmen. In dieser kritischen Situation erhielten Schülkes abgekämpfte Skijäger Unterstützung von der 2. Kompanie des gerade aufgestellten Füsilierbataillons, die vor Szepsi (Moldava), nur 2 Kilometer nördlich von Bodolo, in einer Riegelstellung lag. Kompanieführer war Leutnant Primoschitz. Im Zusammenwirken mit Schülkes Männern wurden die Rotarmisten nach erbittertem Häuserkampf bis an den Südwestrand der Ortschaft, Richtung Peder, abgedrängt.

Das I. Bataillon des Ski-Jäger-Regiments 1 war am 19. Dezember an der wichtigen Verbindungsstraße Kaschau - Ungvar (Uschgorod) eingesetzt worden. Die Abwehrstellung lag am Dargovpaß, rund 25 Kilometer östlich von Kaschau. Somit lagen das I./1 und das III./1 fast 50 Kilometer auseinander!
Schon am nächsten Tag standen die Skijäger dort »im Nahkampf gegen überlegenen Feind«. Gefreiter Hochberger erwähnt in seinem Tagebuch

einen Durchbruch der Russen und daß Bataillonskommandeur Major Schröppel verwundet wurde.
Am 21.12. wieder »erbittert geführter Nahkampf auf Höhe 688«. Die Nahkämpfe in dem bewaldeten Höhengelände mit Angriffen und Gegenangriffen hielten auch in den darauffolgenden Tagen an. Am Weihnachtstag, 24.12., ist von einem »Gegenstoß zur Höhe 323« die Rede, bei dem die Jäger Unterstützung durch ein Sturmgeschütz erhielten. Im Verlauf eines Waldnahkampfes an Heiligabend gab es »sehr viele Verwundete und Gefallene«. . .

Die Kompanie des Gefreiten Langer hatte indessen etwas westlich von Gombospsz an einem Bach neu Stellung bezogen. Am 20.12., mittags, unternahmen starke Angriffskräfte der Rumänen mit Artillerieunterstützung von Südwesten her einen Vorstoß, der unmittelbar vor der Abwehrlinie des III./2 zum Stehen kam. Unter dem Datum 21.12. notierte Langer: »Die Rumänen versuchen am Nachmittag, unsere Stellung mit Handgranaten auszuheben. Nach längerem Handgranatenduell geben sie auf. Unser neuer Gruppenführer, Oberjäger Simmer aus München, wird neben mir durch eine MG-Garbe schwer verwundet. Er stirbt bald nach dem Abtransport«. (Der Vorgänger Simmers, Gefreiter Kühn, war erst am Tag zuvor gefallen).
24. Dezember: »In der Morgendämmerung kommt unser Zugführer zu unserem Deckungsloch. Zwei gute Skijäger sollen zum Bataillonsgefechtsstand kommen, angeblich zu einer Weihnachtsfeier«. Vom Bataillonsgefechtsstand gingen Langer und sein Kamerad nach Polyi zum Troß, wo die Feier dann stattfand.

Das Bataillon Schülke wurde in der Nacht zum 23.12. aus Bodolo abgezogen und nach Torna, rund 10 Kilometer weiter westlich gelegen, in Marsch gesetzt. Die Verbindungsstraße lag unter dem Dauerfeuer russischer Werfer und Artillerie, deshalb marschierten die Soldaten abseits davon über die leicht mit Schnee bedeckten und festgefrorenen Wiesen und Felder. Bei Torna warteten Teile des schweren Skibataillons und die Gebirgsjäger des I./13 von der 4. Gebirgs-Division auf Schülkes Skijäger. Das Gebirgsjägerbataillon war vor fünf Tagen im Abschnitt Torna der Skijägerdivision unterstellt worden.
In der Stadt saßen Russen und Rumänen. Hauptmann Schülke ließ seine gemischte Kampfgruppe — zu der auch die 3. Kompanie des Füsilierbataillons unter Oberleutnant Graf Königsmarck gehörte — noch vor Tagesanbruch zum Angriff antreten. Es wird berichtet: »Trotz schweren Artillerie- und Granatwerferfeuers drang der rechte Flügel der Kampf-

gruppe in die Stadt ein, wo es zu heftigen Häuserkämpfen kam, die bis zum späten Nachmittag andauerten. Nach dem Einsatz von Sturmgeschützen und von Panzern des schweren Skibataillons kam auch der linke Flügel voran, der ebenfalls in schwere Häuserkämpfe verwickelt wurde. Verzweifelte Gegenstöße der Sowjets blieben erfolglos; am Abend waren die Rotarmisten unter Zurücklassung von 150 Toten und zahlreicher Waffen und Ausrüstungsgegenstände aus der Stadt vertrieben«.
Weiter heißt es: »Bereits um Mitternacht traten wir erneut zum Angriff an und nahmen im Handstreich ein vor der Stadt liegendes Dorf und die umliegenden Höhen«. In den Morgenstunden des 24.12. waren dann Stadt und Umgebung von Torna fest in der Hand von Schülkes Kampfgruppe und des zur Unterstützung noch eingesetzten Ski-Pionierbataillons der Division unter der Führung von Hauptmann Ludwig Murr. Zahlreiche Gefangene wurden eingebracht, darunter ein vollständiger Bataillonsstab.

3 Kilometer westlich von Torna liegt die Ortschaft Szadudvarnok und dort in der Nähe die Höhe 334. In den Aufzeichnungen der Division wird über einen Angriff des Sturmgeschützbegleitzuges unter der Führung von Oberleutnant Hauner berichtet: »4.30 Uhr. Die gepanzerten Fahrzeuge der ersten Hälfte des Zuges erreichen früher Szadudvarnok, da die andere Hälfte wegen Fahrzeugschaden zurückbleibt. Sie stoßen sofort zur Höhe 334 vor. Von der Südwestseite der Höhe und aus dem Raum südlich der Straße erhalten sie starkes Pakfeuer. Die Jäger sitzen ab und erstürmen die Hälfte des Hanges. Dabei erbeuten sie eine Pak, zwei Granatwerfer, eine Maschinenpistole und mehrere Karabiner. Einem feindlichen Gegenstoß, von der Höhe herab mit 50 Mann, werfen sich die 17 Jäger mit Hurra entgegen und jagen die Russen den Berg hinunter. 5 Rotarmisten werden gefangengenommen.
Später tritt der Feind — nachdem er Artillerie vom Kaliber 17,2 cm und Granatwerfer eingesetzt hatte — erneut zum Gegenstoß an. Mit der letzten noch vorhandenen Munition wird der Angriff des Gegners niedergehalten, bis die über Funk angeforderte Panzerunterstützung eintrifft und die Russen wieder von der Höhe 334 verjagt werden. Die eigene, weit vorgetriebene Aufklärung stellt fest, daß der Gegner nach Westen abzieht«.

Diese Darstellung wird vom damaligen Gefreiten und MG-Schützen im Sturmgeschützbegleitzug Josef Czwielung bestätigt. Josef (Jupp) Czwielung aus Breslau, ein erfahrener Soldat des ehemaligen Jäger-Bataillons 13, kam von der 2. Kompanie des Ski-Jäger-Regiments 2 zum Begleitzug, der bereits während der Kämpfe am Ozenna- und Duklapaß zusammengestellt wurde und dessen Angehörige von verschiedenen Skijägerkompanien stammten. Sein Zug — von ihm als »Panzerjäger-Begleitzug 152« bezeichnet — hatte eine Gesamtstärke »von 34 bis 36 Mann«. Jupp Czwielung erzählt, daß während des Sturmangriffs auf die Höhe 334 ein Russe vor ihm aufsprang und ihm, wie er zunächst annahm, eine Handgranate entgegenschleuderte. Czwielung: »Ich warf mich hin und erwartete die Detonation. Doch der Iwan hatte mich genarrt: es war nur ein faustdicker Stein! Wütend auf den Burschen, raffte ich mich wieder auf und mußte rennen, um meine Kameraden einzuholen. Oben brachte ich mein MG in Stellung. Von der Anhöhe aus konnten wir im Tal ein Gehöft oder Anwesen ausmachen. Der Russe floh daraus mit seinen Panjewagen, als wäre der Teufel hinter ihm her. Wir schickten ihm noch Grüße nach« . . .

Am selben Tag, an dem die Deutschen Torna zurückeroberten, kam es in Debrecen zur Bildung einer ungarischen Gegenregierung, die mit den Sowjets einen Waffenstillstandsvertrag abschloß und Deutschland den Krieg erklärte. An der Haltung von Generaloberst Lazlo änderte das nichts. Lazlo blieb der treue Verbündete. Seine 1. Ungarische Armee — die allerdings nur noch über zwei eigene Korps mit der 1. Gebirgs-Brigade und zwei Infanteriedivisionen verfügte (denen von deutscher Seite zwei Gebirgsdivisionen, die 3. und 4. G.D., als kampfstarke Verbände beigegeben wurden), war ein zweites Mal der 1. Panzer-Armee Heinricis angegliedert worden.

Im Abschnitt des I. Bataillons/Ski-Jäger-Regiment 1, ostwärts von Kaschau, schaffte der Russe am 25.12. mit Panzern und aufgesessener Infanterie einen Durchbruch, dem, laut Tagebuch Hochberger, am 26.12. ein Gegenstoß der Skijäger folgte (»Nachtgefecht im Walde — wiederum viele Gefangene und viel Beute«). In dem Bericht des damaligen Oberjägers Günter Brost über den Einsatz der schweren Kompanie heißt es, daß die »Vierte« 18 Tragtiere zum Transport der Granatwerfermunition zugeteilt bekam, »da wir mit unseren Karreten in dem bergigen Gelände nur schlecht vorankamen«.
»Den Angriff der leichten Kompanie begleiteten wir in überschlagendem Einsatz, das heißt, eine Gruppe unserer Werfer schoß, eine Gruppe baute ab und eine Gruppe ging in neue Feuerstellung. Das wechselte immer wieder. So kamen wir mit den Jägern vorwärts und konnten sie pausenlos unterstützen. Die Abpraller, die wir verschossen, waren in dem Wald von verheerender Wirkung. In der letzten Feuerstellung wurde ich das vierte Mal verwundet, durch einen Granatsplitter am Hals, bekam vom Sanitäter einen Verband angelegt und mußte vorne bleiben, da wir fast keine V.B. mehr hatten. Das Bataillon hatte die Paßstraße erreicht. Unser Granatwerferzug ging bei einer Straßenbrücke in Stellung. Auf der Suche nach einer guten B.-Stelle wurde unser Zugführer, Feldwebel Heinle, von

einem Granatsplitter tödlich getroffen. Nun war ich an der Reihe, den Zug zu übernehmen.
Die Paßstraße wurde hart umkämpft. Hier möchte ich eine Tat schildern, die ein Gruppenführer vollbrachte, Obergefreiter Duda, ein prima Kumpel und Kamerad. Am Silvesterabend kam er in die Feuerstellung an der Brücke, um Marketender-Warenanteil abzuholen. Dabei wurde auch etwas getrunken. Nach einer Stunde, so etwa gegen 22 Uhr, begleitete ich ihn bis kurz vor seine B.-Stelle. Er legte sich in ein Schützenloch vom Tag zuvor und schlief ein. Am Neujahrsmorgen — es war noch grau und diesig — wurde er durch Geräusche geweckt. Duda, augenblicklich hellwach, griff instinktiv zu seinem Sturmgewehr und schoß damit auf die russischen Soldaten, die vor ihm im Morgennebel auftauchten und in die deutschen Stellungen einbrechen wollten. Den 6 Granatwerfern erteilte er über die Drahtverbindung sofort Feuerbefehl. Der erste Angriff der Russen konnte somit gestoppt werden. Nach zwei Stunden versuchte der Gegner, durch starkes Artilleriefeuer die Skijäger zu zermürben. Gegen 10 Uhr griff er mit mehreren Panzern an, die sich jedoch nur auf der Paßstraße bewegen konnten. Obergefreiter Duda schoß im Laufe des Tages drei T-34 mit der Panzerfaust ab. Abends wurde er für sein tapferes Verhalten vom Kommandeur geehrt. Duda, der schon reichlich Orden und Auszeichnungen besaß, meinte hinterher, eine Flasche Korn für jeden geknackten Panzer wäre auch eine Anerkennung gewesen. . .
Die Kämpfe waren weiterhin sehr hart, und wir hatten hohe Ausfälle. Es waren nur noch zwei Offiziere vorhanden. Vorübergehend übernahm ich die 4. Kompanie. Mein Werferzug war mit 20 Mann noch der stärkste«.

Über die schwere 4. Kompanie des Regiments 2 wird berichtet, daß sie südwestlich von Kaschau — im anderen Schwerpunktraum der Kämpfe — »mal hier und mal da ein paar Tage eingesetzt wurde. Und zwar mußten wir überall da, wo der Russe eingebrochen war, die Front verstärken«, schrieb der Gefreite Veldscholten in sein Tagebuch. »Dies war besonders dort der Fall, wo die Ungarn in Stellung lagen. Von den Feiertagen Weihnachten und Neujahr haben wir wenig gemerkt, weil wir doch andauernd unterwegs waren«.

In dem Bericht seines damaligen Kommandeurs, Hauptmann Friedrich, heißt es, daß das Bataillon im Verlauf der schweren Kämpfe »mit stark überlegenen russischen Kräften zwar mühselig, aber doch einigermaßen noch die Stellung halten konnte. Wir wurden zwar gelegentlich aus einzelnen Dörfern oder Stellungen rausgeworfen, holten sie uns aber meistens im Gegenstoß wieder zurück. Insgesamt ergaben sich allerdings sogenannte Frontbegradigungen, wobei auch wir gewisse Stellungen auf höheren

Befehl aufgaben. Im Januar 1945 hatte ich mit meinem Bataillon in einer verhältnismäßig ebenen Gegend einen viel zu breiten Abschnitt zu verteidigen. Dabei waren nun die Gefechtsstärken der Kompanien auf 12 bis 15 Mann gesunken«. . .

Bei Bodolo ging in der Silvesternacht um 23 Uhr ein heftiger russischer Artillerieschlag auf die Stellung der Füsiliere nieder. Punkt 24 Uhr hatte dann die den Deutschen zugeteilte Artillerie der Ungarn unter Oberstleutnant Jordan »mit allen Kalibern« geantwortet.
»Nach Neujahr verstärkte Kampftätigkeit der Russen mit Unterstützung durch Schlachtflieger. Austausch der gegenüberliegenden rumänischen Verbände durch russische Einheiten«.

Die Kompanie des Gefreiten Langer kam am 29.12. als Bataillonsreserve nach Gombospsz, wo die Soldaten in Quartieren Silvester feiern konnten. Bereits am Neujahrstag mußten sie wieder neue Stellungen am Bahndamm südlich von Nagyida beziehen. Am 4. Januar wurden sie mit Lastkraftwagen in ein Gebiet zwischen 20 und 35 Kilometer nordwestwärts ihres HKL-Bereichs, also weit hinter die Front transportiert, um angeblich gegen Partisanen eingesetzt zu werden. Unweit davon, in Felsötekes, hatte es am 29.12. bei Bandenüberfällen auf Nachschubeinheiten der Division Tote und Verwundete gegeben. Als die 9./2 zur Bekämpfung anrückte, waren die Partisanen längst untergetaucht. Am 10. Januar trat die Kompanie wieder die Rückfahrt nach Nagyida an.

Das I. Bataillon des Regiments 1 war nach Torna verlegt worden. Gleichzeitig übernahm das bislang dort eingesetzte III./1 (Schülke) einen Abschnitt bei Hernadtihani, nordöstlich von Kaschau. Links von den Skijägern lag die 97. Jäger-Division, rechts, westlich von Torna, die 4. Gebirgs-Division.

Die Panzerjäger-Fla-Kompanie des Regiments 1 mußte, wie so oft, in einem weiten Bereich der HKL mal hier und mal da aushelfen. Rittmeister von Cramm befand sich eines Tages auf der Fahrt zu den auseinandergezogenen Stellungen seiner Züge und Geschütze und besuchte gerade einen der Fla-Züge, als ihn ein Funkspruch der Division erreichte: »Melden Sie sich um 14 Uhr beim IIa!«. Bis dahin war noch reichlich Zeit, aber Cramm — ob von einer Ahnung getrieben oder nicht — erteilte seinem Fahrer sofort die Anweisung, den Divisionsgefechtsstand anzusteuern. Immerhin war ja auch »eine größere Entfernung« zurückzulegen, und man wußte in voraus nie, was unterwegs alles passieren konnte — zum

Beispiel, daß der Schlauch von einem der Wagenreifen platzen könnte. Und das geschah auf der Strecke zwischen Fla-Stellung und Kompaniegefechtsstand tatsächlich.
»Wie immer in solchen Fällen«, schreibt Cramm, »mein lieber Gäbler hatte natürlich keinen Reservereifen dabei, so daß wir im wahrsten Sinne des Wortes auf der Felge standen. Ich hatte meinen Meldetermin bei der Division einzuhalten, also mußten wir den Wagen unbedingt wieder flott kriegen.
Nach kurzem Überlegen kamen wir auf die Idee, den platten Reifen mit Dachstroh von einer kleinen Feldscheune, die in der Nähe stand, auszustopfen. Von dem Stroh packten wir noch ein kleines Bündel in den Wagen, denn beim Fahren stauchte sich der Schlauchersatz im Reifen zusammen, und da mußte nachgestopft werden. So erreichten wir zunächst den Kompaniegefechtsstand. Ich stieg in einen anderen Wagen um, fuhr zur Division und meldete mich pünktlich beim IIa. Der Divisionsstab lag damals im Schloß Semse der Grafen Semsey de Semse« (12 km südwestlich von Kaschau).

Rittmeister von Cramm sollte zu einem Abteilungsführer-Lehrgang nach Deutschland geschickt werden, um später das schwere Skibataillon zu übernehmen. Für Major Neubert war die Ernennung zum Regimentskommandeur vorgesehen. Nun hatte General Hundt den Wunsch geäußert, den beliebten Chef der 13./1 bis zum Beginn des Lehrgangs als neuen »Kommandant Stabsquartier« einzusetzen. Da Cramm aus der Zeit der Aufstellung der Brigade schon die notwendigen Erfahrungen mitbrachte, war er auch von Offizieren des alten Brigadestabes für diesen Posten vorgeschlagen worden. Cramm bat nach der Unterredung mit dem IIa um Bedenkzeit und übernahm schließlich das Stabsquartier.

Die 9. Kompanie des Bataillons Grimm war wieder in ihre bisherige Stellung am Bahndamm bei Nagyida eingerückt. Hubert Langer berichtet in seinem Tagebuch über ein fehlgeschlagenes Unternehmen zur Einbringung von Gefangenen: »Etwa um 3 Uhr morgens geht es über unsere alte Stellung südwestlich Nagyida hinaus bis Punkt 191 an der Straße nördlich von Buzita. Die Russen erwarten uns schon. Sie haben uns längst gehört, da wir ständig durch das Eis des überfluteten Geländes brechen. Wir haben zwei Tote. Das Unternehmen wird abgebrochen«.

Zuvor war es laut Divisionsbericht im rechten Nachbarabschnitt, bei Komarocz, einem Stoßtrupp der 1. Kompanie des Füsilierbataillons unter der Führung von Leutnant Höllerer gelungen, nachts in die Stellung des Gegners einzudringen und 7 Gefangene zu machen. Außerdem wurden drei Bunker gesprengt und eine Menge Waffen und Munition erbeutet. Der Sturmgeschützbegleitzug mußte, »nachdem er bei Makranc und da und dort als Feuerwehr im laufenden Einsatz war«, auch wieder bei Szadudvarnok angreifen, diesmal eine feindliche Panzerbereitstellung.

Die 6. Kompanie des Regiments 2 verteidigte immer noch die Bahndammstellung bei Somodi. Der damalige Oberleutnant Mazakarini berichtet: »Meine Soldaten waren durch die Kämpfe der letzten Tage stark überlastet, so daß ich ihnen auf Grund der Lage etwas Ruhe gönnen wollte. Vor unserer Stellung am Bahndamm war ein etwa 400 Meter weites übersichtliches Gelände. Ich entschloß mich, als Tagesposten auf der 800 Meter langen Strecke, die wir zu verteidigen hatten, Scharfschützen aufzustellen. Gegen Abend kam ein Melder von den Scharfschützen und meldete einen abgewehrten russischen Angriff; 45 getötete Russen lagen im Vorgelände, wovon ich mich überzeugen konnte.
Der Russe schoß immer, wenn es dunkel wurde, in kurzen Abständen Einzel-Gewehrfeuer. Bei einem meiner regelmäßigen Kontrollgänge entlang der Stellung wurde mir quer durch den rechten Handrücken geschossen. Ich wollte unbedingt bei meiner Kompanie bleiben und wurde vom Kompaniesanitäter versorgt«.

Im Abschnitt Bodolo - Makranc bildete der Gegner inzwischen einen Angriffsschwerpunkt. Am 10. Januar wurde sein erster Vorstoß abgewehrt. In den Aufzeichnungen der Division vom 11.1. heißt es: »Russischer Großangriff mit starken Kräften im Raum Reste - Bodolo - Peder nach vorausgegangenem Trommelfeuer (6 - 8000 Schuß). Schwere Kämpfe sind noch im Gange«.

Von ostwärts Kaschau traf am 12.1. Schülkes III./1 zur Verstärkung ein. Währenddessen waren in Bodolo die Füsiliere des Leutnants Primoschitz von den russischen Angriffskräften umfaßt worden. »Schwerste Verluste. Rücknahme der HKL auf Südrand von Szepsi. Kommandeur der Panzerjägerabteilung, Eichenlaubträger Hauptmann Stock, ostwärts von Bodolo gefallen«. Nach Augenzeugenberichten konnte sich der 25jährige Hauptmann, dessen Sturmgeschütz einen Granattreffer erhalten hatte, aus dem brennenden Fahrzeug nicht mehr retten und fand in den Flammen ein grausames Ende. »Wir hörten ihn noch schreien. Vermutlich hatte sich ein Mann der Besatzung, der auch aus dem brennenden Geschütz ausbooten wollte, in seiner Todesangst an die Füße des Hauptmanns Stock geklammert« . . .

Bei der schnellen Zurücknahme der HKL von Bodolo auf Szepsi waren die beiden V.B.-Funker der Panzerjäger-Fla-Kompanie des Regiments 2 vom eigenen V.B.-Stellenleiter »vergessen« worden. Otmar Sternad berichtet: »Der Gefechtslärm hatte eingesetzt, der Russe griff an! Das war für uns und die Feuerstelle das Signal, auf Empfang zu gehen. Wir, Obergefreiter Wuttig und ich, saßen im Keller eines Hauses und bemühten uns, Verbindung herzustellen. Es klappte nicht auf Anhieb. Durch die Kopfhörer und die Konzentration auf das Gerät waren wir dem Geschehen um uns herum völlig entzogen. Als wir endlich Verbindung hatten und für Kommandos bereit waren, flitzte Wuttig nach oben, um dem V.B.-Stellenleiter Meldung zu erstatten. Aber unser V.B.-Stellenleiter war weg! Wuttig, blaß im Gesicht, kam mit den Worten zu mir zurück: »Pack zamm, der Iwan ist schon oben!« Es begann ein Lauf um unser Leben. Wir wechelten uns von Hausecke zu Hausecke ab, einer schoß und gab dem anderen Fluchthilfe, der andere lief. Wir haben es geschafft, wir keuchten davon in unseren Filzstiefeln und schweren Pelzmänteln und fanden wieder Anschluß an unsere Jäger«.

In der darauffolgenden Nacht griff Hauptmann Schülkes III./1 von Szepsi aus an, erreichte den Ortsrand von Bodolo, mußte aber wieder auf Szepsi zurückweichen und hielt dort zusammen mit den Füsilieren die Stellung. Im Tagebuch des Gefreiten im Nachrichtenzug Flemke wird von pausenlosem Trommelfeuer aller Kaliber und Schlachtfliegereinsätzen des Gegners berichtet. »Schwere Ausfälle auf beiden Seiten. Für unsere Kameraden vorne gibt es keine Atempause. Sie liegen in einem fortwährend brodelnden, einem Erdbeben gleichenden Hexenkessel . . . So geht das im Wechsel zwischen Schlachtfliegern und Artillerie stundenlang . . . Unsere Verluste sind ungeheuer groß«. . .

Zu den Ereignissen zwischen dem 12. und 14.1.45 im links anschließenden Abschnitt Makranc zunächst der Bericht des damaligen Kommandeurs des I. Bataillons/Ski-Jäger-Regiment 2, Hauptmann Helmut Friedrich, der sich damals die Nahkampfspange verdiente: »Als starke russische Einheiten gegen unser Regiment antraten, brachen sie auch sofort ein. Es handelte sich um Einbrüche, die nur wegen der Weite des Raumes, den wir zu verteidigen hatten, möglich waren und die zunächst nicht verhindert werden konnten. Am Tage darauf wurde dann in meinem Bataillonsabschnitt gemeinsam mit den mir von der Division unterstellten kleineren Reserveeinheiten ein Gegenstoß unternommen, der uns wieder einen gewissen Geländegewinn einbrachte, obwohl die Russen nach Angaben unserer Artilleriebeobachter mit fast der zehnfachen Übermacht angetreten waren. Im Nahkampf, dicht vor meinem alten Bataillonsgefechtsstand —

wir mußten hier einige hundert Meter zurückgehen — wurde ich am Unterschenkel schwer verwundet. Nur dank der Hilfe eines Melders, der mich aus der vordersten Kampflinie wegschleppte, überstand ich diesen Tag. Im übrigen waren wir alle wegen des pausenlosen Einsatzes körperlich und psychisch fast am Ende«.

Nun der Erinnerungsbericht von Manfred Stöckicht, einem damaligen Angehörigen der Ski-Nachrichten-Abteilung 152: »Für das im Bereich Makranc eingesetzte Bataillon Friedrich hatte die Funkkompanie die Funkstellen zur Verfügung zu stellen. Am 11./12.1.45 besetzten wir unsere Stellungen in und um den Ort Makranc. Wie die Funküberwachung feststellte, lag uns der Russe in Stärke von einer Division gegenüber. Unsere Skijäger sollten von den Ungarn Unterstützung erhalten. Leider wurde nichts daraus, denn unsere ungarischen Bundesgenossen hatten vor dem Angriff am 13.1.45 in der Nacht heimlich, unter Zurücklassung von Waffen und Gerät, die Stellung aufgegeben. Der Russe brach durch, unsere HKL wurde etwa 2 Kilometer zurückgenommen. In der darauffolgenden Nacht setzten wir, verstärkt durch unsere Skipioniere des Bataillons 85, zum Gegenstoß an und konnten Makranc zurückerobern«.

Die Division hatte alle verfügbaren Einheiten an die Brennpunkte der HKL vorgeschoben, um einen tiefen Durchbruch der Russen zu verhindern. So wird vom Einsatz der Veterinär-Kompanie 152 bei Somodi und des Feldersatzbataillons im Abschnitt zwischen Torna und Makranc berichtet.

Oberleutnant Heinrich Weber, der mit seiner schweren 4. Kompanie des Füsilierbataillons südlich von Kaschau ab 12. Januar dem Trommelfeuer und nachfolgenden Großangriff der Russen ausgesetzt war, spricht von »52 ausgemessenen Artillerie- und Stalinorgel-Batterien«. Das von den Füsilieren hart verteidigte Dorf mußte, nach einem gescheiterten Gegenstoß am 13.1., aufgegeben werden.

Der damalige Gefreite und MG-Schütze im Sturmgeschützbegleitzug Josef Czwielung berichtet über einen Einsatz bei Kaschau: »Wir hatten in der Nähe der Stadt auf freiem Feld, hinter einigen mit Stroh beschichteten Häusern, Stellung bezogen. Keiner von uns wußte zuerst, was eigentlich los war. Dann stellte sich heraus, daß im Vorgelände links eine russische Pak stand. Diese hatte unseren Geschützen wohl schon anständig Zunder gegeben, zumal das Gelände gut einzusehen war. Ein noch größeres Übel bestand darin, daß die Straßen, die von Norden nach Kaschau hineinführten, vermint waren. Zwischen den beiden Straßen hatte der Russe ein gut getarntes s.MG in Stellung gebracht, welches das Gelände nach allen Richtungen hin bestreichen konnte. Ich bekam den Befehl, mich in einem Straßengraben vorzuarbeiten und zu versuchen, das MG seitlich zu fassen. Ich machte mich also fertig für diesen verrückten Auftrag. Allen unnötigen Ballast legte ich ab. An mein MG kam eine Trommel mit 50 Schuß, eine Trommel hängte ich mir an mein Koppel und 100 Schuß an zwei Gurten um den Hals. Diese beiden Gurte steckte ich unter meinen Anorak, denn Sauberkeit für die Patronen sind das A und O für jeden MG-Schützen.

So machte ich mich mit einem »Gott mit dir« und meiner »Hitler-Säge« (so nannten die russischen Landser das gefürchtete MG 42) auf den Weg. Mit einigen Sprüngen war ich im Straßengraben, der zum Glück genügend Deckung bot, so daß ich mich schnell vorarbeiten konnte. Der kurze Feuerstoß vom russischen MG hatte mich nicht mehr erreicht.
Ich war schon etwa die halbe Strecke vorgekrochen, als ich an einen Panzergraben kam, in dem Landser von uns lagen. Von ihnen erfuhr ich, daß sie Pioniere waren, die die Straße von Minen räumen sollten. Aber das russische MG zwang sie in Deckung. Dem Führer der Gruppe erläuterte ich meinen Auftrag. Wirst du es schaffen? Mit Gott und eurer Hilfe wird es schon klappen. Sie versprachen, mir Feuerschutz zu geben.
Der Panzergraben reichte bis an die Straße heran; ich konnte also im Straßengraben weiter vorkriechen, während die Pioniere den Russen mit Gewehrfeuer ablenkten. Auf diese Weise gelang es mir, mich unbemerkt bis seitlich hinter das russische MG-Nest vorzuarbeiten. Schnell brachte ich dann über dem Grabenrand mein MG in Schußposition, ein Feuerstoß, und das russische Maschinengewehr schwieg. Meinen Kameraden und den Pionieren gab ich durch Winkzeichen zu verstehen, daß alles erledigt sei. Seltsamerweise fiel daraufhin aus Kaschau kein Schuß. Ich sah nur, wie plötzlich vor mir ein Russe über die Straße lief und in einem Haus verschwand. Meine Kameraden waren indessen schon unterwegs; sie benutzten auch den Straßengraben. Gleichzeitig war ich zum Haus gerannt, in dem ich den Russen verschwinden sah. Der konnte sich nur im Keller aufhalten! Also sprang ich mit einem Satz nach unten und setzte mit meinem MG aus der Hüfte heraus einen kurzen Feuerstoß gegen die Kellertür. Nur den einen Russen hatte ich ja im Haus verschwinden sehen, aber als die Tür aufging, wurde mir doch sehr bammelig zumute. Denn nicht nur ein Rotarmist kam mir mit erhobenen Händen entgegen! Wenn die gewußt hätten, daß ich im Moment allein war. . .«
Die Straße konnte nun von den Pionieren für die nachstoßenden Sturmgeschütze freigemacht werden. Am Rande der Stadt kam es noch zu Häuserkämpfen. Kaschau ganz in Besitz zu nehmen, war aber auf Grund der allgemeinen Lageentwicklung sinnlos geworden.

Am 17. Januar wurde die Front der Skijäger um einige Kilometer zurückgenommen. Das III./2 des Hauptmanns Grimm, am linken Divisionsflügel, bezog rund 10 Kilometer nördlich der bisherigen Bahndammstellung eine ausgebaute Stellung beiderseits der Straße nach Kaschau. Gefreiter Hubert Langer notierte am 18.1. in sein Tagebuch: »Die neue Stellung ist ein durchgehender Graben östlich von Polyi quer durch die Ebene... Mittags sind starke Bereitstellungen sowjetischer Infanterie östlich von uns zu sehen. Am späten Nachmittag greifen die Russen mit Unterstützung durch fünf T-34/85 an. Eigene Artillerie schießt in die angreifenden Russen. Nach Eintritt der Dunkelheit kommen sie an unsere Stellungen heran, die bald darauf geräumt werden«.
Am Morgen des 19. Januar konnten die Skijäger beobachten, wie lange Kolonnen russischer Infanterie mit Panzern und motorisierter Artillerie ungestört an ihnen vorbei Richtung Kaschau zogen. Nach Einbruch der Dunkelheit fuhren 2 LKW's der Russen mit aufgeblendeten Scheinwerfern in die deutsche Stellung; sie wurden »hereingeholt und sofort für den Rückzug verwendet«. Die Kompanie marschierte nach Westen über Semse nach Ferenztelep in eine ausgebaute Waldstellung. Ankunft in den frühen Morgenstunden. Am Nachmittag Angriff der Russen, der unter empfindlichen Verlusten für den Gegner abgewiesen wurde. Gegenstoß der Skijäger in der Abenddämmerung des 21.1.: »Die Russen laufen davon«.

Der damalige Oberleutnant Heinrich Weber berichtet für das Ski-Füsilier-Bataillon 1: »Nun ging das Bataillon in der Ebene westlich Kaschau in Verteidigungsstellung, unterstützt von den schweren Waffen, die überhöht eingesetzt werden konnten. Die bei der Abwehr russischer Infanterieangriffe erzielten Erfolge fanden damals sogar Erwähnung im Wehrmachtbericht. So wurden eines Nachmittags fünf s.MG gegen einen von Panzern unterstützten starken Angriff gegen ein links von uns eingesetztes Bataillon zum Einsatz gebracht, wobei die Begleitinfanterie durch die vielen Geller und Querschläger erheblich dezimiert wurde, so daß die Panzer ohne Infanterie nicht mehr vorrückten. Auch ein frontal angreifendes Infanterieregiment wurde durch das s.MG- und Granatwerferfeuer aufgerieben. Ein dabei in der Nacht zu uns übergelaufener Rotarmist sagte aus, daß die Kommissare sie vorwärtsgetrieben hätten, obwohl die Soldaten gesagt haben, daß diese »Teufelswaffen am Berg oben« die meisten von ihnen treffen würden. Dank bestens ausgebauter Feuer- und Wechselstellungen hatten wir, trotz ständigen Artilleriebeschusses, nur einen Leichtverwundeten in der Granatwerfer-Feuerstellung«.

»Der Rückzug aus dem Kampfgebiet bei Kaschau, der nur der allgemeinen Lageentwicklung zuzuschreiben war — denn wir wären in einen großen slowakischen Sack geraten —, vollzog sich planmäßig und unter Täuschung des Gegners. Abends noch wurde bei uns das warme Essen in klappernden Kochgeschirren in die Stellung gebracht, danach zogen sich die Jäger so geräuschlos wie möglich zurück. Granatwerfer und schwere Maschinengewehre schossen bis Mitternacht noch das gewohnte Störungsfeuer. Am nächsten Morgen, nach einem starken Artillerieschlag, stürmte der Russe die geräumten Stellungen, die dann sofort vom Feuer unserer Nachhutartillerie eingedeckt wurden«.

Das war mehrere Tage nach Beginn der sowjetischen Offensive und der Zerschlagung der deutschen Verteidigungslinie an der Weichsel. Am 12. Januar 1945 um 3 Uhr morgens wurde am russischen Brückenkopf bei Sandomierz - Baranow mit einem fürchterlichen Geschoßhagel aus Rohren aller Kaliber, aus Granatwerfern und »Stalinorgeln«, der große Endkampf eingeleitet. Bereits nach vier Tagen überschritten Soldaten der Roten Armee 20 Kilometer südwestlich von Tschenstochau die deutsche Reichsgrenze am Flüßchen Lisswarthe und drangen in den oberschlesischen Kreis Lublinitz (Loben) ein. Am 18. Januar, als noch fast alle Kampfeinheiten der 1. Ski-Jäger-Division bei Kaschau ihre Stellungen hielten, waren die Panzerspitzen der Sowjets schon bis in die Mitte des Kreises Lublinitz vorgestoßen, während sie im Nordosten und Norden der Provinz Oberschlesien den Angriff auch in die Kreise Guttentag, Rosenberg und Kreuzburg hineingetragen hatten — 200 Kilometer westwärts der Skijägerfront bei Kaschau!

Eine zusammenhängende deutsche Abwehrlinie existierte in Oberschlesien bis dahin noch nicht. Nur stellenweise und dann besonders in Schwerpunkträumen war es anfangs möglich gewesen, mit schwachen Ersatztruppenteilen, Restgruppen auseinandergesprengter Heeresverbände der ehemaligen Weichselfront sowie eiligst aufgebotenen und kaum notdürftig ausgerüsteten Volkssturm- und Polizeieinheiten einen verzweifelten und augenblicklich zumeist aussichtslosen Verteidigungskampf aufzunehmen.

Die Armeegruppe Heinrici war also nach dem schnellen Vorstoß der Russen von der Weichsel in Richtung Oberschlesien gezwungen — wollte sie an ihrer Nordflanke nicht vom Gegner völlig überflügelt und abgeschnitten werden —, ihre bisher tapfer gehaltenen Stellungen südwestlich von Kaschau und zwischen Kaschau und Jaslo zu räumen und die allmähliche Rückverlegung der Armeeteile nach Westen auf das Waagtal einzuleiten. Zudem ergab sich aus der rasch fortschreitenden Verschärfung der Lage im Norden die Notwendigkeit, daß Generaloberst Heinrici laufend Kräfte zur Unterstützung der auf Oberschlesien und das oberschlesische Industriegebiet zurückgehenden 17. Armee abgeben mußte. Der damalige Ic der 1. Ski-Jäger-Division, Oberleutnant Dr. Schmid, erinnert sich in diesem Zusammenhang, wie im Verlauf der befohlenen Frontzurücknahme der Division ein Truppenteil nach dem anderen entzogen und im Raum südlich Krakau beim 11. SS-Armee-Korps, am rechten Flügel der 17. Armee, eingesetzt wurde. Die Führung der Absetzbewegung behielt noch die Division (Generalmajor Hundt); ihr wurde eine ungarische Division unterstellt, während an eigener Truppe lediglich ein Bataillon, das III./2, zur Verfügung blieb.

Am 20. Januar wurden für den gesamten Raum zwischen Kaschau und der Weichsel »schwere Kämpfe mit nachdrängendem Feind« gemeldet. Daß es nicht immer reguläre Verbände der Sowjets waren, mit denen es die zurückgehenden deutschen Heereseinheiten zu tun bekamen, geht aus den Notizen eines ehemaligen Skijägeroffiziers hervor. Es heißt darin: »Unsere Einheit hatte gestern und heute schärfere Feindberührung in der Gegend Neudorf - Zakopane, am Fuße des Hohen Tatra. Es war kein ehrenhafter Kampf, wie ihn sich der Soldat (nicht nur der deutsche!) wünscht, wenn er schon zu kämpfen hat und dabei vielleicht auch sterben muß. Es war vielmehr ein über alles gehaßter und verdammter Kampf: Beim Gegner handelte es sich um Partisanengruppen, die von aktiven Offizieren geführt werden und den überfallartigen, heimtückischen Angriff aus dem Hinterhalt meisterhaft beherrschen«.

Das Füsilierbataillon der Skijäger hatte am 17. Januar »zur Deckung der Absetzbewegung« zunächst bei Göllnitz (Gelnica), 30 Kilometer nordwestlich von Kaschau, Stellung bezogen. Dann weitere Zurückverlegung bis Zipser - Neudorf. Danach wurden die Kompanien auf LKW verladen und in Richtung Oberschlesien transportiert. »Die Paßstraßen sind schmal, steil und stark vereist. Behinderung durch unzählige ungarische Troßfahrzeuge. Sehr kalt«.

Zu den Kampfeinheiten der Division, die eiligst im Raum Krakau eingreifen mußten, zählte das I. Bataillon des Ski-Jäger-Regiments 1. Der damalige Leutnant Hans Zimmermann berichtet, daß das I./1 bereits ab 18.1.45 ostwärts von Sucha in schwerem Abwehrkampf lag.
Da wurden gerade an der Kaschauer Front bei Pany, wo die Panzerjäger-Fla-Kompanie des Regiments ihre Stellungen noch hielt, erste Vorbereitungen für den Rückzug getroffen.

Das Bataillon Grimm (III./2) räumte die Schützengräben west-südwestlich von Kaschau sogar erst am 22. Januar. Gefreiter Langer notierte: »Morgens Ablösung durch Ungarn. Hinter uns wird in Unter-Metzenseifen die Straßenbrücke gesprengt. Über einen Paß marschieren wir nach Göllnitz, wo wir abends ankommen. In der Nacht geht es weiter«.

Der damalige Oberleutnant Weber befand sich am 22. Januar mit seinen Füsilieren bereits hinter der deutschen Reichsgrenze. Weber berichtet: »Während des Marsches aus dem Kaschauer Raum nach Oberschlesien hatte die vollmotorisierte 4. Kompanie des Bataillons die Spitze gebildet. Nachdem wir in einer Ortschaft mit deutschem Namen Stellung bezogen hatten und die Aufklärung ergab, daß alles feindfrei war, wurde zügig weitergefahren - vorbei an ungarischer bespannter Artillerie, deren Pferde auf den vereisten steilen Paßstraßen vorwärtsgepeitscht werden mußten. Ich war gerade mit meinem Krad im ersten oberschlesischen Dorf eingetroffen, als ich von Posten gestoppt und zu einem Oberst geführt wurde, der angeblich auf Anweisung eines SS-Generals handelte, meine Kompanie als vereinnahmt erklärte und mir befahl, sobald wie möglich einen Gegenstoß gegen eingesickerte Russen, etwa in Kompaniestärke, zu unternehmen. Vergeblich wehrte ich mich gegen diesen Auftrag, indem ich darauf hinwies, daß meine Leute durchweg s.Waffen-Bedienungen seien. Mit großer Wut im Bauch unternahm ich dann am Abend in ungünstigem Gelände mit meinen Granatwerfer- und Infanteriegeschützleuten zangenartig einen Gegenstoß, wobei wir von den s.MG's unterstützt wurden. Die russische Infanterie konnte aus einem vorspringenden Waldstück vertrieben werden. Bei diesem Angriff hatten wir keinerlei Verluste.
Am nächsten Tag, nachdem sich meine Männer in die Ortsunterkünfte zurückgezogen hatten, um endlich wieder mal warmes Essen zu erhalten, sickerte der Russe erneut in diesen Wald ein. Das war am 23. Januar. Abermals erhielt ich den Befehl zum Gegenstoß. Diesmal wurde mir sogar mit dem Kriegsgericht gedroht, falls ich den Befehl nicht ausführen sollte. Und wieder gelang es uns im Verlauf eines Angriffs in den Abendstunden — diesmal jedoch unter eigenen Verlusten —, die Russen aus dem Wald hinauszuwerfen. Während eines Handgranatennahkampfes hatte ich ein russisches MG-Nest, aus dem mit einem deutschen MG 42 in unsere Flanke hineingeschossen wurde, ausgehoben. Danach wurde ich schwer verwundet, mein Melder neben mir durch den Feuerstoß aus der gleichen Maschinenpistole eines Rotarmisten getötet. Nur mit Hilfe von Sturmgeschützen war es anschließend möglich gewesen, die Russen ganz zu vertreiben.
Noch von der schweren Verwundung sichtbar gezeichnet und ohne Verband, meldete ich diesen Gegenstoßerfolg dem Oberst und wartete auf ei-

ne Antwort. Nach einigen Augenblicken des Schweigens ließ er sich dazu herab, sich wegen der Kriegsgerichtsdrohung zu entschuldigen. . .
Am frühen Morgen traf endlich Hauptmann Reinsdorf mit den anderen Teilen des Bataillons ein, nahm die 4. Kompanie wieder in den Verband zurück und befreite uns somit aus dieser mißlichen Lage. Reinsdorf sorgte auch schnell dafür, daß ich nach Bielitz in ein Lazarett gebracht wurde«.

Der damalige Gefreite Czwielung (auf oberschlesischem Boden ebenfalls bald verwundet) berichtet, daß die Sturmgeschütze mit den Begleitjägern samt Troß von westlich Kaschau zunächst auf Eisenbahnzüge verladen wurden. Unterwegs griffen russische Il-2-Schlachtflugzeuge seinen Zug, der an einem kleinen Bahnhof gehalten hatte, an und zerschossen die Lokomotive und einige Wagen. Czwielung, der mit seinen Kameraden hinter einer Böschung in Deckung gegangen war, schreibt: »Als die Il-2 abgedreht hatten, sahen wir uns den Schaden an, denn unser Küchen- und Proviantwagen stand in Flammen. So verbrannte auch unsere Sonderzuwendung, die wir bis dahin noch nicht erhalten hatten. Ein Kamerad, der auf dem Zug zurückblieb, war tödlich getroffen worden.
Nach dem Entladen an einer Rampe ging es im Motormarsch weiter. Die Geschütze, die in getrennten Marschgruppen fuhren — wir aufgesessen —, blieben untereinander und mit dem Troß in ständiger Funkverbindung. So erreichten wir einen Gebirgszug und fuhren bei Nacht auf der Paßstraße, die vereist war, die Serpentinen hinunter. Dabei geschah es, daß von einem Geschütz ein Kettenlaufwerk blockierte und das Fahrzeug seitlich wegrutschte. Zum Glück blieb es vor dem Abgrund an der Wanne hängen, sonst wären alle, Geschützbesatzung und aufgesessene Jäger, in den Abgrund gestürzt. Mit vereinten Kräften und vor allem mit der Motorkraft von zwei anderen Sturmgeschützen wurde das zunächst unmöglich scheinende riskiert und das gefährlich vor dem Abgrund hängende Sturmgeschütz auf die Straße gezogen.
Wir waren weitergefahren und unten in einem Tal angekommen. Von jenseits des Gebirges drang Gefechtslärm zu uns herüber. Dort oben war anscheinend ein heftiger Kampf im Gange. Während des Vorbeifahrens an einem Schild konnten wir lesen: »Deutsche Reichsgrenze«. Ich weiß nicht, warum wir in diesem Augenblick in Jubel ausbrachen. Aber so war es«. . .

Die 6. Kompanie des Ski-Jäger-Regiments 2 war auf ihrem Marsch in Sillein (Zilina) angekommen. Hinter ihnen fuhren, zur Rückendeckung, einige Panzer der mit Beute-T-34 ausgestatteten 4. Kompanie des schweren Skibataillons. Der damalige Oberleutnant Mazakarini berichtet: »Plötzlich tauchten Russen mit T-34-Panzern auf. Offensichtlich glaubte der russische Kommandeur, als er unsere T-34 sah, eine eigene Truppe vor sich zu haben und vermied es, das Feuer zu eröffnen. Unsere Panzerbesatzungen nutzten diesen Irrtum aus und schossen umso heftiger in den Russen hinein. Mehrere gegnerische Panzer wurden abgeschossen«.

In Jordanow fiel am 26.1.45 bei einem Tieffliegerangriff Hauptmann Schäfer. Der gerade mit dem Ritterkreuz ausgezeichnete Kommandeur des II./2 befand sich, als ihn die tödliche Kugel traf, in einem PKW auf der Fahrt an die oberschlesische Front.

Das III./2 des Hauptmanns Grimm war bis zum 25. Januar in Poprad, nordwestlich von Zipser-Neudorf, angelangt und am darauffolgenden Tag in Eisenbahnzüge verladen worden. »Abends Abfahrt Richtung Oberschlesien«.

Auf dem Eisenbahnweg wurde auch Hauptmann Schülkes III./1 an den neuen Frontabschnitt herangeführt.

Das I. Bataillon des Weiler'schen Regiments 1 kämpfte, wie bereits erwähnt, seit dem 18. Januar im Raum südwestlich von Krakau. Unter dem Datum 26.1.45 berichtet der damalige Bataillonsadjutant, Leutnant Hans Zimmermann, von einem »Wahnsinnsunternehmen« 10 Kilometer hinter den russischen Linien, das beinahe zum Verlust des ganzen Bataillons geführt hätte. Bataillonskommandeur Oberleutnant Zemang war gegen 7 Uhr vor Tarnawa, 9 Kilometer nordwestlich von Sucha, gefallen. In der Schilderung der Geschehnisse dieses 26. Januar heißt es dann, daß der Russe in der Ortschaft seine Panzermotoren warmlaufen ließ, »also war ein Gegenstoß in Vorbereitung. Es gab für mich nur einen Entschluß«, schreibt Zimmermann, »:raus aus dem Tal und rauf auf den südlichen Höhenrücken«. Bei dem nachfolgenden Angriff der feindlichen Panzer wurde Leutnant Zimmermann schwer verwundet und war an einem Waldrand liegengeblieben. Erst »nach zwanzig dramatisch verlaufenden Stunden« konnte er am Hauptverbandsplatz Sucha versorgt werden.

Der damalige Oberjäger Brost berichtet im Zusammenhang mit dem von Zimmermann als »Wahnsinnsunternehmen« bezeichneten Nachteinsatz hinter den feindlichen Linien, an dem 3 Jägerkompanien mit 15 Maschinengewehren und einer Granatwerfergruppe beteiligt waren, daß sie »gut durch die russische HKL kamen und Gefangene machten. Doch von diesen Gefangenen sind damals einige wieder entkommen und hatten ihre Kameraden — sie gehörten zu einem Kampfverband von etwa 2 Bataillonen mit Panzern, Artillerie und »Stalinorgeln« — gewarnt. Somit war unser Überraschungsangriff mißlungen«, schreibt Günter Brost. »Die Jäger mußten an einen auf einem Hang gelegenen Waldrand ausweichen. Meine Granatwerfergruppe konnte sich noch rechtzeitig weiter absetzen, da wir durch die Belastung mit dem schweren Gerät und der Munition sowieso immer etwas zurückhingen. Nachdem wir noch einmal kurz in Stellung gegangen waren, versuchten wir, an einer schwach gesicherten Stelle der russischen HKL durchzukommen, was uns schließlich glückte. Die Jägerkompanien konnten sich in ihrer Lage auch nicht lange halten und durchbrachen den feindlichen Einschließungsring. Die Verluste dabei waren schwer; wieder hatten wir viele Kameraden verloren«.

In Oberschlesien

Im Raum beiderseits von Krakau war also seit dem 18. Januar in einer von Südosten nach Nordwesten verlaufenden Linie der Abwehrkampf in ganzer Schärfe entbrannt. Am 21.1. zeigte das militärische Lagebild auch schon deutlich die Gefahr an, die dem oberschlesischen Industriegebiet und den dort am Feind stehenden deutschen Verbänden durch eine Umfassung von Westen her drohte. Schwerpunkte der Verteidigung zeichneten sich ostwärts von Oppeln, im Raum Tost - Tarnowitz und besonders um die großen Städte des Industriereviers ab. Daneben gab es die notgedrungen viel schwächer verteidigten Abschnitte, durch die der Russe weit vorstoßen und seine schnellen gepanzerten Einheiten zur Einkreisung der Verteidigungsschwerpunkte ansetzen konnte.
Eine wesentliche Verstärkung der zwischen den Flüssen Malapane und Klodnitz zur Umfassung des Industriegebiets in südliche Richtung eindrehenden sowjetischen Stoßverbände war noch von Niederschlesien aus zu erwarten: Marschall Konjew gab nach der Einnahme von Namslau seiner 3. Garde-Panzer-Armee, die zur stärkeren, nördlichen, auf Breslau zielenden Angriffsgruppe der »1. Ukrainischen Front« zählte, den Befehl, mit der Masse der Einheiten parallel zur Oder nach Südosten in Richtung auf den Westrand des Industriereviers abzuschwenken. An diesem 21.1.45 waren der Kreis Kreuzburg sowie der südöstlich anschließende Kreis Rosenberg restlos in russischer Hand. Noch bis zum späten Abend des 21. Januar hatten die aus dem Raum Namslau erheblich verstärkten sowjetischen Stoßtruppen im Norden des Kreises Oppeln die Linie Carlsruhe -Turawa erreicht und standen somit 10 Kilometer vor der Oder.

An der Ostflanke und unmittelbar an der Nordperipherie des oberschlesischen Industriegebietes kamen die Sowjets bis zu diesem Zeitpunkt gar nicht oder nur schrittweise vorwärts. Aber sie konnten ihren Druck von Stunde zu Stunde mit zugeführten Kräften verstärken, während die überstrapazierten deutschen Kampfverbände immer noch vergeblich auf Hilfe hofften.

Hitlers Rüstungsminister Albert Speer war im Oppelner Hauptquartier der Heeresgruppe A (ab 25.1.45 in Heeresgruppe Mitte umbenannt) mit dem neuen Heeresgruppen-Oberbefehlshaber Generaloberst Schörner zusammengekommen und hatte entgegen den von Berlin üblicherweise herausgegebenen Vernichtungsbefehlen vereinbart, daß bei erzwungener Räumung des oberschlesischen Industriegebiets von deutscher Seite »unter gar keinen Umständen« sinnlose Zerstörungen nach dem Muster »Verbrannte Erde« vorgenommen werden dürfen.

Zumeist ohne auf Widerstand zu stoßen, überquerten Rotarmisten am 22. Januar 1945 an mehreren Stellen das Eis der Oder im Raum Oppeln -Brieg - Ohlau. Zuvor hatte der Russe noch rechts der Oder die letzten Gemeinden im Nordwestteil des Kreises Oppeln besetzt.
Im Gefechtsstand des Kampfkommandanten von Cosel löste die Meldung, daß es den Russen gelungen sei, 25 Kilometer nordwestlich der Stadt, bei Rogau, unbehelligt die Oder zu überqueren, einen ziemlichen Schock aus. Die Sowjets setzten auf einer schnell errichteten Behelfsbrücke stärkere Einheiten an das andere Stromufer.

An der Front unmittelbar nördlich und östlich des Industriegebiets waren Marschall Konjews Stoßverbände wiederum kaum vorwärtsgekommen. Aber nach Einschätzung der Lage durch die deutschen Truppenkommandeure würde in spätestens 24 Stunden der Druck an der Westflanke so stark werden, daß praktisch keine Aussicht mehr bestünde, die schnelle Entwicklung zur Katastrophe hin mit den vorhandenen Kräften noch abzubremsen. Schon sollte General von Edelsheim damit beauftragt werden, sich mit seiner kleinen Streitmacht im Industriegebiet einschließen zu lassen. Dem Kommandierenden des an der Baranowfront im sowjetischen Trommelfeuer zersplitterten 48. Panzer-Korps war es gelungen, aus den Resten der 68. und 304. Infanterie-Division sowie den Teilen der Sturmgeschütz-Brigade 300 sein Korps notdürftig wieder zusammenzufügen. Neben den genannten beiden Divisionsresten und den durch laufende Ausfälle geschwächten Batterien der Brigade 300 standen dort weiterhin die 712. Infanterie- und die 97. Jäger-Division sowie mittlerweile auch die 75. Infanterie-Division in harten Abwehrkämpfen. An die äußerste rechte Flan-

ke kam als Verstärkung die 371. I.D. hinzu; sie hatte am 22.1. vor Tagesanbruch ihre weit vorgeschobenen Stellungen im Raum südlich von Krakau befehlsgemäß geräumt und war am anderen Weichselufer im Przemsa-Abschnitt, 30 Kilometer nordöstlich von Pleß, neu an den Gegner herangeführt worden. Zur Ausführung des Auftrags an die Truppen im Industriegebiet, sich einschließen zu lassen, kam es nicht. Der Oberbefehlshaber der 17. Armee, General Schulz, hatte einen Weg gefunden, diesen sinnlosen Befehl zu umgehen.
Am 23. Januar drangen die Russen von Westen her in Gleiwitz ein. Einen Tag später besetzten sie auch die Häuser am Stadtrand von Hindenburg. Gleichzeitig bedrohte die auf breiter Front von Gleiwitz bis nördlich Cosel an der Oder nach Süden und Südwesten vorrückende russische Angriffswalze Rauden und Ratibor.
Ab 24. Januar hatten die im Industriegebiet in erbittertem Abwehrkampf stehenden Teile der 17. Armee Unterstützung durch die 20. Panzer-Division erhalten. Aber dieses Gebiet war bereits verloren. Die von Westen her angesetzte Zangenbewegung der Sowjets konnte nur noch kurzfristig gestoppt werden. Trotz der großen Verluste, die die Russen bei der Einnahme von Gleiwitz hinnehmen mußten, trugen sie ihren Angriff mit der erdrückend überlegenen Masse ihrer Panzerverbände sowohl nach Osten und Süden als auch nach Südwesten in Richtung Rybnik - Ratibor weiter. Ohne zunächst den Stadtkern von Hindenburg zu besetzen, erzwangen sie mit schnellen gepanzerten Einheiten auf der südlichen Umgehungsstraße über Oehringen direkt und am raschesten den Durchstoß nach Hindenburg-Ost. Dort allerdings trafen sie auf hartnäckigen Widerstand der Deutschen, die es auf keinen Fall zulassen wollten, daß mit einem Zug noch am 24. Januar der »Sack« zugeschnürt wurde. Der Untergang der im Industriegebiet stehenden Verbände der 17. Armee wäre dann mit Sicherheit die Folge gewesen.
Westlich davon, an der Oder, stießen die Sowjets am 24. Januar bis Cosel vor. Es war zu befürchten, daß den Russen ein schneller Durchbruch aus dem Raum Gleiwitz - Cosel über Rybnik und Ratibor nach Süden auf das Mährisch-Ostrauer - Karwiner Steinkohlenrevier und somit gleichzeitig in den Rücken der zwischen den Beskiden und der Weichsel stehenden deutschen Truppen gelingen könnte. Angesichts dieser Entwicklung wurde der Einsatz der 1. Ski-Jäger-Division bei Rybnik befohlen. Links neben ihr, bei Ratibor, sollte die 8. Panzer-Division eingesetzt werden.

Das beim verkleinerten Skijäger-Divisionsstab verbliebene Bataillon (III./2) und die unterstellte ungarische Division hatten am 23. Januar im Zuge der Absetzbewegung in der Slowakei, wie vorgesehen, eine Linie 60 Kilometer west-nordwestlich von Kaschau erreicht; die Division konnte

den Befehl abgeben und sich beim 49. Gebirgs-Armee-Korps abmelden. Der Divisionskommandeur, sein Ordonnanz-Begleitoffizier, der Divisionsadjutant Major von Seckendorff sowie der Ic Oberleutnant Dr. Schmid waren anschließend nach Zipser-Neudorf gefahren, wo sie bis zum nächsten Morgen Quartier nehmen wollten. Noch in der Nacht hatte Generalmajor Hundt den Auftrag erhalten, sich am darauffolgenden 24. Januar bei der 17. Armee im Schloß des Fürsten von Pleß in Pleß zu melden. Dr. Schmid berichtet: »Wir sind in aller Frühe von Zipser-Neudorf aufgebrochen, besuchten unterwegs unseren Ia Major Kronsbein beim 11. SS-Armee-Korps, unterrichteten ihn über das Wenige, was wir wußten, und erreichten endlich gegen Abend über Bielitz das Hauptquartier des Generals Schulz in Pleß. Sofortige Feindlageunterrichtung: Starke motorisierte Kolonnen des Gegners, darunter Panzer, aus dem Raum Gleiwitz nach Südwesten im Vordringen. Erhebliche Teile der 17. Armee im Raum Kattowitz - Beuthen - Hindenburg von völliger Einschließung bedroht. General Hundt erhielt den Auftrag, nach Rybnik zu fahren und dort die Ortsverteidigung zu übernehmen.
Bei der Abfahrt von Pleß in den Morgenstunden des 25. Januar meldete sich der Kommandeur des Füsilierbataillons, Hauptmann Reinsdorf, bei General Hundt, zunächst ohne Truppe, die noch auf dem Anmarsch war. Wir waren also zunächst ohne eigene Truppe!«

Für die Abwehr des sicherlich bald erfolgenden Panzerangriffs der Russen wurde von der 17. Armee die zufällig in Rybnik verfügbare und mit 8,8-cm-Kanonen ausgerüstete Luftwaffen-Flak-Abteilung I/33 unter der Führung von Oberst Erdmann dem Kampfkommandanten unterstellt. Dr. Schmid erinnert sich: »Auf dem Wege nach Rybnik stellten wir fest, daß auf der Straße von Pleß nach Rybnik bei Rybnik schwere Flak in Stellung gegangen war, ebenso in Rybnik selbst«.
Zu diesem Zeitpunkt lag die Stadt bereits unter dem Feuer russischer Artillerie. Außer der erwähnten Flakabteilung standen zur Abwehr des erwarteten russischen Angriffs vorerst nur noch Volkssturm und ein Polizeiaufgebot zur Verfügung. »Die Versorgung von Volkssturm und der Polizeieinheit — insbesondere mit Munition — war nicht geordnet; sie war zunächst eine unserer Hauptsorgen«, berichtet Dr. Schmid. Ein Keller im Gebäude des Wehrbezirkskommandos wurde Divisionsgefechtsstand. Der erste Verlust war zu beklagen, als der Begleitoffizier von General Hundt von einem Erkundungsvorstoß in die Richtung, aus der der Gegner erwartet wurde, nicht mehr zurückkehrte.

Über die Evakuierung der Zivilbevölkerung im Kreise Rybnik heißt es: »Der allgemeine Räumungsbefehl wurde nach dem Durchbruch der Rus-

sen bei Gleiwitz am 23. Januar herausgegeben. Nach Lage der Dinge konnte sich die Räumung in dem zuerst gefährdeten Teil des Kreises vielfach nur noch Hals über Kopf vollziehen«. In Gieraltowitz, das nur 8 Kilometer von Gleiwitz entfernt in der äußersten Nordostecke des Kreisgebiets liegt, blieben die Bewohner ratlos zurück, als sich der Bürgermeister samt Familie »heimlich aus dem Staube machte«. Die fremden Soldaten kamen, mordeten und vergewaltigten (». . . es war entsetzlich . . .«).
In der Stadt Rybnik nutzten von den rund 30 000 Einwohnern nur 5 000 die Chance zur Flucht.

Mittlerweile trafen im Bahntransport aus Ungarn die Einheiten der 8. Panzer-Division im Ausladeraum Ratibor ein. Der Divisionskommandeur, Oberst i.G. Hax, hatte von der 17. Armee den Auftrag erhalten, bei Ratibor einen Brückenkopf zu bilden und zu halten und vor allem ostwärts der Oderstadt, bei Rybnik, Verbindung herzustellen zur 1. Ski-Jäger-Division. Hax schreibt: »Unsere ganzen Bemühungen mußten zunächst darauf gerichtet sein, den von Gleiwitz nach Südwesten vorstoßenden Gegner am Überschreiten der Straße Ratibor - Rybnik zu hindern. Unbedingt mußten wir versuchen, mit General Hundt in Rybnik Verbindung zu bekommen. In diese Richtung erfolgte auch der erste Einsatz der II. Abteilung Panzer sowie der Panzergrenadiere der Regimenter 28 und 98.
Wie aber sah es im Norden aus ? — Nichts! Unsere linke Flanke, nördlich Ratibor bis Cosel, war praktisch frei. Lediglich ein Volkssturmbataillon wurde dort der 8.P.D. unterstellt, ohne schwere Waffen, ohne Nachrichtenmittel, ohne die Möglichkeit, sich zu verpflegen! Der Ib unserer Division mußte also zuerst einmal Feldküchen usw. organisieren, das heißt, eine ausreichende Verpflegung der Männer sicherstellen. Die Bewaffnung konnte verbessert werden, blieb aber immer noch ganz unzureichend.
Um wenigstens einen kleinen — vielleicht nur moralischen — Rückhalt zu geben und um überhaupt Meldungen über Bewegungen des Feindes erhalten zu können, stellte ich die Panzeraufklärungsabteilung hinter den schwachen Volkssturm«. . .

Aus den Lageberichten vom 25. Januar war zu entnehmen, daß die im oberschlesischen Industriegebiet stehenden Verbände der 17. Armee, falls sie keinen Versuch zu ihrer Rettung unternehmen würden, mit der völligen Einkesselung in spätestens drei Tagen zu rechnen hätten. Für General Schulz, den gebürtigen Schlesier aus dem Kreise Grünberg, kam es nun darauf an, den vorgesetzten Führungsstellen die Sinnlosigkeit eines weiteren »Aushaltens«, was mit »Durchhalten bis zum Untergang« gleichzusetzen war, vollends klarzumachen. An diesem Tage beantragte General

Schulz bei der Heeresgruppe erstmals die Genehmigung zum Ausweichen auf eine neue Linie, die von Bielitz über den Raum ostwärts Pleß auf Rybnik - Cosel zulief. Die neue Kampflinie war mit dem rechten Nachbarn, der Armeegruppe Heinrici, vereinbart worden; sie war zumindest in ihrem südlichen Teil noch weit genug vom Gegner abgesetzt und würde ihn deshalb, so hoffte man, zu einem neuen Angriffsaufmarsch zwingen.
Um das Erhoffte Wirklichkeit werden zu lassen, mußte allerdings die Erlaubnis zum Zurücknehmen der im Industriegebiet hart bedrängten Kampfverbände auf den Ruda-Abschnitt zwischen Rybnik und Pleß unverzüglich erfolgen. Denn die Zeit arbeitete umso mehr für die Russen, je länger noch die oberste deutsche Führung vernünftige Entschlüsse hinauszögerte.

Schon am Abend des 25. Januar war bei Rybnik die vorgeschlagene Auffanglinie von russischen Angriffsspitzen nicht nur erreicht, sondern auch überschritten worden. Der damalige Ic Oberleutnant Dr. Schmid schildert, wie Panzer der Russen nach heftigem Werfer- und Artilleriefeuer im Laufe der ersten Nachtstunden von Norden und Nordosten in Rybnik eindrangen. Schwere Kämpfe mit den Russen, die offensichtlich noch in derselben Nacht die Stadt einnehmen wollten, lieferten sich gerade herangeführte Teile des Füsilierbataillons. »Hierbei leistet die Panzerfaust unschätzbare Dienste«, heißt es in einer Tagebuchnotiz des Zahlmeisters des Bataillons, Stabsintendant Jürges, der damals »mehrfach Zivilisten (Frauen und Kinder) nach rückwärts« nahm. Um die Stellungen der 8,8-cm-Kanonen der Flakabteilung des Oberst' Erdmann und um die leichten Geschütze der Skijäger bildeten sich zumeist erbittert umkämpfte Verteidigungsstützpunkte, die oftmals ohne Verbindung waren. Selbst der Kommandeur der Flakabteilung wußte zeitweise nichts von seinen Leuten. Dr. Schmid erinnert sich: »Etwa um Mitternacht erschien Oberst Erdmann in unserem Gefechtsstand. Seine Uniform war verschmutzt. Rauch und Explosionsstaub hatten auch Spuren in seinem Gesicht hinterlassen. Erregt und offenbar ratlos, wünschte er General Hundt zu sprechen. Auf meine Frage, was er denn Wichtiges mitzuteilen hätte, sagte er, daß russische Panzer ihn soeben aus seinem Gefechtsstand herausgeschossen haben. Auf meine zusätzliche Frage: »Wo sind Ihre Geschütze, die Offiziere Ihres Stabes?«, reagierte Oberst Erdmann nur mit einem Achselzucken«. . .

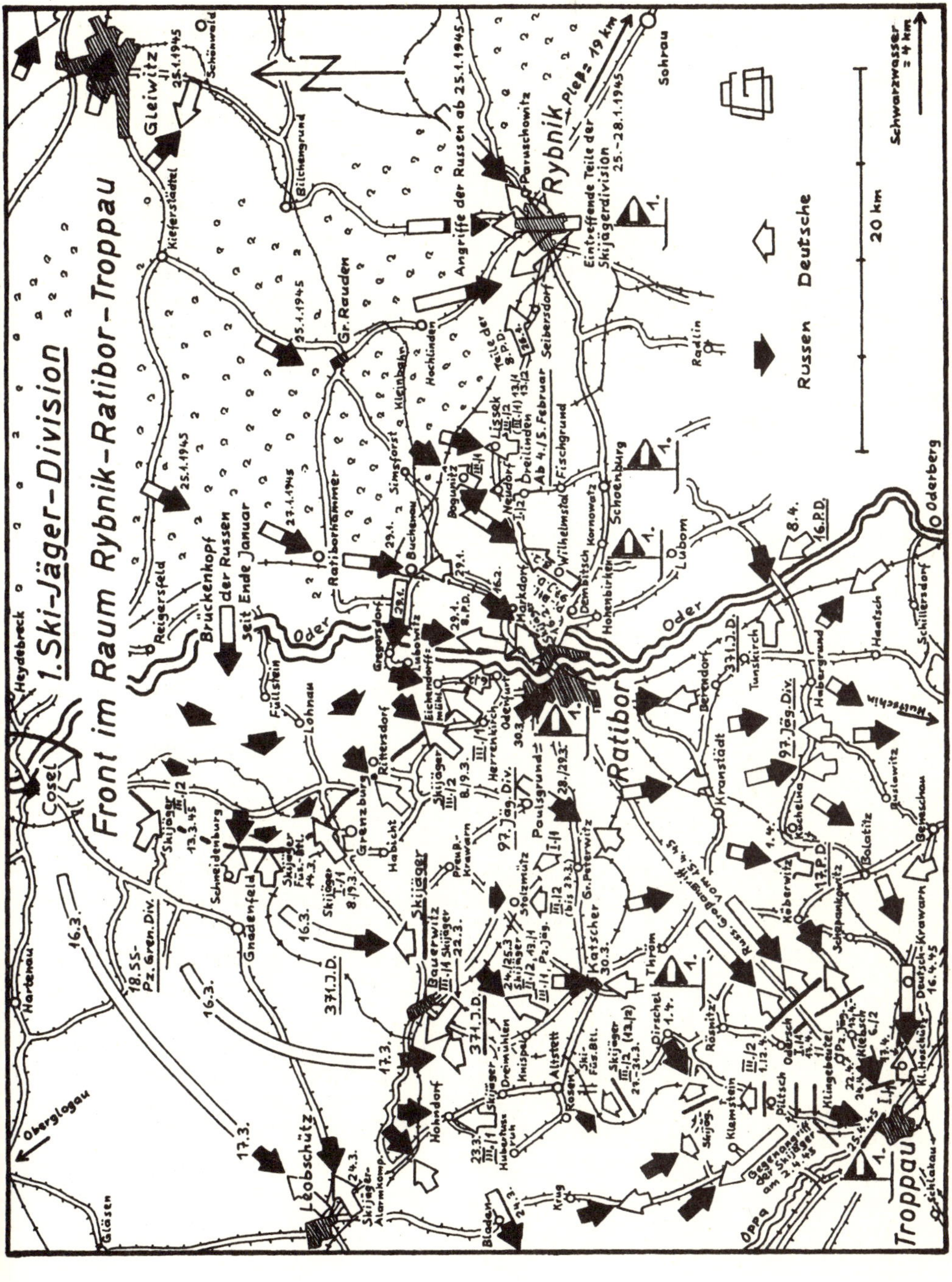
1. Ski-Jäger-Division
Front im Raum Rybnik-Ratibor-Troppau
Russen
Deutsche
20 km
Schwarzwasser = 4 km
Gleiwitz
Rybnik
Pleß 19 km
Sohrau
Gr. Rauden
Ratibor
Oder
Cosel
Leobschütz
Troppau
Oppa
Oderberg
Brückenkopf der Russen seit Ende Januar
Angriffe der Russen ab 25.1.1945
Eintreffende Teile der Skijägerdivision 25.-28.1.1945
Skijäger
97. Jäg. Div.
371. J.D.
18. SS-Pz. Gren. Div.
16. P.D.
17. P.D.
8. P.D.
Katscher
Bauerwitz
Hohndorf
Kranstädt
Tunskirch
Hultschin
Lubom
Schoenburg
Seibersdorf
Radlin
Bladen
Krug
Glässen
Hartenau
Heydebreck
Obergloglau
Gegenangriff der Skijäger am 3.4.45
Deutsch-Krawarn 16.4.45

Zur Verstärkung der hart bedrängten Verteidiger von Rybnik waren unterdessen auch Teile der vollmotorisierten Panzerjäger-Fla-Kompanie des Ski-Jäger-Regiments 1 angerückt. Josef Vialkowitsch, damals Zugführer des leichten Infanteriegeschützzuges, »bestehend aus 4 Geschützen mit Spreizlafetten und Langrohr«, schreibt: »Den in der Nacht vom 25. zum 26.1. mit Panzern angreifenden Iwan konnten wir nach schweren Straßen- und Häuserkämpfen aufhalten. Unterstützung erhielten wir dabei unter anderem von Panzern einer mir unbekannten Einheit. Bis ich wieder Verbindung zum Regiment bekam, war ich mit meinem Infanteriegeschützzug in Stärke von 32 Mann fast zwei Tage auf mich selbst angewiesen«.
Die von Vialkowitsch erwähnten Panzer, die am Nordwestrand von Rybnik in die Abwehrkämpfe eingriffen, gehörten zur brandenburgischen 8. Panzer-Division. Bekanntlich hatte die 8.P.D. den Auftrag erhalten, bei Rybnik »unbedingt« Verbindung zur 1. Ski-Jäger-Division aufzunehmen und den von Gleiwitz nach Südwesten vorstoßenden Gegner am Überschreiten der Straße Ratibor - Rybnik zu hindern.
Auf schnellem Wege war in der gleichen Nacht — laut Dr. Schmid »zwischen 3 und 4 Uhr« — der Divisions-Ia Major i.G. Kronsbein in Rybnik eingetroffen. Kronsbein, ein gebürtiger Schlesier, damals 30 Jahre alt, »übernahm mit Ruhe und Überlegenheit die taktische Führung« (Dr. Schmid).
Zwischen dem 26. und 28. Januar erreichten dann in kurzen Zeitabständen nahezu alle Teile der Division den Einsatzraum. Oberjäger Brost, I. Bataillon/Ski-Jäger-Regiment 1, traf mit seinem Granatwerferzug am 27. Januar gegen 16 Uhr in Rybnik ein: »Unter Beschuß wurde sofort zum Gegenstoß angetreten. Mein Werferzug ging auf einem großen Schulhof in Feuerstellung. Durch unsere V.B.'s erfuhren wir, daß der Angriff des Bataillons gut vorankam. In der Abenddämmerung machten wir Stellungswechsel an den Stadtrand von Rybnik, um das gewonnene Gelände in unseren Schußbereich zu bekommen. In der Nacht unternahm der Russe mit mehreren Stoßtrupps den Versuch, unsere Jäger zurückzudrängen, was ihm jedoch nicht gelang«.

Für den Gefreiten Sternad von der Panzerjäger-Fla-Kompanie des Regiments 2 (13./2) war der Kampf um Rybnik »der erste Einsatz in einer größeren Stadt. Wir, die V.B.-Stelle, lagen in einem Haus unweit der Irrenanstalt« (Heil- und Pflegeanstalt, nördlich der Stadt). »Im Keller des Hauses befanden sich deutsche Zivilisten, vor allem Frauen und Kinder. Einen starken Eindruck hinterließ bei mir die Angst der Leute vor den Russen«.

Am 27. Januar war auch das Schwere Granatwerfer-Bataillon 18 — II. Abteilung des Artillerieregiments — in Rybnik einsatzbereit. Das Bataillon, 3 Kompanien zu je 12 Werfern, stand unter der Führung von Major Otto Hosang, der neben den Werfern zusätzlich Gebirgskanonen einsetzen konnte. Dazu der damalige Adjutant bei Hosang, Leutnant Robin von Dolgow: »Als ab Weihnachten 1944 12-cm-Werfermunition knapp wurde, beschaffte sich das Bataillon in einem verlassenen Depot zuerst 6, dann offiziell 12 7,5-cm-Gebirgskanonen, die wir grundsätzlich neben den Werfern in der Feuerstellung aufstellten. Zu diesen Kanonen paßte nämlich im Kaliber die Munition der tschechischen Infanteriegeschütze, und diese Munition war in rauhen Mengen zu haben. Leider jedoch paßten die Schußtafeln wohl zu den Kanonen, nicht aber zur Munition, so daß wir nach Erfahrungswerten schossen. Mit der Zeit haben wir das sehr ordentlich gekonnt«.

Nach den Worten des damaligen Kommandeurs besaß seine Einheit dreiviertel Gefechtsstärke; die Kampfmoral der Soldaten war gut. Das Bataillon war von Saybusch, »wo die Division eine Auffangstelle eingerichtet hatte«, über Pleß — das kurz vor der Einnahme durch die Russen stand — nach Rybnik in Marsch gesetzt worden.

Der Major war zur Erkundung vorausgefahren und hatte seinen Gefechtsstand in einem Gehöft bei der Donnersmarck-Grube im Süden von Rybnik einrichten lassen. Hosang berichtet, daß »erbittert um einzelne Straßenzüge gekämpft wurde; dabei setzte ich auch die Polizei ein. Zu den Hundertschaften gehörten leider nur ältere Semester, die geringen Kampfwert besaßen«.

Das I. Bataillon des Ski-Jäger-Regiments 2, nach der Verwundung von Hauptmann Friedrich nun unter der Führung von Hauptmann Hans-Horst du Bois, wollte ebenso wie die schon vorausgefahrenen Bataillone auf der schnellen Straße Saybusch - Bielitz - Pleß - Sohrau den Kampfraum Rybnik erreichen, wurde aber in Pleß, das bereits von den Russen besetzt war und brannte, in ein heftiges Begegnungsgefecht verwickelt. Hauptmann du Bois löste sich — im Sinne des Auftrags: »Eilmarsch nach Rybnik« — vom Feinde und benutzte für den Weitermarsch eine westliche Umgehungsstraße. Ankunft in Rybnik in den frühen Morgenstunden des 28. Januar. Der Auftrag an das Bataillon, das damals über eine »effektive Gefechtsstärke« von etwa 160 bis 180 Mann verfügte, lautete: »Freikämpfen des Nordostteils der Stadt und sich am Stadtrand zur Verteidigung einrichten«. Hauptmann du Bois, der in dem nur 25 Kilometer nordostwärts gelegenen Gleiwitz zu Hause war und dessen Angehörige fast alle in der inzwischen vom Gegner besetzten Heimatstadt gerade Schreckliches durchzustehen hatten, berichtet, daß ihm zur Verstärkung eine 8,8-cm-Flakbatterie zugeteilt wurde. »Die Freikämpfung des mir zugewiesenen Stadtteils war verhältnismäßig leicht und ging mit relativ geringen Verlusten vor sich«.

Hans-Horst du Bois schreibt dann aber: »So leicht die Wiedergewinnung von Rybnik in meinem Abschnitt gewesen war, so hart waren fortlaufend die Abwehrkämpfe am Stadtrand. Der Russe versuchte täglich mehrmals, zum Teil mit größeren Einheiten, zum Teil mit Stoßtrupps, zum Teil mit Panzern, wieder in die Stadt einzudringen«.
Im Tagebuch des damaligen Gefreiten in der schweren 4. Kompanie, Hans Veldscholten, heißt es über diese Abwehrkämpfe: »Dort (in Rybnik) ging es sehr hart zu. Durch vollen Einsatz, unter Verlusten vieler Kameraden, konnten wir den Russen zum Stehen bringen«.

Hauptmann Schülkes III./1 wurde damals (in der Nacht vom 27. zum 28.1.) mit der Eisenbahn herangeführt. Da die schnellere Bahnverbindung Bielitz - Pleß - Sohrau - Rybnik bereits im Schußfeld des Gegners lag, mußte der Antransport über den südwestlichen Teil des Streckennetzes, von Richtung Loslau, erfolgen. 2 Kilometer südlich von Rybnik wurde ausgeladen. Schülke — nun auch, wie du Bois, auf oberschlesischem Heimatboden angelangt — bekam Befehl, mit seinem Bataillon nordwestlich der Stadt, nördlich der nach Ratibor über Seibersdorf - Lissek führenden Straße, in Stellung zu gehen. Der Bataillonsgefechtsstand wurde in einem Gebäude der Bergarbeitersiedlung »Beatensglück« eingerichtet. Das III./1 verfügte zum damaligen Zeitpunkt wieder über eine verhältnismäßig hohe Gefechtsstärke: zirka 300 Mann.

Das III. Bataillon des Regiments 2 war — ebenfalls mit der Eisenbahn — in den Morgenstunden des 28. Januar in Loslau eingetroffen und schon dort, 12 Kilometer südwestlich von Rybnik, ausgeladen worden. Gefreiter Hubert Langer, 9. Kompanie, notierte: »Im Laufe des Tages Abmarsch in Richtung Rybnik. Abends Ankunft bei starkem Schneefall in der Silesiahütte«. (Hüttenwerk »Silesia«, Paruschowitz, 2,5 km ost-nordöstlich des Stadtkerns von Rybnik). »Sofortiger Einsatz beiderseits des gesprengten Bahnviaduktes, Westrand Forst Rybnik«.

Nach dem Eintreffen aller beweglichen schweren Teile der Division, wie Pak-Selbstfahrlafetten, Sturmgeschütze, Panzerartillerie usw., konnte General Hundt mit Sicherheit damit rechnen, daß der Russe bei seinen Skijägern den Durchbruch nicht schaffen würde!

Am 26. Januar war es dagegen nach mehreren tieferen Einbrüchen der Russen insbesondere an der Ostflanke der deutschen Abwehrfront um das oberschlesische Industriegebiet zu einer weiteren Verschärfung der Lage gekommen. Schlimmste Befürchtungen löste die Nachricht aus, daß das 11. Armee-Korps in Richtung Kattowitz von starken sowjetischen Infante-

rie- und Panzerkräften durchbrochen und nach Südwesten gegen die Linie Nikolai - Tichau - Neuberun abgedrängt wurde. Der jetzt noch bestehende Rückzugskorridor für die im Raum Hindenburg - Beuthen - Kattowitz am Feind stehenden Verbände verengte sich dadurch zusehends.
General Schulz wiederholte seine Forderung nach Zurücknahme der Kampftruppen, nun mit dem ausdrücklichen Hinweis darauf, »daß bei Nichtgenehmigung mit Vernichtung der am Feinde stehenden Kräfte zu rechnen sei. Dann habe man nicht nur das ohnehin nicht mehr zu haltende Industriegebiet verloren, sondern wiederum . . . besonders kostbar zu bewertende Divisionen«. Weiter hieß es unmißverständlich: »Das bei Verlust dieser Truppen entstehende große Loch sei dann nicht mehr zu stopfen«.
Die Sorgen und Befürchtungen des Generals Schulz fanden dann auch ihre Bestätigung in der Tagesmeldung der Heeresgruppe, wo man kein Hehl daraus machte, daß die Fortsetzung der sowjetischen Angriffsoperationen, besonders im Umkreis des Industriegebiets, am 26.1. »zu außerordentlicher Spannung der Lage« führte. »Die 17. Armee steht hier gegen den mit 4 Armeen — 33 Schützendivisionen, 5 Panzerkorps, 1 Kavalleriekorps und 1 selbständigen Panzerbrigade — angreifenden Feind in sehr schwerem Abwehrkampf, in dessen Verlauf ihr Südflügel zurückgedrückt wurde. In der das Industriegebiet umgebenden Front sind mehrere tiefere Einbrüche, südostwärts Kattowitz auch ein taktischer Durchbruch erfolgt. Der südostwärts Gleiwitz angreifenden 20. P.D. gelang es, die Mehrzahl der von Nordwesten kommenden feindlichen Panzerverbände durch eigenen Angriff auf sich zu ziehen und ihnen erhebliche Verluste beizufügen; ihr eigener Angriff konnte sich jedoch nicht auf die gesteckten weiten Ziele durchsetzen. Zwischen Gleiwitz und der Oder sind andere Teile der 3. Garde-Panzer-Armee des Feindes nach Süden angetreten und haben . . . die Straße Rybnik - Ratibor erreicht« — (wo sie, wie berichtet, von der Skijägerdivision und der 8. P.D. aufgehalten wurden).

Noch am 26. Januar waren an der Nordfront des Industriegebiets sowjetische Angriffstruppen bis in das Stadtgebiet von Beuthen vorgedrungen. Die deutsche Abwehrlinie wurde nur allmählich eingedrückt.
Südlich von Hindenburg, bei Preiswitz, kämpften die Soldaten der 20. Panzer-Division verbissen um die Freihaltung eines Rückzugskorridors, während sich der Gegner schon anschickte, die Abwehrbastion zu umgehen. Auf dem Vormarsch zur Oder nördlich von Ratibor, hatte der Russe — ohne auf Widerstand zu stoßen — an diesem Tag die Ortschaft Groß-Rauden erreicht. Bis Ratibor waren es nur noch 20 Kilometer.

Die ähnlich einer Schlauchspitze weit vorgeschobene deutsche Nord- und Ostfront des Industriegebiets war wenig später auf Grund der Ereignisse an den Südflanken am völligen Zusammenbrechen: Kattowitz ging am 27.

Januar verloren. Königshütte geriet von Norden in eine Zangenbewegung und fiel ebenfalls an die Russen.
Der Durchbruch der Sowjets beim 11. Armee-Korps hatte nun zum Verlust des Raumes bis zur Linie Nikolai - Kobier - Pleß geführt. Im Raum unmittelbar westlich von Pleß konnte der gepanzerte Vorstoß der Russen — der in den Rücken der bei Rybnik stehenden Skijägerdivision zielte — von den zum Teil schon erheblich dezimierten Verbänden des 11. A.K. schließlich aufgefangen werden.

Zu jeder Stunde mußte damit gerechnet werden, daß der schmale »Schlauch«, der den Verbänden der 17. Armee für ein Ausweichen aus dem Industriegebiet noch offengehalten war, endgültig zugeschnürt wurde. General Schulz beschwor nun geradezu Generaloberst Schörner, keinen Augenblick mehr zu zögern und schnell das entscheidende Wort zu sprechen. Schörner genehmigte daraufhin auf eigene Verantwortung (denn die allerletzte Entscheidung hatte sich Hitler vorbehalten) den Rückzug der von völliger Einkesselung bedrohten Kampfverbände für die Nacht vom 27. zum 28. Januar.
Der nachträglich von Hitler gebilligte Befehl zum Rückzug war nach Meinung der Truppenkommandeure um mindestens zwei Tage zu spät herausgegeben worden. Das ganze Unternehmen gestaltete sich deshalb auch für manche Einheiten und Verbände sehr verlustreich, weil sie schon in der Falle saßen, ehe der Befehl sie erreichte. Was ein Ausweichen hätte sein sollen, würde also jetzt ein Ausbrechen werden mit all den bekannten schlimmen Auswirkungen. Die Einheiten der bayerischen 97. Jäger-Division zum Beispiel lagen weit auseinandergezogen über mehrere Frontabschnitte im Industriegebiet verteilt; der Ausbruch konnte daher nicht straff geführt werden. Bataillone und Abteilungen blieben während des ganzen Ausbruchsunternehmens meistens sich selbst überlassen, marschierten zunächst nach Süden und bissen sich regelrecht durch den Feind, der mit seinen Panzern und motorisierten Verbänden schon überall aufkreuzte. . .

Den von Ratibor auf Rybnik vorstoßenden Teilen der 8.P.D. war es gelungen, die Russen im Waldgelände nördlich der Bahnlinie Buchenau -Rybnik vorläufig zu stoppen und bei Rybnik nun Anschluß zu nehmen an das am linken Flügel der Skijägerdivision stehende III./1. Noch am 28. Januar war das Stadtgebiet von Rybnik im wesentlichen freigekämpft worden. Im Abschnitt von Schülkes Bataillon, am Westrand der Stadt, flauten die Kampfhandlungen allmählich ab, dagegen wurde in den rechten Nachbarabschnitten, so beim I./2 (du Bois) und beim III./2 (Grimm), immer noch zeitweise sehr heftig weitergekämpft.

Aus dem nördlichen Bereich der Heil- und Pflegeanstalt, gut ein Kilometer vom Stadtzentrum entfernt, ließen sich die Russen nicht wieder verdrängen. Bevor sie nach dorthin zurückgeworfen worden waren, hatten sie die Anstaltstore geöffnet und die Insassen laufen lassen. Der damalige Hauptmann du Bois berichtet, daß Soldaten seines Bataillons »noch mehrere Tage mehr oder weniger planmäßig Jagd auf Irre machten«, die zwischen den Stellungen herumrannten.
Innerhalb der vom Gegner besetzt gebliebenen Zone befand sich ein Wasserturm, in den sich russische Scharfschützen einnisteten, die, wie bekannt wurde, deutsche Zivilisten als Geiseln im Turm festhielten. »Wir hatten durch die im Wasserturm sitzenden Scharfschützen am Tage nicht unbeträchtliche Ausfälle«, schreibt du Bois. »Selbst mein Gefechtsstand, der in etwa 400 bis 500 Meter Entfernung des Turmes in einem Gebäude am Rybniker Marktplatz eingerichtet war, lag unter gezieltem Gewehrfeuer — bis die schwere Flak, von oben angefangen, den Wasserturm Stockwerk für Stockwerk zerschoß. Diese Maßnahme, die mit Rücksicht auf die Geiseln zuerst vermieden werden sollte, mußte dann jedoch ergriffen werden, weil die laufenden Verluste an Toten unter den Skijägern, die auf das Konto der russischen Scharfschützen gingen, einfach keine andere Wahl ließen«.

Von einem weiteren Akt grausamer Kriegführung wird berichtet: Soldaten des II./2 besetzten nach einem dieser Gegenangriffe, in deren Verlauf der Russe aus der Stadt geworfen und zurückgedrängt wurde, das Haus eines Kleingärtners. Sie fanden den Gärtner und dessen 24jährige Tochter tot, und einen alten Invaliden, der in der Gärtnerei als Gehilfe tätig war, sterbend vor. Der alte Mann konnte noch schildern, wie der 65jährige Vater des Mädchens von Rotarmisten erschlagen wurde, als er die brutale Vergewaltigung seiner Tochter verhindern wollte. Auch der Invalide wollte dem Mädchen beistehen und erhielt dabei die schweren Verletzungen, die dann zum Tode führten.

Im Verlauf der Gegenangriffe im Nordostabschnitt von Rybnik wurde der Stadtteil Paruschowitz schließlich ganz freigekämpft. Ebenso konnte rechts davon, im Bereich Hüttenwerk »Silesia«, das Bataillon Grimm den Gegner noch weiter zurückdrängen. Unter »29.1. — 3.2.1945« enthält das Tagebuch Langer, 9./2, die Eintragung: »Stellungskämpfe. Ein sowjetischer Spähtrupp unter der Führung eines Majors wird niedergemacht, da sich die Russen nicht ergeben. Oberjäger Gerke fällt«.

In der Nacht vom 28. zum 29. Januar hatten die von Tichau - Kobier aus dem oberschlesischen Kessel kommenden Teile der 97. Jäger-Division im

Raum Pleß - Sohrau Anschluß an die 371. Infanterie-Divison gefunden. Sohrau, 12 Kilometer ost-südöstlich von Rybnik, wurde gerade vom Feind angegriffen.

Mit der Neufestlegung der Armeegrenzen rückte der Befehlsbereich von Generaloberst Heinrici immer näher an Oberschlesien heran. Am 29.1. übernahm seine 1. Panzer-Armee von der 17. Armee des Generals Schulz — dem bald ganz die Sorge um die Verteidigung Mittelschlesiens zufallen sollte — die Fronten des 11. SS-Armee-Korps im Raum zwischen der slowakisch-polnischen Grenze und Saybusch und des 59. Armee-Korps zwischen Bielitz und Pleß. Oberschlesien, der Nordflügel von Heinricis Armee, war also nun Schwerpunktraum.

Die 1. Ski-Jäger-Division wurde zunächst — zusammen mit der 8. P.D., der 20. P.D. und 344. I.D., die alle links von ihr zum Einsatz kamen — dem 48. Panzer-Korps (nach wie vor 17. Armee) unterstellt.
Rechts bestand jetzt Anschluß an die Divisionen des 11. Armee-Korps, das waren zu diesem Zeitpunkt: die 75. I.D., 371. I.D., 304. I.D. (Stab) mit Kampfgruppe 712. I.D. und Kampfgruppe 68. I.D. sowie 97. Jäger-Division.

Am 28. Januar, als sich die 8. Panzer-Division mit der Masse ihrer Einheiten östlich von Ratibor dem russischen Vormarsch entgegenstellte, hatte der Gegner 13 Kilometer nördlich der Oderstadt die Ortschaft Ratiborhammer besetzt. Mit Leichtigkeit war es den Russen an der langen ungedeckten Nordflanke der 8. P.D. anschließend gelungen, einen Brückenkopf zu bilden und ihn rasch auszubauen und zu vergrößern. Ein Angriff von Teilen der 8.P.D. und der 20.P.D. am 31. Januar konnte daran nichts mehr ändern. Auch alle weiteren Versuche, den feindlichen Brückenkopf zwischen Ratibor und Cosel zu beseitigen, blieben ohne Erfolg.
Ab Anfang Februar wurde General Niehoffs 371. Infanterie-Division zur Verstärkung der Front vom Abschnitt Pleß in den Nordraum von Ratibor verlegt. Hilfe für die 8.P.D. kam auch von der 97. Jäger-Division nach deren Verlegung in den Raum östlich und nordöstlich von Ratibor.

In Rybnik dauerten die Abwehrkämpfe an. Am 4.2. gelang den Russen im Abschnitt des I. Bataillons/Ski-Jäger-Regiment 2 ein Panzerdurchbruch, der jedoch noch am gleichen Tage bereinigt werden konnte; die feindlichen Panzer wurden zum Rückzug gezwungen, nachdem der Angriff der nachfolgenden Infanterie im Feuer der Skijäger liegengeblieben war. Bei diesen Kämpfen bekam Hauptmann du Bois einen Panzergranatstecksplitter in den linken Oberarm, ließ den Arm nur in eine Schlinge legen

und blieb weiter bei seinem Bataillon. Als Adjutant stand ihm damals Oberleutnant Stefan zur Seite. An Offizieren waren außerdem noch 3 Kompanieführer (Leutnante) da. »Ich entsinne mich«, schreibt du Bois, »daß damals in 8 Wochen zweimal der Offiziers-Sollbestand des Bataillons verschlissen wurde«.
Am 2. Februar war dem Kommandeur des I./2 eine Polizei-Hundertschaft unterstellt worden. Wie berichtet wird, handelte es sich »um alte Revierbeamte, die aus den inzwischen von den Russen besetzten Städten Gleiwitz -Hindenburg - Beuthen stammten. So, wie sie aus ihren Revieren flüchtig gegangen waren, ohne jede Ausrüstung, vielfach nur mit langer Hose, durchweg nur mit Schirmmütze bekleidet, waren sie zu dieser Hundertschaft zusammengefaßt worden. Die Bewaffnung bestand nur aus Pistolen und alten norwegischen Flinten mit je 5 - 10 Schuß Munition. Mit diesen Leuten, ohne jeden Kampfwert und ohne jede Kampfmoral, sollte ich meine HKL verstärken! Ich konnte sie natürlich nur als Streifen im Stadtgebiet einsetzen«.

In verschiedenen Dörfern und Ortschaften unmittelbar hinter der Front schien — nachdem sich herumgesprochen hatte, daß der Russe vor Rybnik aufgehalten wurde — wieder der Alltag einzukehren. Frauen mit Kindern und ältere Leute, die in den letzten Januartagen geflüchtet waren, kehrten zum Teil wieder in ihre Wohnungen zurück. Bauern richteten in gewohnter Weise Düngemittel und Saatgut her und sahen im Geiste schon die neue Frucht sprießen und die Ernte möglicherweise mit Reichsmark bezahlt. Die weit verbreitete Meinung war: »Unsere Soldaten werden's schon schaffen!«

Teils kuriose Beweise seiner wiedererwachten Aktivität lieferte der Verwaltungsapparat: Das Loslauer Finanzamt mahnte Steuern ein, manchmal von Leuten, die schon nackt und ohne Beutel unterm Erdboden lagen. In einem Bericht steht in diesem Zusammenhang der geradezu komisch anmutende Satz: »Es begann wieder ein normales Leben«.
Das Landratsamt nahm mit einem kleinen Mitarbeiterstab zuerst in Emmagrube und dann in Loslau seine gewohnte Tätigkeit wieder auf. »Man stürzte sich wieder in den lebensnotwendigen Aktenkrieg«, schreibt ein damaliger Amtmann. An die Bevölkerung wurden die üblichen Lebensmittelkarten ausgegeben.
Ein ehemaliger Skijäger erinnert sich, »daß in den Gruben um Rybnik Unmengen von Alkohol gelagert waren«. Tabak war tonnenweise vorhanden. Alkohol »in Mengen« lagerte auch nur 500 Meter von den russischen Stellungen entfernt. Bergleute der Emmagrube kamen nachts mit langen Schläuchen und retteten den Spiritus noch rechtzeitig vor den Russen. Aus

der Sohrauer Mühle im Bereich der HKL wurden ebenso heimlich große Getreidevorräte abtransportiert.
Den Berichten nach gab es damals im Kreis Rybnik gelagerte Lebensmittel verschiedenster Art »in Hülle und Fülle«.
Zivilverwaltung und Militär setzten sich gleichermaßen dafür ein, daß es keine Sprengungen in den Gruben gab; sie waren sich mit den Grubenverwaltungen darin einig, »daß man, wie immer es ausgehe, den Kumpels nicht den Arbeitsplatz zerstören solle« (wie es Reichsminister Speer und Generaloberst Schörner schon für das zentrale oberschlesische Industriegebiet vereinbart hatten). Im Rybniker Kohlenrevier wurde in jenen Tagen mit Hochdruck gearbeitet. Die Kokerei produzierte weiterhin Benzol zur Versorgung der Truppe.

General von Edelsheim, der Kommandierende des 48. Panzer-Korps, besuchte Rybnik, um mit Generalmajor Hundt persönlichen Kontakt aufzunehmen. Bei seinem Eintreffen im Divisionsgefechtsstand kam es zu einer zufälligen Begegnung mit dem damaligen »Kommandant Stabsquartier«, Rittmeister von Cramm (der übrigens schon einmal, 1939, mit der Kradschützen-Abteilung 4 /24. Panzer-Division in Rybnik in Quartier gelegen hatte). »Wir begegneten uns auf dem langen Flur des Gebäudes«, schreibt Cramm. »Edelsheim stutzte, blieb stehen und sagte: »Cramm, was machen Sie denn hier? — Das letzte Mal hatten wir uns in Lisieux gesehen und davor am Schnellhefterblock! . . .«
»Schnellhefterblock« — Erinnerungen an Stalingrad, wo sich Cramm »nach einem harten Nahkampftag« das EK I verdiente. »Bei den Gefechten am Schnellhefterblock (so genannt, weil die dort stehenden Hochhäuser — inzwischen nur noch Ruinen — auf der Landkarte aussahen wie Schnellhefterrücken) war unsere Abteilung (Kradschützen-Abteilung 4, später Panzer-Aufklärungs-Abteilung 24) links angelehnt an das Panzer-Grenadier-Regiment 26, welches der damalige Oberst von Edelsheim führte. Bei der Verbindungsaufnahme an der Nahtstelle lernten wir uns kennen«.
Lisieux in Frankreich: »Die neuaufgestellte 24.P.D., der ich nach Stalingrad angehörte, lag in Lisieux. Divisionskommandeur war Oberst von Edelsheim«.

Rybnik: Schon nach wenigen Tagen mußte General von Edelsheim, das heißt, sein 48. Panzer-Korps, die Skijägerdivision wieder abgeben. An der deutschen Verteidigungsfront beiderseits von Rybnik und Ratibor war eine Um- und Neugruppierung in Gang gekommen. Zunächst, am 6. Februar, rückte die Grenze der 1. Panzer-Armee noch weiter nach Norden auf. Heinrici übernahm von General Schulz den Oberbefehl über das an

seinem bisherigen linken Flügel angrenzende 11. Armee-Korps (v. Bünau), dem jetzt folgende Divisionen angehörten: 75. I.D. im Raum Sohrau, 68. I.D. rechts von Rybnik, 1. Ski-Jäger-Division in und westlich von Rybnik und 97. Jäger-Division nahe östlich und nordöstlich von Ratibor.
Dann war die Herauslösung der beiden Panzerdivisionen, 8.P.D. beiderseits von Ratibor und 20.P.D. südlich von Cosel, befohlen worden. Die bisherigen Stellungen der 8.P.D. zwischen Rybnik und Ratibor wurden im wesentlichen von der Skijägerdivision übernommen. Erste Teile, zum Beispiel der Divisionsstab, Teile der beiden Skijägerregimenter, Pionierbataillone und schweres Granatwerferbataillon, verlegten ab 4. Februar in den neuen Kampfraum. Gefreiter Langer schrieb am 4.2.1945 in sein Tagebuch: »Unsere Kompanie, die 9. des Ski-Jäger-Regiments 2, wird um 4 Uhr morgens abgelöst, auf LKW verladen und nach Dreilinden« (13 Kilometer westlich von Rybnik) »gefahren. . . Nach Einbruch der Dunkelheit halbwegs nach Lissek, wo wir übernachten«. (Lissek liegt 2,5 Kilometer nordöstlich von Dreilinden). Am 5.2.1945: »Um etwa 3 Uhr morgens marschieren wir nach Lissek, wo sofort angegriffen wird. Bis zum Tagesanbruch werden die Russen aus dem Westteil vertrieben. Eine Pak wird erbeutet. Im Forsthaus und in einer Hausruine können sich die Russen halten«. Am 6.2.1945: »Abends werden wir in den Gutshof zurückgeholt. Insgesamt sind der Kompaniechef und etwa 25 Mann ausgefallen. Von unserer Gruppe bin nur ich übriggeblieben. Die hohen Ausfälle sind auf mangelhafte Ausrüstung zurückzuführen. (Keine Handgranaten und keine Panzerfäuste usw.). Ein ganz junger, unerfahrener Leutnant übernimmt die Kompanie«. Am 7.2.1945: »Um 3 Uhr greifen wir mit dem Rest der Kompanie wieder an. Die Russen sind aus 4 Häusern zu werfen, die nördlich des Klosters (im Ostteil von Lissek) stehen. Der Sprung über den Acker gelingt. Ein Teil der Kompanie, der etwas zurück ist und vor der Klostermauer liegt, erleidet schwere Verluste. Der junge Kompaniechef ist tot. Ich werde verwundet«.
Erich Grimm, ehemals Hauptmann und Bataillonskommandeur des Gefreiten Langer, erinnert sich an einen Funkspruch, den er damals von der Division empfangen hat: »Lissek wird gehalten, Kommandeur haftet mit Kopf«. Grimm sagt, daß er sich beim General darüber beschwerte — »mit der Bemerkung, daß da, wo ich bin, immer gehalten wird!«. . .

Hauptmann Schülkes III./1 übernahm in vorgeschobener Position, 3 Kilometer nord-nordwestlich von Lissek, den Abschnitt Bogunitz, wo es ein Panzerbataillon der 8.P.D. ablöste.
Adjutant bei Schülke war der aus Oberbayern stammende Leutnant Siegfried Bucher. Wie in »Teil I« beschrieben, kämpfte Bucher als Angehöriger des Jäger-Bataillons 6 bei Witebsk - Surasch und Welikije Luki und

war im März 1943 verwundet worden. Nach dem Lazarettaufenthalt wieder in Arys. Mit etwa 30 Mann zum Schutz von Hitlers Hauptquartier eingesetzt. Im Frühjahr 1944 Beförderung zum Fahnenjunker-Unteroffizier und Versetzung an die Schule für Fahnenjunker der Infanterie nach Hagenau bei Straßburg. Zum Leutnant befördert und Versetzung zur Führerreserve OKH nach Pilsen. Vom Generalkommando in Pilsen mit der Aufstellung einer Sondereinheit in Taus beauftragt. Anschließend zur Führerreserve der Heeresgruppe A. Von dort schließlich zur 1. Ski-Jäger-Diviion, die sich in schweren Kämpfen im Abschnitt Ozenna- Duklapaß befand. »In der Nacht nach meiner Ankunft mußte ich sofort eine Kompanie beim III./1 übernehmen. Mein Vorgänger war Stunden vorher gefallen«. Das EK I verdiente sich Leutnant Bucher während des »Unternehmens Torna«, Weihnachten 44, schon als Adjutant von Schülke.

Bei Bogunitz standen die Panzer der 8.P.D. frei und ungeschützt im Gelände herum! Dazwischen und daneben waren Deckungslöcher ausgehoben worden. Unmittelbar nach dem Abrücken der Panzer begann der Russe die jetzt nur infanteristisch gesicherte Linie der Skijäger anzugreifen. Nach Darstellung von Bucher »entwickelte sich ein großer Angriff der Russen mit Stoßrichtung nach Süden. Unser Bataillon war, nachdem wir den Sowjets heftigen Widerstand entgegengesetzt und mehrere Einbrüche abgeriegelt und durch fortwährende Gegenstöße wieder bereinigt hatten, bereits am Nachmittag des 8. Februar eingeschlossen«. Der damalige Gefreite Herbert Parsch berichtet, daß die Hauptkampflinie »hinter einem nicht sehr hohen Bahndamm verlief«. (Strecke Rybnik - Buchenau, 1 km nordöstlich von Bogunitz). »Unsere Kompanie hatte wiederum schwere Ausfälle durch Tote und Verletzte, unter anderem erhielt der vollbesetzte Kompaniegefechtsstand einen Volltreffer; es gab nur einen Überlebenden, den wir schwerverletzt zum Bataillonsgefechtsstand brachten, wo er leider ebenfalls seinen Verletzungen erlag«.
Herbert Parsch erlebte das alles als zwanzigjähriger Gruppenführer in der 9. Kompanie. »Aus heutiger Sicht« erscheint es ihm »unglaublich, welchen Anforderungen und Strapazen der Frontsoldat ausgesetzt war. Allein der fehlende Schlaf und die dadurch verursachte starke physische und psychische Erschöpfung, die es zu überwinden galt, um immer wieder einsatz- und kampfbereit zu sein. Als ein Beispiel für die oft unerträgliche psychische Belastung ist es wohl auch zu werten, als ein Kamerad, der in meiner Gruppe als äußerst zuverlässig, tapfer und besonnen galt, eines nachts sich selbst eine Schußverletzung mit dem Sturmgewehr im linken Unterarm beibrachte. Verzweifelt und erschrocken über diese Tat, rief er nach mir und bat mich, ihn doch zu unserem Bataillonsgefechtsstand zu begleiten.

Ich konnte ihm diese Bitte nicht abschlagen und brachte ihn zum Bataillonsarzt. Auf dem Weg dorthin mußten wir uns wegen des anhaltenden Artillerie- und Granatwerferfeuers oft in den Schnee werfen. Am Bataillonsgefechtsstand angekommen, verabschiedeten wir uns voneinander, in der Hoffnung auf ein Wiedersehen in der Heimat. Sonst konnte ich leider nichts für ihn tun. Außerdem habe ich seinen Namen nicht behalten, so daß ich auch heute keine Nachforschungen anstellen konnte, und ich weiß bis heute nicht, ob er diese schwere Zeit überlebt hat«.

Generalmajor Hundt verlegte inzwischen seinen Gefechtsstand in das Inspektorenhaus der Domäne Schoenburg, 7 Kilometer südlich von Bogunitz.

Nach dem Abzug der Panzerdivision versuchte der Russe nicht nur die vorgeschobene Stellung des III./1 an der Bahnlinie Rybnik - Buchenau zu überrennen, sondern setzte auch zum Durchstoß gegen die noch offene Naht zwischen 1. Ski-Jäger- und 97. Jäger-Division an. Der damalige Ic Oberleutnant Dr. Schmid vermutet, daß der Russe von der Ablösung der 8.P.D. »offenbar Wind bekommen hatte«, also die momentan bestehende Chance für einen möglichen Durchbruch ausnutzen wollte. »Wir hörten starken Kampflärm aus dem Raum unseres linken Nachbarn«, schreibt Dr. Schmid. Leutnant Bucher beobachtete, wie der Russe an Bogunitz vorbei mit Infanterie und Panzern in Richtung Wilhelmstal, 5 Kilometer östlich von Ratibor und 5 Kilometer westlich des Divisionsgefechtsstands der Skijägerdivision gelegen, vorstieß. Zuvor war es, wie erwähnt, zu schweren Angriffen der Sowjets direkt nach Süden auf Bogunitz und zu erbitterten Gegenangriffen der Skijäger — mehrmals unter der Führung des Bataillonsadjutanten — gekommen. Die Einkreisung des III./1 durch überlegene gepanzerte Einheiten war jedoch am Nachmittag des 8. Februar nicht mehr zu verhindern gewesen. »Gegen Abend ließen uns dann die Russen in Ruhe und führten ihre Kräfte links und rechts an uns vorbei zum Angriff auf Lissek, Dreilinden und Raschütz«, berichtet Bucher. »Wir konnten beobachten, wie der Russe westlich von Bogunitz mit starken Kräften (Panzern usw.) durch den schmalen Waldstreifen ungehindert in Richtung Wilhelmstal marschierte«. Dabei drangen die Sowjets bis Dembitsch vor. Die kleine Ortschaft lag westlich von Wilhelmstal, unmittelbar an der rechten Flanke des Jäger-Regiments 204 von der 97. Jäger-Division und nur knappe 2 Kilometer vom Ratiborer Stadtrand entfernt. Dr. Schmid erinnert sich, daß sein NAT-Trupp ihm laufend abgehörte Meldungen russischer Funkstellen vorlegte, aus denen hervorging, welche Ortschaften inzwischen von den Rotarmisten eingenommen wurden. »Ia Major Kronsbein wollte mir die Hiobsmeldungen nicht glauben. Tatsache ist aber, daß unser Nachbarort Wilhelmstal von den Russen als erobert gemeldet wurde und daß das Pionierbataillon der 97. Jäger-Division, das

sich in Wilhelmstal zum Gegenangriff bereitstellen sollte, den Ort von den Russen besetzt fand und sofort zum Gegenangriff übergehen mußte«.
Die bayerischen Pioniere, die den Ausbruch aus dem O/S-Kessel geschafft hatten und gerade aus dem Sammelraum westlich Sohrau kamen, wären den Rotarmisten fast in die Arme gelaufen. »Das Bataillon sollte in Wilhelmstal unterziehen und sich dort zur Verfügung halten«, berichtet der damalige Hauptmann und Bataillonskommandeur Ernst Ott. »Da es sich also um einen Marsch hinter der Front handelte, marschierten wir in der Nacht ohne besondere Sicherungen, fast friedensmäßig. Der vorgefahrene Kommandeur stellte aber erstaunt fest, daß Wilhelmstal in russischer Hand war, die Sowjets jedoch zum Glück gegen alle militärischen Notwendigkeiten verstoßen und weder Sicherungen noch Posten oder etwas ähnliches aufgestellt hatten. Am Ortsrand, von Fischgrund her, taten sich die Sowjetsoldaten in den ersten Häusern an den erbeuteten alkoholischen Getränken usw. gütlich, lärmten, johlten und sangen. Für sie gab es eine scheußliche Ernüchterung, denn das Bataillon griff, sich aus dem Marsch heraus entwickelnd, sofort den Ort an und warf den ebenfalls ein Bataillon starken Feind in einem Zuge heraus. Da inzwischen schon die Morgendämmerung gekommen war, Wilhelmstal nach Westen zur Straße, Eisenbahn und Oder abfällt, konnten die Pioniere nicht nur die Russen wieder aus dem Ort werfen, sondern zwangen auch den bis Dembitsch vorgekommenen Feind zum Rückzug. Dabei mußten die Sowjets enorme Verluste haben, denn der Fluchtweg ging an allen Waffen des Bataillons vorbei, das dann auch sofort nachstieß«.
Im Zusammenwirken mit Teilen der beiden Jägerregimenter warfen die Pioniere den Feind im Gegenstoß nach Nordosten hinter eine Linie 4 bis 6 Kilometer westlich von Lissek zurück. Ein ehemaliger Angehöriger des Jäger-Regiments 207 bemerkt zu den schrecklichen Verlusten, die der Gegner dabei hinnehmen mußte: »Es war wie ein Hasenjagen«. Bei Hauptmann Ott heißt es: »Das Gefechtsfeld war von Toten bedeckt«.

In der Nacht vom 8. zum 9. Februar wurde auch das I. Bataillon des Ski-Jäger-Regiments 2 in Rybnik herausgelöst und westlich von Lissek, an der äußersten linken Flanke und genau unterhalb des in Bogunitz eingeschlossenen III./1, neu an den Gegner herangeführt. Der Abschnitt, den du Bois' Bataillon zugewiesen bekam, hatte eine Ausdehnung von annähernd 2 Kilometern und sollte bis zum Westrand von Neudorf reichen. Beide Ortschaften, Lissek und Neudorf, liegen an der Straße Rybnik - Ratibor. Von Neudorf führt eine gerade Abzweigung einen Kilometer nach Süden auf Dreilinden zu. Als Hauptmann du Bois in Dreilinden eintraf, hatte der Gegner ganz Neudorf schon besetzt. »Ich habe mit dem Bataillon erst eine HKL entlang der Straße kämpfend eingerichtet«, heißt es in seinem Be-

richt. An der linken Flanke fehlte zu diesem Zeitpunkt noch der Anschluß an die 97. Jäger-Division. Rechts war das I./2 an das III./2 bei Lissek angelehnt. Für du Bois bot sich das Gutshaus in Dreilinden als Gefechtsstand an. Hauptmann Grimms Befehlsstelle befand sich im Gutshaus von Lissek.
Im Laufe des 9. Februar gelang es den an der Straße Ratibor - Lissek -Rybnik eingesetzten Teilen der Skijägerdivision, die feindlichen Vorstöße in allen Abschnitten aufzufangen. In der darauffolgenden Nacht erteilte General Hundt dem Bataillon Schülke über Funk den Befehl zum sofortigen Durchbruch nach Süden gegen die Auffanglinie Neudorf - Lissek. »Wir konnten uns unbemerkt vom Gegner lösen«, berichtet der damalige Leutnant Bucher. »Der Ausbruch gelang gut, unter Mitnahme sämtlicher Verwundeten auf Panjewagen in der Mitte der Marschkolonne. Die Spitze bildete Hauptmann Wensauer mit seiner schweren 12. Kompanie. Wir marschierten sogar in einer Entfernung von etwa 500 Metern in gleicher Höhe mit russischen Einheiten in Richtung Neudorf. Bevor das Bataillon die befohlene Auffanglinie erreichte, kam es zirka einen Kilometer vor der Straße Lissek - Neudorf nochmals zu einem kurzen, aber heftigen Feuergefecht«.
Ausschlaggebend für das Gelingen des Unternehmens war die vorherige Erkundung des günstigsten Weges durch den Waldstreifen zwischen Bogunitz und Neudorf. Diese Aufgabe besorgte Leutnant Bucher selbst. Sein Kommandeur gab nach geglücktem Durchbruch entsprechende Auskünfte auf Fragen eines PK-Berichters. Schülke nannte es »eine raffinierte Erkundung«, durch die die Schwachstelle im Einschließungsring entdeckt wurde. Er sprach voll Bewunderung und Anerkennung über seine Soldaten, denen »das Gefühl der Unterlegenheit gegenüber einem zahlenmäßig weit stärkeren Feind fremd sei«. Laut Divisions-Tagesbefehl hatte das Bataillon allein »fünf starke Angriffe des Feindes blutig zurückgewiesen und drei Einbrüche in mehreren Gegenstößen bereinigt«. Der russische Vorstoß gegen die linke Flanke der Division konnte dadurch in einer kritischen Umstellungsphase vor Erreichen der Straße Ratibor - Lissek - Rybnik abgebremst und der Aufbau der neuen HKL im Raum beiderseits von Lissek um vieles erleichtert werden.
Das auf die Hauptkampflinie zurückgenommene III./1 wurde dann in Lissek eingesetzt und löste dort das III./2 des Hauptmanns Grimm ab. Siegfried Bucher erinnert sich an zäh und erbarmungslos geführte Häuserkämpfe. »Rotarmisten und Deutsche standen sich oft nur eine Straßenbreite verbissen gegenüber. Durch diese Ortschaft verlief die Front von Haus zu Haus«. Der nördliche Teil mit dem Forsthaus und dem Kinderheim waren in russischer Hand, der südliche mit dem Dominium in deutscher. »Es wurde in der Hauptsache ein Kampf zwischen den Scharfschüt-

zen beider Seiten«. Bei aller erbarmungslosen Entschlossenheit, mit der Russen und Deutsche sich gegenseitig zu vernichten suchten, »kam es manchmal sogar auch zu freundschaftlichen Gesten von Fenster zu Fenster«. . .

Hans-Horst du Bois sagt zur damaligen Situation in seinem Abschnitt: »In den wenigen Tagen, die ich jetzt noch bei der Truppe war, hatten wir hier sehr schwere Abwehrkämpfe mit erheblichen Verlusten«. Die »wenigen Tage« waren die Tage bis zum 11. Februar: Hauptmann du Bois, der seinen Arm seit der letzten Verwundung in Rybnik noch in der Schlinge trug, wurde am 11.2. vorne bei seinem Bataillon in Neudorf von einem Explosivgeschoß im Gesicht getroffen und schwer verwundet. Für ihn war der Krieg aus.

»Nur mit letzter Kraft und unter hohen Verlusten konnten wir die Stellung halten«. So die Erinnerung eines ehemaligen Bataillonsangehörigen an die nachfolgenden Kampftage ab 11. Februar. General Hundt war in die vorderste Linie gekommen und hatte zu einem Gegenangriff anstelle des schwerverwundeten Bataillonskommandeurs persönlich die Führung des I./2 übernommen. Aus dem Gutshaus Dreilinden hatte er sämtliche verfügbaren Leute mitgebracht, darunter »Küchenbullen«, Schreibstubenpersonal, entbehrliche Telefonisten und so weiter. Außerdem wurden 2 Flakgeschütze herangeholt.

Bei Neudorf - Lissek kam damals auch die Alarmkompanie 1 unter der Führung von Leutnant Albert Schneller zum Einsatz. Während des Nahkampfs war Leutnant Schneller vom Gewehrkolbenhieb eines Russen schwer getroffen worden und bewußtlos liegengeblieben. In einer Zeugenaussage heißt es, daß der schwer verwundete Kompanieführer zunächst nicht geborgen werden konnte. »Fast einen Tag später holten wir Leutnant Schneller dann zurück in unsere Stellung. Wir dachten damals, in ihm steckt kein Leben mehr (ca. zweieinhalb Tage bewußtlos, schwerste Kopfverletzung, gelähmt)«. Das war also die 6. Verwundung und die schwerste der insgesamt 5 erlittenen Kopfverletzungen. Vor mehr als sieben Wochen, am 21.12.1944, war der ungewöhnlich tapfere Offizier im Verlauf der erbittert geführten Kämpfe um Torna nach einer Kopfverwundung eineinhalb Tage bewußtlos gewesen.

Leutnant Albert Schneller kam vom Jäger-Bataillon 8 zur 1. (Panzerjäger) Kompanie des schweren Skibataillons. Mit Datum 7. Januar 1945 wurde ihm vom Bataillonskommandeur, Major Neubert, das Verwundetenabzeichen in Gold verliehen. Wenige Tage später verlieh ihm Generalmajor Hundt, laut Urkunde, »für tapfere Teilnahme an 25 Einsatztagen die II. Stufe zum Sturmabzeichen (allg.) in Silber« und am 16.3.1945 — der Divisionskommandeur war inzwischen Generalleutnant geworden — »für tap-

fere Teilnahme an 30 Nahkampftagen die 2. Stufe der Nahkampfspange«. Schneller hatte allein 3 russische Panzer im Nahkampf vernichtet — erkennbar an den drei Ärmelabzeichen an seiner Uniform (s. Fotografie von damals).
Nach seiner schweren Verwundung im Kampfraum Neudorf - Lissek kam der bewußtlose Leutnant und Kompanieführer über Syrin zunächst auf den Hauptverbandsplatz der Division nach Habergrund, südlich von Ratibor. Später erfolgte die Verlegung in das Lazarett Deutsch-Krawarn bei Troppau. Dort besuchte ihn der Divisionskommandeur und verlieh ihm — zum EK I — das Deutsche Kreuz in Gold. Außerdem wurde Leutnant Schneller zum Oberleutnant befördert.

Aus den Unterlagen über die Kämpfe im Raum Neudorf - Lissek geht weiter hervor, daß auch die beiden Panzerjäger-Fla-Kompanien zum Einsatz kamen. Otmar Sternad (13./2) erwähnt den »Kampf ums Kloster Lissek«. Bei Herbert Schneider, damals 13./1, ist zu lesen: »Nahkämpfe waren an der Tagesordnung . . . Dörfer, Straßen und Häuser (oftmals sogar einzelne Etagen) wechselten mehrfach den Besitzer. . . Auf beiden Seiten hohe Verluste an Menschen und Material«. . .

Major Hosangs schweres Granatwerferbataillon wurde damals als »Feuerwehr« im gesamten Korpsbereich eingesetzt — bei der 97. Jäger-Division, im Abschnitt der 371. Infanterie-Division zwischen Ratibor und Cosel oder bei der 18. SS-Panzer-Grenadier-Division »Horst Wessel« südlich von Cosel, vor allem aber in der HKL der eigenen Division. »Besonders Hauptmann Schülkes III./1 wurde oft von mir unterstützt«, schreibt Hosang.

Ab Mitte Februar kam es im Abschnitt Ratibor - Rybnik zu einer gewissen Beruhigung; der Druck des Feindes gegen die Stellungen der 1. Ski-Jäger-Division ließ allmählich nach.
Gefreiter Veldscholten, schwere 4. Kompanie des Regiments 2, schrieb unter dem Datum 16.2.1945 in sein Tagebuch: »Heute, an meinem Geburtstag, wurde ich zu einer Alarmkompanie kommandiert. Mit dieser Einheit wurden wir zwischen Neudorf - Dreilinden eingesetzt. Nur gut, daß ich bereits gestern abend die ruhigen Stunden ausnutzte und zusammen mit meinen Kameraden Geburtstag gefeiert habe. Ein guter Schnapsvorrat war vorhanden, und so waren wir allesamt blau wie die Veilchen« . . .

Oberjäger Brost, schwere 4. Kompanie des Regiments 1, kam gleichfalls zu einer Alarmkompanie — »mit einer Werfergruppe und einer s.MG-

Gruppe«. Günter Brost schreibt: »In der Endphase des Krieges war es ja an der Tagesordnung, sogenannte Alarmeinheiten aufzustellen, da die Ausfälle bei den Fronttruppen auf Grund der bekannten Mangelerscheinungen — Beispiele: zu wenig Munition und fast keine Luftwaffenunterstützung mehr — sehr hoch waren. Die Russen konnten sich frei bewegen. Wenn ich eine Werfergranate auf ein lohnendes Ziel verschießen wollte, mußte ich beim Bataillon zuerst die Genehmigung dafür einholen! So war es auch bei den Alarmeinheiten, die zum Teil aus Nachschubleuten bestanden«.

Der von Günter Brost erwähnte Munitionsmangel war unterdessen bei der Truppe zu einem allgemeinen Problem geworden. Dies belegen Aufzeichnungen im Kriegstagebuch des Wehrmachtführungsstabes, wonach »die Versorgung der deutschen Streitkräfte mit Munition, insbesondere Artilleriemunition, auf Grund des fortschreitenden Produktionsrückgangs — dieser auch bedingt durch den Mangel an Kohle und Transportmitteln — kritisch geworden« war. Die Führungsstäbe sahen sich gezwungen, den Munitionsverbrauch bei der Truppe jetzt »straff zu regeln«. In besonderen Bestimmungen wurde der »Höchstverschuß pro Rohr« festgelegt. . .

Nach der Westwärtsverlegung der Skijägerdivision in einen Kampfraum, der immer näher an Ratibor heranrückte, wäre zur Verteidigung der alten Stellungen am Front-Eckpfeiler Rybnik mindestens wieder eine Division nötig gewesen. Da aber die 68. Infanterie-Division des Generalleutnants Scheuerpflug, in deren Zuständigkeitsbereich mittlerweile die Rybniker Front gefallen war, zusätzlich einen Abschnitt südöstlich davon gegen Sohrau zu halten hatte, mußte es notgedrungen an der vorspringenden und etwas unübersichtlichen HKL bei Rybnik zu einer Korrektur, das heißt Verkürzung des Stellungsverlaufs kommen. In Rybnik herrschten nach dem Einrücken der Rotarmisten »Vergewaltigung, Mord und Totschlag«.

Dr. Schmid schreibt zur Situation im großen Frontabschnitt Rybnik - Ratibor - Cosel ab Monatsmitte: »Die links von uns eingesetzte 97. Jäger-Division wurde herausgelöst und gegen den sowjetischen Oderbrückenkopf nördlich Ratibor eingesetzt. Von diesem Zeitpunkt an übernahm die 1. Ski-Jäger-Division den ganzen Abschnitt bis zur Oder bei Ratibor (also auch Wilhelmstal - Markdorf - Oderfurt), wobei meiner Erinnerung nach auch fremde Truppenteile unterstellt wurden. Das war etwa ab 16. Februar 45. In Richtung Markdorf mußte, um im neu zugeteilten Abschnitt den Stellungsverlauf zu verbessern, ein Angriff unternommen werden.

Unser Divisionsgefechtsstand befand sich damals in Lubom« (8 Kilometer südöstlich von Ratibor).

Hauptmann Schülke, der mit seinen Soldaten die vorgeschobene Stellung bei Bogunitz gegen weit überlegenen Feind verteidigt hatte, war von Generalmajor Hundt mit dem Eichenlaub zum Ritterkreuz ausgezeichnet worden. Die Verleihung fand auf dem Gutshof der kleinen Ortschaft Kornowatz, östlich Ratibor, statt. Anschließend gab es eine Abschiedsfeier für den »Kommandant Stabsquartier«, Rittmeister von Cramm, dessen Abreise zum Kommandeurslehrgang nun endgültig feststand — was ihm, nach seiner Meinung, »entweder das Leben rettete oder die russische Gefangenschaft ersparte«.

Am 12. Februar hatte die Heeresgruppe auch die Brückenkopf-Front nördlich von Ratibor dem Oberbefehl Heinricis (1. Panzer-Armee) unterstellt. Teile der 18. SS-Panzer-Grenadier-Division und die 371. I.D. traten zum 11. Armee-Korps, das seine rechte Flügeldivision, die 75. I.D., an das 59. Armee-Korps (v. Tresckow) abgab.
Am 10.2. war im Raum Pleß Bielitz die sowjetische »4. Ukrainische Front« zum Großangriff angetreten. Der Gegner erzielte zunächst einen Durchbruch an der Naht zwischen dem 11.A.K. und dem 59.A.K. und warf die Deutschen auf Schwarzwasser (25 Kilometer südöstlich von Rybnik) zurück.
Die »1. Ukrainische Front« versuchte am 16. und 17.2. mit starken Angriffskräften nördlich von Ratibor die Stellungen der westfälischen 371. Infanterie-Division zu überrennen und in den Raum Leobschütz durchzustoßen. Alle Angriffe wurden abgewehrt. Zur Verstärkung der Abwehrfront vor dem sowjetischen Brückenkopf erfolgte, wie erwähnt, die Verlegung der 97. Jäger-Division an das Westufer der Oder. In die von den Skijägern ostwärts des neuen Schwerpunktraumes Ratibor geräumten Stellungen wurde zwischen Ratibor und Rybnik das verstärkte Gebirgsjäger-Regiment 91 (4.G.D.) eingeschoben und der 68. Infanterie-Division unterstellt. Nach dem Abflauen der Kampftätigkeit konnte gegen Ende Februar bei Lissek das Bataillon Schülke herausgelöst und in die Ortschaft Paulsgrund, westlich von Ratibor, als Korpsreserve verlegt werden. »Wir hatten ein paar Tage Ruhe und wurden mit Reserven aufgefüllt«, berichtet Siegfried Bucher. Das Füsilierbataillon des Hauptmanns Reinsdorf mußte Anfang März bei der 75. Infanterie-Division aushelfen. Stabsintendant Jürges schrieb in sein Tagebuch: »Bei Schwarzwasser schwere Kämpfe und erhebliche Verluste. Leutnant Seifert gefallen. Bataillon hat dann einige Ruhetage in Hohenbirken bei Ratibor. Ich verlege mit Troß II nach Sandau« (12 Kilometer südlich von Ratibor).

In einer anderen Tagebuchnotiz von Jürges heißt es: »Viel unterwegs, Pferdefutter (Hafer) und Kartoffeln in Klingebeutel (Gut nordöstlich Troppau) beschafft; Bier in Troppau geholt. Im Auftrag des Kommandeurs bringe ich Großkampfpäckchen, Schokolade, Tabakwaren und verliehene Auszeichnungen für unsere Soldaten ins Lazarett Deutsch-Krawarn (dankbare Gesichter!)«.

Der damalige Leutnant und Adjutant beim schweren Granatwerferbataillon, Robin von Dolgow, berichtet: »Zu dieser Zeit setzte der große Mangel an Munition ein. Ich kann mich noch erinnern, daß Handgranaten von der Divison im Eigenbau hergestellt wurden und daß es 12-cm-Werfermunition überhaupt nicht mehr gab. Wenigstens konnten wir mit den Gebirgskanonen feuern, für die ja noch ausreichend passende Munition tschechischer Herkunft verfügbar war.
Irgendwann des Nachts — der übermüdete Bataillonskommandeur schlief gerade — kamen zwei Soldaten in völlig durchnäßten Uniformen in den Kellerraum des Gefechtsstandes. Sie gaben sich als Fernsprechleute zu erkennen, die eine Leitung über die »Neue Oder« gelegt hatten, in Ermangelung eines geeigneten Bootes den Kanal in einem gewöhnlichen Waschzuber überqueren mußten und in der Dunkelheit beim Anlegen auf der gepflasterten glatten Uferböschung ausgerutscht und ins Wasser gefallen waren. Ich sorgte sofort dafür, daß die vor Kälte zappelnden Männer ihre nassen Uniformen einstweilen gegen trockene Zivilkleidung tauschten; die gab es zufällig im Keller in genügender Auswahl. Die Soldaten befolgten meine Anweisung und verließen den Gefechtsstand. Kurz danach kam plötzlich mein Bursche aufgeregt zur Tür herein und meldete, draußen stünde ein General mit zwei Majoren, der General hätte die beiden Fernsprechleute als Fahnenflüchtige verhaften lassen und mache einen grausamen Terror. Als ich mich erheben wollte, um draußen nachzusehen, kam der General in meinen Keller, und ich meldete ihm den üblichen Vers. Er fragte mich, ob ich wisse, wer er sei. Ich verneinte, und er nannte seinen Namen — Schörner. — Nachdem also die Angelegenheit mit den Fernmeldesoldaten geklärt war und er einsah, daß die Russen schon genug von unseren braven Soldaten totschießen und ihm, dem Generaloberst Schörner, nicht auch noch derartiges einfallen sollte, fragte er mich, wie es uns geht. Ich sagte: säuisch, da wir keine Werfermunition hätten. Schörner gab mir daraufhin den Rat, mit Steinen zu schmeißen, die alten Germanen hätten auch nichts anderes gehabt und hätten ihre Kriege gewonnen«. . .

Nach Gefangenenaussagen hatte der Russe seinen erneuten Vorstoß aus dem 20 Kilometer breiten und maximal 12 Kilometer tiefen Brückenkopf Cosel - Ratibor heraus für den 10. März geplant, und diesmal mit einem

erheblich größeren Aufgebot an Soldaten und Material. Es hieß, schon das Vorbereitungsfeuer der massenweise herangefahrenen Artillerie könnte ausreichen, um die zweieinhalb deutschen Divisionen noch vor Beginn des Panzer- und Infanterieangriffs größtenteils zu vernichten. Die Angriffstruppen der Russen würden dann wahrscheinlich eher über frisch eingepflügte Massengräber als über verteidigte Schützengräben hinweg in den Raum Katscher - Leobschütz einbrechen.
Generaloberst Heinrici stand nun vor der Frage, seine Divisionen von der sowjetischen Vernichtungsmaschine einfach überrollen zu lassen oder kurz vorher mit allen verfügbaren Kräften selbst überraschend anzugreifen. Der Armee-Oberbefehlshaber entschied sich für einen eigenen Angriff. Er erhoffte sich davon offenbar zunächst einen empfindlichen Schlag gegen den noch nicht völlig angriffsbereiten Feind und am Ende zumindest eine Einengung des sowjetischen Brückenkopfes. Denn daß es gelingen könnte, die Russen ganz vom Oder-Westufer zu vertreiben, an diese Möglichkeit glaubte Heinrici sicher nicht. Geheimgehaltener Angriffszeitpunkt war die Nacht vom 8. zum 9. März.
Wo die Armee kurzfristig Kräfte freimachen konnte, wurden sie zur Unterstützung der am Brückenkopf stehenden Verbände des 11. Armee-Korps herangezogen. Von der 1. Ski-Jäger-Division verlegte das I./1 zur 371. Infanterie-Division in einen Abschnitt nordöstlich von Grenzen. Größere Teile kamen an den südlichen Bereich der Angriffsfront und gingen neben den »Spielhahnjägern« der 97. Division in Bereitstellung. Diese Skijägereinheiten des Regiments 2 und das III. Bataillon des Regiments 1 sollten zur Bildung einer Korpsgruppe für die Dauer des Unternehmens der 97. Jäger-Division unterstellt bleiben. Der Bereitstellungsraum, etwa 5 Kilometer nordwärts von Ratibor und südlich der vom Gegner besetzten Ortschaft Eichendorffmühl, wurde in der Nacht vom 7. zum 8. März bezogen. Nach Beobachtungen des damaligen Leutnants Bucher (III./1) waren dort noch von der Armee herangeschafft worden: »Panzer, Kanonen-Jagdpanzer und Sturmartillerie. Geschütze vom Kaliber 10,5 cm waren aufgefahren, sogenannte Festungsflak, die mit ihrem Punktfeuer nachher eine unheimliche Wirkung erzielte«.

Hauptmann Schülkes Gefechtsstand befand sich damals, am 8. März, in der Nähe von Herrenkirch. Vor Beginn des Angriffs, der mit Stoßrichtung nach Norden erfolgen sollte, hatte Bataillonsadjutant Leutnant Bucher an einer Besprechung beim Korps teilgenommen und nach Rückkehr seinem Kommandeur darüber berichtet. In drei Stunden würde es losgehen. Dann war auch längst die Nacht hereingebrochen. Schülke und sein Adjutant hatten für eine Weile den Gefechtsstand verlassen und standen draußen nebeneinander im schmalen Türrahmen des Bauernhauses. Dem üblichen

Störfeuer der feindlichen Artillerie, das gerade vor ihnen im Bereich der HKL lag, schenkten sie kaum Beachtung; die Einschläge gingen in einiger Entfernung nieder.

Und als der über 1,90 Meter große Willi Schülke mit einem Male lautlos neben seinem Adjutanten zusammensackte, gab es dann auch im ersten Moment keine rechte Erklärung dafür. Keine Granate war in unmittelbarer Nähe des Gefechtsstandes eingeschlagen, die beiden Offiziere hatten also keinen Grund gehabt, in Deckung zu gehen. Leutnant Bucher meinte aber für den Bruchteil einer Sekunde ein feines Sirren gehört zu haben, ähnlich wie von einer Mücke, viel mehr war es nicht. Doch was es auch war: Schülke war augenblicklich zusammengesunken.
Der Leutnant schleifte den schweren, leblosen Körper des Kommandeurs bis zur Wohnstube des Bauernhauses, wo er ihn in der Mitte auf den Fußboden bettete. Währenddessen hatte er nach dem Bataillonsarzt nebenan gerufen, der sofort angesprungen kam. Schülke wurde entkleidet und zunächst mit einer Brustmassage behandelt. Aber alles half nichts mehr, der Kommandeur war schon tot. Dabei sah seine Verwundung äußerlich überhaupt nicht schlimm aus, lediglich wie ein »leichter Kratzer«. Der Arzt fand im linken Oberarm nur einen winzigen Splitter, der bis zum Knochen vorgedrungen war. Warum aber der schnelle Tod? Es wird gesagt: »Der feine Splitter habe die Armarterie durchschlagen, das ausströmende Blut sei direkt in Arm und Brustraum gelaufen, und ein sogenannter Entblutungsschock wäre die Folge gewesen. Die durchschlagene Arterie sei für die Versorgung des Gehirns von entscheidender Wichtigkeit gewesen. Äußerlich war nicht viel zu sehen, weil der Getroffene innerlich verblutete«.

Schülke starb knapp eine Woche vor seinem 27. Geburtstag. Wenige Tage vor seinem Tod hatte er noch telefonisch mit seiner Mutter im 80 Kilometer entfernten Neisse sprechen können.
Einer seiner Soldaten, der damalige Gefreite Herbert Parsch, berichtet, wie die Nachricht vom Tode des Kommandeurs im Kameradenkreis aufgenommen wurde: »Zunächst empfanden wir, daß uns Schlimmeres kaum widerfahren konnte. Hauptmann Schülke war ja ein allseits beliebter und geschätzter Kommandeur. Er hatte bei vielen Einsätzen immer in vorderster Linie gekämpft und seine Soldaten unzählige Male aus schwierigen Situationen (wir waren mehrmals eingeschlossen) herausgeführt. Dieser Verlust war nach unserer Meinung nicht zu ersetzen, und man spürte die Verzweiflung und Trauer bei den wenigen Skijägern, die noch übriggeblieben waren. Für die meisten von uns war es unvorstellbar, daß wir ohne unseren Kommandeur zum Angriff antreten sollten. Es mußte aber weitergehn«.

So stürmten die Skijäger des III./1 ohne ihren Hauptmann den hartnäckig verteidigten Ort Eichendorffmühl. Der Einbruch gelang, der Russe wurde im ersten Ansturm zurückgeworfen. »Verhältnismäßig gut« lief der Angriff auch noch in den Vor- und Nachmittagsstunden des folgenden 9. März. Siegfried Bucher bezeichnet in seinem Bericht die bis dahin erlittenen eigenen Verluste als »mäßig«.

Weiter heißt es: »Im Angriffsplan war vorgesehen, über Lubowitz - Gregorsdorf (1,5 - 3 km) hinaus bis auf Bergkirch (4,5 km von Eichendorffmühl entfernt) durchzustoßen und dort Verbindung herzustellen mit den von Westen angesetzten deutschen Verbänden. Das erwies sich nun bald als undurchführbar: Am späten Abend scheiterte der Angriff unserer Front an sehr massiven Gegenstößen und dem höllischen Abwehrfeuer der Russen (bei fast unbeschreiblichem Einsatz von schweren Waffen!). Wir erlitten grauenhafte Verluste. Damals sind außer Hauptmann Wensauer, dem Chef der schweren Kompanie, und mir sämtliche Offiziere des Bataillons gefallen«.
Der Angriff war bei Herzoglich-Ellguth, südwestlich von Lubowitz, zum Stehen gekommen. Von ihren Löchern aus konnten die Jäger das Kampfgeschehen am eingebogenen Nordteil des Brückenkopfs im Bereich der 18. SS-Panzer-Grenadier-Division verfolgen, wo der Russe ebenfalls gerade seine massive Abwehr einsetzte. Noch in der Nacht übernahm Hauptmann Janell das III./1.

Das I. Bataillon des Regiments 1, im Abschnitt der 371. I.D. bei Vorwerk Elfriedenhof eingesetzt, war im Verlauf eines russischen Gegenstoßes von 35 Feindpanzern überrollt worden. Unmittelbar vor dem Bataillonsgefechtsstand wurden allein 8 Kampfwagen des Gegners abgeschossen, davon 3 mit Panzerfäusten. Während dieser verlustreichen Kämpfe wurde Bataillonsführer Oberleutnant Hauner verwundet.

Die 6. Kompanie des Regiments 2 war entlang der Oder, rechts der Straße Eichendorffmühl - Lubowitz, vorgegangen. Auch Oberleutnant Mazakarini meldete schließlich starke Verluste: »Wir sind nur 12 Mann und können uns nicht mehr halten!« Der Fla-Zug der 13./2 sollte an der Brückenkopf-Front den Nachschub des Gegners bekämpfen und Störfeuer auf die feindlichen Gräben legen. »Wir hatten damals Order, Munition zu sparen und pro Tag nur noch 3 Schüsse frei!« . . .

Hauptmann Grimm (III./2) machte den Angriff links vom III./1 mit. In diesem Abschnitt der Front nördlich von Ratibor war nun der russische Brückenkopf etwas eingedrückt worden. Im Wehrmachtbericht vom 9. März 1945 hieß es nur stereotyp: »Grenadiere und Jäger brachen nördlich Ratibor in sowjetische Bereitstellungen ein und verlegten trotz zäher Gegenwehr unsere Hauptkampflinie vorwärts«. Über die ungewöhnlich hohen Verluste an Toten und Verwundeten auf deutscher Seite wurde natürlich nichts gesagt. Herbert Parsch schreibt, daß bei der Vorwärts- und Rückwärtsbewegung der Front in diesem Abschnitt »kaum Zeit und die Möglichkeit blieb, unsere Toten zu begraben. Wir konnten sie lediglich an einer Stelle der HKL ablegen und ihnen die Erkennungsmarken abnehmen. Eine Benachrichtigung der Angehörigen mußte in den meisten Fällen leider ebenfalls unterbleiben. So ist es auch zu erklären, daß viele Soldaten als vermißt gemeldet wurden, obwohl sie längst nicht mehr am Leben waren«.

Das Hervorbrechen des großen Unheils war, obwohl der Schlag gegen die russischen Bereitstellungen von den höheren Kommandeuren als »geglückt« bezeichnet wurde, nur kurz hinausgezögert worden. Die Sowjets, die zunächst bei mehreren gescheiterten Gegenangriffen eine Menge Panzer verloren, setzten in den nachfolgenden Tagen und Nächten ihre Offensivvorbereitungen unvermindert fort. Siegfried Bucher berichtet: »Die Kämpfe hatten ganz aufgehört. Der Russe schaffte jetzt ununterbrochen Nachschub in den Brückenkopf. Er konnte es sich erlauben, unter Einsatz endlos langer Lastwagenkolonnen Tag und Nacht — da sogar mit offenem Licht fahrend! — seinen Brückenkopf so zu verstärken, daß ihm später auf unserer Seite kaum noch etwas am Durchbruch hindern konnte. Dieses Geschehen hat damals bei uns allen einen fatalen Eindruck hinterlassen, zumal keine eigene Luftwaffe und keine starke Artillerie vorhanden war, um die massierte Feind-Bereitstellung wirksam zu bekämpfen. Angesichts dieser eigenen Machtlosigkeit breitete sich Angst in den Herzen der Landser aus«.
In den Aufzeichnungen eines damaligen Leutnants der 97. Jäger-Division wird von »psychologischer Kriegführung« gesprochen (» . . . vor allem ein die ganze Oderfront nächtlich erleuchtendes Riesenfeuerwerk von Leuchtkugeln deutet auf eine gewaltige Massierung von Feindkräften hin«).
Das Lagebuch OKW verzeichnete demgegenüber am 11.3.1945 ein rapides Absinken der Munitions-Produktion: »(im letzten Quartal 1944 18 Züge, jetzt 8 - 9)«.

Es war zu erwarten, daß der Russe am 15. März rund 40 Kilometer westlich von Oppeln, aus dem Raum Grottkau, sowie einen Tag später von südlich Cosel zu seiner Offensive antreten und versuchen würde, in einer großen Zangenbewegung die deutschen Verbände zwischen Glatzer Neiße und Oder — Teile der 18. SS-Panzer-Grenadier-Division, 344. I.D. und die Divisionen der »Korpsgruppe Schlesien« (56. Panzer-Korps) — einzukesseln.

In diesem Zusammenhang, um die Abwehrfront dort zu verstärken, erfolgte die Verlegung von Einheiten der Skijägerdivision noch weiter nach Norden hin. »Füsilierbataillon wird in den Raum Gnadenfeld bei Cosel verlegt und der SS-Panzer-Grenadier-Division »Horst Wessel«, später der 371. I.D. unterstellt« (Aufzeichnungen des Stabsintendanten Jürges).
Der Gefreite Veldscholten war damals von der inzwischen aufgelösten Alarmkompanie zu einem »Panzervernichtungstrupp« der 2. Kompanie seines alten Bataillons (I./2) gekommen und lag mit dieser Einheit noch im Abschnitt nordöstlich von Ratibor. Unter dem Datum 14.3.45 schrieb er in sein Tagebuch: »Wir wurden von unseren Pionieren abgelöst, auf LKW verladen und in den Raum Oberglogau« (40 Kilometer nordwestlich von Ratibor!) »geworfen. Hier erwarten wir den russischen Großangriff. Ich wurde mit dem Panzervernichtungstrupp der 3. Kompanie unterstellt; wir machen Panzersicherung an einer Waldschneise« . . .
Hauptmann Grimm hatte schon am 10./11. März den Befehl erhalten, sein Bataillon aus dem Abschnitt Eichendorffmühl herauszulösen und der SS-Division bei Cosel zu unterstellen. Grimm schreibt: »Ich fuhr voraus. Der Divisionsgefechtsstand des SS-Oberführers Bochmann lag unmittelbar hinter der HKL im Keller eines Gutshauses. Das Herankommen war reichlich gefährlich, da der Russe auf den Gefechtsstand, aber auch auf die Zufahrtsstraße starken Beschuß legte. Die letzten paar hundert Meter mußte man schon sehr auf den Gashebel des PKW treten und die Zähne zusammenbeißen. Hals über Kopf stürzte ich die Kellertreppe zu Oberführer Bochmann herunter, der mich — in einer gepflegten Uniform mit allen Ehrenzeichen — stehend erwartete und meine Meldung entgegennahm. Zur Begrüßung bekam ich einen guten Cognac gereicht, den Generaloberst Heinrici, wie ich erfuhr, bei einem gerade beendeten Besuch spendiert hatte.
Das III./2 sollte in der gleichen Nacht einen Angriff auf eine russische Stellung und ein Vorwerk unternehmen. Ich mußte also sofort eingewiesen werden, um dann meinen Kompaniechefs wenigstens an Hand der Karte die Angriffsziele erklären zu können. Denn vor Dunkelheit konnte das nachgeführte Bataillon den Bereitstellungsraum nicht erreichen. Es muß erwähnt werden, daß seitens der Armee ein Regimentsstab zwischengeschaltet wurde. Man hatte wohl Bedenken, daß die SS uns »verheizen« würde.
Stunden danach trafen meine Leute ein. Bei der Heranführung in den Bereitstellungsraum zeigte es sich, daß der Zeitplan nicht einzuhalten war. Die Kompanien konnten bei Nacht einfach nicht so schnell in dem unbekannten Gelände vorankommen.
Eine zeitliche Verschiebung des Vorbereitungsfeuers der Artillerie wurde abgelehnt, obwohl ich darauf aufmerksam machte, daß wir so in das —

durch unser Feuer ausgelöste — Sperrfeuer des Gegners laufen würden. Von einem Überraschungsangriff konnte dann keine Rede mehr sein. Der Russe setzte in unseren eigenen Angriff sofort einen Gegenstoß mit Panzern an. Es war wohl das Irrsinnigste, das ich im ganzen Krieg erlebte! Zunächst nächtliche Dunkelheit, herumkurvende Russenpanzer, dazwischen meine Männer, die meisten mit Panzerfäusten, immer wieder Abschüsse von T-34 aus allernächster Nähe, dann das Gefechtsfeld erhellt von brennenden Wracks! Es gab nur eines: Jetzt schnell vorwärts, zwischen den noch übriggebliebenen Panzern hindurch, und die begleitende russische Infanterie von den Kampfwagen trennen und zurückdrängen! Ein Zaudern wäre die Vernichtung des Bataillons gewesen. Und es gelang: Wir erreichten den gegnerischen Graben und besetzten ihn.
Wie erwartet, legte der Russe unmittelbar danach Granatwerferfeuer auf die verlorengegangene Stellung und unternahm einen Gegenstoß, der aber von uns zurückgewiesen werden konnte.
Abgekämpft lagen wir im eroberten Graben, der etwas »ausgeleiert« war und deshalb wenig Schutz bot. Plötzlich stand Bochmann neben mir und gratulierte dem Bataillon zu diesem perfekten Angriffserfolg.

Unser Aufenthalt in der Stellung dort dauerte nicht lange. Das Bataillon wurde abgelöst und sollte im Nachbarabschnitt einen Einbruch bereinigen. In diesem Loch in der HKL steckten erhebliche feindliche Panzerkräfte. Ich schätzte mindestens 25 Kampfwagen. (Beim russischen Großangriff am 16.3. stellte sich heraus, daß es inzwischen 200 waren!). Mit meinem stark dezimierten Bataillon und ohne schwere panzerbrechende Waffen war die Beseitigung des Einbruchs nicht zu schaffen — was ich auch höheren Orts zum Ausdruck brachte.
Daraufhin wurde von Generaloberst Heinrici eine Besprechung in einem Gefechtsstand angesetzt. Als niedrigster Dienstgrad und verantwortlicher Bataillonskommandeur kam ich zuerst zu Wort und trug meine Bedenken vor. Nach mir äußerten sich der Ia, der Divisionskommandeur und der Kommandierende General. Die Herren kamen zu dem gleichen Resultat. Daraufhin abschließend der Armee-Oberbefehlshaber: »Mein lieber Grimm, dann lassen wir diesen Angriff«.
Meine Männer zeigten sich erleichtert über diese Entscheidung. Wir wären mit Sicherheit restlos untergegangen«.

An einem dieser Tage kurz vor Beginn der russischen Offensive wurde am evangelischen Friedhof in Ratibor-Altendorf der nach dem Tode zum Major beförderte Bataillonskommandeur Schülke zu Grabe getragen. Angehörige verschiedener Einheiten erwiesen dem tapferen Soldaten die letzte Ehre. Freiherr von Seckendorff, damaliger Divisionsadjutant, erinnert sich: »Ich habe selbst an der Beerdigung in Ratibor teilgenommen, die wir in einer ruhigen Phase des Krieges mit allen militärischen Ehren zelebrieren konnten: Divisionsmusik, Ehrenzug und -Salve, Sarg-, Ordenskissen- und Kranzträger, Ansprache des Divisionskommandeurs General Hundt am Grabe usw. Ich habe im Frieden kaum eine so eindrucksvolle Beerdigung mit allen friedens- und kriegsmäßigen Ehren erlebt«.

Am 15. März um 3 Uhr morgens begann, wie erwartet, im Bereich des linken Flügels der oberschlesischen Front die große Entscheidungsschlacht. Das Trommelfeuer der sowjetischen schweren Artillerie und der Salvengeschütze zog sich über mehrere Stunden hin und wurde durch den rollenden Einsatz von Schlachtfliegern und Bombenflugzeugen unterstützt. Noch am gleichen Tage gegen Mittag durchbrachen gepanzerte russische Angriffskolonnen an verschiedenen Punkten die deutschen Stellungen westlich der Glatzer Neiße im Raum Grottkau mit Ziel Neisse. Die deutschen Truppen führten auf der gesamten Linie einen erbitterten, aber trotz des Abschusses zahlreicher angreifenden Panzer zunächst ganz aussichtslosen Abwehrkampf. Oftmals rafften sie ihre letzten Kräfte bis zur Selbstaufopferung noch zu Gegenangriffen zusammen, nicht zuletzt, um der in panischer Angst nach Süden und Südwesten fliehenden Zivilbevölkerung einen Vorsprung vor der anbrandenden Vernichtungswelle zu verschaffen. Dennoch wird von entsetzlichen Tragödien berichtet, die sich entlang der Fluchtwege abspielten.

An der Oderfront südlich von Cosel begann der erwartete russische Hauptangriff in der Frühe des 16. März, ebenfalls nach stundenlangem, schweren Trommelfeuer. Die 371. Infanterie-Division wurde im Verlauf der Kämpfe nach Südwesten in den Raum Bauerwitz abgedrängt. Auch nördlich der bei Gnadenfeld im Bogen verlaufenden damaligen Reichsstraße 145 zwischen Leobschütz und Cosel hatten die Sowjets gleich am ersten Angriffstag trotz erbitterter Gegenwehr der Deutschen größere Geländegewinne erzielt. Die in diesem Raum links von der 371. I.D. eingesetzt gewesene 18. SS-Panzer-Grenadier-Division war von der Wucht des russischen Angriffs an der Naht zur 371. I.D. aufgerissen und »mit erheblichen Teilen« nach Norden zur 344.I.D., Raum Cosel - Krappitz, abgedrängt worden.
Bis zum 17. März hatten die aus dem Raum Grottkau nach Süden rollenden Panzerkräfte des Gegners ihren Angriffskeil 40 Kilometer vorangetrieben und standen im Raum Neustadt. Die von südlich Cosel nach Westen angetretenen Feindverbände waren rund 30 Kilometer vorwärtsgekommen. Mit dem Zusammentreffen der beiden Angriffsgruppen würde es innerhalb der nächsten 24 Stunden zur befürchteten Einkesselung der

»Korpsgruppe Schlesien« (56. Panzer-Korps) kommen. Im Raum Cosel -Krappitz begann die 344. I.D. — vom Gegner eingekeilt — nach Westen auszuweichen und mußte gleichfalls mit der Einschließung rechnen.

Die in den Stellungen östlich und nordöstlich von Ratibor verbliebene Masse der 1. Ski-Jäger-Division (darunter auch das noch am 14. März von der 371. I.D. wieder in den eigenen Divisionsverband zurückgekehrte I./1) wurde dort herausgelöst und jetzt an der linken Flanke der 97. Jäger-Division, also westlich von Ratibor, gewissermaßen als Auffangschild gegen die aus dem Raum Cosel durchgebrochenen Panzer der Russen eingesetzt. General Hundt verlegte seinen Gefechtsstand von Lubom nach Ratibor und wurde gleichzeitig Kampfkommandant von Ratibor.
Mit den zurückgedrängten Teilen der 371. I.D. traf im neuen Einsatzgebiet Bauerwitz - Dreimühlen - Preußisch-Krawarn auch das schwere Granatwerferbataillon ein. Major Hosang und seine Leute waren zuvor im Raum Schwarzwasser (russische Offensive vom 10.3.1945) eingesetzt gewesen und dann wieder als »Feuerwehr« an die Abwehrfront am Oderbrückenkopf Ratibor - Cosel verlegt worden. Der damalige Leutnant von Dolgow berichtet, daß das Bataillon ursprünglich an der rechten Flanke der SS-Panzergrenadierdivision aushelfen sollte. »Weil der Russe aber mitten in unseren Aufmarsch antrat und innerhalb kurzer Zeit die Situation an der Naht 18. SS-/371. Division chaotisch geworden war, konnten wir den Auftrag nicht mehr ausführen«.

Tragisch endete dagegen der Einsatz des Bataillons Grimm außerhalb des Divisionsbereichs. Das Bataillon war, im Schwerpunktraum des Großangriffs bei Gnadenfeld, der schnellen russischen Panzerwalze rettungslos ausgeliefert und wurde überrollt. Hauptmann Grimm meldete sich mit nur 7 Mann beim Regiment zurück! Sein III./2 mußte in den Tagen danach mit Ersatzleuten aus Taus neu aufgestellt werden.

Gefreiter Veldscholten (damals 3. Kompanie des Ski-Jäger-Regiments 2) erwähnt in seinem Tagebuch am 17. und 18.3.45 »schwere Waldkämpfe während der Absetzbewegung in der Gegend Grünweide - Oberglogau. Am Abend des 18. März erreichten wir Deutsch-Müllmen, 6 km westlich von Oberglogau, wo wir erfuhren, daß wir eingeschlossen sind. Bei den Waldkämpfen am 18.3. wurde mein MG-Schütze II verwundet. Ich habe ihn noch zurückgeschleppt und bewahrte ihn so vor der russischen Gefangenschaft. Er gab mir als Dank und Andenken ein Ringlein«.
Am 19. März begann der Schlußakt des Dramas um die vom Gegner umzingelten Kampfgruppen der »Korpsgruppe Schlesien« (General Koch-Erpach) und der 344. I.D. (Jollasse) mit den ihr angeschlossenen Teilen der

18.SS-Panzer-Grenadier-Divison sowie den innerhalb der Divisionsreste mitziehenden Elendskolonnen der Flüchtlinge. Für 17 Uhr hatte Generalleutnant Jollasse »auf eigene Verantwortung« den Durchbruch nach Südwesten über Deutsch-Rasselwitz befohlen. Etwa um 22 Uhr waren der Ort Deutsch-Rasselwitz genommen und die russische Einschließungsfront durchbrochen.

Hans Veldscholten notierte: »Bei dem ganzen Unternehmen hatte ich großes Glück. Denn es war wirklich ein Wettlauf mit dem Tod. Hart ging es bei den Häuserkämpfen in Deutsch-Rasselwitz zu, wo der Iwan auch Panzer eingesetzt hatte. Aber trotz allem hatten wir Glück und kamen durch. Anschließend besetzten wir östlich von Hotzenplotz Auffangstellungen. Hier griff der Iwan am 20.3. in der Abenddämmerung mit starken Infanteriekräften und einem T-34 an. Nachdem uns die Munition ausgegangen war, mußten wir uns bis zur Dorfmitte zurückziehen. Später unternahmen wir mit nur paar Mann einen Gegenstoß und warfen die Russen bis zum Ortsrand wieder zurück. Bei diesen harten Kämpfen fiel mein Freund und Kamerad Paul Zimmermann; ich wurde durch eine Handgranate am rechten Unterschenkel verwundet, außerdem drangen zwei kleinere Splitter in das Knie und in den Oberschenkel. Gegen Mitternacht kam ich zum Truppenverbandsplatz, von da wurde ich über den Hauptverbandsplatz der 16. Panzer-Division zur Krankensammelstelle nach Jägerndorf gebracht«. Von Jägerndorf ging es mit einem Lazarettzug über Olmütz weiter nach Brünn. Dort im »Reservelazarett V«: »Ein schönes Gefühl war das, als man da sauber gebadet in den weißen Betten lag«. . .

Westlich des Abschnitts der Skijägerdivision, im Raum Leobschütz, hatte inzwischen General Nehring das Kommando übernommen. Zu seinem 24. Panzer-Korps zählten die 16.P.D., 17.P.D., die 78. Volks-Sturmdivision sowie die der oberschlesischen Front neu zugeführte Führer-Begleitdivision. Verfügbar war dort unterdessen auch die 254. I.D. Zum rechts anschließenden 11. Armee-Korps (unter General von Mellenthin) gehörten die 371. I.D., Generalleutnant Hundts Skijäger und die 97. Jäger-Division. Die »Spielhahnjäger«, von der sowjetischen Offensive nicht unmittelbar betroffen, lagen mit dem linken Flügel im Raum Grenzen - Habicht - Ludwigstal, an der Reichsstraße 118, nun in etwas vorgeschobener Position ebenfalls mit Front nach Norden.
Am 21. März wurden auch Teile der 8.P.D., die mit der Division südöstlich von Ratibor eingesetzt waren, als »Eingreifgruppe Oberst von Einem« in den Raum Groß-Peterwitz, westlich von Ratibor, verlegt.
Am 22. März trat General Nehring die Nachfolge von Generaloberst Heinrici an. Heinrici übernahm die Führung der deutschen Verbände im

Raum ostwärts von Berlin. Neuer Kommandierender General des 24. Panzer-Korps wurde der aus Oberschlesien stammende Generalleutnant Källner.

Die erwähnte »Eingreifgruppe Oberst von Einem« — Panzergrenadiere, Panzer — unternahm am 22. März bei Bauerwitz einen Flankenangriff zur Entlastung der 371. I.D. und wurde dabei vom III. Bataillon des Ski-Jäger-Regiments 1 unterstützt. Spät abends mußte der im Laufe des Tages in Gang gekommene Angriff auf Befehl abgebrochen und die Gruppe weiter nach Westen in den Raum süd-südöstlich von Leobschütz (Hohndorf) verlegt werden, wo am 23. März gegen 7 Uhr morgens erneut zum Gegenstoß angetreten wurde. »Während des Vormittags lief sich der infolge der nächtlichen Verschiebung parallel zur Front nur auf schmaler Basis und mit unterlegenen Kräften angesetzte Angriff gegenüber sich verstärkendem feindlichen Artilleriefeuer und drohender beiderseitiger Umfassung fest, ohne daß es gelang, Hohndorf zu nehmen«, schreibt der damalige Oberst i.G. von Einem. Panzergrenadiere und Skijäger hatten bis dahin schon starke Verluste erlitten. Bei der Verbindungsaufnahme auf dem Gefechtsfeld wurde der Befehlspanzer des Kommandeurs des Panzer-Regiments 10, Major von Lossow, von einer feindlichen Sprenggranate getroffen und Lossow wie auch Oberst von Einem schwer verwundet. »Wir waren uns klar darüber gewesen, daß keine Aussicht bestand, das gesteckte Angriffsziel Hohndorf zu erreichen«, berichtet von Einem. »Vor Abtransport zum Hauptverbandsplatz gab ich auf meinem Gefechtsstand, wohin mich meine Leute zurückgebracht hatten, noch den Befehl zur Einstellung des Angriffs und zum Übergang zur Verteidigung und meldete dies fernmündlich dem Divisionskommandeur Oberst Hax, der den Entschluß billigte«. Major von Lossow konnte an seinen Kommandeur der Panzerabteilung noch den Befehl übermitteln: »Nach Westen einschwenken und feindliche Panzer in der Flanke fassen«.
Die 8.P.D. verlor also damals gleichzeitig zwei Regimentskommandeure. Dem Kommandeur des III. Bataillons/Ski-Jäger-Regiment 1, Hauptmann Hans-Joachim Janell, hatte beim Gegenstoß eine Panzergranate ein Bein weggerissen. Bataillonsadjutant Leutnant Bucher war nun »mit einer Handvoll Männern« allein.

Angriffe des Gegners, der unbedingt den schnellen Durchbruch nach Süden und Südosten auf Troppau und das Mährisch-Ostrauer Industrierevier erzwingen wollte, und eigene Gegenangriffe wechselten von da an in ununterbrochener Folge. Siegfried Bucher meint in seinem Bericht: »So ein Hin- und Herwogen der Kämpfe habe ich selten erlebt«. Die motorisierten und kampfkräftigsten beweglichen Einheiten hätten »überall

gleichzeitig« zur Stelle sein müssen. Genau feststehende Abschnittsgrenzen existierten im Raum zwischen südlich Leobschütz und westlich Ratibor nicht. Besonders die in Stellung liegenden Infanterieteile hatten bei dem sehr beweglich geführten Panzerkampf manchmal Mühe, Freund und Feind voneinander zu unterscheiden. Zum Beispiel war die Silhouette des besonders flachen und kampfstarken neuen deutschen Jagdpanzers IV/L 70 auf dem Schlachtfeld vielen Landsern noch unbekannt. Diese Kampfwagen der 2. Kompanie der Panzerjäger-Abteilung 43 (8. P.D.) unter der Führung von Leutnant Baier mußten bald auf der gesamten Frontbreite den russischen Panzern nachjagen.
Bei Dr. Schmid, dem damaligen Ic, heißt es: »In diesen Kämpfen war einige Zeit der unmittelbare Nachbar der 1. Ski-Jäger-Division die Führer-Begleitdivision unter General Remer«. Siegfried Bucher schreibt: »Hier — zwischen Preußisch-Krawarn (nordwestlich Ratibor) und Katscher — tauchte auch einmal links von uns die Führer-Begleitdivision auf«. In den Tagebuchaufzeichnungen von Stabsintendant Jürges werden Remer und seine Division ebenfalls erwähnt. Jürges hatte damals seinen Bataillonskommandeur, Hauptmann Reinsdorf, aus dem Lazarett Deutsch-Krawarn (östlich Troppau) abgeholt; Jürges und Reinsdorf befanden sich mit dem PKW auf den Weg zur Front: »Ein Volkssturmführer macht uns auf heftige Angriffe aus nördlicher Richtung aufmerksam. Wir nehmen diesen Weg und sehen von einer Anhöhe aus durchgebrochene Panzer und brennende Dörfer. Russische Schlachtfliegerangriffe werden in beträchtlicher Stärke und aus niedriger Höhe vorgetragen. Wir müssen oft das Fahrzeug verlassen. An einer Straßenkreuzung nehmen wir Deckung in einer Rohrunterführung. In dieser Unterführung sucht auch der Kommandeur der Führer-Begleitdivision, Generalmajor Remer, Schutz«.
»Wir befinden uns mit dem Füsilierbataillon etwa an der Nahtstelle zwischen Führer-Begleit- und unserer Division. Die 1. Ski-Jäger-Division hält ihren Abschnitt und hat besonders am rechten Flügel sehr gute Abwehrerfolge. Unser Bataillon wird während dieser Nacht bei Rosen (die Ortschaft liegt 7 km westwärts von Katscher) eingeschlossen, kann sich aber wieder, wenn auch unter großen Verlusten, befreien«.

An der rechten Verteidigungsflanke standen Einheiten des Regiments 2 und die Panzerjäger-Fla-Kompanie des Regiments 1. Oberjäger Helmuth Stecher von der 13./1 notierte unter dem Datum 24.3.: »Um 14 Uhr Abmarsch von Kösling, 3 km westlich von Katscher, in nördliche Richtung nach Knispel zum II./2, das in Stellungen etwa 1 000 Meter ostwärts der Ortschaft liegt. Dort werden am Nachmittag 6 T-34 von den Sturmgeschützen unserer Panzerjägerabteilung abgeschossen. Infanterie rechts haut ab. Skijäger machen einen Gegenstoß«.

Währenddessen hatte etwa 8 Kilometer westlich davon, im Raum Hubertusruh - Bladen, das seit dem Angriff vom Vortag schon stark dezimierte III./1 bei einem Gegenstoß wiederum Flankenschutz gegeben. Eine Panzergranate war in unmittelbarer Nähe von Leutnant Bucher eingeschlagen und hatte seinen Körper in die Luft geschleudert. Erst am Hauptverbandsplatz erwachte Bucher mit blutenden Ohren aus der Bewußtlosigkeit. Seine Leute wurden in den rechten Abschnitt der Front verlegt und unternahmen am 25. März um 23 Uhr ostwärts von Knispel einen Angriff zusammen mit der Regimentsreserve des Ski-Jäger-Regiments 2 und 2 Sturmgeschützen. »Heftige Gegenwehr durch russische Panzer und Pak«.

Oberjäger Günter Brost war damals mit seiner Alarmeinheit außerhalb des Divisionsbereichs im Raum Leobschütz eingesetzt. Brost schreibt: »Überall brannte es. So wurden wir am 24.3.45 auch bei Leobschütz zu einem Gegenangriff herangezogen. Anfangs kamen wir gut voran, doch dann — nachdem der Russe schwerstes Abwehrfeuer auf uns gelegt hatte und laufend Schlachtflugzeuge Il-2 gegen uns einsetzte — blieb unser Angriff hoffnungslos stecken. Ich kann mich noch gut daran erinnern, daß ich in den tieffliegenden Flugzeugen die russischen Piloten deutlich sehen konnte — aber mit der Maschinenpistole war ja keines dieser gepanzerten Flugzeuge herunterzuholen«.

Von andauernden Schlachtfliegerangriffen ist auch in den Aufzeichnungen des Oberjägers Stecher die Rede. »Am Vormittag des 26.3. wieder 2 Abschüsse durch unsere Flak«. An diesem Tag kehrte der in den Kämpfen um Lissek verwundete Gefreite Hubert Langer zu seiner 9. Kompanie des Regiments 2 zurück, »die am Südrand von Stolzmütz ablöst«. Stolzmütz lag im Bereich der äußersten rechten Verteidigungsstellungen der Division, 5 Kilometer nordöstlich von Katscher. Am Abend des 27. März aber wieder Herauslösung; die Stellungen wurden durch eine Einheit der 97. Jäger-Division besetzt. »LKW-Transport über Katscher bis südlich Altstett, wo wir uns an der Bahnlinie eingraben. Offensichtlich wird hier ein Angriff erwartet. In der Nacht gehen wir südlich von Rosen in Stellung« (das war dann 12 Kilometer west-südwestlich vom Ablösungsraum Stolzmütz entfernt). Am nächsten Tag »Trommelfeuer, Masseneinsatz von Granatwerfern und nachfolgender Angriff des Gegners mit Panzern«. Das wiederaufgestellte III./2 wurde jetzt von Hauptmann Alois Krois aus Kärnten geführt. Bataillonsadjutant war Leutnant Ernst Korsch.

Am 28. März traten die Russen nach dem üblichen schweren Vorbereitungsfeuer ihrer Artillerie auch im Norden von Ratibor zur Offensive an. Schon nach kurzer Zeit war das Stellungssystem der 97. Jäger-Division am

Westflügel des Frontbogens, rechts von der Skijägerdivision, vom Panzerangriff des Feindes überrollt worden. Bereits in den Morgenstunden des 28. März brachen die Kampfwagen der Sowjets auf Preußisch-Krawarn durch und stießen anschließend bei Paulsgrund und Groß-Peterwitz auf eine erbitterte Gegenwehr der bayerischen Jäger. In der Frühe des 30. März, Karfreitag, rückten die ersten Rotarmisten in Ratibor ein.

Oberjäger Brost war mit seiner Alarmeinheit vom Leobschützer Raum an die gefährdete äußerste rechte Flanke der Skijägerdivision »geworfen« worden. »Wir gingen an einem Waldrand in Stellung«, berichtet Günter Brost. »Vor uns waren zur Abwehr der angreifenden russischen Panzer einige von unseren »Tiger«-Panzern aufgefahren. Die »Tiger« standen im schwersten Artilleriefeuer, wichen jedoch keinen Meter zurück. Links von meiner Feuerstellung versuchte russische Infanterie durchzubrechen. Wir feuerten aus unseren Rohren, was herausging. Dabei passierte es, daß ein Schütze eine Granate zu früh nachschob und auf die Granate setzte, die das Rohr noch nicht verlassen hatte. Durch den verursachten Rohrkrepierer war die ganze Werferbedienung verloren, und der Granatwerfer wurde zerstört«.

In einem anderen Bericht heißt es über den weiteren Verlauf der Kämpfe an der rechten Flanke: »Um Katscher tobte ein mörderischer Kampf. Drei Versuche der Sowjets, die Stadt in ihren Besitz zu bringen, scheiterten an der hartnäckigen Abwehr und den wiederholten Gegenstößen der Deutschen. Nach 15 Uhr, am 30. März, war der Kampf entschieden, die Kräfte der Verteidiger waren erschöpft. Sie zogen sich aus der Stadt in südliche Richtung zurück — Gesichter und Uniformen verschmutzt, manche Soldaten aus Wunden blutend«. . .

Gut meinte es das Schicksal damals, kurz vor Beginn dieser schweren Kämpfe westlich von Ratibor, mit dem Gefreiten Parsch von der 9. Kompanie des Ski-Jäger-Regiments 1. Herbert Parsch schreibt: »Gegen Ende des Monats erreichte mich bei Schneeregen und Matschwetter in einer mehr als dürftig zu bezeichnenden Stellung, die trostlos und kaum zu verteidigen und zu halten war, der Befehl, sofort den Divisionsgefechtsstand aufzusuchen und mich dort zu melden. Ich hatte nicht die geringste Ahnung, was wohl der Anlaß dafür sein könnte. Im Gefechtsstand angekommen, erfuhr ich, daß ich zur Teilnahme an einem Lehrgang in der Winterkampfschule auf dem Truppenübungsplatz Heuberg/Württemberg vorgesehen sei und sofort nach dorthin in Marsch gesetzt werden sollte. In diesem Augenblick war mir die ganze Tragweite dieses Marschbefehls überhaupt noch nicht bewußt geworden. Eine eigenartige Fügung des Schicksals bewahrte mich somit vor weiteren ungewissen Erlebnissen an der Ost-

front, wie sie den dort zurückgebliebenen Kameraden nicht erspart blieben. Dem Tod oder einer möglichen schweren Verwundung noch in den letzten Wochen des Krieges bin ich dadurch entgangen. Und hätte ich diese Zeit an der Front heil überlebt, wäre ich wahrscheinlich in sowjetische Gefangenschaft gekommen. . .
Über Troppau - Prag - München - Ulm gelangte ich nach Sigmaringen und von dort schließlich am 30. März 1945 zum Truppenübungsplatz Heuberg. Der Dienstbetrieb in der Winterkampfschule (Stetten am Kalten Markt) lief planmäßig ab. Seit langer Zeit durfte ich wieder mal in einem Bett schlafen — auch wenn es nur ein Kasernenbett war —, ein kaum vorstellbarer »Luxus« nach all den Monaten in Schnee, Schlamm und Dreck, in Erdlöchern oder auf freiem Feld, dazu in stark eisen- und bleihaltiger Luft«. —

Gefreiter Langers 9. Kompanie des Regiments 2 hielt an diesem Tag noch ihre Stellung südlich von Rosen. Am 31. März morgens, noch bei Dunkelheit, dann »Rückzug entlang der Bahnlinie nach Troppau bis nördlich Höhe 306 in eine vorbereitete Feldstellung. Im Laufe des Tages schließen die Russen auf«. 1.4.1945: »In der Nacht wird ein Angriffsversuch abgewiesen. Die Russen haben Pak und Granatwerfer hinter einer Hecke an der Bahnlinie in Stellung gebracht. Während des Tages mit kurzen Pausen starker Beschuß. Teilweise wird die Stellung geräumt, um der Vernichtung zu entgehen. Mittags überraschender Angriff der eigenen Luftwaffe. 10 -12 Schlachtflugzeuge Focke-Wulf Fw 190 stürzen sich aus größerer Höhe auf Dirschel, 4 km östlich von uns, feuern mit den Bordkanonen und werfen schwere Bomben, die alle im Ort einschlagen. Offensichtlich ein Erfolg, denn Dirschel ist vollgestopft mit Russen. Starke Flakabwehr des Gegners ohne Erfolg«. 2.4.1945: »Um 2 Uhr werde ich durch Granatsplitter im Gesicht schwer verwundet. Ich gehe allein zurück zum Sanitätsstützpunkt. Auf einem Pferdefuhrwerk erreiche ich anschließend den HVP in Troppau. Wegen der massenhaft anfallenden Verwundeten komme ich erst am Nachmittag zum OP, werde sofort zu einem Lazarettzug gebracht und nach Jicin weitergeleitet. Dort ins Lazarett eingewiesen«.

Gefreiter Sternad, V.B.-Funker bei der Panzerjäger-Fla-Kompanie des Regiments 2, war ebenfalls zwischen Rosen und Piltsch eingesetzt — wo er zusammen mit einem Kameraden zum zweiten Male (das erste Mal, wie berichtet, in Bodolo/Ungarn) »vergessen« wurde, nachdem die Jäger den Stellungsraum geräumt hatten. Laut Tagebuch Langer lag ja die 9. Kompanie (III./2) am 30. März noch südlich von Rosen und zog sich danach, im Schutze der Dunkelheit, entlang der nach Troppau führenden Bahnlinie, auf eine vorbereitete Feldstellung zurück. »Im Laufe des Tages schließen die Russen auf«. Der Bericht von Otmar Sternad beginnt mit der Darstellung der Situation am 30. März: »Unteroffizier Hagen und ich hatten tagsüber die Sperrfeuerräume eingeschossen und legten uns abends in dem Haus, das uns als Beobachtungsstand diente und in dessen Keller sich der Kompaniegefechtsstand der Jäger befand, mit einer Art Wurstigkeitsgefühl zur Ruhe nieder. Wir sagten zueinander: »Der Iwan wird uns schon wecken!« — Morgens warf Hagen den ersten Blick aus dem Fenster: »Mensch Junge, aufstehen, das mußt du gesehen haben, wie die daherkommen!« Mit »die« waren die Russen gemeint. Ich traute meinen Augen nicht: wie im Kino beim »Großen Kurfürst«, es fehlten nur noch Fahnen, Trommeln und Pfeifen; in hellen Scharen marschierten sie schon durch unsere Sperrfeuerräume auf die vor uns liegende Bahnlinie zu. Gleich mußte es losgehen, das Feuer der Jäger! Irrtum! Die Iwans stiegen schon über die Bahnlinie und erreichten den Ortsanfang — kein Schuß fiel. Wo waren nur die Jäger? Auch unter uns im Kellerraum des Hauses alles still. — Wir schalteten sofort: Unsere Jäger hatten sich nachts »planmäßig« abgesetzt. Der Russe hatte das vermutlich durch Späher längst herausbekommen und zog friedlich in den Ort ein.

Wir beide, Hagen und ich, machten uns zwischen den Häusern und über Gärten und Zäune schleunigst davon. Außer Sichtweite der Russen gekommen, legten wir eine Verschnaufpause ein; unsere Blicke sondierten dabei auch das in Fluchtrichtung ansteigende Gelände. Plötzlich durchzuckte es uns, denn wir erkannten Köpfe mit Kapuzen, also Schützen in Deckung, die Gewehre auf uns gerichtet. Der augenblickliche Gedanke war: Sollte der Iwan etwa auch schon da oben liegen? — Ich weiß noch, wie wir uns flüsternd darauf verständigten, seitwärts nach einer Deckungsmöglichkeit zu suchen. Da begannen auf einmal die vermeintlichen Russen mit den Händen zu winken, richteten sich auf — und uns fiel ein Stein vom Herzen — wir waren an der neuen Abwehrlinie unserer Jäger angelangt! Sie empfingen uns lachend und nannten uns »Schlafhauben«; sie hatten uns schon eine Weile bei der Flucht aus dem Dorf beobachtet und als deutsche Soldaten erkannt«.

Wenn Otmar Sternad an die vielen anderen Situationen zurückdenkt, wo ihm und den V.B.-Leuten der Kompanie noch in letzter Minute mit dem schweren Funkgerät die Flucht vor den anrückenden Russen glückte, so erinnert er sich besonders an die furchtlosen Kettenkradfahrer seiner 13./2: »Sie mußten uns Funker ja manchmal nach vorn (in die Scheiße) fahren und uns, so gut es ging, wieder herausholen. Sie taten das mit einer Kaltblütigkeit, auch wenn die feindlichen Granaten schon gezielt in unmittelbarer Nähe einschlugen. Ein Mannheimer schimpfte dann im breiten

Dialekt: »Was suchet Ihr Idiote auch da vonne in der Scheiße, da holet Euch kä Mänsch wieder raus!«.

»Nördlich Piltsch hielt unser III. Bataillon/Ski-Jäger-Regiment 2 seine Stellung gegen eine — man hatte sich schon daran gewöhnt — mehrfache Übermacht«, heißt es im Bericht des damaligen Bataillonsadjutanten Leutnant Korsch. »Während der Bataillonskommandeur Hauptmann Krois einen Gegenstoß anführte, war ich im Gefechtsstand als Führungshilfe tätig. Nach Beendigung dieses Gegenstoßes, an dem auch die Melder teilnahmen, kam mein Jugendfreund Siegfried — zufällig ebenfalls Melder beim Bataillonsstab — in den Gefechtsstand zurück und überbrachte mir die Mitteilung, daß unsere 2. (10.) Kompanie in ihrer Vorderhangstellung schon den 3. Tag ohne Verpflegung war. Mir wurde befohlen, sofort für Verpflegungsnachschub zu sorgen. Jene Vorderhangstellung war vom Gegner einzusehen. Ich mußte mich schnell entscheiden und beauftragte Siegfried, meinen Jugendfreund aus Berlin-Steglitz, und den Gefreiten Meier, aus Lenggries/Oberbayern, damit, zwei Säcke mit Broten noch im beginnenden Morgengrauen nach vorne zu bringen. Ich erinnere mich, wie im nächsten Moment ein Schatten über das Gesicht meines Freundes glitt. Schweigend lud er einen der Verpflegungssäcke auf die Schulter und verließ zusammen mit seinem Kameraden den Gefechtsstand. Bald erfuhr ich, daß er und der Gefreite Meier beim Sprung in den freiliegenden Graben, in dem die Kompanie lag, von feindlichen Kugeln getroffen worden waren. Ich habe ihm noch, nachdem ihn Kameraden zurückgebracht hatten, die Augen zugedrückt. Er wurde im Kampfgebiet beigesetzt.

Der Druck auf unsere Stellung verstärkte sich. Ich fand noch Zeit, einen Feldpostbrief an die Angehörigen von Siegfried zu schreiben, in dem ich ihnen mitteilte, daß er in Ausführung eines Befehls gefallen war, den ich ihm als sein Vorgesetzter erteilt hatte. Das schrieb ich sicher aus einem Schuldgefühl heraus. Der Gedanke, daß ich ungewollt meinen Freund in den Tod geschickt habe, beschäftigte mich auch später noch«. . .

Der Russe versuchte am 1. April 1945, Ostersonntag, an der Naht zwischen der Skijägerdivision und der Führer-Begleitdivision durchzubrechen. Der Versuch mißlang. Ebensowenig konnten die Sowjets am darauffolgenden Ostermontag die Abwehrfront vor Troppau überrollen. Nach dem Gegenangriff, der aus dem Raume Piltsch vorgetragen wurde und bis in die Nacht hinein dauerte, war die HKL hier wieder hergestellt. An der Abwehr der massiven T-34-Angriffe des Gegners beteiligte sich auch die mit Beute-T-34 ausgestattete Panzerkompanie des schweren Skibataillons.

Katscher, Groß-Peterwitz, Rosen, Thröm, Dirschel, Rösnitz, Klemstein, Piltsch, Odersch, Klingebeutel, Klebsch — das sind die Ortsnamen, die tief im Gedächtnis der ehemaligen Skijäger, solange sie leben, festgeschrieben bleiben. Thröm, Piltsch, Klebsch und ein Hang im Gelände zwischen Klebsch und Piltsch stehen nach Ratibor für die Beschreibung der Divisionsgefechtsstände. Den besten Schutz gegen Artillerieeinschläge und Schlachtfliegerangriffe bot später, nahe der HKL, ein schwerer Bunker der alten tschechischen Befestigungslinie.

Nach den fehlgeschlagenen Durchbruchsversuchen des Gegners Anfang April folgten einige Tage relativer Frontruhe. In dieser Zeit konnte der Russe — im Gegensatz zu den Deutschen — seine stark dezimierten Verbände kräftig auffüllen und die Mengen des im Verlauf der zurückliegenden 25tägigen Kämpfe verlorengegangenen Materials weitgehend ersetzen. Seine Verluste im Frontabschnitt Schwarzwasser bis südlich Leobschütz betrugen in der Zeit vom 10. März bis 4. April: 1423 vernichtete Panzer und Sturmgeschütze sowie 200 abgeschossene Flugzeuge. Im Wehrmachtbericht vom 5. April wurde die »hervorragende Unterstützung« der hart ringenden Bodentruppen durch »fliegende Verbände« erwähnt. Dazu wäre eine Bemerkung des damaligen Leutnants Bucher, III./1, interessant. Bucher schreibt in seinem Bericht: »In einem Korpsbefehl wurde damals bekanntgegeben, daß innerhalb der ersten 12 Tage nach dem Durchbruch der Russen 1040 Panzer und gepanzerte Fahrzeuge abgeschossen wurden und trotzdem immer wieder genügend Reserven von den Russen herangeschafft werden konnten. Auch das dürfte ein Zeichen dafür sein, daß in der damaligen Zeit unsere Luftwaffe überhaupt nicht mehr in der Lage war, erfolgversprechend in die schweren Abwehrkämpfe am Boden einzugreifen und daß ein beträchtlicher Munitionsmangel bei der schweren Artillerie diese daran hinderte, die Nachschubwege des Gegners mit Störfeuer zu belegen«.

Am 15. April begann der Russe mit einem neuen Großangriff gegen die Front der Skijäger beiderseits der von Troppau nach Nordosten führenden Straße. An der rechten Divisionsflanke, östlich von Klingebeutel, war zuvor als »Eingreifreserve« die Kampfgruppe 17.P.D. bereitgestellt worden.

Oberjäger Stecher, Panzerjäger-Fla-Kompanie des Ski-Jäger-Regiments 1, notierte unter dem Datum 15.4.1945 (Sonntag): »Ab 4 Uhr Alarmbereitschaft. Um 5 Uhr fängt der Iwan an zu trommeln, das dauert etwa bis 11 Uhr. Ich gehe mit 6 Mann und den Geschützen am Ortsausgang von Schlausewitz in Stellung«. (Schlausewitz lag im Bereich der äußersten rechten Flanke der Division, 4 Kilometer nordöstlich von Klingebeutel).

Schon die sechsstündigen massiven Schläge der Artillerie- und Raketenwerferbatterien sollten, so wollten es die Sowjets, die Front der Skijägerdivision zermalmen und in Stücke reißen. Daß die Skijäger, die den Feuerorkan in ihren Löchern überstanden hatten, dann aber trotzdem noch die Entschlossenheit zur Abwehr des nachfolgenden, mit weit überlegenen Kräften geführten Panzer- und Infanterieangriffs aufbrachten, hatte der Russe sicher nicht erwartet. Im Wehrmachtbericht vom 18. April hieß es: »Die 1. Ski-Jäger-Division unter Führung von Generalleutnant Hundt hat sich in den Kämpfen durch vorbildliche Standhaftigkeit hervorragend bewährt«. (Das war das letzte Mal, daß im Wehrmachtbericht eine Division der Heeresgruppe Mitte namentlich erwähnt wurde!). Am 17.4.1945 hatte der Tagebuchschreiber des Oberkommandos der Wehrmacht notiert: »Die 1. Ski-Jäg.-Div. schlug 6 feindl. Div.en zurück«.
Vor der deutschen HKL lagen die Trümmer von 68 Russenpanzern. Allein auf der Rösnitzer Feldmark, im Schwerpunktraum des Angriffs, wurden 52 abgeschossene feindliche Panzer gezählt.

Der russische Durchbruchsversuch war also zunächst abgewehrt worden. Rechts von der Skijägerdivision mußte die HKL der Deutschen allerdings bis Deutsch-Krawarn (Oppa) zurückgenommen werden. Das hieß: Die Skijäger standen nördlich von Troppau in einer 4 bis 8 Kilometer vorgeschobenen Position. Nachdem der Gegner am 16. April Deutsch-Krawarn eingenommen und seinen Angriff, ungeachtet der schweren Verluste, in westliche Richtung direkt auf Troppau ausgeweitet hatte, mußten die im rechten Abschnitt der Skijägerdivision eingesetzten Kampfeinheiten damit rechnen, nun auch im Rücken angegriffen zu werden. Schon in der Nacht vom 16. zum 17. April verlegten deshalb Teile der Division nach Klein-Hoschütz, 2,5 Kilometer östlich von Troppau, wo der Russe, der das Dorf besetzt hatte, vorerst zurückgeworfen und aufgehalten wurde.

Nordöstlich von Troppau, zwischen Odersch - Klingebeutel - Klebsch, kamen die Sowjets, trotz unablässiger Versuche, immer noch zu keinem entscheidenden Durchbruch. Im Kampf gegen angreifende feindliche Panzer wurde das Sturmgeschütz des Unteroffiziers und Geschützführers Kurt Ohler (Panzerjäger-Abteilung 152) von einer Granate getroffen; Ohler verlor dabei seinen Ladekanonier. Wie berichtet wird, konnte sich Unteroffizier Ohler, bis es ihn bei Klingebeutel wieder »erwischte«, schon viermal mit teils schweren Verwundungen aus seinem abgeschossenen — davon dreimal aus dem brennenden — Geschütz retten. Im Laufe der Einsätze an den verschiedenen Fronten kam Geschützführer Ohler auf »insgesamt 47 anerkannte Abschüsse feindlicher Panzer«.
Otmar Sternad, damaliger V.B.-Funker bei der 13./2, erinnert sich im Zu-

sammenhang mit den Angriffen bei Klebsch - Klingebeutel an folgendes Erlebnis: »Die deutschen Jagdpanzer standen in vorderster Linie und schossen bei einem russischen Panzerangriff in ca. 20 Minuten 8 - 10 Panzer in unserem Sichtfeld ab oder bewegungsunfähig. Im Sprechfunk konnte ich die russischen Kommandos mit abhören. Ich verstand zwar nicht viel russisch, aber die emotionsgeladene Stimmung war deutlich nach jedem Abschuß heraushörbar. Immer wieder kam dann der Ruf: »pordajok, pordajok« (Ordnung, Ordnung), er mußte vom Kommandanten der Panzer herrühren, der offenbar immer wieder versuchte, eine Formation herzustellen, in welcher sich die Panzer auch Deckung geben konnten. Der Angriff brach zusammen«.

Das I. Bataillon des Regiments 1 sowie die Panzerjäger-Fla-Kompanie lagen damals, am 17. April, noch südlich von Odersch in Stellung. »Am 18.4. um 4 Uhr dann Stellungswechsel in die Bunkerlinie« (Oberjäger Stecher).
Am Kampf um die Ortschaft Klingebeutel, 2,5 Kilometer südlich von Odersch, war auch die Kompanie des Oberleutnants Mazakarini (6./2) beteiligt. »Zurücknahme der HKL auf die ehemalige tschechische Bunkerlinie bei Klebsch. Dort erbitterte Abwehrgefechte und eigene Gegenangriffe. Wir liegen, durch den ungeheuren Granathagel, in der reinsten Knochenmühle«. . .
Während eines schweren Angriffs der Russen wurde Oberjäger Stecher verwundet und blieb auf dem Kampffeld liegen. Helmuth Stecher schrieb in sein Tagebuch: »Ein russischer Soldat kommt auf etwa 60 Meter heran und legt mit dem Gewehr auf mich an. Er kommt dann aber, ohne zu schießen, zu mir, und wir unterhalten uns. Ich soll zurück bis an die Straße und käme dann in ein Lazarett. Schließlich geht er mit meiner Maschinenpistole usw. weg«. Stecher wurde später von eigenen Leuten geborgen und zum Hauptverbandsplatz gebracht.

Stabsintendant Jürges, Troßführer Füsilierbataillon, notierte: »In der Nacht vom 19. auf 20.4.45 bringt mir die Feldgendarmerie den vom Kriegsgericht der Division zum Tode verurteilten Obergefreiten Tichy. Das Urteil wird in den frühen Morgenstunden unter meiner Leitung durch meine Leute vollstreckt«. —

Gefreiter Herbert Parsch war damals in einem Eisenbahnzug von Ulm nach München unterwegs, »wo die Fahrt endete, da Züge in östlicher Richtung nicht mehr verkehrten«. Der Lehrgang an der Winterkampfschule am Truppenübungsplatz Heuberg war aufgelöst worden, »nachdem die Westfront immer näher rückte und am 29. März bereits die Stadt

Frankfurt am Main von amerikanischen Truppen besetzt wurde. Die Lehrgangsteilnehmer erhielten am 16.4.1945 einen Marschbefehl mit dem Vermerk »Zurück zur Truppe«. Bei mir war als Zielort Ratibor in Oberschlesien angegeben (das schon von Russen besetzt war). Eine paradoxe Sache.«

Von München aus, wo die Fahrt mit der Reichsbahn endete, setzten Parsch und ein Kamerad aus Oberhausen »pflichtbewußt den Weg zu Fuß fort«.

»Unterwegs erlebten wir einige Luftangriffe, unter anderem auch in Schwandorf. Am 21. April 1945 erreichten wir den Ort Bodenwöhr in der Nähe vom Cham. Nachdem wir bis hierher, ohne eine größere Pause einzulegen, unterwegs waren, beschlossen wir, uns in diesem Ort eine Unterkunft für eine Nacht zu suchen. Wir fanden nette Leute, die uns in einem Zimmer zwei Betten zur Verfügung stellten. Es war Samstag, unsere Gastgeber überredeten uns, doch noch einen Tag zu bleiben. Wir waren einverstanden und wollten dann Montag, den 23.4.1945, unseren Weg fortsetzen. Es kam jedoch anders.

Überraschend tauchten Montag früh Amerikaner mit Panzern auf und besetzten diesen Ort. Es war die ganze Zeit über kein Schuß gefallen, auch waren keine Verteidiger zu sehen. So mußten wir feststellen, daß wir kurioserweise die einzigen deutschen Soldaten weit und breit waren.

Da nicht daran zu denken war, diesen Ort heimlich verlassen zu können und wir jederzeit mit Hausdurchsuchungen durch amerikanische Soldaten rechnen mußten, begaben wir uns auf die Straße und stellten uns den »Siegern«.

Am nächsten oder übernächsten Tag brachte man uns mit inzwischen aus den nahegelegenen Wäldern herausgeholten Wehrmachtsangehörigen in das Lager Langwasser bei Fürth/Nürnberg, das auf einer großen, mit Stacheldraht umzäumten Wiese errichtet worden war.

Am 1. Mai ging es im Eiltransport auf großen Armee-Lastwagen — je 100 Mann standen dichtgedrängt — in westliche Richtung bis nach Bad Kreuznach, wo wir von nicht allzu freundlichen Amerikanern, denen das Herunterspringen der von der Kälte und dem langen Stehen lahmgewordenen Gefangenen nicht schnell genug ging, mit Stockschlägen traktiert wurden.

Nun erlebte ich eine Zeit in diesem Lager, das später als eines der schlimmsten Kriegsgefangenenlager — als Hunger- und Todeslager — bekannt wurde und traurige Berühmtheit erlangt hat«.

Nach der Abwehr der massiven Feindangriffe ab 15. April mußte die Division ihren Abschnitt nach rechts etwas verlängern, ohne daß sie Verstärkungen zugeführt bekam. Anscheinend erwartete man von den Skijägern,

daß sie auch das noch »verkraften« könnten. Divisionskommandeur Generalleutnant Hundt leitete aus einem Bunker der »Festung« Troppau. Leutnant Bucher war wieder zum Regiment zurückgekehrt. Bucher erinnert in seinem Bericht an die sehr schweren Verluste, die die Division insgesamt und besonders das Ski-Jäger-Regiment 2 während der Kämpfe vor Troppau hinnehmen mußte. Dieser Kampfraum wurde zum »Gräberfeld der 1. Ski-Jäger-Division«. . .
Überall im Stadtgebiet von Troppau waren durch den anhaltenden Artilleriebeschuß schon Brände ausgebrochen. Ein gepanzerter Angriffsstoß der Russen in der Nacht vom 21. zum 22. April zerschlug den Front-Zusammenhang an der rechten Verteidigungsflanke. Der tiefe Durchbruch des Gegners, weit über den Fluß Oppa hinaus, konnte aber noch verhindert und eine Verbindung an der Naht zur Kampfgruppe 17.P.D. wieder hergestellt werden. Im Verlauf der Abwehrkämpfe erlitt das I. Bataillon des Ski-Jäger-Regiments 1, das ehemalige »Bataillon Meergans«, besonders starke Verluste. Bis zum 22.4. betrug die Gefechtsstärke nur noch 23 Mann. —
Günter Brost berichtet, daß er mit der Granatwerfergruppe der 4./1 (immer noch der »Alarmeinheit« zugeteilt) damals an der ehemaligen tschechischen Bunkerlinie lag und sich russischen Angriffen aus südöstlicher Richtung ausgesetzt sah. »Zu unserem Schutz mußten wir Erdwälle vor die nach Süden gerichteten Bunkereingänge schaufeln. Der Russe versuchte, mit Panzern heranzukommen und uns durch den Einsatz von Flammenwerfern auszuräuchern. Einige beherzte Jäger schossen mit der Panzerfaust mehrere Panzer ab, was schon an Tollkühnheit grenzte. Danach versuchte der Iwan, uns mit schwerer Artillerie kleinzukriegen. Dabei bekam ein Werfer, der unmittelbar hinter dem Bunker stand, einen Volltreffer. Somit hatte ich nur noch 4 einsatzbereite Werfer. Später griff russische Infanterie an; der Angriff konnte zurückgeschlagen werden. Zwei Tage hielten wir uns noch, dann mußten wir die Bunkerstellung aufgeben, da der Russe südöstlich von uns einen Durchbruch erzwungen hatte«.

Oberleutnant Heinz Mazakarini lag mit dem Rest seiner Kompanie in der Nacht zum 24. April etwa 3 Kilometer nordöstlich von Troppau bei Klebsch. Der damalige Chef der 6./2 schreibt: »Am 20. April — Hitlers Geburtstag — sahen wir durch die Ferngläser aus unseren Erdlöchern hinter uns in Troppau noch auf hohen Fahnenmasten zum letzten Mal die Hakenkreuzfahnen wehen. . . Am 24. April früh begann der Russe das Feuer seiner schweren Kaliber hinter unsere Linie zu verlegen. Wir freuten uns, trotz dünnster Besetzung unserer Stellung, auf die zu erwartende russische Infanterie, der wir uns kämpferisch weit überlegen wußten. Der Russe schoß nun Nebel, so daß wir jede Sicht verloren. Massive Kettenge-

räusche ließen uns das Durchrollen zahlreicher Panzer erkennen. Als sich der Nebel etwas lichtete, standen etwa 30 Meter von meiner Deckung entfernt drei T-34-Panzer und etwas links davon einer von den neuen schweren »Stalin«-Panzern, die Kanonen auf unsere Stellung gerichtet. Als ich mit einer Panzerfaust gerade auf einen der T-34 zielen wollte, hörte ich hinter mir ein Geschrei. Es stand ein Trupp Rotarmisten mit Maschinenpistolen im Anschlag da, der jedenfalls von durchfahrenden Panzern abgesetzt worden war und so unsere Stellung aufrollte. Jede Abwehrbewegung war sinnlos. So wurden wir gefangengenommen«.
Nach Meldungen der Artillerie sollen einzelne russische Panzer am selben Tag bereits zum Stadtrand von Troppau vorgestoßen sein. In der Nacht vom 24. zum 25. April, 23 Uhr, wollte General Hundt den Kommandeur des Ski-Jäger-Regiments 1, Oberst Weiler, in dessen Gefechtsstand vor Troppau aufsuchen. Dabei geriet der SPW des Skijägerkommandeurs vermutlich vor russische Pak oder Panzerkanonen. »Man hat nie mehr Genaues darüber gehört«, schreibt der damalige Major und Divisionsadjutant Freiherr von Seckendorff. In den meisten Berichten wird gesagt, General Hundt habe damals den Tod gefunden. Aber: »Seine Leiche haben wir nicht gefunden und gerettet« (Dr. Schmid). Der Funker des Schützenpanzerwagens »tauchte verwundet auf einem Hauptverbandsplatz auf«. Der Kommandant, ein Oberfeldwebel, »wurde schwer verwundet von Zivilisten geborgen, zwei Tage versteckt und dann von einem Panzerspähwagen mitgenommen«, heißt es in einem anderen Bericht. Und weiter: »General Hundt geriet damals in Gefangenschaft und starb 1946 in einem russischen Lager. Vor Troppau fiel in jener Aprilnacht der Fahrer des SPW's, Oberjäger Rass«. Ein ehemaliger Leutnant erinnert sich des Generals: »Er war ursprünglich Artilleriekommandeur. Sein damaliges Alter: 50 Jahre. Er war ein vorbildlicher Mensch — ein integrer Charakter sozusagen; gebildet; humorvoll; zu seinen Untergebenen wie ein Vater; als Soldat mutig. — Er kam damals vorzeitig aus dem Urlaub zurück — tief niedergeschlagen. In der Heimat angekommen, hatte er von seinem Haus nur noch Trümmer vorgefunden. Unter den Trümmern lagen Frau und Kinder begraben. Nur der Hund der Familie war am Leben geblieben. Der saß auf dem Trümmerberg und winselte den General an. . . Es ist möglich daß unser Kommandeur von nun an den Tod gesucht hat«. . .

Selbst für den zuallererst am besten informiert gewesenen Ic der Division, Oberleutnant Dr. Schmid (Abteilung »Feindnachrichten/Sicherheit«), blieben die Vorgänge um das Schicksal des Divisionskommandeurs unter einem Schleier des Ungewissen verborgen. War der General wirklich gefallen, konnte er vielleicht doch in Gefangenschaft geraten sein? Dr. Schmid fand es »höchst merkwürdig, daß wir trotz aufmerksamster Analyse der

russischen Funksprüche damals nie eine Bestätigung bekamen, daß die Sowjets einen General oder General Hundt gefunden oder aufgegriffen haben«. Der Kommandeur war losgefahren, in russisches Feuer hineingeraten und nicht mehr zurückgekehrt. Das allein wußte man bei der Division mit Sicherheit. »Wir waren immer der Auffassung, daß er gefallen, also tot ist«.
Freiherr von Seckendorff erinnert daran, daß dem General das Ritterkreuz verliehen wurde — »für seine persönliche tapfere Führung der von ihm zusammengefaßten Truppen in Rybnik, mit denen er in vorderster Linie vorstürmend den Russen aus der Stadt herauswarf« — daß General Hundt von der Mitteilung nichts mehr erfuhr; da hatte er gerade die Fahrt zur vordersten Linie angetreten. . . .

Am 25. April waren die Russen nach mehrmaligen Versuchen endgültig und mit größeren Kampfeinheiten zum Troppauer Stadtgebiet vorgedrungen. Helmut Kramm, seit Februar — nach Verwundung und Krankheit — wieder bei der Panzerjäger-Fla-Kompanie des Regiments 1, schildert als Führer einer Pak-Selbstfahrlafette, was er in diesen letzten Stunden erlebte: »Unser Regiment oder Teile davon standen rechts und links an einer Straße, die nach Troppau hineinführte. Es war relativ ruhig, und doch empfand jeder diese Ruhe als unheimlich und nervtötend. Der Russe wurde an dieser Stelle von allen Seiten erwartet, aber im Umfeld der Straße geschah, wie gesagt, vorerst nichts. Panzer und Abwehrgeschütze fuhren weiter auf der Straße bis in den Stadtrand von Troppau hinein. Wie ich mich erinnere, mußten wir rechts weiter in die Stadt hinein. Verhindert wurde das Weiterkommen durch einen oder zwei russische Panzer, die links von uns unregelmäßig die Kreuzung und die Straße beschossen. Ich bekam den Auftrag, mit dem Geschütz an die linke Straßenecke zu fahren und blind in Richtung Panzer zu schießen. Durch die extreme Rohrstellung gab es einen nicht erkennbaren Motorschaden an meiner Pak-Sf (RSO). Wir wurden unbeweglich und mußten von einem Panzer zurückgezogen werden. Während wir schossen, war noch folgendes geschehen: Oben auf der Böschung vor einer Kirche tauchte plötzlich ein russischer Stoßtrupp auf. Wir am Geschütz sahen ihn zuerst, schossen mit Handfeuerwaffen und riefen unsere Kameraden zur Hilfe. Irgendjemand stellte sofort einen kleinen Angriffstrupp zusammen, der aber nicht mehr eingreifen mußte, denn die Russen waren nach dem Feuerwechsel mit uns schnell wieder verschwunden.
Mein Problem war nun, was wird mit uns und unserem Geschütz, wenn es weiter geht. Kein Panzerkommandant wollte mich abschleppen, jedenfalls nicht aus eigener Initiative, nur auf schriftlichen Befehl. »Wir müssen sehen, daß wir alle hier rauskommen«, wurde mir gesagt. »Möglicherweise

müßt Ihr Eure Kiste stehen lassen«. — Das war allerdings das letzte, was ich wollte. Also machte ich mich schnellstens auf die Suche nach irgendeinem Kommandoführer. Im Keller eines Hauses fand ich schließlich einen Gefechtsstand und den Offizier, der mich anhörte und diesen schriftlichen Befehl für mich ausstellen ließ. War es der Regimentskommandeur persönlich? — ich weiß es nicht. Jedenfalls fand ich danach einen Panzerkommandanten, der mich, nachdem ich ihm das erforderliche Schriftstück vorgezeigt hatte, abschleppen wollte. Wir mußten aber noch einige Stunden darauf warten. Am nächsten Morgen ging es dann Gottseidank weiter. Der Beschuß in unmittelbarer Nähe hatte nachgelassen. Wie wir dann aus der Stadt, die zum Teil brannte, herauskamen, kann ich nicht mehr sagen. Ich weiß aber, daß wir beim Erreichen der freien Landschaft von zwei Seiten beschossen wurden. Bald entfernten wir uns immer mehr vom Stadtgebiet, und der Beschuß hörte nach und nach auf.
Dieser Tag war der letzte Tag bei meiner Einheit. Er endete mit einem tragischen Unglück. Immer wieder, mein ganzes Leben lang, werde ich daran erinnert. Wir hingen also an dem Panzer. Ohne Beschuß ging es weiter. An irgendeiner Stelle fuhr der Panzer zu schräg einen Damm oder eine Böschung an, so daß unser Geschütz umkippte. Wir, die wir oben drauf saßen, wurden herausgeschleudert, nicht aber unser Fahrer, unser kleiner Becker, ein Berliner. Er hing eingequetscht mit dem Kopf nach unten und verblutete vor unseren Augen. Es war ein Anblick, der unvergeßlich ist. Alle waren wir wie gelähmt. Keiner konnte ihm helfen, denn dazu mußte das Geschütz erst aufgerichtet werden. Diese Bergung dauerte 3 - 4 Stunden, und unser Becker war nach wenigen Minuten tot. Uns allen standen die Tränen in den Augen. Es war einfach furchtbar, dieser Anblick — Becker vor uns, wie er langsam auslief. Jetzt hatten wir glücklich diesen ganzen Schlamassel vom Pripjet bis Oberschlesien überstanden, und dann mußte auf so tragische Weise wieder ein feiner Kerl für den »Größten Feldherrn aller Zeiten« ins Gras beißen«. —

Das Ende

Im Lazarett starb der Kommandeur des schweren Skibataillons, Major Neubert. Sein damaliger Offizierskamerad Leutnant von Dolgow schreibt: »Weil Neuberts Mutter in den Bomben umgekommen war, hatte er keine Lust mehr zum Leben und starb an einem lächerlichen Unterschenkeldurchschuß. Er hat im Lazarett keinen Ton gesprochen, jegliche ärztliche Hilfe abgelehnt und nichts gegessen. In 14 Tagen hatte er es geschafft und war tot. Major, Ritterkreuzträger, knapp 30, in unzähligen Schlachten bewährt — unverständlich!«

Für die in Troppau stehenden Einheiten der Division war der Rückzugsbefehl ausgegeben worden. Robin von Dolgow, damals Adjutant beim schweren Granatwerferbataillon, beschreibt eine »an allen Ecken« brennende Stadt, in der »unsere Fahrzeuge auch drohten zu verbrennen!« Bataillonskommandeur Major Hosang, »ein tapferer, wagemutiger Mann«, befand sich gerade bei den Vorgeschobenen Beobachtern (V.B.'s). »Die Protzenstellung hat Hosang dann gegen Russen in Fliegeruniform mit zurückerobert. Die Brüder saßen schon auf unseren Zugmaschinen«.

Die Zahl der in das Stadtgebiet von Troppau eingedrungenen russischen Panzer hatte sich mittlerweile auf mindestens 80 erhöht. Major Kronsbein, der Erste Generalstabsoffizier der Division, handelte also schnell und vernünftig und befahl — ohne erst eine Genehmigung von Schörner einzuholen — die Räumung der Stadt. Dieser Befehl wurde, wie üblich, schriftlich ausgefertigt und von ihm unterschrieben. Kronsbein veranlaßte, daß südlich und westlich von Troppau neu Stellung bezogen werden sollte. Die vorgesehene Auffanglinie lag hinter der Bahnlinie bei Schlakau - Ottendorf.

Das Herauslösen aus dem bisherigen Kampfraum gelang verhältnismäßig leicht. Die Soldaten der verschiedenen Einheiten waren froh, das Stadtgebiet verlassen zu können; ein Häuserkampf mit dem Ziel, Troppau zu verteidigen, wäre bei der Übermacht des Gegners und dem Zustand der Front im benachbarten rechten Abschnitt ohnehin aussichtslos und sinnlos gewesen.
Auf Grund der erlittenen hohen Verluste konnte die neue Frontlinie nur sehr dünn und nicht vollständig besetzt werden. Kronsbein beziffert die damalige Kampfstärke der Skijägerbataillone mit nicht mehr als 20 - 30 Mann!

Der Kommandeur der rechts angelehnten Kampfgruppe 17.P.D. hatte die eigenmächtig getroffene Entscheidung, Troppau zu räumen, ausdrücklich gutgeheißen, dem Ia der Skijägerdivision aber in einem Gespräch dringend empfohlen, die schriftlich angefertigten und als Durchschläge an die Nachbareinheiten verschickten Befehle schnellstens wieder einsammeln zu lassen (»sowas schreibt man doch nicht, das ist der Beweis für ein Kriegsgericht. . . vernichten Sie alle Anfertigungen!«). Kronsbein bekam alle Anfertigungen der Befehle wieder in seine Hand, bevor der Kommandierende General die Division besuchte. »Sein Donnerwetter fiel glimpflich aus«.

Nicht lange danach erschienen zwei Hauptleute der Feldgendarmerie auf dem Divisionsgefechtsstand. In der Landsersprache nannte man die Feldgendarmen, wegen ihres auffallenden Brustgehänges, »Kettenhunde«; zum Ende des Krieges kamen sie als sogenannte »Heldengreifkolonne« in Verruf. Die bei Major Kronsbein damals aufkreuzenden »Heldengreifer« gaben zu verstehen, daß sie vom Heeresgruppen-Oberbefehlshaber Schörner (inzwischen Generalfeldmarschall) persönlich geschickt wurden und den Auftrag hätten, »den Ia der Skijägerdivision aufzuhängen; einen Strick hatten sie dabei« (wörtlich Kronsbein). Wie weiter berichtet wird, führte der Ia daraufhin die beiden Hauptleute an den Kartentisch, erläuterte ihnen die ganz aussichtslose Lage, in der sich die ausgeblutete Division zuletzt vor und in Troppau befunden habe und sagte, »er wäre froh, wenn er nicht mehr so viele Sorgen hätte; er stünde zur Verfügung, vielleicht könne einer der Hauptleute seinen Posten einnehmen«. Anscheinend waren sie von dem, was ihnen an Ort und Stelle an realistischer Darstellung der Siutation vermittelt worden war, beeindruckt. Sie hätten nicht geglaubt, daß die Lage »so verzweifelt gewesen wäre«, verabschiedeten sich, um dem Heeresgruppen-OB davon zu berichten — und sind nie wieder bei der Division aufgetaucht. Offenbar hatte Schörner inzwischen begriffen, daß die Skijägerdivision, die vor kurzem noch 6 feindliche Divisionen zurückschlagen konnte, nicht mehr existierte und von ihr nur noch schwache Restteile vorhanden waren.

Planmäßig wurde die neue Stellung südlich und westlich von Troppau bezogen. Von sämtlichen Einheiten mußten, um die Gefechsstärken etwas zu erhöhen, Leute vom Troß für den Einsatz in vorderster Linie abgestellt werden. Stabsintendant Jürges, Füsilierbataillon: »Ich habe kaum genügend Fahrer für alle Fahrzeuge«.

Oberjäger Günter Brost lag damals mit seiner Granatwerfergruppe (4./1) bei Schlakau: »Ich bekam den Befehl, mit einem zusammengewürfelten Haufen einen Gegenstoß zu unternehmen, der jedoch nicht gelang. Auf meine Meldung hin, mir andere Soldaten zu schicken, kam dann auch eine Gruppe Jäger-Pioniere mit 2 MG's und Panzerfäusten, dazu ein V.B. von einer 21-cm-Batterie. Dieser sagte mir, daß die Batterie nur 5 Schuß abfeuern dürfe. Der V.B. lenkte die schweren Granaten anschließend so präzise ins Ziel, daß der Russe sofort die von ihm besetzten Häuser fluchtartig räumte und alles liegen ließ. Wir stießen sofort nach und besetzten den Ortsteil. Vom letzten Haus aus feuerte ich den davonlaufenden Russen nach und wurde dabei selbst von zwei M.P.-Kugeln im Oberarm getroffen. Der Oberjäger von der Pioniergruppe übernahm das Kommando. Ich meldete mich im Bataillonsgefechtsstand und berichtete über den Verlauf des Gegenstoßes. Danach wurde ich vom Arzt verbunden und mit einem

Kettenkrad zum Regimentsgefechtsstand gefahren. Dies war meine 5. Verwundung. Vom Regimentsgefechtsstand ging es nach Ziegenhals« (55 Kilometer nordwestlich von Troppau), »wo Teile des Divisions-Verbandsplatzes lagen. Der Krieg war für mich vorbei«.

Gegen Ende April hatte der starke Druck des Feindes auf die Skijägerfront spürbar nachgelassen. Dr. Schmid schreibt: »Der Russe setzte — wie wir bereits seinen Funkmeldungen entnehmen konnten — seinen Angriff nicht nach Westen fort, sondern gruppierte um zum Angriff auf das Industriegebiet von Mährisch-Ostrau«.

Bei der Divison war der Eichenlaubträger Generalmajor Albert Henze eingetroffen. Henze hat »ganz kurze Zeit« die Division geführt. Freiherr von Seckendorff erinnert sich: »Wir sind zusammen im PKW rausgefahren und haben die verschiedenen Einheiten der 1. Ski-Jäger-Division besucht«. Nachfolger von Generalleutnant Hundt wurde dann aber Oberst Weiler, Kommandeur des Ski-Jäger-Regiments 1.

Am 1. Mai meldete der Rundfunk, daß Hitler »bis zum letzten Atemzuge gegen den Bolschewismus kämpfend für Deutschland gefallen ist«.
General Weidling, der Verteidiger Berlins, hatte an seine Soldaten einen Befehl herausgeben lassen, der mit den Worten begann: »Am 30. April 1945 hat der Führer uns, die wir ihm die Treue geschworen hatten, im Stich gelassen«.
Der V.B.-Funker Gefreiter Sternad, Panzerjäger-Fla-Kompanie des Ski-Jäger-Regiments 2, empfing an diesem Tag einen Funkspruch: »Die am Anfang durchgegebene Buchstabenzahl war für unsere Einsätze unheimlich hoch«, schreibt Sternad. »Was war da los? Wir nahmen ihn auf und entschlüsselten ihn: »Der Führer des deutschen Volkes Adolf Hitler ist an der Spitze seiner Truppen im Kampf um Berlin gefallen«. (Wer hat da eigentlich wenige Tage vor Kriegsschluß noch den deutschen Soldaten bis ins letzte Glied so belogen?). Es gab eigentlich zwischen uns dreien, Hagen, Wuttig und mir, keinerlei Reaktionen, denn die Tage waren für uns schon gezählt. Wir rätselten nur oft an dem »Wie« herum. Unsere Hoffnung lag immer bei den Amerikanern: Die können uns doch nicht im Stich lassen und Deutschland dem »Bolschewismus« preisgeben! — Wie haben sich doch schon wenige Tage später unsere Wunschvorstellungen und Hoffnungen als Trug erwiesen! Selbst Wochen nach der Kapitulation kamen noch viele deutsche Soldaten aus dem Westen ins russische Lager Tabor, gemäß einem Abkommen von den Amerikanern ausgeliefert an die UdSSR«.

Als am 1. Mai über Funk die Nachricht vom Tode Hitlers empfangen wurde, hatten gerade Skijäger, 16. P.D. und Führer-Begleitdivision zusammen einen Angriff von südwestlich Troppau nach Norden unternommen. Am 3. Mai erneuter Gegenstoß von Skijägerdivision und 16.P.D. — die dabei ihre letzten 6 Panzer einsetzte — bei Briesen, rund 15 Kilometer südlich von Troppau. Anschließend erging an die Führer und Kommandeure der übriggebliebenen Divisionsteile der Befehl, die Verlegung in den ruhigeren Frontabschnitt Ziegenhals - Zuckmantel - Bischofskoppe - Petersdorf vorzubereiten. Wie sehr die Gefechtsstärken der Einheiten bis dahin zusammengeschrumpft waren, kann noch am Beispiel des Füsilierbataillons nachgewiesen werden. Tagebuch Jürges: »Kommandeur kommt aus dem Raum Troppau mit 26 Mann«. Hauptmann Reinsdorf bezog nun in Zuckmantel seinen Gefechtsstand. »Appell an den Rest des Bataillons, zusammenzubleiben. Am Nachmittag des 5. Mai 1945 trifft aus Taus der letzte Ersatz ein«. . . .

Oberjäger Kramm hatte am 30. April den Befehl erhalten, seine Pak-Selbstfahrlafette per Bahn wieder der Division zuzuführen. Der Transportwaggon mit dem Geschütz wurde an einen Güterzug angehängt. Kramm berichtet: »Dieser Güterzug war bereits voll mit Zivilisten (Flüchtlingen), also Frauen mit Kindern und alten Leuten. Zielrichtung war Olmütz. In Olmütz nach einigen Tagen angekommen, erlebten wir einen mit Zügen und Menschen chaotisch vollgestopften Bahnhof. Wir, das war die Geschützbesatzung, zu der inzwischen ca. 40 Zivilisten hinzugekommen waren, die auf unserem offenen Waggon kampierten. Da wir bis Olmütz einige Tage unterwegs gewesen waren, hatten wir kaum noch etwas zu essen, zumal von unseren Rationen ein Teil an die Flüchtlinge abgegeben wurde. — In der Stadt sah es, wie wir gleich herausbekamen, schlecht aus mit Verpflegung. Wir mußten aber unbedingt irgendwo und irgendwie etwas organisieren.
Uns wurde gesagt, daß der Transportzug etwa 10 Stunden im Bahnhof stehenbleiben würde. Also machte ich mich zusammen mit zwei Frauen auf Verpflegungssuche. (In Olmütz kannte ich mich seit einem früheren Lazarettaufenthalt etwas aus). Leider sind wir nicht sehr weit gekommen, denn bereits nach 20 Minuten wurde ich von einer Streife festgenommen. Man erklärte mir, als ich mein Soldbuch vorlegte, daß man in Olmütz bereits einen Sonderausweis benötige, der von der Stadtkommandantur ausgestellt sein mußte.
Nachdem ich nun am Bahnhof ausreichend nachweisen konnte, daß ich ein Geschütz nachführte, war jeglicher Verdacht gegen mich ausgeräumt. Wir erfuhren von der Streife, daß Olmütz zur Festung erklärt werden sollte«. . . .

Am 5. Mai meldete der Wehrmachtbericht: »Bei Olmütz sind erbitterte Kämpfe in Gange«. Am selben Tag stießen sowjetische Truppen tief in den Raum nördlich der oberen Oder, zwischen Sternberg und Troppau, ein. Nach schweren Kämpfen gelang den Russen bald der Vorstoß bis zur Straße Freudenthal - Olmütz. Das Tagebuch des zum Nachfolger Hitlers bestimmten Großadmirals Dönitz enthält für den 6. Mai 1945 — 10 Uhr — die Eintragung: »Nachricht über Aufstand in Prag. Die Ostfront erhält ab sofort Befehl, sich möglichst schnell unter Rettung möglichst zahlreicher deutscher Soldaten möglichst weit nach Westen abzusetzen«.
Am rechten Flügel der deutschen Front in Westoberschlesien wurden daraufhin die Ortschaften nordwestlich von Ottmachau - Neisse kampflos dem Gegner überlassen. Ebenfalls von den deutschen Truppen geräumt wurden die Dörfer im Abschnitt Neisse — Ziegenhals. Die 1. Ski-Jäger-Division wich zunächst nach Freiwaldau aus; noch in der Nacht vom 7. zum 8. Mai erhielt sie vom 40. Panzer-Korps den Befehl zum Weitermarsch in den Raum Landskron.
Stunden vorher (am 7.5.1945, 2.41 Uhr) war die deutsche Kapitulation in Reims unterzeichnet worden. (Wiederholung unter sowjetischer Regie am 9.5., 0.16 Uhr, in Berlin-Karlshorst). Das Hauptquartier des Feldmarschalls Schörner erhielt am 7. Mai vom Oberkommando der Wehrmacht über Funk die Mitteilung, daß der Waffenstillstand am 9. Mai um 8 Uhr in Kraft treten solle. Kurz darauf erfolgte eine Berichtigung: »Waffenstillstand tritt am 9. Mai um 0 Uhr in Kraft«.
Der Wehrmachtbericht vom 8. Mai meldete noch »heftige Abwehrkämpfe südöstlich Brünn und im Großraum Olmütz«. Olmütz wurde bis zum 8. Mai, 12 Uhr, gehalten.

Bei den Teilen der 1. Ski-Jäger-Division, die am 8. Mai im Laufe des Vormittags Landskron erreicht hatten, ging gegen Mittag des gleichen Tages ein neuer Funkbefehl des 40. Panzer-Korps ein: »Im Raum südlich Landskron sperren«. Der damalige Ic, Oberleutnant Dr. Joseph Schmid, berichtet: »Etwa um 19 Uhr erschien ein Regiment einer Nachbardivision in Landskron mit der Nachricht, daß um Mitternacht die Kapitulation in Kraft trete (was ich dem Ia schon den ganzen Tag erklärt hatte). Die Division erteilte an die erreichbaren Einheiten den Befehl zum Sammeln in Wildenschwert. Von dort — 45 Kilometer ostwärts der Linie Königgrätz -Pardubitz - sollte am nächsten Tag ab 5 Uhr nach Westen weitermarschiert werden. Bis Tschaslau (Caslav), 70 km ost-südöstlich Prag, ging der Marsch einigermaßen geschlossen vor sich. Dann waren alle Straßen verstopft, und der Russe sperrte den Weitermarsch. Der letzte Divisionsführer, Oberst Weiler, hat sich erschossen, um nicht in Gefangenschaft zu geraten«. —

»Beim Lösen vom Feind aus dem Raum Zuckmantel - Ziegenhals in südwestliche Richtung, sollte das Ski-Füsilier-Bataillon 1 die Nachhut bilden«, berichtet der damalige Hauptmann Otto Reinsdorf. »Bereits am zweiten Tag hatte das Bataillon keine Funkverbindung mehr zur Division und wurde bei Grulich von SU-Kräften überlaufen. Mit etwa 120 Mann marschierten wir nach Nordwesten und versteckten uns 8 Tage lang im Heuscheuer-Gebirge. Dort vergruben wir unsere Waffen und setzten uns, in Abständen und kleinen Gruppen (bis zu 8 Mann), längs der Grenze zur Tschechoslowakei mit Ziel Heimat in westliche Richtung ab. Mit 3 Mann wurde ich, nachdem wir die Görlitzer Neiße durchschwommen hatten, am 18. Juli 1945 südlich von Görlitz gefangengenommen«.

Leutnant Siegfried Bucher nahm mit einer Gruppe Skijäger von Zuckmantel zunächst den gleichen Weg über Freiwaldau bis Grulich - Mittelwalde, »wo ich dann am 9. Mai die Richtung nach Königgrätz einschlug«, heißt es in seinem Bericht. (Königgrätz = 70 km westlich von Grulich). »Für mich begann am 12. Mai 1945 der Weg in die sowjetische Kriegsgefangenschaft. Ich hatte zwar beabsichtigt, mit einem unserer Beute-T-34 innerhalb eines russischen Panzerverbandes nach Westen zu fahren, dies glückte mir aber nur bis westlich Königgrätz; eine Panne verhinderte die Weiterfahrt«. . . .

Für Siegfried Bucher, wie für jeden deutschen Soldaten in seiner Situation, gab es damals nur den einen Gedanken: möglichst auf schnellstem Wege die Tschechoslowakei zu verlassen, »wo der Mob wahllos zum Morden entschlossen war«. Weiter heißt es im Bericht: »Das große Sammellager für uns Kriegsgefangene war der Flugplatz Königgrätz, auf dem einige Messerschmitt-Düsenjäger« (Me 262 = erstes einsatzfähiges Düsenflugzeug der Welt) »zur Übergabe an die Russen bereitstanden. Hier, in dem von russischen Soldaten bewachten Lager, konnten wir uns vor dem tschechischen Mob sicher fühlen«, schreibt Bucher.

»Der anschließende Marsch von Königgrätz nach Glatz (Schlesien) hat dann aber vielen das Leben gekostet. Unzählige Kameraden, die vor völliger körperlicher Erschöpfung am Straßenrand liegengeblieben waren, sind von den russischen Wachmannschaften einfach erschossen worden.

Auf der Festung in Glatz wurden laufend die Kontingente für den Abtransport nach Rußland zusammengestellt. Mein Weg führte über das ehemalige Zuchthaus Dyhernfurth an der Oder in ein ehemaliges Arbeitslager der Rheinmetall-Borsigwerke in Breslau-Hundsfeld, dessen Unterkünfte vollkommen verwanzt waren. Ein Fluchtversuch mißlang; ich verschwand in einem »Isolator« innerhalb des Lagers und wartete.

Ende September 1945 ging es weiter Richtung Osten. In unserem Eisenbahnwaggon befanden sich 100 geschwächte Gefangene. 56 Tage rollte

der Transport durch den beginnenden strengen russischen Winter, bis wir in Baku am Kaspischen Meer ausgeladen wurden. Von 2 500 Gefangenen waren rund 700 unterwegs gestorben. . .
Im größten Malariagebiet des südlichen Rußland war mitten in der Wüste eine quadratische Fläche von 1 x 1 Kilometer mit Stacheldrahtumzäumung für uns als Lager hergerichtet worden. Wir bekamen Schaufeln, Äxte und Hacken, damit wir uns die Unterkünfte — Erdbunker — selbst bauen konnten.
Bereits 1947 begann im Lager das unheilvolle Wirken von Stalins Strafjustiz. Unter Mitwirkung von Angehörigen der »Antifa«, den »antifaschistischen Helfern« der Russen, und anderer Denunzianten begannen die Verhöre und Folterungen. Schon die Teilnahme an einem Einsatz gegen Partisanen — wie in meinem Fall — genügte zu einer Verurteilung; denn die Partisanen haben, so die russische Auffassung, für den Frieden gekämpft, waren also »friedliche Bürger« der UdSSR, die zu bekämpfen ein »Verbrechen gegen die Menschlichkeit« darstellte (entgegen der international geltenden Rechsnorm, die erst nach dem Kriege auch von der Sowjetunion anerkannt wurde).
Über die Gefängnisse Kirowabad - Baku - Rostow - Moskau - Gorki-Kottlas - Petschora landete ich im gefürchteten Regime-Lager Workuta, nördlich des Polarkreises. Nachdem die Todesstrafe aufgehoben worden war, wurde ich 1945 von einem Militärgericht zu 25 Jahren Zwangsarbeit verurteilt.
Das hieß: täglich 12 Stunden schwere körperliche Arbeit unter grausamsten Bedingungen. Viele von uns wurden durch Hunger, Krankheiten und Seuchen dahingerafft. Neben unseren russischen Peinigern hatten wir damals besonders jene Kategorie von »Deutschen« zu fürchten, die sich, zur »Steuerung« ihrer Mitgefangenen, den Russen oft nur für ein Stückchen Brot als Denunzianten zur Verfügung stellten.
Mein Leidensweg führte noch über weitere Lager. Ab 1951 konnten wir erstmals Pakete aus der Heimat in Empfang nehmen. Das Wissen, jetzt mit den Familienangehörigen im Kontakt zu sein, hat wesentlich zur Stärkung unseres Willens zum Überleben beigetragen.
1955, mit Bundeskanzler Adenauers Besuch in Moskau, wurden die zu Unrecht verhängten Strafen nicht, wie viele irrtümlich annahmen, aufgehoben, das heißt, wir wurden nicht rehabilitiert, sondern es wurde n u r von einer weiteren Strafverbüßung »abgesehen«. — Der politische Zweck, die Aufnahme voller diplomatischer Beziehungen mit Bonn, war für die UdSSR erfüllt.
Ich gehörte zu den rund 750 Verurteilten, die der Willkür Stalin'scher Strafjustiz zum Opfer gefallen waren und deren Strafen — was mir bis heute unerklärlich blieb — weiterhin Gültigkeit behielten. Wir wurden erst

im Januar 1956 je nach Wohnort den Regierungen der Bundesrepublik Deutschland und der DDR »zur weiteren Strafverbüßung« übergeben, ohne daß damals und auch später nicht Aktenbeweise gegen uns vorgelegt wurden. Die Übergabe von uns Westdeutschen erfolgte (unter Bewachung durch russische Soldaten mit aufgepflanzten Bajonetten) im Bereich des Bahnhofs Herleshausen. Jeweils ein Bevollmächtigter des Obersten Sowjet und ein hoher Beamter der deutschen Bundesregierung waren bei der Übergabe anwesend. Von Herleshausen brachte man uns mit Fahrzeugen des Bundesgrenzschutzes in die Kaserne nach Hannoversch Münden. Dort begannen die Vernehmungen durch deutsche Juristen, meines Wissens unter Aufsicht der Rechtsschutzstelle des Internationalen Roten Kreuzes. Nach Beendigung der Vernehmungen durfte ich am 16. Januar 1956 endlich heimfahren«.

Gefreiter Herbert Schneider war am 9. Mai 1945 zusammen mit Kameraden seiner 13./1 ebenfalls bei Königgrätz von den Russen gefangengenommen worden. Schneider hat über seine leidvollen »3814 Tage hinter Stacheldraht« ein Buch geschrieben. Viele seiner ehemaligen Skijägerkameraden könnten ähnliches wie er berichten.

Oberjäger Helmut Kramm hatte Olmütz kurz vor dem Einrücken der Russen verlassen können. Der Transportzug mit seinem Geschütz war am 8./9. Mai 1945 noch 115 Kilometer nach Westen bis Deutschbrod gefahren und dort stehengeblieben. Inzwischen hatten auch die Rotarmisten Deutschbrod erreicht.
Kramm, der das zunächst nicht glauben wollte, war an eine Straße — »etwas entfernt vom Bahnhof« — gegangen, um sich zu vergewissern. Tatsächlich zogen vor seinen Augen Russen auf Fahrzeugen vorbei, in Richtung Prag. »In dem sicheren Bewußtsein, Euch kriegen wir alle, kümmerten sie sich überhaupt nicht weiter um uns«, schreibt Kramm. »Nach kurzer Überlegung haben wir dann den Verschluß vom Geschütz ausgebaut und einzelne Teile im Umfeld vergraben. Anschließend schnappten wir uns zwei Kanister Benzin, steckten unsere Pistolen ein und zogen los. Durch Zufall stießen wir in der Nähe auf einen Krankenwagen beziehungsweise Bus mit Kranken und Verwundeten. Man wollte uns erst nicht mitnehmen. Aber als wir denen das Benzin angeboten haben, durften wir mit; allerdings mußten wir vorne auf den Kotflügeln sitzen.
Unser Fahrtziel war die Moldau, wir wollten zum Amerikaner. Jedenfalls hatten wir gehört, daß der Ami hinter der Moldau steht. So glaubten wir, der gefürchteten russischen Gefangenschaft noch entgehen zu können.
An einer Straßenkreuzung wurden wir dann von einer Gruppe Tschechen, die rote Armbinden trugen, angehalten. Ich hatte das Gefühl, daß die uns

das Fahrzeug wegnehmen und uns den Russen übergeben wollten. Kurzentschlossen zogen wir unsere Pistolen und schossen damit mehrmals in die Luft. Das wirkte: Die Tschechen, die zum Glück unbewaffnet waren, liefen davon, und wir konnten unsere Fahrt fortsetzen.
Schon nach kurzer Zeit wieder eine Straßenkreuzung und wieder Tschechen, die uns anhielten. Diese Leute trugen nun blau-weiß-rote Armbinden, ich glaube, es waren sogenannte Nationaltschechen. Zu unserer Überraschung haben sie uns sehr anständig behandelt, sie haben uns tatsächlich gesagt, in welche Richtung es zum Ami geht. Bevor wir weiter durften, mußten wir aber unsere Pistolen abgeben.
Ich möchte erwähnen, daß wir im Sanitätsfahrzeug 5 Schwerstverwundete hatten, davon 2 Amputierte, einem davon war ein Bein abgenommen, der andere hatte einen Arm ab. Der mit dem amputierten Bein verstarb noch während der Fahrt. Durch die tagsüber herrschende Hitze wurde es für die Verwundeten im Inneren des Fahrzeugs nahezu unerträglich. Wir konnten uns nicht einmal mehr mit dem Notwendigsten versorgen, besonders Wasser war kaum zu bekommen.
Gottseidank nahm auch das ein Ende. Unser Fahrer hatte ein deutsches Feldlazarett angesteuert, wo wir dann die Verwundeten einliefern konnten. Dort kamen wir mit den ersten amerikanischen Soldaten zusammen. Sie verhielten sich uns gegenüber korrekt. Ich rauchte zum erstenmal eine amerikanische Zigarette und staunte — als deutscher Soldat, der das Wacheschieben in anderer Erinnerung hatte — über einen amerikanischen Wachposten, der neben einem Batterieradio lässig auf einem Klappstuhl Platz genommen hatte.Seine Knarre war neben ihm an eine Wand gelehnt — der Krieg war vorbei. So konnten wir dieses Bild deuten.
Aber bald mußten wir erfahren, daß mit dem Krieg nicht gleichzeitig auch unser Leidensweg zuende gegangen war. Am zweiten Tag erreichte uns der russische Panzervormarsch; das gesamte Lazarett — in dem mehrere deutsche Krankenschwestern noch ihren Dienst verrichteten — wurde von den Amerikanern an die Russen übergeben. Das bedeutete, wer laufen konnte, mußte sich in eine Marschkolonne einreihen, und los ging es in irgendeine Richtung.
Wir waren schon Stunden in der Hitze marschiert, als die Bewacher uns endlich erlaubten, am Straßenrand Rast einzulegen. Der Rastplatz befand sich in unmittelbarer Nähe einer Eisenbahnstrecke. Von dem Bahngelände trennte uns ein Zaun aus Maschendraht. Drüben erkannten wir einen abgestellten deutschen Lazarettzug, der von amerikanischen Soldaten bewacht wurde. Mit Hilfe von Kameraden gelang es mir, in einem günstigen Augenblick durch eine kleine offene Stelle zwischen Zaun und Erdreich durchzuschlüpfen und mich drüben bis zum Weitermarsch der Kolonne unter Strauchwerk zu verbergen. Somit war ich wieder beim Ami, und ich

hätte Grund zur Freude gehabt. Aber die Amerikaner übergaben mich am nächsten Tag wieder den Russen.
Die gleiche Situation: marschieren in langer Kolonne, dabei Hunger und Durst ausstehen. Am Abend dieses Tages nutzte ich während der Rast unweit eines See- und Sumpfgebietes erneut die Gelegenheit zur Flucht. Diesmal gingen einige Kameraden mit. Noch in der darauffolgenden Nacht kamen wir, nach unserer Einschätzung, der Heimat ein gutes Stück näher.

Es muß nur ein paar Kilometer vor der deutschen Grenze gewesen sein, als wir von drei schwerbewaffneten Tschechen überrascht und festgenommen wurden. Sie brachten uns in ein großes Sammellager. Dort befanden sich nicht nur Soldaten, sondern auch Zivilisten: Frauen, Kinder, Greise — alles durcheinander. Was dort für uns begann, ist mit Worten gar nicht zu beschreiben.
Die Gefangenen hatten Gruppen von etwa 12 Leuten gebildet, das heißt, sie lagen im Kreis Kopf an Kopf aneinander, Männer, Frauen und Kinder gemischt. Wir haben gleich gemerkt, warum das so war, denn abends wurden Frauen geholt zum Vergnügen unserer Bewacher.
Es gab zunächst überhaupt nichts zu essen. Im ganzen Lager war nur eine kleine Wasserquelle vorhanden. Man mußte sich morgens anstellen und bekam dann vielleicht nach Stunden einen Trinkbecher Wasser, aufgeteilt auf mehrere Personen.
Kleine Kinder und Babys schrien vor Hunger und Durst, bis einige von ihnen starben. Wir mußten sie an Ort und Stelle begraben.
Am zweiten Tag unseres Aufenthaltes in diesem Lager bekam jeder von uns eine rohe Kartoffel und etwa 30 Gramm Pferdefleisch. Wir haben alles auch gleich roh aufgegessen, denn abkochen konnten wir sowieso nichts.
Das ganze Gelände war eng belegt. Deshalb war kaum Platz vorhanden, wo wir unsere Notdurft verrichten konnten. Die Bewacher hatten sich um nichts gekümmert.
Manche Frauen versuchten wir vor den brutalen Bewachern dadurch zu schützen, indem wir ihnen nachts unsere Mützen und unsere Jacken angezogen haben, so daß sie beim oberflächlichen Hinsehen wie Männer aussahen.
Nach 10 Tagen wurde damit begonnen, Frauen und Männer in gesonderte Sammellager zu verlegen. In einem Waldgebiet war eine große Fläche eingezäumt worden, auf der alle ehemaligen Soldaten eingesperrt werden sollten. In der Nähe war eine Ortschaft, dort befand sich dann das Frauenlager. In jeder Nacht konnten wir immer wieder die Verzweiflungsschreie der vergewaltigten Frauen hören. —
Von diesem Waldlager aus schickte man uns in tagelangen Märschen noch

in verschiedene andere Sammel- und Auffanglager, bis wir an einen Sammelpunkt gelangten, an dem schließlich die Zugtransporte nach Rußland zusammengestellt wurden. Bis dahin waren schon viele Hunderte unserer Kameraden an Entkräftung oder an Krankheiten gestorben. Inzwischen war es Oktober geworden. Ich kam zu einem Transport — einem Viehtransport, denn wir wurden wie Vieh behandelt — und fuhr damit 3 Wochen lang Richtung Kaukasus. Dort habe ich bis Juni 1948 in einem Steinbruch gearbeitet.
Diese Monate und Jahre wären für mich sicher leichter zu ertragen gewesen, wenn ich zusammen mit meinen Skijägerkameraden — der Gemeinschaft, mit der ich mich verwachsen fühlte — in die Kriegsgefangenschaft gekommen wäre«.

Gefreiter Otmar Sternad war, als ihn am 6. Mai der Befehl zum Absetzen nach Westen erreichte, noch als V.B.-Funker beim leichten Infanteriegeschützzug der 13./2 in der Gegend von Röwersdorf, 15 Kilometer südöstlich von Zuckmantel, eingesetzt: »Wir, die V.B.-Stelle unter der Leitung von Unteroffizier Hagen, wurden per Funk zurückgerufen. Mit drei bis vier LKW's und den Geschützen begann die Fahrt. Zum ersten Mal bekam ich das Gefühl der Auflösung einer größeren Ordnung — kein Kontakt, kein Funkverkehr mehr zur Kompanie. Zu uns stießen auf dem Weg über Tschaslau Soldaten völlig fremder Truppenteile, die Straßen waren verstopft, hie und da tauchten Trupps mit weißen Fahnen auf, die auch schon die Waffen fortgeworfen hatten. Ob der Krieg wohl schon zuende war?
Wir fuhren weiter, bekamen Widerstand aus tschechischen Dörfern, der nach ein paar Schuß aus unseren Geschützen stets erlosch. Der Weg war wieder frei.
So erreichten wir Beneschau, 40 Kilometer südöstlich von Prag, trafen dort auf bewaffnete SS-Einheiten und wichen nach Süden aus. Auch die SS wollte zum Amerikaner.
Wir blieben als Zugverband erhalten bis zu jener Nacht, als sich mit aufgeblendeten Scheinwerfern eine Panzerkolonne näherte. Bei uns die bange Frage: Iwan oder Ami? — Die Motorengeräusche drüben verstummten, die Scheinwerfer an den Panzern wurden nacheinander ausgeschaltet — unheimliche Spannung und Stille!
Kurzentschlossen sprangen wir von den LKW's und verstreuten uns im Gelände und lauschten. Da wurden drüben wieder die Motoren angeworfen, die Panzer formierten sich (die Scheinwerfer blieben immer noch abgeschaltet) im Gelände mit Front gegen uns — und dann: russische Kommandos! Wir, das waren nach dem Zusammenfinden in der Dunkelheit noch 12 Mann, pirschten lautlos weiter, zwischen den Panzern hindurch,

und hörten dann noch, wie sich die Russen an den verlassenen LKW's zu schaffen machten. Der Kameradschaftsverband des Zuges war von nun an zersprengt, zusammengeschrumpft.
Der Marsch ging weiter, noch zwei Tage, Richtung Westen. Wir stießen dabei auch auf andere kleinere Trupps deutscher Soldaten, die im Wald Schutz und Deckung suchten vor bewaffneter tschechischer Bevölkerung, die Jagd auf deutsche Soldaten machte. Ortschaften, kleinere Weiler mußten wir umgehen, überall empfingen uns Schüsse. Lange Strecken legten wir im Laufschritt zurück, im Gelände überall Deckung suchend. Die Munition wurde knapp. Tagsüber war es fast unerträglich heiß; die Sonne brannte unbarmherzig.
Einer von uns blieb liegen, ein Norddeutscher, er schlug jede Hilfe aus: »Laßt — mich — liegen!« Wer wird wohl der nächste sein, der bei dieser nervenaufreibenden Hetzjagd aufgibt? —
So kam der 11. Mai 1945. In der Nacht hatten wir wieder etliche Kilometer im Gelände zurückgelegt, da schlug Oberfeldwebel Mittelbach — der Tag war schon angebrochen — eine Trennung in kleinere Gruppen vor. Vor uns lag gut einsehbar ein Wiesengelände, mit kleineren Hügeln durchsetzt. Durch dieses Gelände führte eine Straße, auf der wir einige Zeit das Vorbeirollen und Vorbeimarschieren russischer Einheiten beobachteten. Im Hintergrund konnten wir eine bewaldete Hügelkette ausmachen. Dahinter sollte die Moldau sein — und der Amerikaner. Ihn wollten wir möglichst bald erreichen.
Worüber sprachen wir eigentlich noch während dieses letzten Beisammenseins? Ich weiß noch, daß uns die Frage nach unserem gegenwärtigen Status beschäftigte. Sind wir eigentlich noch Soldaten? Es gab doch keine höhere Kommandostelle mehr, es gab keine Stellung mehr zu verteidigen, es ging nur noch um unser Leben. Oder aber ist der Krieg zuende? Was sind wir dann? Solange wir, falls der Krieg beendet ist, mit der Waffe weiterkämpfen, gelten wir als Freischärler und müßten bei Gefangennahme mit dem Tode rechnen. . .
Als wir uns verabschiedeten, war wohl jedem von uns anzumerken, mit welch gemischten Gefühlen wir auseinandergingen. Der Vorschlag von Oberfeldwebel Mittelbach, in kleineren Gruppen zu versuchen, sich das letzte Stück zum Ami durchzuschlagen, erschien uns erfolgversprechender.
Ich war beim ersten Trupp dabei, zusammen mit Unteroffizier Hagen (einem Thüringer), Obergefreiten Wuttig (einem Funker aus Bad Warmbrunn) und einem Fernsprechmann, der aus Chemnitz stammte. Von Bedeutung für spätere Ereignisse für uns vier war, daß Unteroffizier Hagen, der in den letzten Monaten von einer Panzerabteilung zur Division gekommen war, Totenköpfe an den Kragenspiegeln trug und daß der Fern-

sprechmann von seinem Aussehen her — rundes Gesicht, vorstehende Backenknochen — genauso hätte ein Russe sein können.
Es gelang uns als erstes, in einer Lücke zwischen den auseinandergezogenen Kolonnen der Russen unbemerkt die Straße zu überqueren und außer Sichtweite von der Straße zu kommen. Vor uns dann ein Hügel. Langsam, stets auf Deckung bedacht, erreichten wir die Anhöhe. Bis dahin blieben wir scheinbar unentdeckt. Von oben sahen wir in einem Tal links ein paar Häuser. Dahinter wieder ansteigendes Gelände, gleich nach der Talsohle mit einer Waldzunge beginnend. Dort mußten wir hin.
Den Hügel hinab gab uns noch ein Kornfeld gute Deckung. Wir wagten uns vorwärts. Der untere Rand des Kornfeldes war erreicht, wir mußten über ein freies Feld — da fielen auch schon die ersten Schüsse aus den Häusern! Wir konnten mehrere Gestalten erkennen, Entfernung 200 - 250 Meter. Vor uns ein Wiesenbach, der Deckung bot. Also hinein! Jetzt konnten wir das Feuer erwidern. Während der Schießerei setzten wir uns bachabwärts etwas von den Häusern ab. Unser Feuer aus den Sturmgewehren bewirkte, daß die Tschechen sich ganz in die Häuser zurückzogen. Wir schossen, bis uns die Munition ausging. Das schienen auch bald die tschechischen Gewehrschützen mitzubekommen. Einige von ihnen sprangen aus den Häusern heraus und kamen, mit den Gewehren im Anschlag, immer näher an uns heran. Was sollten wir tun? Wir nahmen Deckung, mit dem Kopf nach unten. Schon hörte ich Schritte, gleich müßten Schüsse fallen — so sah also das Ende aus! — Es kam anders: »Hände hoch, aufstehn!« Wir kamen der Aufforderung nach und wurden gleich von etwa einem Dutzend Zivilisten umringt. Es waren Dörfler, Bauern, mit Karabinern und Jagdflinten bewaffnet. Wir mußten zuerst unsere Gewehre ablegen. Dann interessierten sie sich für andere Dinge; mir wurde die Uhr abgenommen: es war kurz vor elf. Der Blick eines Tschechen blieb an den Kragenspiegeln des Unteroffiziers Hagen hängen. Er sah die Totenköpfe. »Ihr SS ?« Wir verneinten und erklärten ihm, daß dieses Kennzeichen an den Kragenspiegeln allgemein von den Panzerleuten getragen wurde. — »Dokumenti!« Damit waren wohl unsere Soldbücher gemeint. Wir zeigten sie ihnen, mehrere Tschechen blätterten darin herum: »Gutt, keine SS!« Damit war, wie wir später erfuhren, zunächst unser Leben gerettet«.
Sternad und seine drei Kameraden wurden von dem bewaffneten Haufen bis in das nächste Dorf geführt. Auf der Dorfstraße Menschengedränge. »Als die Leute uns kommen sahen, ging ein Gejohle los; die Menge öffnete sich; wir wurden mit den Rücken an die Wand eines Waaghauses gestoßen; da lag schon ein deutscher Soldat, stöhnend — zusammengeschlagen!« Sternad, Hagen, Wuttig und der Fernsprechmann wurden nun gründlich durchsucht. Bei Hagen fanden die Tschechen eine verstecktgehaltene 08-Pistole, bei Sternad ein Stilett. »Hagen wurde geschlagen, bis er

zu Boden ging. Mir hielt man das Stilett vor's Gesicht«, schreibt Sternad. »Nix Waffe?« »Ich verneinte. Daß es eine Waffe war, demonstrierte man mir daraufhin recht deutlich und schmerzhaft: mein Kopf wurde gegen die Wand gedrückt und die Messerspitze von unten in die Weichteile hinter dem Kinn gestoßen. Danach Schläge, Kolbenstöße, Fußtritte — es erging uns allen gleich. Zum zweiten Mal erwartete ich am Boden das Ende: gefangen, wehrlos, totgeschlagen«.

Aber dann hatte der Mob eine lange Gasse gebildet; die vier Gefangenen wurden nacheinander, »die Hände hinter dem Kopf verschränkt«, zu einem qualvollen Spießrutenlaufen gezwungen und anschließend in einen dunklen Keller gestoßen. »Hier faßten wir uns etwas. Vor der Kellertür standen bewaffnete Posten. Was hatten sie mit uns nur vor? Warum haben sie uns nicht gleich »umgelegt«? — Wir sehnten die Nacht herbei — es muß etwas geschehen, wir müssen hier raus!«

Nach einiger Zeit öffnete sich plötzlich die Tür, man führte die Gefangenen wieder auf die Straße hinaus, wo sie wieder von dem rabiaten Pöbel hin- und hergestoßen, getreten und geschlagen wurden. Dann sperrte man sie in einen kleinen, an der Hauptstraße in einen Hang hineingebauten Erdkeller. Dort wurden sie von den Tschechen solange festgehalten, bis sie in die Hände durchziehender Rotarmisten gelangten. Otmar Sternad berichtet: »Ein russischer Unterführer »filzte« uns als erster, alle Fotos und Papiere wurden uns zerrissen: »Nje nada — do Sibir!« (Nicht notwendig — nach Sibirien!). Mit Gewehrkolben- und Stockschlägen wurden wir in den Erdkeller zurückgestoßen. Ähnliches wiederholte sich ein zweites Mal. Dann wurden wir einem russischen Offizier, der mit einem Jeep angefahren kam, vorgeführt. Ihn hatte der Himmel geschickt! »Seit wann habt Ihr nichts mehr gegessen?« fragte er uns in gutem Deutsch. Mein Gott, das war plötzlich eine Frage nach unserem leiblichen Wohl, das lag doch schon mindestens 3, 4 oder 5 Tage zurück; in der nervenaufreibenden Hetze seit dem 6. Mai, als uns der Befehl zum Absetzen aus der Stellung bei Röwersdorf erreichte, hatten wir jedes Zeitgefühl verloren, Vergangenheit zählte nicht mehr, nur noch Zukunft. — »Essen holen!« befahl er den verblüfften Tschechen. Wir bekamen Brot und Milch. Der Offizier setzte sich zu uns und wir sprachen in sachlichem Ton über unsere Einheit und den Einsatz in Rußland. Für die tschechischen Zivilisten, die unserem Gespräch zuhörten, schien dies unfaßbar zu sein. Sie wurden vom russischen Offizier angewiesen, uns kein Haar mehr zu krümmen, ansonsten drohe ihnen Strafe. Uns erklärte er, daß in Kürze hier eine größere Gefangenenkolonne vorbeikommen werde, der sollten wir uns anschließen. Und so geschah es auch am späten Nachmittag.

Zwei Tage marschierten wir dann, von tschechischen Partisanen eskortiert, schikaniert, in Ortschaften beim Durchmarsch bespuckt, geschlagen, mit Steinen und Flaschen beworfen — wir waren Freiwild! Eine Nacht verbrachten wir liegend oder sitzend, dicht zusammengepfercht in einem Gemäuer; über unsere Köpfe wurde andauernd hinweggeschossen, wahrscheinlich, damit sich jeder von uns einprägen sollte, was bei einem Fluchtversuch mit ihm geschehen würde.

In dieser Kolonne trafen wir noch einen Skijäger wieder, und zwar den Kettenkradfahrer Michl Eggert aus Augsburg; er war auf ähnliche Weise wie wir in Gefangenschaft geraten. Die anderen Zugkameraden sahen wir niemals wieder.
Einmal noch stand das Leben unseres sächsischen Kameraden auf dem Spiel. Vorbeiziehende russische Soldaten erspähten ihn in der Kolonne, vermuteten in ihm einen russischen Hiwi und zerrten ihn aus der Reihe heraus. Die Soldaten entsicherten ihre Gewehre und waren nahe daran, ihn zu erschießen. Wir konnten noch rechtzeitig hinzuspringen und beschworen die Rotarmisten, von ihm abzulassen, wir sagten ihnen, daß es unser Kamerad sei. Dabei deuteten wir immer wieder auf unsere und auf die gleiche Skijägeruniform des Kameraden aus Chemnitz. Schließlich ließen sich die Rotarmisten überzeugen.
Unser Marschziel war Tabor, 75 Kilometer im Süden von Prag. Wenige Stunden vor Erreichen der Stadt waren es russische Panzersoldaten, die uns wieder von dem schikanösen Treiben der tschechischen Bewacher befreiten. Sie nahmen ihnen die Waffen ab, jagten sie davon und ernannten aus der Kolonne heraus einen Offizier zum verantwortlichen Führer der Gefangenen; er erhielt die Anweisung, mit der Kolonne in das Lager Tabor zu marschieren. Fußkranke wurden ausgesondert und mit LKW's weitertransportiert.
So erreichten wir Tabor. Ein großes Gefangenenlager nahm uns auf. Ich empfand den Schutz im Lager und das Ende des Gejagtseins als wohltuend: der Krieg ist zuende, du hast überlebt!
In Tabor endete unsere Skijägerkameradschaft. Landsmannschaftliche Gruppierungen waren hierfür der Grund, denn es sollte ja nach Hause gehen. Diese Hoffnung erwies sich jedoch als Trug; mir und vielen anderen Kameraden stand ein langes Lagerleben als Kriegsgefangener bevor.
Ein Transport brachte mich hinter den Ural. Ende 1947 wurde ich in Österreich entlassen. Auf Umwegen über Wien, Kärnten, Golling ging ich am 20. Dezember durch tiefen Schnee am Eckersattel über die Grenze nach Deutschland. Hier oben an der Grenze unter dem Purtschellerhaus empfand ich zum ersten Mal wieder die Freiheit. Deutschland lag vor mir. Ich kehrte heim, zwar nicht in meine alte Heimat, aber ich fand ein neues Zuhause: die Stunde Null hatte für mich geschlagen, ein neues Leben begann!«

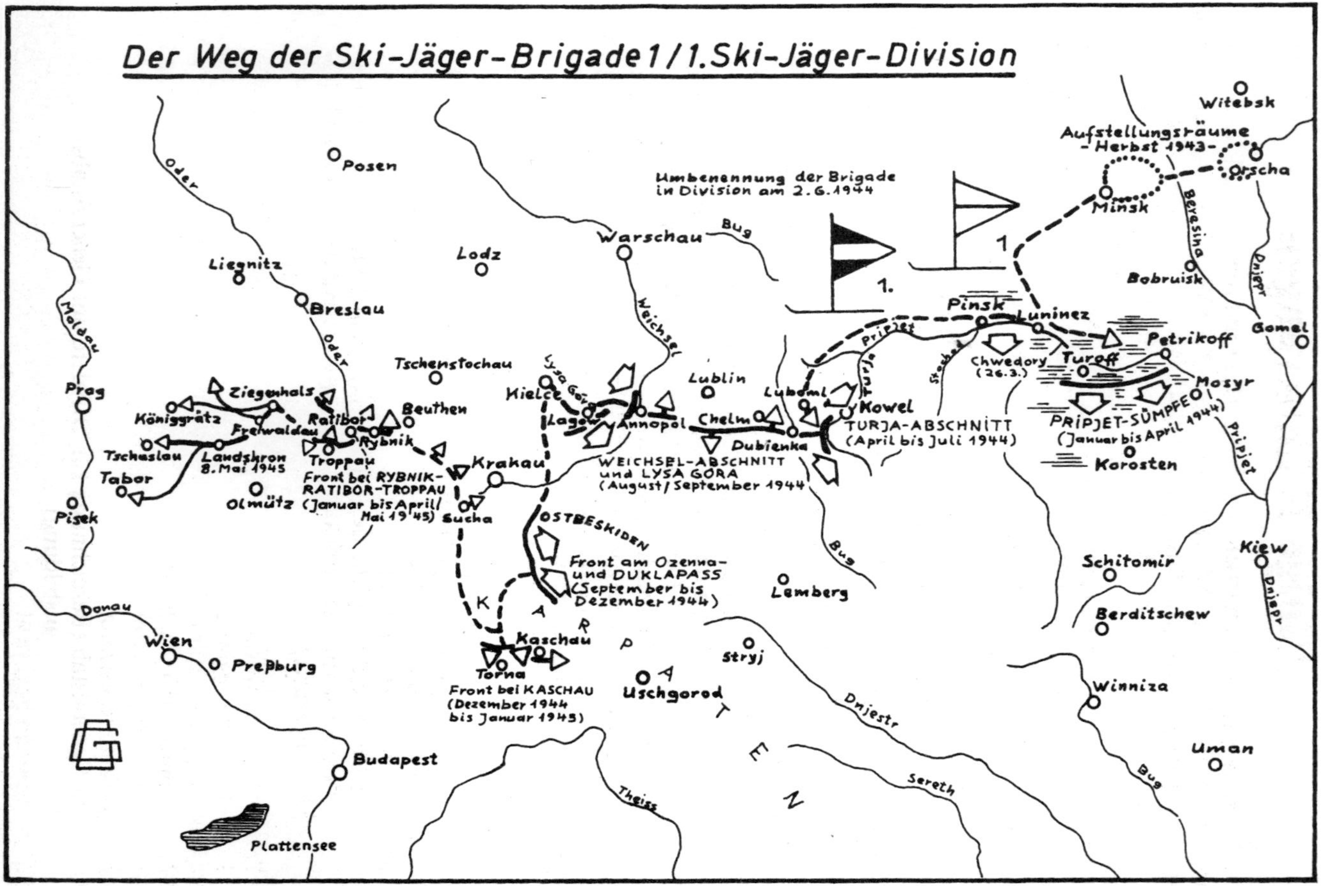
Der Weg der Ski-Jäger-Brigade 1/1. Ski-Jäger-Division
Witebsk
Aufstellungsräume
- Herbst 1943 -
Orscha
Minsk
Beresina
Dnjepr
Bobruisk
Gomel
Umbenennung der Brigade
in Division am 2.6.1944
1.
1
Posen
Oder
Warschau
Bug
Lodz
Liegnitz
Breslau
Moldau
Pinsk
Luninez
Pripjet
Petrikoff
Chwedory
(26.3.)
Turoff
Mosyr
PRIPJET-SÜMPFE
(Januar bis April 1944)
Koresten
Tschenstochau
Weichsel
Lublin
Lubeml
Kowel
TURJA-ABSCHNITT
(April bis Juli 1944)
Turja
Prag
Ziegenhals
Königgrätz
Ratibor
Beuthen
Freiwaldau
Rybnik
Kielce
Lysa Gora
Lagow
Annopol
Chelm
Dubienka
Tschaslau
Landshron
8. Mai 1945
Troppau
Front bei RYBNIK-
RATIBOR-TROPPAU
(Januar bis April/
Mai 1945)
Tabor
Olmütz
Krakau
Sucha
Pisek
WEICHSEL-ABSCHNITT
und LYSA GORA
(August/September 1944)
OSTBESKIDEN
Front am Ozenna-
und DUKLAPASS
(September bis
Dezember 1944)
Schitomir
Kiew
Lemberg
Berditschew
Donau
Wien
Preßburg
Kaschau
Torna
Front bei KASCHAU
(Dezember 1944
bis Januar 1945)
KARPATEN
Stryj
Uschgorod
Dnjestr
Winniza
Budapest
Theiss
Sereth
Uman
Plattensee

Einige Erläuterungen

Die Korps werden im militärischen Schriftverkehr mit römischen Ziffern bezeichnet, zum Beispiel: XXIII. Armee-Korps oder XXXXVIII. Panzer-Korps. Daran ist nichts geändert worden. Ansonsten wird im Buchtext von dieser Schreibweise abgewichen. So heißt es: 23. Armee-Korps oder 48. Panzer-Korps.

Ia bedeutet: Erster Generalstabsoffizier (mit dem Aufgabenbereich »taktische Führung« betraut)

Ib bedeutet: Zweiter Generalstabsoffizier (für den Bereich »Versorgung« zuständig)

Ic bedeutet: Dritter Generalstabsoffizier (leitete bei einem Truppenstab die Abteilung »Feindnachrichten/Sicherheit«)

IIa bedeutet: Brigade- oder Divisionsadjutant

01 bedeutet: 1. Ordonnanzoffizier

Abkürzungen:

A.K. = Armeekorps (Ein Armeekorps umfaßte mehrere Infanteriedivisionen unter dem Befehl eines Generalkommandos)
Pz.K. = Panzerkorps (Ein Panzerkorps umfaßte in der Regel mehrere Panzerdivisionen bzw. mehrere Panzer- und Infanteriedivisionen unter dem Befehl eines Generalkommandos für schnelle Truppen)
AOK = Armeeoberkommando
Pz.AOK = Panzer-Armeeoberkommando
Arie = Artillerie
F.E.B. = Feldersatzbataillon
Fieseler-Storch = erstes Langsamflugzeug der Welt
Fla = Fliegerabwehr des Heeres
Flak = Fliegerabwehrkanone (Auch Bezeichnung für den zur Fliegerbekämpfung — in Krisenfällen auch zur Panzerbekämpfung — eingesetzten Truppenteil der Luftwaffe)

G.D. = Gebirgsdivision
G.R. = Grenadierregiment
HKL = Hauptkampflinie
HVP = Hauptverbandsplatz
I.D. = Infanteriedivision
I.G. = Infanteriegeschütz
i.G. = im Generalstab (Bezeichnung für Offiziere mit Generalstabsausbildung)
I.R. = Infanterieregiment

I.Trupp = Instandsetzungstrupp
Kdr. = Kommandeur
Krad = Kraftrad (Motorrad)
Kwk = Kampfwagenkanone
MG = Maschinengewehr
s.MG = schweres Maschinengewehr
(mot.) = motorisiert
OB = Oberbefehlshaber
Oberjäger = Unteroffizier
»Ofenrohr« (oder »Panzerschreck«) = tragbare Panzerabwehrwaffe, deren Geschosse durch Raketensatz angetrieben wurden
OKH = Oberkommando des Heeres
OKW = Oberkommando der Wehrmacht
Pak = Panzerabwehrkanone
P.D. = Panzerdivision
PK = Propagandakompanie
»Ratsch-Bumm« = russisches 7,62-cm-Allzweckgeschütz mit kurzem Rohr und extrem starker Treibladung
R.O.B. = Reserveoffiziersbewerber
RSO = »Raupenschlepper Ost« (kam 1943 zur Truppe)
»Schießbecher« = trichterförmige Geräte zum Verschießen von Gewehrgranaten
Sf = Selbstfahrlafette
Skikjöring = Skilauf mit Pferdevorspann oder Kraftradzug
SPW = Schützenpanzerwagen
»Stalinorgel« = sowjetisches Salvengeschütz
Stuka = Sturzkampfbomber
T-34/85 = verbesserter russischer T-34-Panzer, Baujahr 1943
V.B. = Vorgeschobener Beobachter (z.B. bei der Artillerie)
z.b.V. = zur besonderen Verwendung

Literaturnachweis

Kurt von Tippelskirch:
»Geschichte des Zweiten Weltkriegs«,
Athenäum Verlag Junker und Dünnhaupt K.G., Bonn, 1951

Hellmuth Günther Dahms:
»Der Zweite Weltkrieg«,
Rainer Wunderlich Verlag Hermann Leins, Tübingen, 1960

Andreas Hillgruber/Gerhard Hümmelchen:
»Chronik des Zweiten Weltkrieges«,
Gondrom Verlag Bindlach, Sonderausgabe 1989

C.W. Star Busmann:
»DER ZWEITE WELTKRIEG — Der Soldat in der Kriegsmaschinerie«,
Verlag Lekturama Rotterdam, 1978

Waldemar Erfurth:
»Der Finnische Krieg 1941 - 1944«,
Wilhelm Heyne Verlag München, 1950

Paul Carell:
»Unternehmen Barbarossa« — Der Marsch nach Rußland —,
Verlag Ullstein GmbH — Frankfurt/M. — Berlin — Wien, 1963

Paul Carell:
»Verbrannte Erde« — Schlacht zwischen Wolga und Weichsel —,
Verlag Ullstein GmbH — Berlin — Frankfurt/M. — Wien, 1966

Wolfgang Venohr:
»Aufstand in der Tatra« — Der Kampf um die Slowakei 1939 - 44 —,
Athenäum Verlag, 1979

Georg Gunter:
»Letzter Lorbeer« — Vorgeschichte und Geschichte der Kämpfe in Oberschlesien von Januar bis Mai 1945 —,
J.G. Bläschke Verlag Darmstadt und Oberschlesischer Heimatverlag Augsburg, 1974

»Der Luftkrieg über Deutschland 1939 - 1945«,
nach den »Dokumenten deutscher Kriegsschäden«,
herausgegeben vom Bundesminister für Vertriebene, Flüchtlinge und Kriegsgeschädigte,
zusammengestellt von Erhard Klöss,
Deutscher Taschenbuch Verlag GmbH u.Co.KG, München,
November 1963

Gustav Fochler-Hauke:
»Schi-Jäger am Feind!« — Von Kampf und Kameradschaft eines Schi-Bataillons in der Winterschlacht im Osten 1941/42 —,
Kurt Vowinckel Verlag, 1943

Emil Schuler:
»Mit dem Bergschuh in Rußland und Finnland« — Erinnerungsbuch der 7. Gebirgs-Division —,
Eigenverlag Emil Schuler, 1962

Wilhelm Hertlein:
»Chronik der 7. Infanterie-Division«,
Verlag Bruckmann, München 1984

Ernst Ott:
»Jäger am Feind« — Geschichte und Opfergang der 97. Jäger-Division 1940 - 1945 —,
herausgegeben vom Selbstverlag der Kameradschaft der Spielhahnjäger e.V., München 1966

Anton Detlev von Plato:
»Die Geschichte der 5. Panzer-Division 1938 - 1945«,
herausgegeben von der Gemeinschaft der Angehörigen der ehemaligen 5. Panzer-Division, 1978

Werner Oswald:
»Kraftfahrzeuge und Panzer der Reichswehr, Wehrmacht und Bundeswehr«,
Motorbuch Verlag Stuttgart, 5. erweiterte Auflage Frühjahr 1973

Georg Schlaug:
»Die deutschen Lastensegler-Verbände 1937 - 1945«,
Motorbuch Verlag Stuttgart, 1985

Reginald T. Paget:
»Manstein — Seine Feldzüge und sein Prozeß«,
Limes Verlag Wiesbaden, 1951

»Die Ritterkreuzträger — 1939 - 1945«,
Bearbeitung durch Gerhard von Seemen,
Podzun-Verlag, 6360 Friedberg 3, o.J.

DER GROSSE BROCKHAUS in zwölf Bänden,
Verlag F.A. Brockhaus Wiesbaden, 1953 - 1957

Albert Reich/Prof. Dr. Karl Reich:
»Gegen Italien mit dem Deutschen Alpenkorps«,
München 1923

»Königlich-Bayerisches Infanterie-Leibregiment im Weltkrieg 1914-1918«,
Selbstverlag, München 1931

Carl Wilhelm Maxon:
»Die »Leiber« im Weltkriege«,
Verlag Archiv-Kommission, München 1918

Helmut Schittenhelm:
»Wir zogen nach Friaul«,
K. Thienemanns Verlag Stuttgart, o.J.

Generalleutnant Otto von Moser:
»Die Württemberger im Weltkriege«,
Verlag Chr. Belser AG, Stuttgart, 1927

Aus Broschüren und Zeitschriften

Wilhelm Paulcke:
»Die Entwicklung des Skilaufs im deutschen Heere«,
erschienen bei Poppen & Ortmann, Freiburg i.Br., o.J.

Wilhelm Paulcke:
»Freiwillige Ski-Corps«,
aus Ski-Chronik 1910/11, Karlsruhe 1911

Wilhelm Paulcke:
»Die Entstehung unserer Schneeschuh- und Gebirgstruppen«

Folgende Berichte und Aufsätze sind in verschiedenen Ausgaben des Mitteilungsblattes des Kameradenkreises der Gebirgstruppe, »Die Gebirgstruppe«, erschienen:

Dieter Bischoff:
»Die Entstehung der deutschen Gebirgstruppe«

Pauli:
»Die Geschichte des Jäger-Regiments 3«

Hubert Lanz:
»Aus der Geschichte der württembergischen Gebirgstruppen«

Helmut Schittenhelm:
»Aufstellung des Württ.Gebirgsbataillons am 1.10.1915«

Helmut Schittenhelm:
»Württembergische Gebirgssoldaten im 1. Weltkrieg«

Ludwig Kainz:
»Württembergische Jäger«

Ludwig Kainz:
»Aus der kgl. Württ.Geb.-Schützenkompanie Nr. 1
wird das kgl. Württ.Gebirgsschützenbataillon«

Für dieses Buch sind eine Menge Materialien und Dokumente aus der Zeit des Zweiten Weltkrieges ausgewertet worden. Ein sehr wichtiger Teil der verwendeten Unterlagen stammt aus dem BUNDESARCHIV — Militärarchiv — in Freiburg i.Br.

Die Fotos wurden fast durchweg aus Privatsammlungen zur Verfügung gestellt. Wer im einzelnen welches Bild aufnahm, konnte nicht immer geklärt werden. Mit Sicherheit steht aber fest, daß damals Oberjäger Theo von Hörmann das Geschehen im Frontabschnitt des Ski-Bataillons Schlebrügge fotografisch dokumentierte. Oberjäger von Hörmann arbeitete wahrscheinlich auch im Auftrag der Heeres-Hochgebirgsschule Fulpmes.

Für die Ski-Jäger-Brigade 1 bzw. 1. Ski-Jäger-Division fotografierte Oberjäger G. Mück. Andere Fotografen waren — soweit namentlich bekannt —: Obergefreiter Niko Daschner (Panzerjäger-Fla-Kompanie des Ski-Jäger-Regiments 1) und Kompaniefeldwebel Hans Buchberger (1./Ski-Jäger-Regiment 2). Buchberger fiel an der Weichselfront am 22.8.1944.

Ich danke allen ehemaligen Angehörigen der verschiedenen Skijägereinheiten, die mir mit Beiträgen geholfen haben, diese »Sisyphusarbeit« (Grashey) zu bewältigen. Die Befragungen begannen 1983, zogen sich also über viele Jahre hin. Zuvor hatte bereits Herr Hans Zimmermann, Obmann des Kameradenkreises der Skijäger, umfangreiches Material zusammengetragen und mir zur Verfügung gestellt — darunter befanden sich zahlreiche Kopien von Original-Dokumenten aus dem BUNDESARCHIV — Militärarchiv — in Freiburg, außerdem private Aufzeichnungen von ehemaligen Soldaten der Skijägerbrigade und späteren Skijägerdivision. Dafür gebührt ihm an dieser Stelle extra Dank.

Sehr zu danken habe ich auch den Herren Thedel Freiherr von Cramm und Siegfried Bucher für ihre stete Hilfsbereitschaft. Die wohltuende Freundschaft, die mich mit Herrn Bucher verbindet, hat mir zudem die Bewältigung mancher Probleme um vieles leichter gemacht.

Mit immer wachem Interesse nahm Herr Hubert Langer Anteil an meinen Bemühungen; ihm ist es besonders zu verdanken, daß ich mit gutem Kartenmaterial versorgt wurde.

Herr Walter Tuphorn, einer der erfahrensten ehemaligen Skijäger, hat meine Arbeit in großzügiger Weise gefördert. Dafür danke ich ihm von Herzen — wie ich schließlich auch Herrn Otto Georg für seine entschlossene Unterstützung dieses Vorhabens zu danken habe.

Im Herbst 1993 — Georg Gunter

Skijäger des deutschen Heeres im Ersten Weltkrieg. Ihre (selbständigen) Einheiten trugen die Bezeichnung »Schneeschuh«-kompanie oder »Schneeschuh«bataillon.

SKIJÄGER IM ZWEITEN WELTKRIEG

Ski-Bataillon Schlebrügge

Abwehrkämpfe im Rollbahnabschnitt zwischen Spas-Demensk - Juchnow, Januar bis April 1942

Smolensk, Dezember 1941: Hier beginnt die Geschichte des Bataillons.

Aufstellung in Smolensk, Dezember 1941. Besichtigung der Transportschlitten. 6. von links Major von Schlebrügge, links von ihm sein Adjutant, Oberleutnant Hett.

Generaloberst Hoepner, damals noch Oberbefehlshaber der Panzergruppe 4, besucht das Bataillon in Smolensk. Rechts: Major von Schlebrügge. (Hoepner, von Hitler des »Ungehorsams« bezichtigt, wurde später abgesetzt, degradiert und aus der Wehrmacht ausgestoßen. Im Zusammenhang mit den Vorgängen des 20. Juli 1944 wurde Hoepner schließlich zum Tode verurteilt und hingerichtet).

Dringend benötigte Ausrüstung wird mit Transportflugzeugen (Ju-52) herangeschafft. Hier sind es Schuhe und Stiefel.

Smolensk, 7. Januar 1942: Abtransport des Bataillons (bei 38 Grad Kälte) an die Front. Links im Bild Major v. Schlebrügge.

Nach dem Eintreffen im Frontgebiet an der Rollbahn zwischen Spas-Demensk - Juchnow: Befehl, den Gegner südlich der Rollbahn zu stellen. Der Kradmelder, rechts, trägt zum Kälteschutz eine Gesichtsmaske.

Das Bataillon marschiert in langgezogener Reihe in den Einsatzraum. Vor den Troßschlitten im Vordergrund erkennt man die zum Bataillon gehörende Gruppe berittener Kosaken.

12. Januar 1942: Bereitstellung für den ersten Einsatz im Gebiet Sininka - Marino. Die Skijäger in dunkler Oberbekleidung werden »Sicherungsaufgaben« in den Wäldern übernehmen.

Bei Sininka, in Erwartung des Gegners. Die Skijäger tragen weiße Gesichtsmasken; die Temperaturen fielen bis auf 44 Grad! (Bei der Waffe handelt es sich um ein halbautomatisches Gewehr russischer Herkunft. Typenbezeichnung: Tokarew M 1940 SVT).

13. Januar: Abwehrkämpfe bei Sininka gegen die zur Rollbahn vorstoßenden Russen. Sininka — im Hintergrund — brennt.

Der Russe war in die Ortschaft Sininka eingedrungen und nach einem Gegenstoß der Skijäger wieder zurückgeworfen worden.

Sininka, am 13. Januar 1942 um 11.15 Uhr: Der bei den Kämpfen schwer verwundete Major v. Schlebrügge übergibt vor seinem Abtransport das Kommando über das Bataillon an seinen bisherigen Adjutanten, Oberleutnant Erich Hett (rechts im Bild).

Zwei Meldereiter der Kosakengruppe des Bataillons. Die am Pferd links festgemachte Leine diente, wenn erforderlich, zum Ziehen von Skijägern.

»Unser Kosaken-Offizier Borow«, lautet die Unterschrift zu diesem Bild.

Zum Bergen von Verwundeten wurden auch Polarhunde eingesetzt. Es heißt, für viele der Verwundeten »kam die Hilfe zu spät«. Groß war die Zahl derer, die unterwegs auf den primitiven Transportschlitten erfroren.

Noch brennt Sininka. Eine Russin bringt Verwundete nach Bjelskaja, direkt an der Rollbahn gelegen. Auf diesen Transporten erleiden noch viele schwerste Erfrierungen . . .

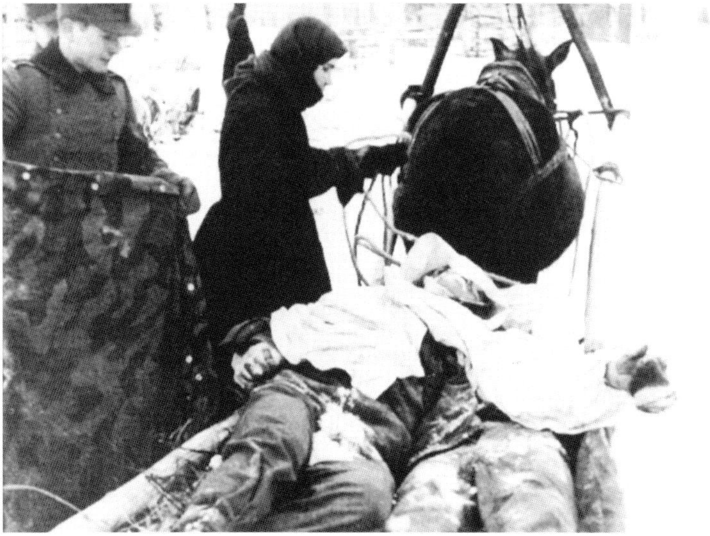

Gefallen während der Kämpfe im Raum Sininka -Marino: Leutnant Schöpf und Leutnant Ludwig. Eine Russin wird die steifgefrorenen Körper der Gefallenen zum Friedhof des Bataillons bei Bjelskaja bringen.

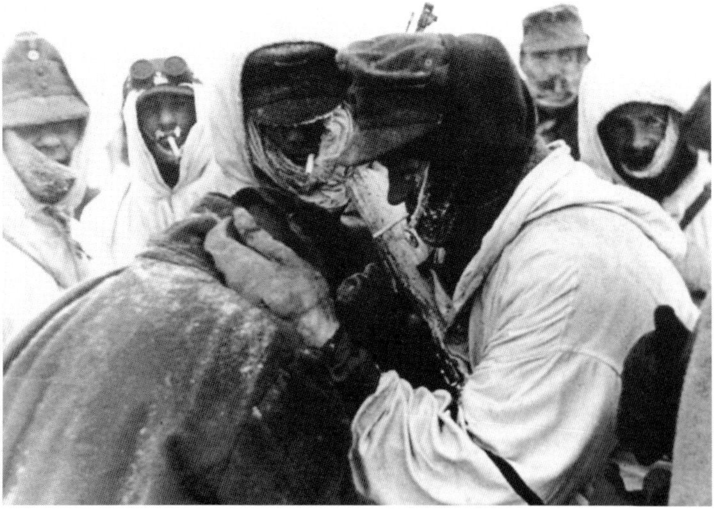

Schneesturm, über 40 Grad Kälte — Versuch, eine Zigarette zum Glimmen zu bringen. . .

Januar/Februar 1942: Abwehrkämpfe — die auch nachts mit erbitterter Härte geführt wurden — gegen den im Raum Podberesje -Filipkowa - Wyschneje von Südosten zur Rollbahn drängenden Feind. Das waren 40 km von der Ausgangsstellung bei Sininka entfernt!

Kampfabschnitt Podberesje - Wyschneje: Oberst Traut, Kommandeur des Infanterie-Regiments 41 (mot.), bei der Verleihung von Tapferkeitsauszeichnungen an Angehörige des Bataillons. Die Skijäger waren im genannten Abschnitt zusammen mit den Infanteristen des I.R. 41 eingesetzt. (Rechts im Bild: Skijägerkommandeur Oberleutnant Hett).

Erneuter Vorstoß (mit Sturmgeschützen und Panzern) in den Gegner hinein im Raum beiderseits Filipkowo (Februar 1942).

Für die Panzerfahrzeuge muß der Weg von Minen geräumt werden. Die Unterschrift zum Bild lautet: »Wird es gelingen, die Mine zu entschärfen? Der Boden ist steinhart gefroren!«

Die Skijäger stoßen aus dem Raum Filipkowo weiter nach Südosten vor. (Im Vordergrund Bataillonskommandeur Oberleutnant Hett). Zu diesem Bild heißt es: »Dieser Tag brachte wieder hohe Verluste. — Immer noch 38 Grad Kälte«.

14. — 22. Februar 1942: Kampfraum »Lidija-Grund«, südwestlich von Juchnow, unweit der Rollbahn: Funker in Aktion. Die schweren Funkgeräte mußten auf den Skiern mitgeführt werden.

»Lidija-Grund«: Kampf gegen 4 000 eingeschlossene Russen.

»Die Kesselschlacht im »Lidija-Grund« ist beendet. Viele der gefangengenommenen Rotarmisten hatten schwerste Erfrierungen.

In Pessotschnja und Jekaterinowka, nördlich der Rollbahn, werden die Skijäger Anfang März 1942 von den dort abgesprungenen russischen Fallschirmtruppen eingeschlossen. In einem Bericht heißt es: »Der Kommandeur, Oberleutnant Hett, entschließt sich, aus unseren Stellungen heraus die russischen Fallschirm-Verbände, die uns eingeschlossen haben, anzugreifen. Wir schaffen den Durchbruch (unter empfindlichen Verlusten) im Angriff auf Skiern«. Bild: Gefallene werden identifiziert und geborgen.

Kämpfe gegen die nördlich der Rollbahn abgesetzten russischen Fallschirmtruppen. Oft wurden die Skijäger als Begleitschutz für Panzer eingesetzt.

März 1942: An keiner Stelle war es den Russen gelungen, zur Rollbahn vorzustoßen und damit die deutsche 4. Armee (Kübler) von ihrer Nachschublinie abzuschneiden. Das Gebiet beiderseits der Rollbahn zwischen Jekaterinowka und Wyschneje war ein einziges Leichenfeld . . .

April 1942: Der zum Teil sumpfige Boden beginnt aufzuweichen. Pferde und Fuhrwerke versinken im Schlamm. Auf diesem Bild erkennt man nur noch den von Schlamm überzogenen Kopf eines Pferdes.

Friedhof des Ski-Bataillons Schlebrügge bei Bjelskaja, direkt an der Rollbahn Roslawl - (Spas-Demensk) -Juchnow, südwestlich von Moskau

Ski-Jagdkommandos und Jägerbataillone

Unmittelbar nach der Aufstellung des Ski-Bataillons Schlebrügge wurden weitere Skijägereinheiten, sogenannte Jagdkommandos, gebildet und bald an der Front eingesetzt. Ein aus drei Kompanien in den Gebirgsjägerstandorten Mittenwald, Garmisch und Sonthofen gebildeter Verband, das spätere Jäger-Bataillon 7, nahm bereits vor Mitte Januar 1942 an der Abwehrschlacht nördlich von Smolensk teil. »Ende des Monats Einsatz auf Welikije Luki. . .«

Das Wohnhaus der russischen Frau ist während der Kampfhandlungen vom Gewehr- und Artilleriefeuer der Gegner erfaßt worden und in Brand geraten — ein Bild tragischer Hilflosigkeit.

Skisoldaten bergen mit einem Bootsschlitten den steifgefrorenen Körper eines gefallenen Kameraden.

Jagdkommando 1, Ende Januar 1942: Angriff aus dem Raum Wjasma gegen den von Norden (westlich Rschew) durchgebrochenen Feind. (Zum Transport, besonders von Waffen und Munition, wurden häufig einfache Rodelschlitten verwendet. An den schmalen Kufen angebrachte Skier verhinderten ein tiefes Einsinken der Schlitten bei hohem Schnee).

Im Angriffsraum immer wieder brennende Ortschaften.

Gefangengenommene Russen werden von Leutnant Pfeiffer (Jagdkommando 1, 2. Kompanie) verhört.

Nach einem Gefecht eingesammelte Gefallene — Deutsche und Russen. »Der Tod hielt reiche Ernte«. (Jagdkommando 1).

Frühjahr 1942: »Kleiner Markt in Smolensk«.

Im Sommer 1942 werden in Arys/Ostpreußen mehrere selbständige Jägerbataillone aufgestellt. Das Bild zeigt eine Gruppe von Soldaten des Jäger-Bataillons 6. Vierter von links: Siegfried Bucher, später Leutnant bei der 1. Ski-Jäger-Division. Von seinen damaligen Kameraden sind nur wenige am Leben geblieben.

Ski-Jäger-Brigade 1

– ab 2.6.1944 1. Ski-Jäger-Division –

September/Oktober 1943, Aufstellungsraum Orscha, dann Minsk: Am Anfang »war alles noch sehr überschaubar«. Oberleutnant Freiherr von Cramm hatte von Oberst von Schlebrügge den Auftrag erhalten, ein »Aufnahme-Bataillon« aufzustellen. Cramm verwendet am Hinweisschild schon die »Cramm'sche Lilie«, eine der drei Lilien aus seinem Familienwappen, die auch als taktisches Zeichen für die später von ihm übernommene 9. (Panzerjäger-Fla)Kompanie diente.

Die Brigade- und später die Divisionsangehörigen durften ein besonderes Mützenabzeichen tragen. Es bestand aus dem Abzeichen der Soldaten der Jägerbataillone und Jägerdivisionen, dem »Eichenbruch« (drei silbernen Eichenblättern), aber mit einem quer darübergelegten goldfarbenen Ski. Die Kombination Eichenblätter mit Ski wurde in der Werkstatt der Brigade eigens angefertigt und nach und nach an die Soldaten ausgegeben. Deshalb besaß das schöne Abzeichen am Anfang noch Seltenheitswert. In der späteren, offiziell eingeführten Version waren Eichenblätter und Ski zu einem Stück zusammengefügt.

Hier eine Abbildung des Mützenabzeichens in der endgültigen, aus einem Stück geprägten Ausführung; es hatte die Maße: 5,5 x 3,5 Zentimeter.

Viele Soldaten kamen von den selbständigen Jägerbataillonen zur Neuaufstellung der Skijägerbrigade (zum Teil waren auch Angehörige der Jägerdivisionen dabei); sie trugen weiterhin auf dem rechten Oberarm von Feldbluse, Dienstuniform und Waffenrock das im Oktober 1942 eingeführte »Eichenblatt-Ärmelabzeichen für Jäger«. Das 5 x 6,5 Zentimeter große Abzeichen zeigte drei grüne Eichenblätter mit einer Eichel auf dunkelgrünem Untergrund. Die Umrandung war hellgrün.

Entwurf für ein Skijäger-Ärmelabzeichen, der — soweit bekannt — nicht realisiert wurde. Von den Soldaten der Ski-Jäger-Brigade 1 bzw. 1. Ski-Jäger-Division wurde ein derartiges Abzeichen jedenfalls nicht getragen; ihr Abzeichen blieb bis zum Schluß das 1942 eingeführte »Eichenblatt-Ärmelabzeichen für Jäger«.

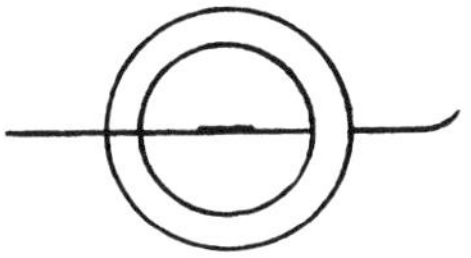

Das Brigade- bzw. Divisions-Erkennungszeichen. Es diente hauptsächlich zur Kennzeichnung der Fahrzeuge (auch gepanzerter Fahrzeuge). Die Kreisform soll ein Rad oder einen Reifen darstellen — in der Kombination mit einem Ski. Das bedeutete: motorisierter und »skibeweglicher« Verband.

Zur Erstausstattung der Brigadeangehörigen gehörte der Fallschirmjäger-Stahlhelm, selbstverständlich mit dem Luftwaffenadler an der linken Helmseite. Eine Besonderheit war unter anderem auch, daß von den Skijägern die Uniformjacke der Sturmgeschützbesatzungen getragen wurde. (Das Bild zeigt Leutnant Georg Hoffmann, Ski-Jäger-Regiment 1).

Oberst Hans von Schlebrügge, Kommandeur der Ski-Jäger-Brigade 1 bis Mitte Mai 1944. (Die Aufnahme entstand im Dezember 1943 im Aufstellungsraum Minsk). Schlebrügge war ursprünglich Gebirgsjäger. Weitere Stationen seiner militärischen Laufbahn: Kommandeur der Heeres-Hochgebirgsschule Fulpmes in Tirol und Kommandeur des ersten Skibataillons der Deutschen Wehrmacht (1941/42).

Major i.G. Hellmut Grashey — war lange Zeit Erster Generalstabsoffizier (Ia) der Brigade bzw. Division.

Oberleutnant Dr. Joseph Schmid — war von Anfang an bis zum »bitteren Ende« im Mai 1945 beim Stab der Skijägerbrigade bzw. -Division, und zwar immer als Ic = Dritter Generalstabsoffizier (Abteilung »Feindnachrichten/Sicherheit«).

Major Wilhelm von Salisch, erster Kommandeur des Ski-Jäger-Regiments 2 — kam von der 28. Jäger-Division zur Neuaufstellung der Skijägerbrigade. Salisch führte das Regiment während der Einsätze am Pripjet und kehrte dann wieder zur 28. Jäger-Division zurück. (Am 27.7.1944 mit dem Eichenlaub zum Ritterkreuz ausgezeichnet, am 18.3.1945 als Oberst und Kommandeur des Jäger-Regiments 49 gefallen).

Gegen Ende 1943 bis Anfang Januar 1944, Aufstellungsraum ost- und nordostwärts von Minsk (Ostrochizky - Gorodok): Ein Skijägerbataillon war in der Regel in 5 Ortschaften untergebracht, die Kompanien je in einer Ortschaft und der Bataillonsstab extra in einer Ortschaft. Auf dem Bild im Hintergrund die Unterkunft von Oberleutnant Walther (1./2). Das an einem Holzpfosten am Eingang zur Hütte angebrachte Schild trägt die Aufschrift »Schreibstube«.

In einem Dorf im Aufstellungsraum: Russenkinder.

Dezember 1943: Teile der 9./1 des Oberleutnants von Cramm. Im Mittelpunkt des Bildes eine 2-cm-Fla-Selbstfahrlafette mit Munitionsanhänger. Rechts, angeschnitten, ein RSO (= »Raupenschlepper Ost«).

Der Brigade wurden u.a. 185 geländegängige und 51 sonstige PKW zugewiesen. Bei dem abgebildeten Fahrzeug handelt es sich um einen Steyr-Mannschaftswagen Typ 1500 A mit Allradantrieb (Vorderrad-Antrieb abschaltbar). Der Motor hatte einen Hubraum von 3517 ccm und leistete 85 PS bei 3000 U/min. Benzinverbrauch: auf der Straße 24, im Gelände 36 Liter. Höchstgeschwindigkeit: Straße 90, Gelände 45 km.

18. Januar 1944, Aufstellungsraum bei Minsk: Eine Skijägerkompanie fertig zum Abmarsch nach Minsk. Von dort aus Abtransport der Brigadeeinheiten mit Eisenbahnzügen an die Pripjet-Front. Noch herrschte »Skijägerwetter«. . .
Der neuartige Kampfanzug konnte — gewendet — auch als weißer Tarnanzug getragen werden.

Abmarsch nach Minsk. Der damalige Obergefreite Paul Lange schreibt: »Als wir zum Einsatz aufbrechen, liegt viel Schnee. Der Troß hat alles auf Pferdeschlitten verladen, wir Jäger benutzen unsere Skier«.

Am Bahnhof in Minsk: Fertig zum Abtransport in das erste Kampfgebiet in den Pripjet-Sümpfen. Während der Fahrt zum Pripjet trat Tauwetter ein. . .

Frontabschnitt Pripjet-Sümpfe

Die Pioniere haben bei Turoff eine Brücke über den Pripjet errichtet.

Rytschew, ca. 5 km südlich von Turoff. Der Ort wurde zunächst am 24.1.1944 von der 1. Kompanie des Ski-Jäger-Regiments 2 besetzt.

25. Januar: Ein Kompanieführer mit seinen Skijägern bei der Einsatzbesprechung.

Wo es notwendig war, mußten im tückischen Sumpfwald mit Hilfe von ausgelegten Holzbohlen Verbindungswege zwischen den Stützpunkten und Vorpostenstellungen geschaffen werden.

Hauptmann Meergans, Kommandeur des I. Bataillons/Ski-Jäger-Regiment 1, vor einem dieser norwegischen Zelte mit Ofenheizung, einer sinnvollen Konstruktion, bei der das Ofenrohr als Zeltstange diente.

Hauptmann Meergans hat Befehl erhalten, mit einem Jagdkommando seines Bataillons gegen eine feindliche Artilleriestellung vorzustoßen.

In der Nähe des Gegners: Zwei Skijäger eines Jagdkommandos.

Angehörige eines Skijäger-Stoßzuges. Die Soldaten der Stoßzüge waren als erste mit dem neuen Sturmgewehr ausgerüstet worden. Obwohl Schnee liegt, wäre in diesem Gelände ein rasches Vorwärtskommen mit Skiern nicht möglich gewesen.

So mancher Skijäger, der von der Gebirgstruppe zur Brigade kam, trug weiterhin das schmucke Edelweiß an seiner Mütze.

Ein Skijäger-Jagdkommando ist mehrere Kilometer nach Süden mitten in den Feind hineingestoßen.

Die Brigade verfügte über zahlreiche russische Hiwi's = »Hilfswillige«. Nach einer Meldung vom 1.3.1944 waren es 683, angegeben unter »Sollstärke«. Männer u n d Frauen und vereinzelt auch sehr schmale Bürschlein — wie der abgebildete junge Russe, für den es offensichtlich keinen passenden Uniformrock gab — zählten dazu.

Nach kurzem Kampf wurde die Besatzung eines russischen Stützpunktes zur Übergabe gezwungen.

Einer der russischen Hiwi's der 1. Kompanie des Regiments 2. Nikolai, wie der junge Russe mit Vornamen hieß, hat an der Pripjet-Front mehrere deutsche Verwundete aus der Feuerlinie geholt. Ihm wurde dafür die Verdienstauszeichnung II. Klasse in Silber der »Tapferkeits- und Verdienstauszeichnung für Angehörige der Ostvölker« verliehen.

Ende Januar 1944: Vorstoß von Teilen der Brigade am 30.1. auf Gorki, Ossmalenik und Samoschje. Das Bild zeigt einen Skijäger, der bis über die Knie in einem Sumpfloch steckt. Links hinter ihm erkennt man die Beine eines Kameraden, der den Kampfanzug — wie die meisten — mit der dunklen Seite nach außen trägt.

1. Februar: Nach schwerem Kampf sind südlich des Pripjet Brückenköpfe errichtet worden. Bild: Skijäger der 1./2 auf einer 2-cm-Fla der 9./2, mit der sie nach der Einnahme von »Gebiet Gorki« zur »offensiven Aufklärung über die erreichten Ziele hinaus« antraten.

2. Februar: »Die Geländeverhältnisse im Sumpfstreifen nördlich der Brückenköpfe Ossmalenik und Samoschje verschlechtern sich laufend. Der Sumpf bricht auf, die Bäche und Kanäle treten über die Ufer. Die Moorlöcher in den Sumpfpfaden erreichen teilweise eine Tiefe von 2 Metern, in denen Pferde beim Fehltreten restlos versinken«. (Auszug aus einem Fernspruch der Skijägerbrigade an das vorgesetzte XXIII.Armee-Korps, in dem um eine Zurücknahme dieser Brückenköpfe gebeten wurde).

3. Februar: Nach den Angriffsvorstößen auf Ossmalenik und Samoschje. Von links: Oberleutnant du Bois, Chef der 4./1; Hauptmann Meergans, Kommandeur I./1; Oberfeldwebel Raab (+). Hinter ihnen gefangengenommene Russen, die ein schweres »Maxim«-Maschinengewehr ziehen.

Schwerverwundete werden nach der ersten Versorgung am Hauptverbandsplatz mit einem »Fieseler-Storch« abtransportiert. Dieses Langsamflugzeug kam mit einer extrem kurzen Start- und Landebahn aus.

»Raupenschlepper Ost« (RSO); er wird als »langsam und laut, dafür aber sehr geländetüchtig« beschrieben. Diese Kettenfahrzeuge, von denen die Brigade 313 Stück erhalten hatte, dienten bei den Panzerjäger-Fla-Kompanien auch als Pak-Selbstfahrlafetten.

Oberst Weiler, Kommandeur des Ski-Jäger-Regiments 1, an der Tür seines »Befehlswagens«, das war ein Halbketten-LKW »Maultier« mit Kastenaufbau. Links der damalige Regimentsadjutant, Hauptmann Jännike.

Skijäger der 1./2 mit Kompanietruppführer Ostermann (rechts) vor ihrer Zeltunterkunft.

Ein Prachtfisch aus dem Pripjet — willkommene Zusatzverpflegung.

Im Kampfgebiet am Pripjet konnte die Brigade zeitweise noch ihre Schlitten-Ziehhunde einsetzen. Untergebracht waren die Tiere in ausgebauten Erdlöchern. Gleich daneben hatten die Hundeführer in Norwegerzelten ihre Unterkunft.

Nach kurzzeitigem Wintereinbruch im Februar gab es die idealen Bedingungen für den Einsatz von Hundeakjas.

Der damalige Gefreite und Hundeführer Heinz Hochberger schreibt zu diesem Bild: »Vor dem Einsatz zu einem Stoßtrupp konnten wir noch lachen . . . von links: Willy Koller (+), Toni Schmidt, Erhard Stolle, Sepp Hager (+), Sepp Diering (+)«. Man erkennt — an die Blockhütte gelehnt und im Schnee — Skier, Ziehgestelle für die Hunde und Bootsschlitten.

Im Sumpfgebiet des Pripjet konnten schwere Waffen nur sehr begrenzt eingesetzt werden. Die Kämpfe dort gingen hauptsächlich zu Lasten der Jäger.

Skijäger . . .

Nach dem Abschuß des zweiten Panzers im Nahkampf: Oberfeldwebel Dorfleitner, Führer des »Ofenrohr«-Zuges der 9./1, beim Annähen des »Panzervernichtungsabzeichens« an den Ärmel seines Uniformrocks.

Vorstoß von südlich Turoff — im Bereich des Ski-Jäger-Regiments 2 — gegen russische Stützpunkte bei Rytschew (16./17.2.1944). Hier wird das MG 42 mit Lafette als schweres Maschinengewehr eingesetzt.

Feuerstellung eines schweren Granatwerfers des Granatwerfer-Bataillons 18.

Bei Rytschew. Auf dem Bild mit dem Sturmgewehr: Leutnant Franz Primoschitz, Führer des Stoßzuges der 1./2. Im Hintergrund erkennt man Einschläge russischer Granatwerfer.

Vorstoß von südlich Turoff. Angehöriger eines Funktrupps mit dem Funkgerät am Rücken.

Bei Rytschew gefangengenommene Russen.

Die Skijäger, die gerade mit dem EK II ausgezeichnet wurden, tragen zur Uniformjacke die breite Hose des Kampfanzugs. Zwei dieser jungen Soldaten — Gefreiter Bosch, links, und Gefreiter Dangl, rechts — sind später gefallen. In der Mitte Gefreiter Reidl (alle von der 1. Kompanie des Regiments 2).

Das Grab des Gefreiten Georg Dangl (an der Turja-Front). Sein Kompanieführer, Oberleutnant Walther, ließ das Grabkreuz des ehemaligen Gebirgsjägers mit einem Edelweiß schmücken.

Front am Pripjet: Es war ein dauerndes Abschiednehmen. Am Kameradengrab Oberleutnant Walther (1./2). Links der katholische Brigadepfarrer Kramer.

Gräberfeld mit Gefallenen im Abschnitt des Ski-Jäger-Regiments 2.

NSU Kettenkrad. Besonders die Meldefahrer, wenn sie oft durch unwegsames Gelände mußten, schätzten die Qualitäten dieses Fahrzeugs. Die Brigade bekam davon 185 Stück als Erstausstattung. (Der Motor des Krads, 1,5 Liter Hubraum, kam von Opel Olympia — einem bekannten PKW —, leistete 36 PS und verschaffte der Maschine eine Höchstgeschwindigkeit von 70 km, bei einem Verbrauch von 16 Litern Treibstoff auf der Straße und ca. 22 Litern im Gelände).

Von den Stützpunkten südlich des Pripjet wurde immer wieder zu Vorstößen zum Teil tief in gegnerisches Gebiet hinein angetreten.

19. März: Angriff auf Betschi. Der Ort liegt nach dem vorangegangenen Stuka-Angriff unter einer Rauchwolke.

Im März/April 1944 waren die Kampfeinsätze im Sumpfgebiet am Pripjet nur noch unter größten körperlichen Strapazen durchzuführen. Ein PK-Berichter schrieb damals, die Skijäger würden sich »mit Selbstironie als Schlammjäger bezeichnen«.

Hauptmann Hildebrand Walther gehörte zu den ersten Soldaten der neu aufgestellten Skijägerbrigade und führte von da an die 1. Kompanie des Ski-Jäger-Regiments 2 — zuerst als Oberleutnant — bis zu seiner schweren Verwundung am 28.9.1944 an der Front am Ozennapaß. Hauptmann Walther trägt am EK II-Band die »Ehrenblattspange«. Diese Auszeichnung erhielten Soldaten, deren tapferes Verhalten im »Ehrenblatt des Heeres« erwähnt wurde (in der 1. Ski-Jäger-Division waren es insgesamt 17).

Von Naida aus Versorgung der am Nordufer des Pripjet gelegenen Stützpunkte. Ein Sturmboot der Pioniere hat zwei Boote mit Skijägern (Ablösung für Stützpunktbesatzungen) in Schlepp genommen. Links im Vordergrund Leutnant Hammer (+), Adjutant I./1, rechts Oberleutnant du Bois, Chef 4./1.

Frontabschnitt an der Turja

Unmittelbar nach dem ersten Angriff der 1./2 an der Turja: Das Erlebnis des Kampfes steht den jungen Skijägern noch in den Gesichtern geschrieben. Am 27. April 1944 wird die Brigade auch beim großen Angriffsunternehmen »Ilse« eingesetzt.

30.4. - 3.5.1944, Brückenkopf Mirowiczy: Angriff auf russische Feldstellungen, die eingenommen wurden. Das I. Bataillon des Ski-Jäger-Regiments 1 (Meergans) erlitt dabei schwere Verluste.

Am schwer umkämpften Brückenkopf Mirowiczy wurden auch die Sturmgeschütze der Brigade eingesetzt.

»Essenträger nach vorn!« (Skijäger des I./1 mit Fallschirmjäger-Stahlhelm).

In Stellung am Brückenkopf Mirowiczy. Von links: Obergefreiter Steiner, Oberleutnant du Bois, Hauptmann Meergans. (Nur Oberleutnant du Bois trägt noch den Fallschirmjäger-Stahlhelm).

Generalmajor Martin Berg — übernahm die Brigade Mitte Mai 1944 (damals noch Oberst) von Oberst v. Schlebrügge und stand bis Mitte Oktober an der Spitze der Skijäger, die er ab 2. Juni 1944 als Divisionskommandeur führte.

Major Paul Jacob — führte zuerst (als Hauptmann) das Ski-Feldersatz-Bataillon 1 und danach, an der Turja, das II. Bataillon des Ski-Jäger-Regiments 1 (an Stelle des gefallenen Majors von Bothmer).

Oberleutnant Heinrich Weber, Chef der 8. (schweren) Kompanie des Ski-Jäger-Regiments 1, später der 4. (schweren) Ski-Füsilier-Bataillon 1. Das Bild entstand im Sommer 1943, als Weber noch dem III./Gebirgsjäger-Regiment 136 (2.G.D.) angehörte. Sein Bataillon wurde bereits 1941/42 als »winterbewegliches Bataillon« ausgebildet und ausgerüstet. Damals erhielten die Gebirgssoldaten des III./136 »zur Erprobung« auch schon den kurzen Uniformrock, der dann im Herbst 1943 bei der Ski-Jäger-Brigade 1 eingeführt wurde.

Oberleutnant Walther und sein Kompaniefeldwebel Hans Buchberger. Als Buchberger am 22. August 1944 an der Weichselfront durch eine russische Artilleriegranate getötet wurde, schrieb Oberleutnant Walther in sein Tagebuch: »Der bitterste und härteste Tag meines Lebens«. Hans Buchberger bezeichnete er als »die Seele der Kompanie«.

1. Ski-Jäger-Division

Am Friedhof der Skijäger in der Nähe von Owloczym (Turja-Abschnitt). Erinnerung an manchen guten Kameraden. . .

Oberst Berg bei der Verleihung von Tapferkeitsauszeichnungen. Die jungen Skijäger, darunter viele, die in den zurückliegenden Wochen vom Ersatzbataillon in Taus neu zur Brigade bzw. Division gekommen waren, tragen jetzt einheitlich den normalen Infanterie-Stahlhelm.

Aus den Skijägern waren längst echte Landser geworden.

Die Skijäger in den Gräben im Turja-Abschnitt ahnen noch wenig von dem Unheil, das mit dem russischen Großangriff vom 18. Juli über sie hereinbrechen würde. Das hier so gut abgebildete Sturmgewehr StG 44 gehörte schon zur Standardausrüstung. Es ersetzte ein leichtes Maschinengewehr, arbeitete nach dem Gasdruckprinzip und nicht wie die üblichen Maschinenpistolen mit dem Rückstoßmechanismus, war 94 Zentimeter lang und wog mit vollem Magazin, das 32 völlig neu entwickelte Kurzpatronen des Kalibers 7,92 mm faßte, 5,4 Kilogramm. Das Visier ließ sich bis auf 800 Meter Entfernung einstellen. Die sehr verläßliche Waffe war für automatischen und halbautomatischen Betrieb geeignet.

Von der Turja über den Bug zur Weichsel

Während des Rückzugs vom Bug zur Weichsel, 20. bis 31. Juli 1944: Sturmgeschütz mit aufgesessenen Jägern, die gegen den von Norden heranrückenden Feind eingesetzt wurden.

Da unterwegs ein erheblicher Teil der Kraftfahrzeuge wegen Benzinmangels gesprengt werden mußte, erwiesen sich wieder mal die Pferdefuhrwerke als einzig zuverlässiges Fortbewegungsmittel.

Viele Soldaten der Skijägerdivision mußten nun unter glühender Sonne Marschleistungen erbringen wie echte Infanteristen.

Der fast pausenlose Wettlauf mit den Russen zehrte an den Kräften der Soldaten.

Gegen den Feind, der immer wieder von Norden in den Rückzug hineinzustoßen versuchte, wurden auch die Beute-T-34 der Panzerkompanie des schweren Skibataillons (hier mit aufgesessenen Jägern) eingesetzt. Der Panzer überholt gerade eine bespannte Troßkolonne. Links über dem Bug des T-34 erkennt man zwei Pferdeköpfe.

15-cm-Panzerhaubitzen »Hummel« des schweren Skibataillons (Major Neubert).

Front an der Weichsel bei Annopol

Im ganzen Monat August gab es an der Weichsel äußerst schwere Kämpfe, bei denen selbst einzelne Häuser und Gehöfte mehrmals den Besitzer wechselten.

Vor ihren Erdlöchern in der Stellung bei Annopol: Soldaten des Nachrichtenzuges des II./1.

Feldwebel (später Leutnant) Ungethüm, Führer des 2. Fla-Zuges der 13./1 am Flak-Fernrohr, das provisorisch an einem Holzpfahl festgemacht ist.

Oberfeldwebel Hirschi, genannt »der Bärenringer« (links), und Obergefreiter Schallah, nach Verwundung beim Troß — fröhlich zusammen mit einer der weiblichen russischen Hiwi's (Abkürzung für »Hilfswillige«) der 13./1.

Freiherr von Cramm, damals Chef der 13./1, schreibt zu diesem Bild: »Benzin wurde knapp. Mein Schwimmwagen — hot — mit Obergefreiter Gäbler und meinen Schimmeln, August 1944. Ich ging damals nach meiner letzten Verwundung, Februar 1944, am Stock — in der Kompanie »der Seelentröster« genannt«.

Kinder bringen Blumen zu den Gräbern gefallener Skijäger (Soldatenfriedhof Karsy).

Anfang September 1944: Als eine der letzten wurden die Skijäger der 1./2 aus der Front an der Weichsel herausgelöst, und zwar am 4.9. Der Abtransport mit LKW Richtung Lysa Góra begann am nächsten Tag. Während der Fahrt wurde ein Abstecher nach Karsy unternommen, wo sie auf dem Soldatenfriedhof zum letzten Mal Abschied nahmen von den toten Kameraden.

Das Durchschnittsalter der Brigade- und Divisionsangehörigen war relativ niedrig. Zu den jüngsten Soldaten zählte der Gefreite Johannes Flemke, »Strippenleger« im Nachrichtenzug des II., dann des III. Bataillons/Ski-Jäger-Regiment 1.

Frontabschnitt Lysa Góra

Gegen Ende September 1944. Nach dem letzten Gefecht der 13./1 in Polen. Freiherr von Cramm schreibt zu diesem Bild: »Auf dem Kettenkrad-Anhänger einer meiner Lebensretter, der Obergefreite Theo Geiss, der bei diesem Gefecht fiel. Hinter dem Körper des Gefallenen der Regimentsdolmetscher bei der Vernehmung eines gefangengenommenen Russen«.

Die Kämpfe in der Lysa Góra wurden von der Gegenseite mit einem außergewöhnlich massiven Aufgebot schwerer Granatwerfer und Artillerie ausgetragen. Da mußten mehr als sonst Unterstände gebaut werden.

Am Ozenna- und Duklapaß

Skijäger auf dem Marsch in die vordersten Stellungen am Duklapaß.

Während der Kämpfe in den Ostbeskiden zwischen September und Dezember 1944 mußten alle Einheiten der Division schwere Verluste hinnehmen. Das Bild zeigt frische Gräber von Gefallenen der 1. Kompanie des Ski-Jäger-Regiments 2 (Ozennapaß).

Anfang Oktober 1944 übernahm Generalmajor Gustav Hundt (50) die Division. Links, hinter dem Kommandeur, Divisionsadjutant Major von Seckendorff. (Bardejovske-Kúpele, nordwestlich von Bardejov).

Fahnenjunker-Feldwebel Siegfried Bucher, später Leutnant in der 1. Ski-Jäger-Division. Bucher wurde im April 1942 zu den Gebirgspionieren nach Mittenwald (1.G.D.) eingezogen, meldete sich dann freiwillig zum Jäger-Bataillon 6 und kam schließlich im Oktober 1944 zu den Skijägern, wo er zuerst eine Kompanie führte und dann die Dienststellung eines Bataillonsadjutanten beim III./1 (Hauptmann Schülke) übernahm.

Oberst Weiler, Kommandeur des Ski-Jäger-Regiments 1, besucht seine Panzerjäger-Fla-Kompanie an der Duklapaß-Front. Hinter ihm im Bild: Leutnant Braun, Führer des 1. Fla-Zuges (Sf), und rechts Leutnant Wagner, der den 1. Pak-Zug (Sf) führte. Oberst Weiler war der letzte Divisionskommandeur. Nach der Kapitulation der Deutschen Wehrmacht wählte er den Freitod.

Rittmeister Freiherr von Cramm, einer der ersten Soldaten der im Herbst 1943 aufgestellten Ski-Jäger-Brigade 1 — wurde damals, als Oberleutnant, Chef der schweren Panzerjäger-Fla-Kompanie des Regiments 1 (9./1, später 13./1). Cramm hat — wie man am Bild erkennt — einen Gehstock, den er seit seiner Verwundung im Februar 1944 benötigte, unter den rechten Arm geklemmt.

Oberjäger Xaver Wiest, Gruppenführer in der 3./1, wird für sein außergewöhnlich tapferes Verhalten bei den erbitterten Kämpfen um die Höhe 688 mit dem Ritterkreuz ausgezeichnet. Das war am 24.11.1944 in Rovne, 5 km südwestlich von Svidnik (Duklapaßstraße). Von links: Divisionskommandeur Generalmajor Hundt; Oberleutnant Schäferle; Oberjäger Wiest; Major von Seckendorff (IIa); Oberleutnant Zemang (als Kommandeur des I./1 am 26. Januar 1945 südwestlich von Krakau gefallen). In der Deutschen Wehrmacht war nach dem 20. Juli 1944 (gescheitertes Attentat von Oberst Graf Schenk von Stauffenberg auf Hitler) der — für die Soldaten ganz und gar unpassende — Parteigruß eingeführt worden.

Major Freiherr von Seckendorff (links), Divisionsadjutant seit September 1944, und Major Neubert, Kommandeur des Schweren Ski-Bataillons 1 seit der Aufstellung im Herbst 1943.

Leutnant (ab April 1945 Oberleutnant) Georg Hoffmann — führte im Regiment des Oberst' Weiler nacheinander die 7., 6. und 9. Kompanie und war neben Leutnant Benvenuto d'Albert (3./1) einer der insgesamt nur 585 Soldaten der Deutschen Wehrmacht, denen »für tapfere Teilnahme an 50 Nahkampftagen« die Goldene Nahkampfspange verliehen wurde. Wie es heißt, war nur jeder 108. Ritterkreuzträger auch Träger der Nahkampfspange in Gold. Leutnant Hoffmann erhielt unter anderem noch das Goldene Verwundetenabzeichen, das Deutsche Kreuz in Gold sowie die — in besonderen Fällen verliehene — Ehrenblattspange des Deutschen Heeres; sie wurde, ebenfalls in goldener Ausführung, auf dem EK II-Band getragen. — Bei der Nummer 1 auf den Schulterstücken (am Bild nicht genau erkennbar) handelt es sich um die Regimentsnummer, also Ski-Jäger-Regiment 1.

Raum Kaschau und Oberschlesien

Geschützführer der Panzerjäger-Abteilung 152 (vorher Sturmgeschütz-Abteilung 270). Links: Leutnant Stolzenburg. Rechts außen: Wachtmeister E. Hauck. In der Mitte (mit Stock): Unteroffizier Kurt Ohler, der auf 47 »anerkannte Abschüsse« feindlicher Panzer kam. Die Aufnahme entstand an der Kaschauer Front, Dezember 1944/Januar 1945.

Hauptmann Hans Christian Stock, Kommandeur der Panzerjäger-Abteilung 152. Hauptmann Stock, von Anfang an im Verband der Skijäger dabei — zuerst als Batteriechef bei der Sturmgeschütz-Abteilung 270 —, hatte am 23.10.1944 das Eichenlaub zum Ritterkreuz erhalten; er fiel am 12. Januar 1945 südwestlich von Kaschau.

Leutnant Hans Zimmermann. (Das Bild wurde am 10.1.1945 bei Kaschau aufgenommen). — Zimmermann kam von den 98er-Gebirgsjägern der 1.G.D. in Garmisch-Partenkirchen zunächst zum Ski-Jagdkommando/Jäger-Bataillon 7 an die Ostfront (Januar 1942 bis Dezember 1942). Seine militärische Laufbahn als Angehöriger der Skijägerbrigade begann im Januar 1944 beim Ersatzbataillon in Minsk. Von dort im Juli 1944 zur 1. Ski-Jäger-Division (Stab). Im August im Weichsel-Abschnitt Kompanieführer 4./1 und bald danach Bataillonsadjutant beim I./1. Am 26.1.1945 in Oberschlesien schwer verwundet (erhielt nach 7 Verwundungen das Verwundetenabzeichen in Gold).

Oberleutnant Albert Schneller, 1. (Panzerjäger)Kompanie/Schweres Ski-Bataillon 1, zuletzt im Raum Rybnik-Ratibor in Oberschlesien Führer der Alarmkompanie 1. Oberleutnant Schneller wurde mehrmals — zum Teil im Nahkampf — schwer verwundet (Goldenes Verwundetenabzeichen).

Obergefreiter Heinz Hochberger, Hundeführer und Melder beim I./1 (im Februar 1945 in Oberschlesien).

Hauptmann Willi Schülke — führte seit den ersten Einsätzen der Brigade (Januar 1944) im Frontabschnitt Pripjet-Sümpfe als Oberleutnant die 3. Kompanie im Bataillon des Hauptmanns Meergans (I./1). Am 26. August 1944 — die Brigade war inzwischen Division geworden — übernahm Schülke die Führung des neu aufgestellten III. Bataillons des Ski-Jäger-Regiments 1, dessen Kommandeur er bis zu seinem Tode am 8. März 1945, an der Front nördlich von Ratibor O/S, blieb. Das Eichenlaub zum Ritterkreuz hatte Hauptmann Schülke am 16. Februar 1945 erhalten.

Nach dem Kriege

Am 10. Juni 1957 (Pfingstmontag) wurde am Hohen Brendten bei Mittenwald das Ehrenmal für alle Gefallenen der Gebirgstruppe eingeweiht. Da ein erheblicher Teil der ehemaligen Skijäger ursprünglich der Gebirgstruppe angehörte, war es eine Selbstverständlichkeit, daß auch Angehörige der einstigen Ski-Jäger-Brigade 1 und der daraus entstandenen 1. Ski-Jäger-Division an der Einweihungsfeier teilnahmen. Der ehemalige Oberst und Brigadekommandeur Hans von Schlebrügge (auf dem Bild ganz links) hatte dafür gesorgt, daß die Männer, die zusammen mit ihm den Kranz für die gefallenen Skijäger am Ehrenmal niederlegten, einheitlich gekleidet waren: schwarzer Anorak und graue Skihose; dazu wurden Schneebrillen getragen.
Vor Schlebrügge steht als einer der Kranzträger Peter Schöttl, ehemals Gefreiter in der 1. Kompanie des Ski-Jäger-Regiments 2. Dritter von links ist Siegfried Bucher (Adjutant III./1), der erst im Januar 1956 aus schwerer russischer Kriegsgefangenschaft heimgekehrt war. Wie viele seiner ehemaligen Offizierskameraden ging Bucher zur Deutschen Bundeswehr (oder die Österreicher zu ihren neuen Streitkräften) und nahm als Oberstleutnant schließlich seinen Abschied vom Militärdienst.

Wieder am Hohen Brendten, 33 Jahre später: Gedenkfeier am 3. Juni 1990 — im 75. Jahr des Bestehens der Deutschen Gebirgstruppe. Im Vordergrund der Kranz des Skijäger-Kameradenkreises. Dahinter ein Gebirgsjäger der Bundeswehr. (Foto: G. Gunter)

Gedenkstätte der Skijäger am »Höhenrain« bei Grainau, unterhalb des Zugspitz-Massivs. Der Gedenkstein für die Toten der 1. Ski-Jäger-Division wurde 1973 eingeweiht; er trägt die Jahreszahlen 1943 - 1945 und erinnert deshalb auch an die Toten der Ski-Jäger-Brigade 1. (Foto: G. Gunter)

Am deutschen Soldatenfriedhof Zborov/Ostslowakei — letzte Ruhestätte vieler Soldaten der 1. Ski-Jäger-Division. Der Friedhof wurde vom Volksbund Deutsche Kriegsgräberfürsorge hergerichtet und am 19. September 1992 eingeweiht. (Foto: D. Szekulicz)